중세영어

역사, 문법, 문헌

중세영어

역사, 문법, 문헌

Middle English :
History, Grammar, and Texts

김혜리 지음

한국문화사

중세영어: 역사, 문법, 문헌
Middle English: History, Grammar, and Texts

초판인쇄 2013년 3월 25일
초판발행 2013년 3월 30일

지 은 이 김 혜 리
꾸 민 이 이 지 은 · 조 소 연
펴 낸 이 김 진 수
펴 낸 곳 한국문화사
등   록 1991년 11월 9일 제2-1276호
주   소 서울특별시 성동구 아차산로 3(성수동 1가) 502호
전   화 (02)464-7708 / 3409-4488
전   송 (02)499-0846
이 메 일 hkm7708@hanmail.net
홈페이지 www.hankookmunhwasa.co.kr

책값은 26,000원입니다.

잘못된 책은 바꾸어 드립니다.
이 책의 내용은 저작권법에 따라 보호받고 있습니다.

ISBN 978-89-6817-036-2 93740

이 도서의 국립중앙도서관 출판시도서목록(CIP)은 e-CIP
홈페이지(http://www.nl.go.kr/cip.php)에서 이용하실 수
있습니다. (CIP제어번호: CIP2013001634)

■ 머리말

    5세기 중엽, 앵글로색슨민족이 지금의 영국 땅으로 들어오면서 시작된 영어는 역사적으로 고대영어, 중세영어, 초기현대영어, 후기현대영어 시기를 거쳐 왔다. 그 가운데 이 책은 1100년부터 1500년 사이에 사용된 중세영어를 다룬다. 이 책은 근본적으로 중세영어시대의 문자와 발음, 어휘, 방언, 굴절, 구문 등 언어적 현상을 다룬 중세영어 문법서이다. 그러나 중세영어 형성에 지대한 영향을 미친 역사적 사건들을 포함하여 중세영국의 역사도 함께 다룸으로써, 사회·문화적 배경 속에서 언어를 이해할 수 있도록 하였다. 또한 중세영어로 쓰인 문헌들을 주석과 함께 제시함으로써, 중세영어 원문을 읽을 수 있는 능력개발을 도모하였다.

    이 책은 중세영어라는 언어 자체에 관심을 가지는 이나 이 시기의 문헌과 문학에 관심 있는 이들을 위하여 쓰였다. 따라서 영어를 전공하는 대학생, 대학원생뿐만 아니라 일반인도 언어에 대한 기본지식만 있다면 이해할 수 있도록 하였다. 그러나 중세영어의 언어적 특징은 본래 고대영어에서 유래한 것이기 때문에, 고대영어에 대한 지식이 중세영어 이해에 필수적이다. 2011년에 출간된 필자의 『고대영어: 역사, 문법, 문헌』은 이 책과 유사한 구성 체계를 지니고 있어, 두 책을 상호 비교하면 고대에서 중세영어로 넘어오는 영어의 발달과정 이해에 큰 도움이 될 것이다.

    이 책의 구성은 다음과 같다. 제1장에서는 중세영국의 역사를 초기와 후기로 나누어 살펴본다. 노르만 정복, 노르망디의 상실, 백년전쟁, 흑사병, 농민반란, 장미전쟁 등 굵직한 사건들을 국왕의 재위시기 순으로 배열하여 설명한다. 이러한 정치·사회적 사건들은 영어의 위상과 언어적 변화에 큰 영향을 미쳤는데, 이에 대해서는 제3장에서 다룬다. 제2장에서는 중세영어에 사용된 문자의 종류와 그 용례의 변화를 먼저 살펴보고, 각 모음과 자음 문자의 발음, 강세 패턴을 알아본다. 그리고 초서의「캔터베리 이야기」의 '총 서시'의 일부를 표본으로 하여 당시의 발음에 따라 읽을 수 있도록 발음기호를 제시하였다. 제3장에서는 중세영어 방언을 구분하고, 방언에 따라 발음과 철자, 어휘 선택과 형태적 측면에서 어떻게 서로 달랐는지 살펴본다. 또한 중세영어 말엽에 등장한 표준어의 개념에 대해 살펴본다. 또한 제3장에서는 외래어 차용에 대해 알아보는데, 제1장에서 다룬 역사적 사건들을 배경으로 하여 영어와 불어의 관계 및 영어의 위상 변화에 대해 설명한다. 또한 영어에 들어온 주요 차용어로서, 불어, 스칸디나비아어, 라틴어 차용어를 다루고, 기타 다양한 언어의 차용을 다룬다. 마지막으로 새로운 어휘를 만들어내는 방법으로서 합성법과 접사첨가를 예를 조사하여 설명하고, 절단법, 역형성, 혼합법을 다룬다. 제4장에서는 중세영어 굴절에 대해 살펴본다. 고대영어에 비해 중세영어는 굴절이 상당히 줄어들었는데, 그 원인과 결과를 설명한 후, 중세영어 명사, 관사, 대명사, 수사, 형용사, 부사, 동사의 굴절과 방언적 차이를 다룬다. 제5장은 중세영어의 구문에 관해 다룬다. 격의 종류와 기능, 정관사와 부정관사의 용법, 인칭대명사와 재귀대명사의 용법, 주어와 동사의 일치관계, 문형과 어순, 태, 시제와 시상, 법, 부정사와 동명사, 비인칭동사와 이동동사의 독특한 용법, 형용사와 부사의 통사구조, 비교, 병렬과 중속관계를 만드는 접속사의 용법, 관계절을 구성하는 관계대명사와 관계부사를 차례대로 설명한다. 각각의 구문에 대해 필요시에는 고대영어로부터의 변화 그리고 현대영어와의 차이점을 언급하였다. 제6장에서는 중세영어로 쓰인 주요 산문과, 시, 연극에 대해 살펴보고, 이 시대의 대표적 운율로서 두운시와 각운시의 형식에 대해 알아본다. 제7장에서는 이 시대의 대표적 문헌을 원문 그대로 강독해본다. 문헌은 가능한 창작연대순으로 배열하였으며, 어려운 어구에는 주석을 추가하였다. 제1, 6장에서 익힌 중세영국의 역사와 문학, 그리고 제2~5장에서 익힌 중세영어 문법지식은 유기적으로 연결되어 제7장의 문헌이해에 기여할 것이다.

 이 책은 입문서인 까닭에 비교적 간략하고 명확하게 개념을 설명하려 노력하였다. 지면 관계상 중세영어의 언어적 현상에 대해 학술적으로 더 심도 있게 논의하지 못한 점은 아쉬움으로 남는다. 그리고 여러 번의 검토 과정을 거쳤으나 여전히 오자나 탈자 등 편집상의 오류가 있을지 모를 일이다. 이 책의 미흡한 점에 대해서는 앞으로 독자의 지적을 바래본다. 국내에서 중세영어의 언어적 측면에 대해 다룬 서적은 거의 전무에 가깝다. 따라서 이 책이 현대 영어학계에서 소홀히 다루어진 분야에 대하여 미력이나마 학계의 관심을 높이고 독자의 흥미를 유발할 수 있다면 필자로서는 더 이상 바랄 것이 없겠다. 끝으로, 이 책의 출간을 위해 세심한 노력을 기울여준 한국문화사 편집부에 감사드리며, 본 연구는 대구가톨릭대학교 교내연구비 지원에 의한 것임을 밝힌다.

2013. 1.
저자 김혜리

■ 차례

- 머리말 ··· v
- 차례 ·· viii
- 약어와 기호 ··· xiv

제1장 중세영국의 역사 ·· 1
 1. 초기 중세 시대(1066~1300) ·· 2
  (1) 노르만 정복 ·· 2
  (2) 노르만 왕조 ·· 5
   1) 윌리엄 1세(1066~1087) ·· 5
   2) 윌리엄 2세(1087~1100) ·· 8
   3) 헨리 1세(1100~1135) ·· 10
   4) 스티븐(1135~1154) ·· 13
  (3) 플랜태저넷 왕조 ·· 16
   1) 헨리 2세(1154~1189) ·· 16
   2) 리처드 1세(1189~1199) ·· 21
   3) 존(1199~1216) ··· 25
   4) 헨리 3세(1216~1272) ·· 31
   5) 에드워드 1세(1272~1307) ······································ 34
 2. 후기 중세 시대(1300~1500) ·· 40
  (1) 전쟁기의 플랜태저넷 왕조 ······································ 40
   1) 에드워드 2세(1307~1327) ······································ 40
   2) 에드워드 3세(1327~1377) ······································ 42
   3) 리처드 2세(1377~1399) ·· 48
  (2) 랭커스터 왕가 ·· 53

    1) 헨리 4세(1399~1413) ································· 53
    2) 헨리 5세(1413~1422) ································· 55
    3) 헨리 6세(1422~1461, 1470~71) ··············· 57
  (3) 요크 왕가 ··· 61
    1) 에드워드 4세(1461~1470, 1471~1483) ······ 61
    2) 에드워드 5세(1483) ·································· 63
    3) 리처드 3세(1483~1485) ··························· 64
  (4) 튜더 왕조의 건립 ·· 65

제2장 문자와 발음 ·· 67
1. 문자 ·· 67
2. 발음 ·· 70
  (1) 모음 ··· 71
    1) 단모음 ·· 72
    2) 장모음 ·· 74
    3) 이중모음 ·· 76
  (2) 자음 ··· 77
  (3) 강세 ··· 79
  (4) 발음 표본 ·· 81
    General Prologue ··· 81

제3장 방언과 어휘 ·· 84
1. 방언 ·· 84
  (1) 방언 구분 ·· 85
  (2) 발음·철자 차이 ·· 89
  (3) 어휘·형태 차이 ·· 92
  (4) 표준어의 성립 ·· 94
2. 외래어 ·· 96
  (1) 불어 차용어 ·· 97
    1) 영어와 불어의 관계 ································ 97
    2) 차용어 ·· 100
  (2) 스칸디나비아 차용어 ································ 110
  (3) 라틴 차용어 ·· 115

        (4) 기타 차용어 ·················· 116
    3. 어형성 ·················· 117
        (1) 합성법 ·················· 118
        (2) 접사 첨가 ·················· 121
            1) 접두사 ·················· 124
            2) 접미사 ·················· 137
        (3) 기타 어형성 ·················· 148
            1) 절단법 ·················· 148
            2) 역형성 ·················· 148
            3) 혼합법 ·················· 149

제4장 **굴절** ·················· 150
    1. 굴절의 축소 ·················· 151
        (1) 음성변화 ·················· 151
        (2) 문법성의 소실 ·················· 153
    2. 명사 ·················· 154
        (1) -s 복수 ·················· 155
        (2) -n 복수 ·················· 156
        (3) 비 굴절 복수 ·················· 158
        (4) 모음변이 복수 ·················· 158
    3. 관사와 대명사 ·················· 159
        (1) 정관사 ·················· 160
        (2) 지시대명사 ·················· 161
        (3) 인칭대명사 ·················· 162
        (4) 의문대명사 ·················· 167
        (5) 부정대명사 ·················· 168
    4. 수사 ·················· 169
    5. 형용사와 부사 ·················· 171
        (1) 형용사의 굴절 ·················· 171
        (2) 부사 ·················· 172
        (3) 비교 ·················· 173
    6. 동사 ·················· 175
        (1) 강변화동사 ·················· 176

(2) 약변화동사 ································· 179
　　(3) 동사의 활용 ······························· 182
　　　1) 현재시제 ································ 182
　　　2) 과거시제 ································ 184
　　(4) 변칙동사 ···································· 188
　　(5) 과거-현재동사 ··························· 192

제5장　구문 ·· 195
1. 격 ··· 195
　　(1) 주격과 대격 ······························ 196
　　(2) 속격 ··· 197
　　(3) 여격 ··· 200
2. 관사 ··· 202
　　(1) 정관사 ······································ 203
　　(2) 부정관사 ··································· 204
3. 인칭대명사와 재귀대명사 ··················· 204
　　(1) 인칭대명사 ································ 204
　　　1) þou와 ȝe ································ 205
　　　2) 인칭대명사의 생략 ················· 206
　　(2) 재귀대명사 ································ 208
4. 일치 ··· 210
5. 문형과 문장어순 ······························· 212
　　(1) 평서문 ······································ 213
　　　1) SV 어순 ································ 213
　　　2) S…V 어순 ····························· 213
　　　3) VS 어순 ································ 215
　　(2) 의문문 ······································ 216
　　　1) VS 어순 ································ 216
　　　2) 기타 어순 ······························ 217
　　(3) 명령문 ······································ 217
　　(4) 부정문 ······································ 218
　　　1) 부정평서문 ······························ 218
　　　2) 부정의문문 ······························ 220

3) 부정명령문 ··· 221
6. 태 ··· 221
7. 시제와 시상 ··· 223
  (1) 현재시제 ··· 223
  (2) 과거시제 ··· 225
  (3) 미래 ··· 226
  (4) 진행과 완료 ·· 227
8. 법 ·· 228
9. 부정사와 동명사 ·· 232
  (1) 부정사 ·· 232
  (2) 동명사 ·· 238
10. 비인칭동사와 이동동사 ··································· 239
  (1) 비인칭동사 ·· 239
  (2) 이동동사 ··· 242
11. 형용사와 부사 ··· 243
  (1) 통사적 위치 ·· 243
  (2) 비교 ··· 245
12. 병렬과 종속 ·· 246
  (1) 병렬 ··· 247
  (2) 종속 ··· 249
    1) 명사절 ··· 250
    2) 부사절 ··· 252
13. 관계절 ·· 254
  (1) 관계대명사 ·· 254
  (2) 관계부사 ··· 257

제6장 중세영문학 ··· 259

1. 산문 ··· 259
2. 운문 ··· 266
  (1) 12~13세기 ··· 266
  (2) 14세기 ·· 269
    1) 윌리엄 랭글런드 ··· 270
    2) 가웨인 시인 ··· 271

3) 존 가워 274
　　4) 제프리 초서 274
　(3) 15세기 281
3. 연극 282
4. 운율 284
　(1) 각운시 285
　(2) 두운시 287

제7장 문헌 강독 291

1. The Peterborough Chronicle 291
　Annal 1137 294
2. Ancrene Wisse 297
　Book 2 299
3. The Owl and the Nightingale 302
4. William Langland: Piers Plowman 311
　Prologue 316
5. Sir Gawain and the Green Knight 325
　Passus III 329
6. Geoffrey Chaucer: The Canterbury Tales 341
　General Prologue 346
7. John of Trevisa: Polychronicon 356
　The English Language in 1385 357

■ 참고문헌 361
■ 찾아보기 366

약어와 기호

A	형용사(Adjective)	Acc	대격(Accusative)
Ad	부사(Adverb)	AF	영국식 불어, 앵글로-프렌치(Anglo-French)
C	보어(Complement)	CF	중앙 불어(Central French)
Dat	여격(Dative)	F	불어(French)
G	그리스어(Greek)	Gen	속격(Genitive)
Goth.	고딕어(Gothic)	Ind	직설법(Indicative)
L	라틴어(Latin)	lit.	문자 그대로 (literally)
ME	중세영어(Middle English)	N	명사(Noun)
NF	노르만 불어(Norman French)	O	목적어(Object)
OE	고대영어 (Old English)	OF	고대불어 (Old French)
ON	고대노르웨이어 (Old Norse)	P	전치사(Proposition)
Past	과거(Past)	PL	복수(Plural)
Pres	현재(Present)	S	주어(Subject)
SG	단수(Singular)	Subj	가정법(Subjunctive)
V	동사(Verb)		
>, <	통시적 변화	→, ←	변형, 공시적 변화

제1장 중세영국의 역사

1066년 노르망디 공작 윌리엄(William)의 침입은 이전과 다른 새로운 시대의 서막이었다. 5세기 중엽, 영국에[1] 거주하던 켈트인들(Celts)을 도와준다는 명분으로 유럽대륙에서 영국으로 들어온 앵글로색슨(Anglo-Saxon)족은 켈트인들을 무찌르고 왕국을 세웠다. 이로서 영국은 앵글로색슨 시대가 시작되었다. 이들이 사용한 게르만적 색체가 강한 언어가 오늘날 영어의 조상, 즉 고대영어(449~1100)였다. 앨프레드(Alfred, 871~899 재위) 대왕의 혈통을 물려받은 앵글로색슨 왕조의 마지막왕은 참회자 에드워드(Edward the Confessor, 1042~1066)였다. 그는 후사 없이 사망함으로써 영국을 격동 속으로 몰아넣었다. 이 장에서는 11세기 중엽 윌리엄의 정복으로 시작된 프랑스계 왕조에서부터 15세기 튜더왕조의 설립까지 영국의 역사와 문화에 대하여 살펴본다.

---

[1] 오늘날 영국의 공식명칭은 United Kingdom of Great Britain and Northern Ireland 로서 잉글랜드(England), 스코틀랜드(Scotland), 웨일스(Wales), 북아일랜드(Northern Ireland)를 포함한다. 그러나 앵글로색슨족의 침입 이후에 그들의 거주지는 잉글랜드였고 이는 중세시대까지 지속되었다. 따라서 고대 및 중세 영국의(혹은 영어의) 역사는 거의 잉글랜드의 역사와 동일하다. 그러므로 이 책에서 영국은 잉글랜드를 지칭하며, 특별히 스코틀랜드, 웨일스와의 구별이 필요할 때, 잉글랜드라는 명칭도 함께 사용할 것이다.

1. 초기 중세 시대(1066~1300)

(1) 노르만 정복

참회자 에드워드는 앵글로색슨 혈통의 애설레드(Æthelred the Unready) 국왕과 프랑스 노르망디 출신의 엠마(Emma of Normandy)와의 사이에서 출생하였다. 그는 영국이 덴마크 왕조의 치하에 있던 시절,[2] 어머니의 고향 노르망디에서 망명생활을 했다. 덴마크 왕조의 혈통이 끊기게 되면서, 영국인들은 과거 웨식스(Wessex) 왕조의 부활을 원하였고, 에드워드는 37세가 되어서야 영국의 왕위를 이어받았다. 그는 정치에 무능하여, 그의 치세 동안에 웨식스 백작 고드윈(Godwin)이 막강한 권력을 휘둘렀다. 그러나 에드워드는 경건한 신앙심으로 인해 영국 왕실의 최고 성자로 불린다. 에드워드는 고드윈의 딸 에디스(Edith)와 결혼하였으나 후사를 갖지 못하였다. 결국 에드워드는 임종하면서 고드윈의 아들 해롤드를 후계자로 지명했다.

한편, 프랑스 노르망디(Normandy) 공국에는[3] 윌리엄이 어린 나이에 공

---

[2] 고대영국의 덴마크 왕조에 대해서는 김혜리(2011: 34-36)을 참조하라.
[3] 앵글로색슨시대에 영국은 8세기 후반부터 시작된 바이킹의 침략을 받아 왕국이 패망의 위기에 처한 적이 있었다. 바이킹(Viking)이란 지금의 노르웨이, 덴마크를 통칭한 스칸디나비아 지역에 살던 민족으로서, 바이킹이란 말은 본래 고대노르웨이어(Old Norse) 여성명사 'víking', 즉 '해상원정'을 뜻하였다. 그러나 고대영어의 'wicing'이란 단어는 '해적'이란 뜻으로 사용되었다. 그 바이킹들은 이 당시 영국뿐만 아니라 전 유럽을 휩쓸었으며, 프랑스 연안도 노략질하였다. 이들은 세력을 확장하여, 롤로(Rollo, 846~931)의 지휘아래 당시 프랑스 국왕 샤를 3세(Charles III, Charles the Simple, 898~923)와 911년에 조약을 맺어, 기독교를 받아들이고, 샤를 왕의 봉건제후가 되어 노르망디 땅을 양도받았다. 이로써 롤로는 노르망디의 공작으로 등극하게 된다. 그 후, 제6대 노르망디 공 윌리엄의 시대까지 노르망디 공국은 막강한 세력을 형성하였으며, 형식상으로는 프랑스왕의 봉건제후이었지만 국왕과 무관하게 노르망디를 지배하였다.

작의 자리에 올랐다. 그는 노르망디 공작 로베르 1세(Robert I)와 평민 출신의 첩 사이에 태어났다. 부친인 로베르가 1035년 예루살렘 순례를 다녀오는 길에 사망한 후, 윌리엄은 늘 반대 세력들의 위협을 받으며 자랐다. 이러한 난관은 그를 냉정하며 이성적이며 전제 군주적 성격을 지니게 만들었다. 1042년 15세가 되었을 때, 그는 직접 노르망디를 다스리게 되었다. 윌리엄이 영국에 관심을 갖게 된 것은 그의 종숙(從叔) 에드워드가 노르망디에 머문 적이 있었기 때문이다. 그때 에드워드가 윌리엄에게 왕위를 약속했다는 설이 있는데, 이것이 사실인지 혹은 윌리엄에게 명분을 만들어주기 위해 노르망디 측에서 지어낸 이야기인지는 확실치 않다.

1066년 1월 5일 에드워드가 죽자, 현인회의는 고드윈의 아들 해롤드(Harold II, 1066 재위)를 왕으로 선출하였다. 이 소식을 들은 윌리엄은 왕위계승의 부당성을 선포하며 침공을 계획하였다. 해롤드도 노르망디가 영국을 침공할 것을 예상하고 있었다. 그런데 1066년 9월 8일 노르웨이의 하랄드 하르드라다(Harald Hardrada)의 부대가 영국 북쪽의 노섬브리아(Northumbria) 지역을 침공했다. 이에 해롤드 국왕은 군대를 이끌고 북쪽으로 이동해야만 했고, 9월 25일 요크 근처 스탬퍼드 브릿지(Stamford Bridge)에서 노르웨이군에 승리하였다.

마침내 9월 28일 윌리엄이 침공을 감행하여 서섹스 동쪽연안 페번시(Pevensey)에 상륙하였다. 이 소식을 들은 해롤드의 부대는 윌리엄과 대적하기 위해 400km나 되는 길을 빠르게 남진해야만 했다. 이미 노르웨이군을 상대로 한 전투에서 많이 지쳐 있던 해롤드의 부대는 10월 14일 헤이스팅즈(Hastings) 근처에서 노르만(Norman) 군대와 만나게 되었다. 9시간에 걸친 격렬한 전투 끝에, 해롤드가 지금의 배틀 수도원(Battle Abbey)이 세워진 곳에서 살해당함으로서 영국군은 급격히 무너졌다(김혜리 2011: 37). 프랑스에 있는 바이외 벽걸이(Bayeux Tapestry)에는 지금까지 기술한 일련의 역사적 장면들이 잘 묘사되어 있다.

〈그림 1〉 바이외 벽걸이[4]

---

[4] 이 벽걸이는 현재 노르망디 바이외의 벽걸이 박물관(Musée de la Tapisserie de Bayeux)에 전시되어 있는 약 11세기 작품으로서, 길이 약 70m에 너비가 약 50㎝ 인 긴 리넨에 에드워드가 해롤드를 노르망디에 파견하는 장면부터 영국이 헤이스팅즈 전투에서 패하기까지 노르만 정복의 70여 가지 장면이 수 놓아 있다. <그림 1>의 위쪽 그림은 참회자 에드워드의 임종 장면이다. 침대가 아래위 두 칸으로 나뉘어 있는데, 위쪽은 에드워드의 임종 전 장면이다. 국왕과 마주하고 있는 이가

헤이스팅즈 전투에서 승리한 윌리엄은 런던으로 진군하면서 영국 귀족들의 항복을 받아냈다. 1066년 크리스마스에 웨스트민스터 사원에서 '정복자 윌리엄(William the Conqueror)'은 영국의 윌리엄 1세(노르망디의 윌리엄 2세)로 즉위하였다. 노르만 정복(Norman Conquest)로 인해 영국은 앵글로색슨 시대의 막을 내리고 프랑스계 왕조가 들어서게 되었다.

(2) 노르만 왕조

1) 윌리엄 1세(1066~1087)[5]

헤이스팅즈에서의 승리와 런던의 항복에도 불구하고 윌리엄(William I)이 영국 전역에서 왕으로 인정된 것은 아니었다. 이듬해부터 1070년까지 서쪽과 북쪽에서 크고 작은 반란이 일어났으며, 1071년이 되어서야 통치에 집중할 수 있었다. 반란을 진압하는 과정에서 해롤드를 추종하던 많은 고대 영국 귀족이 제거되었고 그들의 재산이 몰수되었다. 윌리엄에게 충성을 바친 영국인은 원칙적으로 노르만인과 동등한 권리를 가졌으나, 실제로는 왕국의 중요요직과 재산은 모두 노르만 귀족과 외국인들에게도 돌아갔다. 1072년에 영국의 12명의 공작 가운데 단 한 명만이 영국

해롤드로서 아마도 에드워드가 그를 후계자로 지명하는 장면이다. 침대 아래쪽은 그의 죽음 후 장례를 위한 준비 작업을 묘사한 것이다. 아래쪽 그림은 헤이스팅즈 전투에서 해롤드가 눈에 화살을 맞는 장면을 묘사한 것이다. 바이외 벽걸이는 당시의 시대상과 무기와 전술이 자세히 묘사되어 있어 중세시기의 귀중한 직물공예로 꼽힌다.

[5] 이 책에서 처음 인물을 소개한 후 뒤따르는 연도는 대부분 그의 탄생에서 죽음까지의 기간을 나타낸다. 그러나 왕명 뒤의 연대는 국왕의 재위기간을 가리킨다. 국왕을 제외한 인물에 대하여 재위기간을 나타내고자 할 때에는 혼동을 피하기 위하여 '재위'라는 명칭을 사용할 것이다.

인이었으며, 그마저도 4년 후에 처형되었다. 그의 치세 말기에 왕국의 토지 소유에 대해 조사한 「둠즈데이 북(Domesday Book)」(1086년)이 편찬되었는데,6 이 토지대장을 보면, 왕국의 귀족 가운데 영향력을 행사할 수 있는 토착 색슨인 귀족은 단지 두 명만이 남아있었다. 새로운 지주는 일부 브르타뉴(Brittany)와 플랑드르(Flanders) 출신들도 있었지만 대부분 노르만인이었다(모건 1997: 135). 뿐만 아니라 교회의 요직도 노르만인들이 차지하였다. 1075년 21명의 대수도원장 가운데 13명이 영국인이었으나, 12년 후에는 3명으로 줄었고, 나머지는 외국인들로 채워졌다. 윌리엄의 치세말기, 색슨인 주교는 울프스탄(Wulfstan, Bishop of Worcester)이 유일하였다(Baugh and Cable 1993: 110).

윌리엄은 영국을 다스리기 위해 대륙의 봉건제도를 도입하였다.7 자신

---

6 「둠즈데이 북」은 최후의 심판일에도 최종 판결로서의 효력을 가진다는 뜻으로 붙여진 이름으로서, 초기에는 이것을 '잉글랜드에 대한 기술(the description of England)'이라 했으나, 12세기 중엽부터 보통 '둠즈데이 북'이라 불렀다. 1086년 윌리엄1세의 명령으로, 조사위원들이 잉글랜드의 거의 모든 주에 대하여 국왕 소유영지와 국왕의 봉토 직수령자들의 영지를 상세하게 조사했다. 자료 수집은 주와 헌드레드(hundred), 촌락 등 지리적 단위에 따라, 장원 소유주의 이름, 장원의 규모, 경작 가능한 토지면적, 농노와 자유농민의 숫자, 방앗간 등 시설의 수, 그리고 파운드로 환산한 장원의 가격 등이 자세히 나와 있다. 그리고 이것들은 다시 국왕과 그의 봉토 직수령자의 이름에 따라 구분되었다. 둠즈데이 북은 잉글랜드 대다수의 촌락 및 도시에 대한 최초의 기록이며, 그 정밀도에 있어서 중세 최고의 행정업적으로서, 노르만 정복 이후의 잉글랜드 역사연구에 빼놓을 수 없는 중요한 자료이다.

7 봉건제도하에서 왕은 모든 토지의 소유자였으며, 주군과 기사, 농노 사이의 피라미드식 주종관계가 기초를 이루었다. 왕은 국토의 일부만을 자신의 소유로 하고, 나머지는 전부 영주와 기사에게 병역과 현물(화폐의 발전 후에는 세금)을 제공받은 조건으로 봉토로 나누어주었다. 영주와 기사는 다시 약간의 농토만 남기고 부역과 현물을 지대로 받고 전부 농노에게 나누어주었다. 이로써 노르만 정복 후 20년간에 영국 북동부 지역을 제외하고는 자유민(free man)이 사라졌다. 모든 농노는 약 30에이커의 농지를 경작하는 농노(villains)와 4~5에이커를 경작하는 소농노(cotters)로 전락하였다. 농노는 농토에 메어 있어서 불만이 있어도 떠날 수

의 노르만 측근들에게 성곽과 영토를 제공하여, 이들이 토착 영국민을 다스리게 하였다. 윌리엄은 프랑스 왕에게 신서를 한 프랑스의 공작이었기 때문에 프랑스의 정치에 직간접적 간섭을 받았다. 그의 주된 관심은 통치 말기까지 대륙에서의 전쟁과 외교에 쏠려 있었고, 반드시 필요할 때를 제외하고는 생의 마지막까지 노르망디에 머물렀다. 노르망디는 영국보다 더 공격을 받을 위험이 컸기 때문이다. 대신 영국은 캔터베리 대주교로 임명된 랜프랑크(Lanfranc, 1005~1089)가 다스리게 했다. 그는 왕을 도와 영국 교회를 교황의 간섭에서 독립시키려고 노력하였고, 성직자들이 왕의 자문 이상이 될 수 없도록 만들었다. 그는 또한 토착 영국인들이 차지하던 관직을 노르만인들로 대체하는 작업에 박차를 가하였다.

1087년 윌리엄은 프랑스 왕 필립으로부터 망뜨(Mantes)를 탈환하기 위한 전투에서 치명상을 입고 말았다. 윌리엄의 큰아들 로베르 2세(Robert II of Normandy)는 한때 아버지에게 반란을 일으켜, 아버지가 부상을 입었을 때, 프랑스 왕의 궁정에 있었다. 윌리엄의 병석을 지키는 이는 그의

없었고, 농토와 함께 매매되었다. 농노는 영주의 승낙 없이는 딸을 결혼시킬 수도 없었고, 매주 몇 회씩 영주의 직영지에서 부역에 종사하였다. 봉건제도의 정치적 단위는 기사영지로서, 기사 1명을 왕의 군대에 차출할 수 있는 단위였다. 경제적 단위는 장원으로서, 면적은 일정하지 않았으나 오늘날의 촌락(village)에 해당한다. 장원의 중심부에는 영주의 주택이 있고 그 주위에는 영주의 사유지가 있었다. 장원은 보통 산림이나 황무지로 분리되어 있고, 영주가 여러 곳에 장원을 가지고 있을 때는 여러 장원을 왕래하였다. 영주가 부재중에는 집사가 영지를 관리하였다. 농노는 촌장을 선출하여 그들을 대표하게 하였는데, 가끔 집사와 촌락민들 사이에 끼어 고초를 당하곤 하였다. 장원은 원칙적으로 자급자족하도록 되어 있으며, 각 장원 안에는 구두공, 직조공 등 장인들이 있었다. 장원은 또한 중죄를 재판할 권리도 갖고 있어서, 분쟁이 있을 때 영주의 관내에서 영주나 그의 대리인의 주재로 재판이 이루어졌다. 12세기까지 영국민들은 자신의 사회제도 외의 사회를 모르고 있었다. 성직자의 잘못된 행동을 비난하기는 하였으나, 독실한 신자들이었고, 왕을 신성한 존재로 믿고 있었다. 이들이 봉건제도에 회의를 느끼기 시작한 것은 13세기부터였다(모로아 1997: 78-85).

동생 윌리엄 루퍼스과 헨리였다. 윌리엄은 임종하면서 루퍼스에게 영국을 물려주었다. 반란에도 불구하고 큰아들에게는 노르망디와 메인(Maine)을 상속하였고, 헨리에게는 영지를 사들일 수 있는 많은 재산을 물려주었다.

2) 윌리엄 2세(1087~1100)

붉은 얼굴을 하고 있다고 하여 '루퍼스(Rufus)'라는 별칭을 갖고 있는 윌리엄 2세(William II)는 왕위를 계승한지 몇 개월 되지 않아 귀족들의 반대에 부딪쳤다. 1088년 정복왕의 이복동생 바이외의 오도(Odo of Bayeux, Earl of Kent)의 지휘아래 영국의 동부지역에서 반란을 일으켰다. 그들의 명분은 두 군주에 의해 나뉘어져 있는 잉글랜드와 노르망디를 다시 합병하자는 것이었다. 이 반란은 곧 귀족들의 정치참여와 세금감면을 왕으로부터 약속받음으로써 진정되었다. 그러나 반란의 명분은 루퍼스를 불안하게 만들었다. 1089년 그는 노르망디의 계승권을 주장하였다. 그러나 영국의 지배는 여전히 불안하여 1095년에 또 다른 반란에 직면하였다. 그는 강경하게 반란을 진압하였고, 그 후로는 어떤 귀족도 그에게 반기를 들지 못하였다. 그 사이에 루퍼스에게 좋은 기회가 찾아왔다. 그의 형 로베르가 자신의 실정을 타파하기 위한 좋은 기회라 생각하고 교황의 설득에 따라 제1차 십자군원정에 참가하게 되었다. 그는 긴 원정에 필요한 1만 마르크를 확보하기 위해 노르망디를 루퍼스에게 저당잡혔다. 루퍼스는 로베르의 실정 때 잃어버린 메인과 벡생(Vexin)을 1099년까지 회복하였다.

전쟁지도자로서의 그의 명성에도 불구하고, 루퍼스는 그리 덕망있는 국왕으로 알려져 있지 않다. 랜프랑크가 사망하자, 그는 영국 교회를 자신의 지배하에 놓기 위해 후임을 뽑지 않았다. 당시에 역사는 대부분 수사들이 기록하였는바, 수사들이 이런 그를 좋게 보았을 리 없었다. 그는 평생 독신으로 지냈는데, 성직자들은 그를 사치와 향락에 빠져 살며, 많은 정부를 갖고 있었다고 전하고 있다. 루퍼스의 치세 말기에 그는 마지못하여 1093년 베크의 수도원장 안셀무스(Anselmus (=Anselm) of Bec, 1033/34~1109)를 4년간 공석으로 있던 캔터베리 대주교로 임명하였다. 그도 랜프랑크처럼 이탈리아인이었고 랜프랑크의 가르침을 받고자 수도사의 길을 택하였다. 그러나 랜프랑크와 달리 세속적인 일에는 흥미가 없었으며, 현세는 무상하고 찰나적이며, 오직 영생의 준비과정으로서만 의미를 두는 성자였다. 그가 주교로 임명된 후, 교회의 권위를 무시하는 국왕과의 사이에 끊임없는 알력이 생겼다. 둘 사이에 주교를 임명할 권리가 국왕에게 있느냐 아니면 교황에게 있느냐를 두고 오랫동안 논쟁이 벌어졌다. 결국 두 사람의 관계는 안셀무스가 영국을 떠나면서 종지부를 찍었고, 국왕은 다시 공석이 된 캔터베리 대주교의 수입을 독차지하였다.

　루퍼스는 아버지로부터 물려받은 잉글랜드를 안정시키고 자신의 권력을 공고히 하고자 노력하였으나, 이로 인해서 많은 정적을 갖게 되었다. 공교롭게도 그해 8월 2일 루퍼스는 의문에 싸인 죽음을 맞게 되었다. 그가 햄프셔에 있는 뉴 포레스트(New Forrest)로 사냥을 나갔을 때, 화살이 하나 그의 심장을 꿰뚫었다. 이것이 우연한 사고인지 고의적인 살해인지는 아직도 미궁으로 남아있다. 동생 헨리가 사냥에 동행하였으나, 그는 형의 시체를 수습하기보다 원체스터에 있는 국고(Treasury)를 손에 넣게 위해 재빨리 움직였다.

3) 헨리 1세(1100~1135)

윈체스터로 가서 국고를 장악한 헨리는 귀족들로 하여금 그가 국왕임을 선포하게 하고, 8월 5일 웨스트민스터 대수도원에서 대주교가 공석이었던 관계로 런던주교로부터 왕관을 받으면서 헨리1세(Henry I)로 등극하였다. 헨리의 재빠른 행동은 그가 형의 죽음을 미리 알고 있었다는 의심을 낳기도 하였다. 그의 왕위계승은 불안하였다. 루퍼스가 후사가 없었기 때문에 그의 정통 후계자는 노르망디 공 로베르였다.[8] 마침, 예루살렘까지 십자군 원정에 참여하였던 로베르가 명성을 얻으며 노르망디로 귀향하고 있었다. 그러나 헨리는 그의 별칭인 '뛰어난 학자(Henry Beauclerc)'에서도 알 수 있듯이, 학식이 있고 법률에 조예가 깊었다. 헨리는 로베르가 돌아오기 전에 가능한 많은 지지자를 얻기 위해 '대관 헌장(Coronation Charter)'을 발표하였다.[9] 이 헌장에서 그는 참회자 에드워드의 법률을 준수할 것이며, 교회의 자유과 재산권을 보장하며, 근거 없는 과세나 교회의 수입에 대한 몰수조치와 같은 그의 형 루퍼스가 저지른 권력 남용을 폐기하겠다는 뜻을 밝혔다. 그는 그 해 안셀무스를 자신의 자문으로 초청하였으며(Vaughn 1980: 63), 무엇보다도 스코틀랜드 맬컴 3세(Malcolm III)의 딸이며, 앵글로색슨 왕가의 혈통을 이어받은 에디스-마틸다(Edith-Matilda) 공주와 결혼하여, 스코틀랜드와 평화로운 관계를 맺고 영국의

---

[8] 노르망디 공 로베르의 별칭은 '커토즈(Curthose < NF Courtheuse)'로서, '짧은 스타킹'을 의미한다. 그의 아버지 윌리엄은 그를 '짧은 부츠(NF brevis-ocrea)'라 부르며 놀렸다고 한다. 그리하여 이름을 영문으로 로버트 커토즈(Robert Curthose)라 부르기도 한다.

[9] 대관 헌장은 국민의 권리를 보장하는 부분이 있었기 때문에, 1215년 스티븐 랭턴 대주교(Archbishop Stephen Langton)는 이것을 마그나 카르타(Magna Carta)의 전례라고 불렀다(Hollister 2001: 109ff.)

지지를 받고자 하였다. 이 결혼은 노르만 귀족들에게는 놀림의 대상이 되었지만 토착 영국인들에게는 큰 환영을 받았다.

1101년, 마침내 그의 형 로베르가 잉글랜드를 침공하였다. 일부 영주들이 헨리 곁을 떠나 로베르에게로 가기도 하였으나, 수많은 영주들과 앵글로색슨인, 그리고 영국교회의 지지를 받은 헨리는 로베르와 협상하여 타협안을 이끌어냈다.[10] 로베르가 잉글랜드 왕위를 요구할 권리를 포기하는 대신, 노르망디에 있는 헨리의 영토와 2,000파운드의 막대한 연금을 받기로 하였다. 1101년 위기를 모면한 헨리는 차츰 잉글랜드에 있던 로베르와 그의 측근들의 영토를 몰수하기 시작하였다. 로베르는 십자군 원정의 영웅이었지만, 우유부단한 통치로 노르망디를 자주 혼란에 빠뜨리곤 하였는데, 영국으로 망명한 노르망디 성직자들은 헨리에게 노르망디를 평정해달라고 요청하기도 하였다. 마침내 헨리는 노르망디 영주들을 매수하고 이웃 국왕들과 협정을 맺는 등 준비 끝에, 1106년 탱슈브레 전투(Battle

---

[10] 헨리1세와 잉글랜드 교회와의 관계가 항상 좋지만은 않았다. 성 안셀무스는 1100년 망명에서 돌아오자 교회를 세속 군주로부터 독립시키고자 한 교황 파스칼리스 2세(Paschalis (=Paschal) II, 1099~1118 재위)의 개혁에 헌신했다. 교황은 그 당시 세속 군주가 성직자에게 땅을 하사하는 것을 금지하고 성직자가 세속 군주에게 충성을 서약하는 것을 금지했다(Hollister 1983: 120). 이것은 이전부터 존재하던 그레고리(Gregory) 개혁과 연관된 사상으로서, 개혁가들은 성직자들이 도덕적, 정신적 정화를 위하여 세속적인 지배에서 벗어나야 한다고 믿고 있었다. 이에 따라 안셀무스는 헨리로부터 교구를 받은 성직자들을 주교직에 임명하기를 거부하고, 그 자신도 헨리에게 충성서약을 거부했다. 그러나 헨리는 주교와 국왕의 봉건적 유대관계를 유지하고 싶어 했다. 이러한 성직임명(investiture) 투쟁으로 안셀무스는 1103년부터 1106년까지 두 번째 망명을 떠나야 했다. 왕과 교황 및 대주교 사이에 수많은 편지와 협상이 오간 뒤, 탱슈브레 전투가 벌어지기 직전에 타협이 이루어졌고, 이 타협안은 1107년 런던에서 비준되었다(런던 협약(Concordat of London)). 이 협약에서 국왕이 주교와 대수도원장의 임명권을 포기하는 대신, 주교와 대수도원장은 그들이 갖고 있는 봉토 때문에 국왕에게 여전히 충성서약을 해야 했다.

of Tinchebray)에서 로베르의 군대를 무찌르고 그를 사로잡았다. 로베르는 그의 생애 마지막 28년을 그의 동생의 포로로 보내게 된다. 탱슈브레에서 잉글랜드가 거둔 승리를 통하여, 이제 앵글로-노르만(Anglo-Norman) 국가는 다시 통일을 이루었고 평화를 되찾았다.

노르망디가 정복되고 성직임명문제가 해결된 후, 헨리는 명예와 관용으로 귀족을 대하였고, 그들의 토지와 부를 증대시켜 그들의 충성을 받을 수 있었다(모건 1997: 146). 1106년 이후 그는 프랑스 왕 루이 6세(Louis VI)와 앙주(Anjou) 백작 풀크 5세(Fulk V)에 대항하여 노르망디를 방어하였다. 또한 이웃 국가들과 동맹을 체결하려는 수단으로, 딸 마틸다를 신성로마제국의 황제 하인리히 5세(Heinrich V)와 결혼시키고, 8명이나 되는 서출의 딸들을 이웃 제후들과 결혼시켰다. 또한 왕실의 안정을 위하여 유일한 적자인 윌리엄을 후계자로 내세웠다. 인질로 잡혀 있는 로베르의 어린 아들 윌리엄 클리토(William Clito)가 노르망디의 유일한 적통이라고 주장하는 클리토의 측근들은 두 차례에 걸쳐 노르망디 동부지역을 공격했다. 헨리는 이 거센 도전과 공격들을 모두 물리쳐야 했다. 1120년 경에는 대다수의 영주들이 그에게 굴복하였다.

그러나 1120년 헨리의 아들이 화이트십호(White Ship)의 난파로 목숨을 잃자 헨리의 왕위계승 문제가 통치의 중심이 되었다. 1118년에 마틸다 왕비가 사망한 후, 1121년 헨리는 새로운 부인과 결혼했지만, 자식이 태어나지 않았다. 그에게는 20명이 넘은 서출이 있었지만 그의 적출의 딸 마틸다(Matilda)만이 아버지보다 오래 살아남았다. 1125년 독일의 황제 하인리히 5세가 죽자, 헨리는 마틸다를 영국으로 불러들여, 봉건 영주들로 하여금 그녀를 후계자로 받아들일 것을 서약하게 했다. 마틸다는 1128년 앙주 백작 풀크의 후계자인 제프리 플랜태저넷(Geoffrey Plantagenet)

과 결혼하였다. 이것은 풀크 백작의 외교적 승리로서, 앵글로-노르만 왕조를 앙주 가가 접수하는 첫 걸음이었다. 1133년 마틸다는 첫아들을 낳았는데, 이 아들이 나중에 헨리 2세가 되기 때문이다.

헨리 1세는 유능하고 성공적인 통치자였으나, 왕위계승 문제를 해결할 수 없었다. 1135년까지 헨리는 그의 딸과 사위와 격렬한 싸움을 하면서 귀족들이 앙주 가에 반대하도록 하였다. 그의 생애 말에는 결국 그의 딸과 사위가 왕위를 계승하길 원했으나, 1135년 헨리 1세가 노르망디에서 사망하자, 평소에 외국인과의 결혼에 불만을 가지고 있었던 잉글랜드 귀족들은 마틸다의 왕위계승을 반대하였다. 헨리의 총애를 받던 조카 블루아의 스티븐(Stephen of Blois)은 마틸다의 왕위 계승권을 무시하고 먼저 윈체스터에 있던 국고를 장악하고 잉글랜드 왕위를 차지했다. 그 후 마틸다가 영국을 침공하며 치열한 내전이 벌어진다. 이 내전은 1154년 스티븐 왕이 죽고 어떤 반대자도 없는 가운데 헨리 2세가 왕위에 오름으로써 끝난다.

4) 스티븐(1135~1154)

스티븐(Stephen)은 정복자 윌리엄의 외손자로서 아버지를 이어 블루아(Blois) 백작의 직위를 갖고 있었다. 그는 잉글랜드와 노르망디 및 불로뉴(Boulogne)의 방대한 영토를 물려받았다. 처음에, 삼촌인 헨리 1세의 명에 의해 다른 많은 귀족들과 함께 마틸다를 왕위 계승자로 지지할 것을 서약했다. 그러나 헨리 1세가 사망하고, 런던 시민과 일부 귀족이 스티븐을 국왕으로 추대하자, 스티븐은 왕위를 차지하기 위해 영국해협을 건너왔다. 그는 1135년 12월 22일에 웨스트민스터에서 즉위했다.

스티븐은 겸손하고 활달하며(King 2010: 301), 신앙심이 깊은 사람(Crouch 2002: 279-281)이었다. 그가 즉위할 때 로마 교황의 지지에 대한 보답으로, 그는 교회에 많은 헌납을 하였으며 교황이 잉글랜드 정치에 더 많은 영향력을 행사할 수 있도록 하였다. 그러나 유약한 성격 때문에 정치적 능숙함이 없었으며 확고한 지도력을 발휘하지 못했다. 그가 용병으로 고용한 플랑드르인들과 일부 영주들은 국왕의 허가 없이 농민들을 징발하여 성곽을 구축하고 흉악한 행동을 일삼았다. 그들은 자신에게 반대하는 사람들에게 무서운 고문을 가했다. 이러한 진상에 대해「피터버러 연대기(Peterborough Chronicle)」는 다음과 같이 언급하고 있다(제7장 문헌강독 참고 바람).

반역자들은 스티븐의 유약함을 알았을 때, 끔찍한 짓을 저질렀다. 그들은 충성서약을 하였으나 이를 지키지 않았다. 그들은 곳곳에 각자의 성을 구축하였고, 이 땅은 곧 성들로 가득 찼다. 사람들은 그들의 성을 쌓기 위해 혹독한 노동을 착취 당했으며, 성이 완성되자, 그들은 이루 말할 수 없는 고문으로 사람들을 고통으로 몰아넣었다. … 나는 이 땅의 불쌍한 사람들에게 그들이 저지른 고문과 잔학함을 모두 말할 수도 없을 정도이다. 이러한 상태가 19년간 지속되었고, 상황은 점점 더 나빠졌다.

역설적이게도, 이들 영주들은 난폭한 행동을 저지르면서도 지옥으로 떨어질 것을 염려하여 수도원을 건립하여 헌납하였다. 무정부시대와 같은 이러한 상황은 스티븐을 따르던 귀족들로 하여금 그에게서 멀어지게 만들었다. 그리하여 마틸다의 이복동생이며 당시 세력가이던 글로스터 백작 로버트(Robert of Gloucester)는 1138년 여름에 마틸다의 왕위 계승권을 주장하는 전쟁을 일으켰다. 처음에 스티븐이 몇 차례 전투에서 승리를 거두었으나, 자신의 동생 블루아의 헨리(Henry of Blois)를 캔터베리 대주교로 임명하지 않고, 또한 솔즈베리 주교 로저(Roger, Bishop of Salisbury)와 그 친척들을 체포하면서 교회의 지지를 잃었다.

이 틈을 타 마틸다가 1139년 가을 잉글랜드 애런덜(Arundel)에 상륙하면서 영국은 내전에 휘말렸다. 그녀가 점차 잉글랜드 서부의 대부분을 차지하게 되자, 잉글랜드에는 두 개의 궁정이 생기게 되었다. 1141년 2월 스티븐은 링컨 전투에서 포로가 되었다. 그해 마틸다는 런던으로 진군하였으나, 교황의 사절의 중재안을 일축하면서, 런던 시민들의 반란을 불러 일으켰다. 그해 11월 스티븐은 역시 포로로 잡혀 있던 글로스터와 교환되어 풀려났다. 1141년부터 3년간 일련의 전쟁이 일어난 후, 내란은 소강상태에 빠졌다. 1147년 글로스터의 로버트가 사망하자 이에 상심한 마틸다는 1148년 잉글랜드를 떠나 다시는 돌아오지 않았다.

이제 스티븐은 명목상 잉글랜드 왕국 전체를 지배하였으나 그에게는 혼란을 극복할 힘도 의지도 없었다. 그는 오로지 아들 유스타스(Eustace)에게 왕위를 확실히 물려주기만을 바랐다. 그 무렵 앙주의 제프리는 아들 헨리의 도움을 받아 노르망디를 다스리고 있었다. 1152년 부친이 타계한 후, 19세의 헨리 플랜태저넷은 프랑스 루이 7세(Louis VII)의 황후였다가 두 달 전 이혼한 29세의 아키텐의 엘러너(Eleanor of Aquitaine)와 결혼하였다. 그 결과 헨리는 어머니로부터 물려받은 노르망디와 아버지로부터 상속한 메인, 앙주 외에도, 리무쟁(Limousin), 가스코뉴(Gascony), 페리고르(Perigord)를 포함한 내륙의 광대한 아키텐 공령도 지배하게 되었다. 전처의 결혼에 분개한 루이 7세가 헨리에 대항하는 연합전선을 구축하자, 스티븐은 희망을 가지게 되었다. 그런데 대담한 헨리는 1153년 1월 왕위

계승권을 주장하며 잉글랜드로 쳐들어갔다. 공교롭게도 그해 8월 유스타스가 갑작스럽게 죽자, 상심한 스티븐은 헨리를 후계자로 지명하는 윈체스터 조약(Treaty of Winchester, 1153년 12월)을 맺었다.[11] 그 다음해 스티븐이 죽자 헨리가 왕위를 계승하면서 영국에 플랜태저넷 왕조(House of Plantagenet)가 시작된다.

노르만 왕조(House of Normandy)는 영국에 불어와 프랑스 문화를 가지고 들어왔다. 노르만 정복으로 새로이 영국의 귀족이 된 노르만인들과 이들이 불러들인 가신들과 친척들은 이미 프랑스화 되어 있었기 때문이다. 1066년 윈체스터에는 재산 소유자의 30% 이하만이 비색슨계 이름을 지녔으나, 1207년에는 그 비율이 80%로 올라갔으며, 대부분이 윌리엄, 리처드와 같은 프랑스 이름이었다. 문학, 음악, 건축에서도 프랑스 양식이 유행하였다. 노르만 정복이후 새워진 교회건축은 영국적인 요소도 일부 가지고 있었지만, 지중해나 프랑스에서 들어온 양식을 지니게 되었다. 영국은 13세기 초까지 정치적 식민지였으며, 그 이후에는 문화적 식민지였다.

(3) 플랜태저넷 왕조

1) 헨리 2세(1154~1189)

헨리 2세(Henry II)는 왕위계승에 대한 분쟁 없이 1154년 잉글랜드의 국왕이 되었다. 기록에 의하면 그는 땅딸막한 체격에 주근깨가 난 얼굴, 짧게 자른 붉은 색 머리카락과 회색 눈을 가졌으며, 목소리는 거칠었다.

---

[11] 이 조약은 웰링포드 조약(Treaty of Wallingford) 혹은 웨스트민스터 조약(Treaty of Westminster)으로 불리기도 한다.

그러나 그는 재치 있는 말솜씨와 겸손한 태도로 여러 계층의 사람들과 어울렸으며, 학자들과 함께 토론하는 것을 즐겼다. 그러나 때때로 불같이 화를 내고 냉혹하게 굴기도 했다. 그의 조부 헨리 1세와 마찬가지로 그는 법에 대한 지식이 풍부하였고, 그의 냉정한 현실 인식은 사법과 행정에 관한 개혁을 이루게 했다.

1157년 헨리는 스코틀랜드의 어린 왕 맬컴 4세(Malcolm IV)에게 압력을 가하여, 맬컴 4세의 조부 데이비드 1세(David I)가 빼앗아 간 컴버랜드(Cumberland), 웨스트모어랜드(Westmorland), 노섬브리아를 잉글랜드에 반환하게 하였다. 1157년 헨리는 웨일스를 침략하였으나, 웨일스의 뛰어난 지도자들 때문에 웨일스를 정복하지 못하였다. 아일랜드의 경우, 우선 웨일스 남부 출신 영주들의 원정을 허용하였고(1169), 1171년에는 헨리가 침입하여 영토를 넓혔다.

잉글랜드가 그에게 왕으로서의 칭호와 막대한 부를 갖다 주었지만, 그는 34년의 오랜 통치기간 동안 영국에서 지낸 기간은 단 14년뿐일 정도로 프랑스의 통치에 더 중점을 두었다. 사실, 이 당시 세느 강과 루아르(Loire) 강 유역의 프랑스 지역은 학문, 예술, 음악의 중심지였으며, 이에 비해서 영국은 사회문화적으로 약간 뒤떨어져 있었다. 아키텐과 앙주는 중세의 중요한 교역물자인 소금과 포도주를 생산하고 있었는데, 이것은 영국의 직물과 교역되었다. 노르망디 공이면서, 아키텐 공, 앙주 백이었던 헨리는 자신의 영토 주변 지역 문제에 개입하였고, 1156년에는 낭트(Nantes)를, 1159년 툴루즈(Toulouse)를 원정하여 일부 도시를 취하였고, 1160년 노르망디의 벡생을 회복하고, 마지막으로 1166년 이후 계속된 침입으로 브르타뉴를 정복하여 그의 아들 제프리를 공작으로 임명하였다. 그는 세 딸을 다른 왕가에 출가시켜, 독일과 카스티야 및 시칠리아에서 정치적 영향력을 얻었다. 프랑스 왕 루이와 헨리의 반목은 독일과의 우호적 관계를 만들었다.

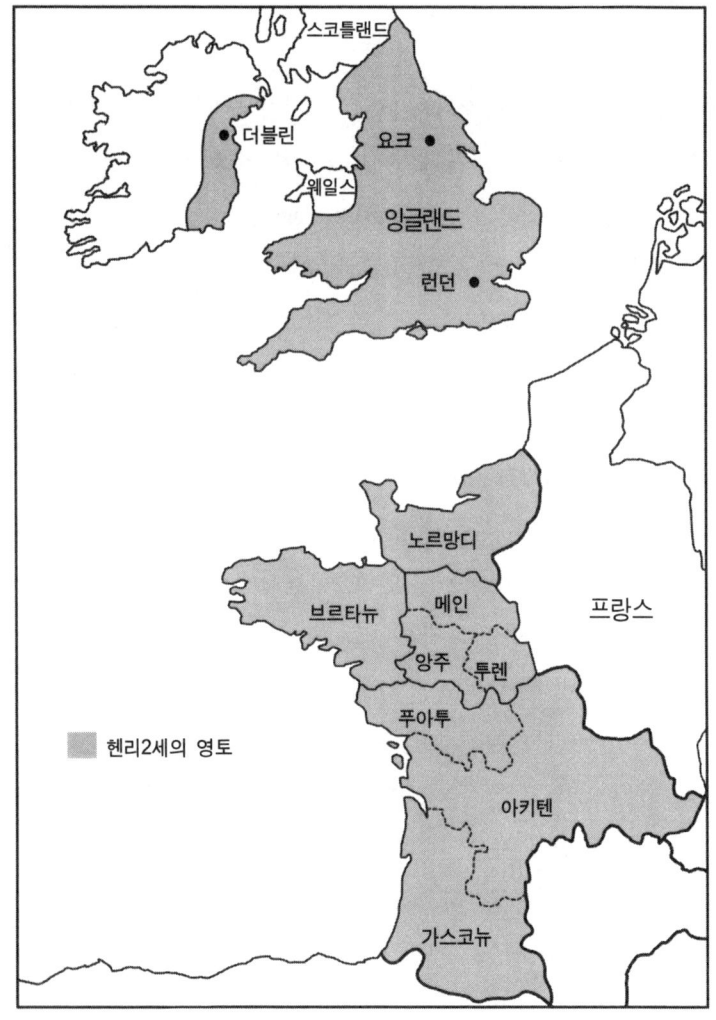

〈그림 2〉 헨리 2세의 영토

이러한 영토 확장과 더불어, 그의 중요한 업적은 행정·사법 개혁이었다. 헨리의 통치 이전 잉글랜드는 무정부 상태였다. 왕의 권위는 내란과 봉건 귀족들의 권력 남용으로 추락한 상태였다. 이때까지 지방의 법정은 봉건영주들이 지방의 관습을 적용시키는 제도로서, 이것은 앵글로색슨의 사법제도를 그대로 계승한 것이었다. 물론 국왕이 오랫동안 법과 질서를 책임져 왔지만, 주로 중죄를 담당하였다. 헨리는 왕립치안법정(Royal Magistrate Court)을 구성하고(Cantor 1994: 397-398), 이들이 자주 지방을 순회하며 지방법정을 열도록 하였다. 이 순회법정은 얼마 지나지 않아 전국 어디서나 적용되는 관습법, 즉 보통법(common law)을 탄생시켰다. 국왕의 재판관들은 초기에 헨리가 신임하는 백작, 남작(baron), 주교, 수도원장 등으로 이루어졌으며, 이들은 자신들이 담당하던 외교적, 행정적, 군사적인 일과 함께 사법 업무도 담당하였다. 12세기 말에는 법률에 정통한 세속인들로 구성되었다. 12세기에는 앵글로-노르만인들이 들여온 결투에 의한 재판(trial by combat)이 여전히 흔하였는데, 1179년 헨리는 재산권에 대한 송사에서는 결투에 의한 재판 대신에 배심원에 의한 재판을 하도록 명함으로써 공정한 재판이 되도록 하였다.

헨리 2세의 두드러진 업적은 토머스 베켓(Thomas Becket)과의 논쟁 및 가족의 불화로 손상되게 된다. 토머스 베켓은 처음에 헨리의 신임을 받고 대법관(chancellor)이 된 인물이었다. 헨리와의 관계는 베켓이 1162년 캔터베리 대주교로 선출된 이후에 악화되기 시작되었다. 헨리는 성직자들이 죄를 지었을 때 종교재판소에만 회부되어 처벌이 경감되는 것을 싫어하여, 그들이 세속재판소에서도 처벌을 받아야 한다고 주장하였다. 이에 반해 베켓은 파문당한 성직자가 다시 세속재판을 받는 것은 성직자를 정치적으로 통제하는 수단이 될 수 있으며 왕권의 남용임을 주장하였다.

베켓의 행동에 배신감을 느낀 헨리는 1164년 교권보다 왕권을 우위에 놓는 클래런던 헌장(Constitutions of Clarendon)을 제시하며 주교들에게 이 관습을 따르도록 요구하였다. 이 논쟁의 결과 베켓은 왕실재판소에서 유죄판결을 받고 재산을 몰수당했다. 베켓은 결국 망명하면서 로마교황에게 제소하였다. 교황 알렉산데르 3세(Alexander III, 1159~1181 재위)가 헨리의 파문을 고려하자, 당황한 헨리는 베켓과 타협하였다. 1170년 영국으로 돌아온 베켓은 다시 국왕과 충돌하였다. 국왕에게 맹목적으로 충성하던 기사 4명이 그 해 12월 29일 프랑스에서 켄터베리로 달려가서 대성당에 있던 베켓을 살해하였다. 이 사건은 전 기독교 사회를 경악시켰고, 베켓은 아주 짧은 기간에 성인으로 추대되었다. 그리하여 이때부터 300여 년간 캔터베리 순례는 영국 전역에서 유행하였다. 베켓의 죽음으로 헨리의 지배권은 조금도 흔들리지 않았지만, 그는 많은 비난의 대상이 되었다.

베켓의 문제보다 더 위험한 것은 왕실 내부의 불화였다. 헨리는 연상의 아내 엘리너와 오랫동안 화목하여 8명의 자녀를 두었다. 헨리는 이 자녀들 가운데 어려서 죽지 않은 네 아들 헨리, 제프리, 리처드, 존을 매우 사랑했지만, 아들들에게 영지는 나누어주되 진정한 권력은 자신이 계속 쥐고 있으려는 헨리의 방침이 분쟁의 원인이 되었다. 1170년 그는 맏아들 헨리를 공동 통치자로 임명했다. 그러나 이 젊은 왕은 사실상 아무 권력도 갖지 못했기 때문에 불만을 가지고 있었다. 1173년에는 아버지가 가장 사랑하는 막내아들 존에게 제프리의 영지를 주려고 하자, 이 사실을 알게 된 제프리는 부왕에게 등을 돌렸다. 셋째 아들 리처드도 어머니 엘리너의 지지를 받아 왕위 찬탈을 시도하였다. 이미 초로에 접어든 엘리너는 남편이 젊은 여자들에게 관심을 갖자 앙심을 품고 자식의 반란을 부추겼다. 아들들의 반란 뒤에는 프랑스의 루이 7세와 스코틀랜드의 사자왕 윌리엄

(William the Lion), 그리고 많은 봉건영주들의 지원이 있었다. 고독과 비애에 빠진 노왕은 1174년 7월 12일 모든 것이 자신의 탓이라며 공개적으로 참회를 했다. 이튿날 스코틀랜드 왕이 애닉에서 붙잡혔으며 3주 뒤에 헨리는 잉글랜드에서 일어난 반란을 진압했다. 이후 노왕은 아들들을 사면하였지만 엘러너는 남편이 죽을 때까지 감금되어 있었다.

두 번째 반란은 1181년 아키텐을 다스리는 문제를 둘러싸고 두 아들 헨리와 리처드 사이에 벌어진 싸움으로 시작하였다. 이 와중에 맏아들 헨리가 1183년 죽었고, 1186년에는 제프리도 세상을 떠났다. 아들들의 반란에 처해 있던 노왕은 막내아들 존에 대한 애정밖에 없었다. 리처드에게 영국과 노르망디를 물려주었으므로, 존에게는 아키텐을 주려고 하였다. 리처드는 왕의 노력에 반발하여, 새로이 프랑스 왕이 된 필리프 2세 (Philip (=Philippe) II)와 동맹을 맺었다. 이 동맹군은 1189년 헨리 2세의 항복을 요구하며 전쟁을 일으켰다. 이 전쟁의 마지막에 전세가 불리해지자 존은 아버지를 배신하고 리처드와 손을 잡았다. 이 소식은 노왕에게 엄청난 충격이었고, 결국 아들의 승리로 끝난다. 싸움에서 진 노왕은 그해 7월 6일 시농(Chinon)에서 세상을 떠났다.

잉글랜드에 미친 결과를 토대로 평가한다면, 그는 잉글랜드의 왕들 가운데 가장 주목할 만한 왕 가운데 한명이라고 할 수 있다. 그는 방대한 제국을 다스렸으며, 그의 부재중에도 사법과 재정의 일상사를 처리할 수 있도록 지방행정을 발전시켰다. 그는 합리적인 개혁에 관심을 갖고 있었으며, 영국 보통법의 창시자로서 위대한 업적을 남겼다.

2) 리처드 1세(1189~1199)

'사자심왕 리처드(Richard the Lion heart, Richard Coeur de Lion)'라는

별칭을 갖고 있는 리처드 1세(Richard I)는 부친의 성질과 격정을 물려받아 용감한 정신을 지니고 있었다. 그러나 부친과 달리 신중하지 못하였고 모험을 좋아하고 일생을 분노와 광란 속에서 살았다(모로아 1997: 108).[12] 그는 1171년 어머니의 상속재산인 아키텐 공작령을 물려받았고, 이듬해 공식적으로 아키텐 공작이 되었다. 1173년 형제들과 합세해 부친에게 반란을 일으켰는데, 그의 부친은 아키텐을 두 차례 침공해 리처드를 굴복시키고 용서를 빌게 하기도 하였다. 1183년 리처드의 가혹한 통치에 가스코뉴 사람들이 반란을 일으켜 리처드의 형 헨리와 제프리로 하여금 리처드를 공작령에서 몰아내려고 하였다. 이에 제국의 해체 위험을 느낀 헨리 2세는 유럽 대륙에 있던 자신의 봉건영주들을 동원해 리처드를 돕도록 했으며, 1183년 리처드의 형 헨리가 갑자기 죽는 바람에 반란군은 무너졌다. 형이 죽었으므로 리처드는 이제 잉글랜드와 노르망디 및 앙주의 후계자가 되었다. 헨리 2세가 그가 막내 동생 존에게 아키텐을 양도해주기를 원하자, 리처드는 공작령을 양도하지 않기 위해 1188년 프랑스 땅에 있는 잉글랜드의 보유지 전체를 걸고 프랑스 왕 필리프에게 충성 서약을 했으며, 1189년 필리프과 합세해 헨리 2세에게 대항하여 전쟁을 일으키고 결국 승리하였다.

리처드는 9월 30일 잉글랜드 왕위에 올랐다. 존은 아일랜드의 영주로 남게 되었다. 브르타뉴는 2살밖에 안된 제프리의 유복자 아서(Arthur)에게 주기로 하고, 나머지는 모두 리처드의 수중으로 들어갔다. 사실 리처드는 그에게 국왕의 호칭을 수여한 잉글랜드의 통치에는 그다지 관심을 두지 않았고 그의 생애 대부분을 대륙에서 보냈다. 그는 잉글랜드의 장래보다는, 1187년 살라딘(Saladin)이 예루살렘을 점령함으로써 야기된 십자군

---

[12] 이러한 성격으로 인해, 후대의 많은 시인들이 그를 영웅으로 묘사했다.

원정에 더 관심을 가졌다. 원정에 필요한 무기를 사들이기 위해 그는 아버지가 모은 많은 재물을 닥치는 대로 팔았다. 이렇게 해서 1190년 7월 그는 필리프 왕과 함께 시칠리아를 경유하는 경로를 택해 제3차 십자군원정을 떠났다.

이 당시 시칠리아인들은 독일 황제 하인리히 6세(Heinrich VI)의 통치를 막기 위해, 시칠리아 출신인 레체의 탕크레드(Tancred of Lecce)를 왕으로 뽑았다. 탕크레드는 시칠리아 전왕(前王)의 황후이면서 동시에 리처드의 누이인 조앤(Queen Joan)을 감금하고 그녀 몫의 유산을 몰수하였다. 그러자 리처드는 10월 4일 메시나(Messina)를 점령하여 그의 주둔지로 삼았다. 이 과정에서 필리프 왕과 알력이 생기기도 하였으나, 1191년 3월 4일 리처드와 탕크레드, 필리프는 메시나 조약(Treaty of Messina)을 맺어 조앤에게 유산을 찾아주고, 탕크레드를 시칠리아 왕으로 승인하였다. 그리고 리처드의 조카인 브르타뉴의 아서를 탕크레드의 후계자로 삼고 탕크레드의 딸과 결혼시키도록 조치하였다. 그 뒤 1191년 4월 리처드는 메시나를 떠나, 5월에 키프로스의 레메소스(Lemesos (=Limassol))를 정복하였다. 여기에 머무는 동안 그는 나바르의 베렝가리아(Berengaria of Navarre)와 그의 누이 조앤이 지켜보는 가운데 혼례를 올렸다. 그리고 6월 5일 아크레(Acre)에서 다른 십자군들과 합류하기 위해 떠났다.

십자군은 7월에 아크레를 함락하였으나, 잉글랜드, 프랑스, 독일 군대들은 서로 분쟁을 벌였다. 리처드의 군대는 오스트리아 공작 레오폴드 5세(Leopold V)의 깃발을 찢어 그에게 모욕을 가했으며, 이에 분노한 레오폴드는 십자군을 떠났다. 리처드는 필리프 왕과도 분쟁을 일으켜 필리프도 프랑스로 돌아갔다. 리처드는 1191년 9월 아르수프(Arsuf)에서 살라딘의 군대를 패배시켰다. 리처드는 두 차례에 걸쳐 예루살렘 근처까지 진격했으나 제3차 십자군의 주목표였던 예루살렘 탈환에 성공하지는 못했다. 1년간 성과 없는 접전을 계속 벌인 끝에 1192년 9월 리처드는 살라딘과 3년간의 휴전협정을 맺었다. 협정 내용은 십자군이 아크레와 좁은 해안 지역을 계속 보유하고 그리스도교 순례자들이 성지를 자유롭게 왕래할 수 있도록 허용한다는 것이었다.

그의 동생 존이 필리프 왕과 합세해 모반을 꾀한다고 느낀 리처드는 영국으로 돌아가기로 결정하였다. 그는 독일과 프랑스의 적대적인 태도 때문에 내륙을 이용하지 못하고 배를 타고 우회하여 가야만 했다. 그런데 그가 탄 배가 도중에 폭풍을 만나 아킬리아(Aquileia) 근처에서 난파되었고, 그는 중앙유럽을 경유하는 위험한 노선을 택할 수밖에 없었다. 그에게 적개심을 품고 있는 레오폴드 공작의 눈을 피하기 위해 리처드는 자신의 신분을 위장했으나, 1192년 12월 빈에서 발각되어 도나우 강변 뒤른슈타인(Dürnstein)에 있는 공작의 성에 갇혔다. 이후 그는 하인리히 6세에게 넘겨져 1194년 2월까지 신성로마제국(Holy Roman Empire)의 여러 성을 전전하며 갇히는 몸이 되었다. 그가 갇혀 있는 동안 잉글랜드에서는 존의 반역을 리처드의 신하들이 제압할 수 있었으나, 대륙에서는 필리프가 노르망디의 벡생을 점령하였다. 마침내 리처드는 하인리히 6세가 제기하는 조건들을 받아들여 15만 마르크의 막대한 몸값을 지불함과 아울러 왕국을 일단 신성 로마 제국에 양도했다가 봉토로 되돌려 받기로 했다. 그의 몸값 가운데 3분의 2가 지불되어 1194년 2월 리처드는 석방되었다.

리처드는 즉시 잉글랜드로 돌아와서 4월 17일 다시 한 번 즉위식을 올렸다. 그 후 1개월도 되기 전에 그는 노르망디로 갔으며, 그가 감옥에 있을 동안에 빼앗겼던 영토를 회복하는데 전념하였다. 1198년까지 그는 잃었던 땅을 전부를 회복하는데 성공하였다. 리처드의 오랜 부재동안에 잉글랜드의 통치는 유능한 대법관이며 교황의 사절로서 국왕과 교회 사이에 균형을 유지시킨 캔터베리 대주교 휴버트 월터(Hubert Walter)에게 맡겼다. 잉글랜드는 월터의 지도하에 중앙정부의 효율적인 통치기구가 발달하였다. 1199년 리처드의 신하인 리모주(Limoges) 자작이 샬뤼 성 인근에서 로마시대의 것으로 보이는 황금 장식품을 발견하였다. 리처드는 이것이 국왕의 소유라고 주장하면서 전쟁이 일어났다. 그는 샬뤼-샤브롤(Chalus-Chabrol)에 있는 자작의 성을 공격하다가 부상을 입었고 1199년 42세라는 이른 나이에 죽음을 맞이했다. 그는 동성연애자였던 것으로 알려져 있으며, 베렝가리아 왕비와의 사이에 자식이 없었다.

3) 존(1199~1216)

'실지왕(失地王) (Lackland, Landless)'이라는 좋지 않은 별칭을 갖고 있는 존(John)은 1167년 헨리 2세와 엘러너 왕후 사이에서 막내아들로 태어났다. 헨리는 존을 무척 사랑하여 그에게 넓은 땅을 물려줄 계획을 세웠지만, 존의 형들이 이 계획에 반대하여 반란을 일으켰기 때문에 좌절되었다. 1177년 헨리는 존에게 아일랜드 영주의 지위를 주었는데, 1185년에야 그는 처음 아일랜드를 방문하였다. 당시에 정복자인 잉글랜드 군대와 아일랜드 토착민 사이에 상당한 긴장이 지속되고 있었다. 존은 토착 지도자들을 조롱하는 등 무분별한 행동을 하였으며, 잉글랜드 정착민 사이의 규합에도 실패하여 결국 그해에 다시 영국으로 돌아가야만 했다. 이러한 사건들로 그는 정치적으로 무모하고 분별력 없다는 평판을 얻게 되었다. 나중에 그의 형 리처드가 1189년에 노왕 헨리에게 반란을 일으켰을 때, 존은 아버지를 버리고 리처드 편에 가담하였다.

1189년 리처드가 즉위하자 존은 모턴 백작(Count of Mortain)의 지위를 받게 되었고, 매우 부유한 글로스터의 이사벨(Isabel of Gloucester)과 혼인하게 되었다. 그는 아일랜드 영주의 지위를 승인받았고, 랭커스터(Lancaster)와 더비(Derby), 노팅엄(Nottingham), 콘월(Cornwall), 데본(Devon), 도싯(Dorset), 서머싯(Somerset)에 있는 광대한 토지를 물려받았다. 이러한 대가로 존은 리처드가 십자군원정으로 인해 영국을 떠나 있는 동안에 자신이 영국에 들어가지 않겠다고 리처드에게 맹세하였다. 그러나 리처드가 그의 형의 아들 아서를 후계자로 지정하자(1190. 10), 존은 당장 약속을 깨고 영국으로 돌아와 독재 권력을 휘두르는 대법관(chancellor) 윌리엄 롱챔프(William Longchamp, the Bishop of Ely)를 몰아내었다. 그리고 원정에서 막 돌아온 프랑스의 존엄왕 필리프 2세와 동맹을 맺고 리처드가 소유하고 있던 프랑스의 영지들을 장악하려 하였다. 그러나 어머니 엘러너의 반대로 동맹은 결렬되었다. 1193년 1월에 리처드가 십자군원정에서 돌아오는 길에 독일에서 포로가 되었다는 소식을 듣자, 존은 필리프와 다시 협정을 맺어 리처드의 소유지를 분할하고 영국에서 반란을 일으키기로 합의했다. 그러나 1194년 초에 리처드가 돌아오면서 존은 모든 땅을 빼앗기고 추방되었다. 그해 5월에 존은 리처드의 선처로 사면되었고 이듬해에 모턴과 아일랜드를 포함한 일부 영지를 되찾았다.

1199년 4월 리처드가 후사 없이 죽자, 잉글랜드와 노르망디의 귀족들은 존을 후계자로 선택하였다. 앙주, 메인, 툴루즈는 12살이 된 아서를 선택하였다. 아키텐은 엘러너가 맡았다. 1200년 5월 존은 아서를 몰아내고, 필리프 왕과 르 굴레 조약(Treaty of Le Goulet)을 맺어 프랑스에 벡생과 에브뢰(Evreux)를 양보하는 대가로 프랑스 영지의 후계자로 인정받을 수 있었다. 이와 같이 존은 자신의 이익을 위해 귀족들과 상의 없이 프랑스의 영지를 내놓았던 것이다.

프랑스에서 다시 전쟁이 일어난 것은 존의 두 번째 결혼 때문이었다. 그의 첫 번째 아내 글로스터의 이자벨은 끝내 왕비가 되지 못했는데, 존과 이자벨이 둘 다 헨리 1세의 증손이었기 때문에 이 결혼이 근친혼이라는 이유로 1199년에 무효화되었다. 1200년 존은 앙굴렘의 이자벨라(Isabella of Angoulême)과 결혼하였다. 이 결혼은 상당히 정략적인 것으로서, 존이 푸아투(Poitou) 영지의 혼란스러운 정치적 상황에 개입되면서 이것을 해결하기 위해 이루어졌다. 그러나 이미 이사벨라는 뤼지냥의 위그(휴)(Hugh of Lusignan)와 약혼했던 사이었다. 이 결혼에 분노한 뤼지냥 가문은 1201년 반란을 일으켰고, 그들은 필리프 2세에게 이 사건을 제소하였다. 필리프 2세는 이듬해 존을 궁정으로 소환했으나 그가 불응하자 필리프는 존의 모든 프랑스 영지를 몰수한다고 선포하였다. 이로서 프랑스와 잉글랜드 사이에 전면전이 일어났다(1202~1204). 존은 1202년 8월에 미르보(Mirebeau)에서 조카인 브르타뉴의 아서를 사로잡으면서 승기를 잡은듯하였다. 그러나 존이 아서를 살해하였다는 (아마도 근거 있는) 소문은 가뜩이나 평판이 좋지 않았던 존의 명성에 찬물을 끼얹었다. 의심과 공포로 만연한 존의 방어조직이 튼튼할 리 없었다. 1203년 필리프 왕은 노르망디의 동부로 쳐들어와 가야르 성(Château Gaillard)를 포위하였고, 8개월이나 공략한 끝에 이듬해 3월 함락시켰다. 존은 성이 함락되기 전 12월에 이미 성을 빠져나가 영국으로 돌아가 있었다. 곧이어 필리프는 노르망디의 수도 루앙을 공격하여 6월에 함락시켰다. 1204년 노르망디 함락 이후, 필리프는 앙주, 메인, 그리고 푸아투의 거의 전 지역을 유린하였다(1206). 이로서 앙주제국은 헨리 2세 사후 10년이 지나자 거의 멸망하기에 이르렀다. 아키텐은 남았으나 이 지방의 유지도 점차 힘들게 되었다. 이러한 굴욕적인 패배로 존은 '실지왕'이라는 별명을 얻게 되었다.

자신의 뿌리인 노르망디의 상실로 인해, 존은 국왕으로서의 명성에 큰 타격을 입었으며, 이제 어쩔 수 없이 잉글랜드의 국왕으로서 영국에서 그의 대부분의 시간을 보내야 했다. 그는 잃어버린 영토를 회복해야 한다는 의무감에 젖어 있었지만, 이제 프랑스 왕은 훨씬 강대한 경쟁자가 되어 있었다. 전쟁비용을 마련하기 위하여 그는 자주 세금을 부과하였고, 유대인에 대한 과세와 삼림에 관한 법을 강화하였다. 이런 조치들은 국민들에게 원성과 비난을 받는 결과를 초래하였다.

존은 교회와의 관계도 좋지 않았다. 대법관이자 캔터베리 대주교인 휴버트 월터가 죽자(1205), 교황 이노센트 3세(Innocent III)는 존이 지명한 사람의 선출을 무효화하고 스티븐 랭턴(Stephen Langton)을 대주교로 선출하게 했다(1206. 12). 존은 그동안 잉글랜드 국왕이 누린 주교 선출권을 앞세워서 랭턴을 거부하였다. 1208년 3월에 이노센트 3세는 잉글랜드에 성사금지령을 내렸고 존을 파문하였다(1209. 11). 교황의 조치에 대한 대응으로 존은 교회재산을 몰수하여 막대한 재산을 모아 재정을 강화했다. 그러나 교회와의 갈등은 프랑스의 영지를 되찾으려는 존에게 불리한 조건이었다. 이것을 깨달은 존은 1212년 11월에 교황이 내세운 조건과 랭턴을 받아들이기로 하였다. 1213년 잉글랜드를 교황의 봉토로 인정함으로써 그는 교황의 지지를 이끌어내었고, 해마다 1,000마르크의 공물을 교황에게 바치기로 하였다. 그해 7월 랭턴은 존을 파문에서 해제했고 성사금지령은 1년 뒤에 풀렸다.

이제 대륙에서 잃어버린 땅을 되찾으려는 존의 노력이 시작되었다. 1214년 그는 푸아투를 원정하였다. 그러나 7월에 부비느(Bouvines) 전투에서 패배함으로서, 잉글랜드에서 반란이 일어나는 결과를 초래했다.

1214년 10월에 존이 전쟁에서 실패하고 영국으로 돌아오자, 주로 북부와 동부 및 런던 주변의 여러 주에서 귀족들의 불만이 쏟아졌다. 서로 교황에게 호소하면서 협상을 벌였지만 1215년 5월에 결국 내전이 일어났다(이것을 제1차 귀족전쟁(First Barons' War, 1215~1217)이라 부른다). 5월에 랭턴이 반란자들 편으로 돌아서고 6월에 반란군이 런던을 점령하자 존은 다시 협상에 나설 수밖에 없었다. 마침내 6월 19일에 원저 성 부근 러니미드(Runnymede)에서 후에 대헌장(Great Charter), 즉 마그나 카르타(Magna Carta)라고 불리는 귀족들의 요구사항(Articles of Barons)을 받아들이도록 강요받았다.

대헌장은 조목조목 나누어 쓴 것은 아니지만 보통 서문과 63개의 조항으로 되어 있다고 볼 수 있다. 그 내용으로는 먼저 교회에 관한 것으로 교회가 자유로워야 한다는 선언을 담고 있다. 또한 왕실로부터 직접 봉토를 받는 사람들과 그들에게서 다시 봉토를 분배받는 봉신들에 관한 봉건 법률을 다루고 있다. 도시·교역·상인들에 관한 내용도 담고 있으며, 법률과 사법제도의 개혁에 대해 많은 내용이 들어 있다. 왕실 관리들의 행동에 대한 규정과 왕실 소유의 삼림에 대한 것도 들어 있으며, 존 왕이 거느린 외국인 용병 해산을 비롯하여 즉각 실행되어야 할 몇 가지 문제들을 다루고 있다. 마지막 부분에는 왕이 이 헌장을 준수할 것을 보증하는 내용으로서, 왕이 헌장을 크게 위반할 경우 25인의 귀족평의회가 그에게 전쟁을 선포할 권한을 갖도록 하였다.

생명의 위협을 느낀 존 왕은 일단 대헌장에 서명할 수밖에 없었다. 그러나 위기가 지나가자 존은 대헌장이 협박에 의해 서명되었으므로 정당성이 없음을 주장하였다. 이노센트 3세가 존의 편을 들면서 이 헌장은 쓸모 없게 되었다.[13] 뒤이어 일어난 내전에서 존은 북부와 스코틀랜드 국경지방을 폐허로 만들었다. 그러나 귀족들은 존의 조카딸과 결혼한 프랑스의 루이 왕자(나중의 루이 8세(Louis VIII))를 잉글랜드의 국왕으로 옹립하려고 하였다. 루이는 1216년 켄트에 상륙하였다. 한창 프랑스와의 전쟁이 진행되는 동안, 존은 자신의 막사에서 덜 익은 사과주와 복숭아를 과식한 끝에 급체로 10월 18일 사망하였다. 그의 죽음으로 1217년 잉글랜드와 프랑스는 평화조약을 맺었다. 이 조약에서 귀족들은 루이 왕자에게 왕위를 준다는 것을 무효화하는 대신 1만 마르크의 지불하기로 하였고, 존의 아들 헨리 3세가 왕위를 계승한다는 내용이 포함되어 있었다.

대부분의 역사가들은 존을 실패한 군주로 평가한다. 그러나 그의 실정은 12-3세기 연대기 작가들에게 의해 다소 과장된 측면도 있다(Bradbury 2007: 353). 존과 교황과의 관계가 악화되었을 동안 기록된 수도원의 연

---

[13] 이후 존의 어린 아들 헨리 3세의 고문관들은 1216년과 1217년에 헌장을 개정하고 1215년의 정치적 상황과 관련이 있는 내용들은 전부 빼버렸다. 삼림과 관련된 내용은 1217년 별도의 삼림헌장으로 빠져나왔다. 1225년 헨리 3세가 성년이 된 이후 친히 개정한 헌장은 1217년의 것과 크게 다를 바 없었지만, 아마도 헌장을 그대로 지킨다는 것이 불가능하다는 인식이 이미 있었던 것 같다. 헨리 3세는 1264년 다시 헌장을 개정했고, 1297년에는 에드워드 1세가 자신의 새로운 법령집에 수록했지만 갈수록 현행법이라기보다는 기본원칙을 담은 전거(典據)의 성격을 띠었다. 대헌장은 16세기까지 영어로 번역되지 않을 만큼 비대중적 문서였다. 1215년 헌장의 원본으로는 4가지가 현존하는데, 2가지는 각기 링컨 대성당과 솔즈버리 대성당에 있고 나머지 2가지는 대영도서관에 있다. 더럼 대성당에는 1216년, 1217년, 1225년의 헌장들이 소장되어 있다. 사실, 대헌장은 당대의 사람들보다 후세 사람들에게 더 큰 의미를 지닌다. 대헌장이 반포된 지 얼마 안 되었을 때부터 대헌장은 독재에 항거하는 상징으로 인식되었으며, 이후에도 사람들은 자신들의 권리가 위협받을 때마다 대헌장을 자신들의 보호 장치로 해석했다. 영국의 권리청원(1628)과 인신보호령(1679)에는 "모든 자유민은 … 동등한 자격을 갖는 사람들의 법률적 판단이나 국법에 의하지 않고는 … 구속되거나 재산의 몰수를 당하지 않는다"고 한 1215년 헌장의 제39조항을 그대로 인용하고 있다. 미국의 연방헌법과 주헌법도 대헌장에서 그 기원을 찾을 수 있는 이념을 담고 있으며, 일부 구절은 직접 인용까지 하고 있다.

대기에는 존을 신앙심 없는 폭군으로 기록하고 있다. 그러나 그는 사실 코번트리 교회와 레딩 대수도원 및 우스터 성당에 많은 돈을 기부하기도 하였다. 그는 의심이 많아 항상 신하들이 자신에게 반란을 기도하고 있다고 생각하였고 복수심이 강하며 믿을 수 없는 인물이었으나, 다른 한편으로는 학식을 갖춘 활동적인 인물로서 사냥과 여행을 무척 좋아하였다. 존은 사법과 재무 행정에 대한 세세한 문제에 관심을 가졌고, 그가 다스리는 동안 재무와 사법 행정, 과세 방법과 군대조직법, 도시에 특권을 부여하는 방식에서 많은 발전을 이룩했다. 그 결과 가끔 일부 역사가들은 존을 유능한 것으로 평가하기도 한다. 그러나 강력하게 국가를 다스리는 점에 있어서는 그는 무능한 왕이었다.

4) 헨리 3세(1216~1272)

존이 사망하고 당시에 9살이던 그의 큰아들 헨리가 헨리 3세(Henry III)로서 왕위에 올랐다. 존을 미워하던 귀족들은 곧 새 왕을 지지하였다. 노르망디의 상실 이후, 노르만 귀족들은 더욱 영국과 밀착되어 있었다. 헨리가 미성년이었던 관계로, 펨브룩 백작 윌리엄 마셜(William Marshal, Earl of Pembroke)이 중심이 된 섭정자문회의가 국가의 안전을 맡았는데, 이들은 1217년 프랑스를 상대로 승리하면서 램버스 조약(Treaty of Lambeth)을 맺어 루이를 철수하게 만들었다. 1219년 펨브룩 백작이 죽자 휴버트 드 버그(Hubert de Burgh)가 1232년 헨리의 친정이 시작되기까지 행정을 담당하였다. 그러나 그들은 잉글랜드와 웨일스에 일어나는 사건들에 몰두하였고, 프랑스의 영지에 거의 관심을 갖지 않았다. 그 결과, 1224년 이후에 프랑스에는 오직 가스코뉴 영지만이 남아있게 되었다(모건 1997:

164)

헨리는 신앙심이 깊고 순진한 성품으로 참회자 에드워드를 존경하였고, 웨스트민스터 수도원을 재건하였다. 그러나 그는 강력한 통치자는 되지 못하였다. 그는 1236년 프로방스의 엘러너(Eleanor of Provence)와 결혼한 이후 매우 가정적인 남편으로서 왕후의 프랑스 인척들을 가까이 했다. 그중에 사보이 공 피터(Peter of Savoy)는 템스 강변에 지금의 사보이 궁전을 건립하였다. 1238년 헨리는 여동생 엘러너를 젊은 프랑스인 레스터 백작 시몽 드 몽포르(Simon de Montfort, Earl of Leicester)와 결혼시킴으로써 외국인의 영향력은 더욱 커졌다. 게다가 1242년 헨리의 이복동생들인 뤼지냥 가는 헨리를 프랑스 원정에 끌어들였는데, 많은 비용을 쓰고도 결과는 참담하였다. 이들의 프랑스에서의 생활이 어려워졌을 때, 헨리는 이들을 영국으로 불러들여 정치에 참여시켰다. 이러한 일련의 사건들은 잉글랜드 귀족들과 도시민들의 큰 분노를 사게 되었다. 귀족들은 헨리가 고문관들을 뽑을 때 의견을 낼 수 있게 해달라고 요구하기 시작했다. 1254년 마침내 헨리는 결정적 실수를 범했다. 교황 이노센트 4세(Innocent IV, 1234~1254 재위)는 헨리의 둘째 아들 에드먼드(Edmund)에게 시칠리아 왕위를 주는 대가로 교황 자신이 시칠리아에서 벌이고 있는 전쟁에 자금을 지원할 것을 요청하였고, 헨리는 이것을 약속하였다. 그러나 1258년 교황 알렉산데르 4세(Alexander IV, 1254~1261 재위)는 재정 지원이 이루어지지 않았다는 이유로 헨리를 파문하겠다고 위협했다. 다급해진 헨리는 귀족들에게 자금 지원을 요청하였다. 귀족들은 헨리가 자신들이 제시하는 대헌장에 준하는 개혁안을 받아들인다면 이에 협력하겠다고 하였다. 이 개혁안이 영국 최초의 성문법이라 할 수 있는 옥스퍼드 조항(Provisions of Oxford)으로서, 귀족들이 간접적으로 선출한 15명으로 구성된 자문위원회를 창설해 왕에게 조언을 하고 행정 전반을 감독하도록 하는 내용이었다. 만약 이 위원회가 지속되었다면 과두정치가 군주정치를 대체하였을 것이다.

왕은 옥스퍼드 조항을 승인할 것을 서약하였으나, 귀족들은 곧 내분을 겪게 되었고 헨리는 이 조항을 취소할 기회를 잡았다(1261). 이때 헨리의 반대세력의 지도자로 부상해 있던 몽포르는 1264년 4월 반란을 일으켰다 (이를 제2차 귀족전쟁(Second Barons' War, 1264~1267)라 부른다). 5월에 몽포르는 서식스의 루이스 전투(Battle of Lewes)에서 승리를 거두고 헨리와 왕세자 에드워드를 사로잡았다. 몽포르는 왕국의 개혁을 결심하고 자문위원회가 임면권을 갖고 있는 3명의 선거인이 뽑은 9명의 위원회에게 통치의 실권을 맡겼다. 사실상 정부의 수반이 된 몽포르는 1265년 의회를 소집하였는데, 이번에는 미래의 의회를 구성할 수 있는 요소, 즉 귀족, 주 대표, 도시 대표가 고루 참석한 회의였다(모로아 1997: 138).[14]

그러나 몽포르의 집권에 불만을 품은 글로스터 백작 길버트 드 클레어 (Gilbert de Clare, Earl of Gloucester)는 헨리 3세를 지지하던 귀족들을 규합하고 에드워드 왕세자의 탈출을 도왔다. 탈출에 성공한 에드워드는 세력을 모아 1265년 몽포르에 대항하여 전쟁을 벌였는데, 그해 8월 몽포르는 이브셤 전투(Battle of Evesham)에서 에드워드에게 패배해 살해되었다. 감옥에 갇혔던 헨리가 풀려나 다시 왕위에 복귀하였다. 그러나 무력하고 노쇠한 헨리는 아들 에드워드에게 실질적인 통치를 맡겼다. 그럼에도

---

[14] 몽포르의 집권은 영국의 역사에서 왕이 아닌 귀족이 통치한 첫 사례로서, 일부 역사가들은 몽포르의 집권을 영국 민주주의의 시초로 본다. 또한 1265년에 소집한 모임이 오늘날 의회의 요소를 갖추고 있기 때문에 몽포르를 '의회의 아버지'로 부르기도 한다. 그러나 모로아(1997: 138-139)에 따르면, 이 회의에 참석한 주와 도시의 대표들은 단순히 자문의원의 역할만을 하였기 때문에, 엄격히 말해 이것을 영국의 하원의 시작이라고 볼 수는 없다.

자신에게 반란을 일으킨 런던 시민들을 상대로 한 보복정책을 직접 강행함으로써 반란군의 저항을 초래하기도 하였다. 아버지가 살아있는 동안 왕세자 에드워드의 통치는 한계가 있을 수밖에 없었다. 에드워드는 자신의 통치능력을 과시하기 위하여 십자군 원정을 계획하였다. 1268년 공식 선포식을 하였으나 대내외적 여건으로 지체되었다. 마침내 1270년 에드워드는 도버를 떠나 시칠리아에서 겨울을 보낸 뒤 아크레로 가서 1271년 5월부터 1272년 9월까지 용감한 활약을 벌여 명성을 얻기도 하였다. 그러나 의미 있는 결과는 얻지 못한 채 돌아오는 길에 1272년 11월 16일 헨리 3세가 죽었다는 소식을 들었다. 헨리가 죽은 뒤 에드워드가 에드워드 1세로 등극하였다.

5) 에드워드 1세(1272~1307)

에드워드 1세(Edward I)는 헨리 3세와 프로방스의 엘러너 사이에 태어난 큰아들로서 1252년에 가스코뉴 공국과 아일랜드, 웨일스에 있는 헨리의 영토, 그리고 영불해협에 있는 섬들을 물려받았다. 헨리 3세는 카스티야(Castile)가 가스코뉴를 침입할지 모른다는 우려로 1254년 14살의 에드워드를 카스티야 왕 알폰소 10세(Alfonso X)의 이복누이 엘러너(Eleanor)와 결혼시켰다(Morris 2008: 14-18). 에드워드는 어릴 때 외척들과 가까이 한 탓에 영국민들에게 큰 인기가 없었다. 외척들이 축출된 후 고모부인 몽포르의 영향을 받아 1260년 초 몽포르를 지지했으나 결국에는 몽포르를 버리고 헨리의 용서를 받았다(1260. 5).
1272년 헨리의 장례식 뒤에 잉글랜드의 귀족들은 모두 에드워드에게 충성을 맹세하였고, 그의 부재중에 로버트 버넬(Robert Burnell)이 대법원장으로서 행정을 맡았기 때문에, 에드워드는 십자군 원정에서의 귀환을 여유 있게 잡았다. 그는 파리에서 자신의 프랑스 영지에 대해 필리프 3세(Philip III)에게 충성 표하고(1273. 7. 26), 가스코뉴에서 몇 달 간 머문 뒤 1274년 8월 2일 도버에 도착했다. 8월 19일 웨스트민스터에서 대관식을 치렀다.

이제 35세가 된 에드워드는 어릴 적 나쁜 평판을 씻어냈다. 에드워드는 당대의 평균치보다 훨씬 큰 키에 위풍당당한 외모를 지녔으며, 아마도 그러한 이유로 '다리 긴 왕(Longshanks)'이란 별칭을 갖게 되었다. 그는 난폭하고 격노하기 잘하는 성격을 가지고 있어 많은 이들이 그 앞에서 위축되었다. 일화에 의하면 성 바울(St. Paul) 성당의 사제가 1295년 높은 세금에 항의하기 위해 에드워드 앞에 나아가자마자 그 위용 앞에 쓰러져 죽었다는 설도 있다(Prestwich 2007: 177). 그는 신하들에게 두려움의 대상이었으나, 그럼에도 당대의 사람들은 그를 용기 있고 단호한 군인으로, 기사도의 이상을 가진 유능한 군주로 생각하였다. 종교생활에서도 그는 그 시대의 기대치에 맞는 행동을 하였는데, 예배에 규칙적으로 참석하였고 자선기부금을 내는데도 관용적이었다(Prestwich 2004).

왕으로 즉위한 직후 1274년 10월 에드워드는 왕실 관리와 대귀족들의 행동에 대한 조사를 시작하였다. 이 조사는 많은 이들의 불평을 초래하였는데, 이를 해소하려는 의도로서 로버트 버넬을 중심으로 한 왕의 조언자들은 새로운 법령을 만들게 되었다(모건 1997: 166). 1275년부터 1290년 사이에 반포한 법령들은 그의 치세 중에 이루어진 가장 영광스러운 업적 중의 하나이다. 보수적이고 규제적인 성격을 갖는 이 법령들은 기존의 시민권을 통제하고 허가 없이 시민권을 새로 얻는 것을 막았다. 그의 토지법령들은 그의 의도와는 반대로 결과적으로는 봉건주의를 약화시키게 되었다. 양도불능의 부동산 소유법(1279)에 의해 왕실은 교회기구가 토지를 획득하는 것을 통제하게 되었고, 윈체스터 성문법(1285)은 공공질서를 보전하기 위한 경찰제도를 강화했다. 액턴 버넬 법령(1283)과 상인법(1285)은 무역과 상업에 대한 실제적인 관심을 반영했다. 이러한 법령들은 행정기구의 광범위한 재편과 더불어 잉글랜드 정치의 새 시대를 열었다.

현실적 감각이 뛰어났던 에드워드는 1254년 이래로 잉글랜드 정치의 특색을 이루었던 '의회'의 가치를 이해하고 있었다. 그전에 몽포르는 의회를 이용해 정부정책을 홍보했으며 문제를 결정할 때 주와 시의 대의원들을 의회에 소집해 적극적인 지지를 얻어내곤 했다. 에드워드는 이러한 관행을 발전시켜 왕권을 약화시키지 않으면서도 고양되고 있던 민족의식의 지지를 받아 왕실의 권위를 높여나갔다. 1275년에서 1307년 사이에 그는 기사와 시민들을 다양한 방식으로 의회에 불러들였다. 주와 시, 그리고 하급 성직자들의 대표를 망라한 1295년 의회가 보통 의회의 모범으로 꼽히지만,[15] 의회의 형태는 에드워드가 결정하기에 따라 회의 때마다 달라졌다. 에드워드는 의회를 비롯한 여러 가지 회의에서 많은 종류의 법과 행정 문제들을 개혁하는 조치를 단행했다.

1276년부터 1284년 사이에 에드워드가 주로 관심을 기울인 곳은 웨일스였다. 웨일스 자치공국은 리웰린 압 그루푸드(Llywelyn ap Gruffydd)가

---

[15] 1295년에 소집된 의회를 특히 '모범의회(Model Parliament)'라 부른다(이 용어는 윌리엄 스텁스(William Stubbs)에 의해 처음 붙여진 것임(Morris 2008: 283-284). 1295년 의회에서는 각 주(county)와 시(borough)를 대표하여 두 명의 기사가 소집되었는데, 이전에는 이들이 이미 결정된 사항에 대해 단순히 동의만 하였으나, 이제는 그들이 자신이 대표하는 지역에 대해 완전한 권리(plena potestas)를 행사할 수 있게 되었다는 점에서 다르다. 이러한 방식은 후세의 의회의 표준이 되었다. 그러나 당시에는 왕이 소집을 결정했고 그 조직형태도 아직 초기단계에 머물렀기 때문에 지금의 의회와는 많은 차이가 있다.

웨일스의 영주들을 제압하고 변경지역 영주들에게서 영토를 되찾아 세력을 확장하고 있었다. 헨리 3세는 내부 문제 때문에 어쩔 수 없이 1267년 몽고메리 조약에서 리웰린의 기득권을 인정하여 그를 웨일스 공(Prince of Wales)'으로 인정하였으나, 에드워드는 이것을 참을 수 없었다. 1277년 그는 세 방면으로 군대를 진격시켜 웨일스를 침공했다. 스노도니아(Snowdonia)에서 적들을 포위하여 굶주리게 하여 그들의 항복을 받아냈고, 1247년 이래로 리웰린이 정복해온 땅을 모두 몰수했다. 이어서 그는 정복지 곳곳에서 거대한 성채들을 세우고 정복지를 주와 헌드레드로 재편했다. 1282년 잉글랜드의 위압적 통치에 웨일스인들이 반란을 일으키자, 그는 공국을 재점령하고 리웰린(1282)를 살해하고, 그의 동생 다피드(Dafydd)를 사로잡아 이듬해 처형했다. 1282~1283년의 전쟁은 정복전쟁의 성격을 띠었다. 1284년 웨일스 법령(Statute of Wales 혹은 Statute of Rhuddlan)에 의해 웨일스는 잉글랜드의 공국으로 복속되었다. 이 법령에 의해 웨일스에서 새로 획득한 지역은 잉글랜드의 모델에 따라 주(shire)로 나뉘었고, 웨일스의 법과 관습을 일부는 허용하였으나 실제로 잉글랜드의 보통법이 웨일스에 도입되었다. 이후 또 한 차례의 봉기가 무자비하게 진압되고 나서 웨일스는 100년 이상 무력한 상태에 남아있었다.[16]

1290년에 사랑하던 엘러너 왕비가 죽고, 1292년에 버넬이 죽은 후, 에드워드는 훌륭한 조언자들을 만나지 못했다. 그는 성직자와 귀족들을 상대로 치열한 논쟁을 벌였으며, 자신의 잘못을 인정하지 않는 완고한 전제

---

[16] 1301년 에드워드 1세는 웨일스에서 출생하고 웨일스인 유모가 돌보아 준 그의 아들 에드워드에게 '웨일스 공(Prince of Wales)'의 칭호를 주었다. 그 후부터 대대로 이 칭호는 영국 왕세자의 칭호가 되었다. 1284년의 법령으로 영국의 법률과 관습이 웨일스에 도입되었으나, 공국은 의회에 의원을 보내지 않는 등 여전히 잉글랜드 왕국에 완전히 편입된 것은 아니었다. 웨일스가 왕국에 편입된 것은 1536년 헨리 8세(Henry VIII) 시기이다.

군주로 행동했다. 이 당시 프랑스의 필리프 4세(Philip IV)는 종주권을 구실로 끊임없는 간섭하며 가스코뉴 변경지방을 조금씩 잠식했다. 1286년 에드워드는 필리프 4세에게 충성의 맹세를 한 후, 가스코뉴를 방문해 행정기구를 재편하고 권위를 회복했다. 1289년 잉글랜드로 돌아오자마자 자신의 부재중에 부정부패를 저지른 죄를 물어 많은 법관들과 관리들을 해임시켰다. 1290년에 그는 조직적으로 유대인들의 재산을 박탈한 뒤 잉글랜드에서 추방했다. 그때 가스코뉴에 대한 프랑스의 간섭이 더욱 심해졌고 잉글랜드와 프랑스 사이에 적대적인 감정이 고조되었다. 1293년에 필리프 4세는 에드워드의 동생인 에드먼드로 하여금 형식적이고 일시적인 조치라는 속임수로 가스코뉴 공작령을 양도하도록 만들어놓고 나중에 원상회복을 거부했다. 웨일스의 봉기와 스코틀랜드 문제 때문에 에드워드는 이에 손을 쓰지 못하다가, 마침내 1297년 바다를 건너 플랑드르에 상륙해 프랑스를 공격하였다. 에드워드가 플랑드르에 있을 때, 에드워드 수하의 귀족들은 가스코뉴를 침공하라는 그의 명령을 거역하고, 그의 섭정들에게 압력을 넣어 임의적인 과세를 금지하는 내용의 민권헌장을 인준하도록 하였다(1297). 이로 인하여 에드워드는 전쟁을 포기할 수밖에 없었다. 1299년 프랑스와 평화협정을 맺고, 필리프의 이복누이 마거릿(Margaret of France)과 결혼하였다. 그리고 전보다 축소된 가스코뉴 공작령을 되돌려 받고 대륙에서의 전쟁을 끝냈다.

스코틀랜드의 경우, 가끔 잉글랜드의 종주권을 인정하기도 하였으나 대체로 스코트인의 왕에 의해 지배되었으며, 잉글랜드와 우호관계를 유지했다. 데이비드 1세(David I, 1124~1153)가 스티븐의 통치기에 노섬브리아를 점령한 일시적 성공을 거두기는 하였지만, 잉글랜드와 11세기에 만들어진 국경선을 그대로 유지하였다. 그러나 에드워드는 앞으로 250년에 걸친 증오와 야만적인 전투의 서막을 열었다. 스코틀랜드의 알렉산더 3세(Alexander III, 1249~1286 재위)가 죽자(1286), 이제 갓 3살이 된 그의 외손녀 노르웨이의 마거릿(Margaret, the Maid of Norway)이 대를 잇게 되었다. 에드워드는 재빠르게 이제 1살이던 자신의 아들 에드워드(후에 에드워드 2세)를 마거릿과 결혼시켜 두 왕국을 통합하려 했다. 마거릿이 4년 후 노르웨이에서 건너오던 중, 겨울철 항해를 이겨내지 못하고 세상을 떠났다. 왕위계승의 대가 끊어지자 스코틀랜드 곳곳에서 서로 자신이 왕위를 계승할 권리가 있다고 주장하였다. 이로서 후일 역사에서 '대의명분(Great Cause)'으로 알려진 왕위계승 쟁탈전이 벌어졌다. 이들 가운데는 선왕의 친척인 존 드 베일리얼(John de Balliol)과 로버트 브루스(Robert Bruce)도 있었다. 스코틀랜드 유력자들은 에드워드에게 중재를 요청하였다. 에드워드는 왕위계승 주장자들에게 자신도 '대의명분'이 있으므로 자신을 종주로 인정하도록 한 후, 존 드 베일리얼을 왕으로 판정했다(1292). 베일리얼은 충성을 맹세하고 왕위에 올랐으나, 에드워드가 종주의 권한으로 스코틀랜드 문제에 대해 실질적인 사법권을 가지겠다고 하자 스코틀랜드 귀족들이 반발하였다. 그들은 베일리얼로 하여금 에드워드의 요구를 물리치고 프랑스와 동맹을 맺도록 했다(1295). 1296년 에드워드는 스코틀랜드를 정복하고, 대관석 돌인 스콘 석을 웨스트민스터로 옮겼다. 1297년 윌리엄 월리스(William Wallace)가 민중과 소지주로 이루어진 군대를 조직하여 봉기를 일으켰다. 그해 말 월리스는 베일리얼의 이름을 걸고 나라를 통치하였으나, 1298년 그는 폴커크(Falkirk)에서 에드워드 군대에 패배하였다. 이후에도 월리스의 저항은 계속되었으나, 1305년 체포되어 잔인하게 처형되었다. 월리스는 이후 스코틀랜드 독립의 상징으로 떠오르게 된다. 스코트인들은 이후 로버트 브루스(후일 로버트 1세(Robert I, 1306~1329) 지휘 아래 정치적 독립을 쟁취하기 위해 강력히 저항하였다. 에드워드는 자신이 공들여왔던 스코틀랜드의 독립을 두고 볼 수 없었다. 그는 노구를 이끌고 재정복을 위해 출정했다가 1307년 칼라일 근처에서 죽었다. 임종을 앞두고 그는 자식들에게 사후에도 시체를 매장하지 말고 전장에 동행시킬 것이며, 스코틀랜드를 장악한 후에야 묻어달라는 유언으로 남겼다. 그러나 능력이 부족한 그의 아들 에드워드에게는 이루기 어려운 유언이었다.

2. 후기 중세 시대(1300~1500)

13세기 말 에드워드 1세 때부터 웨일스와 스코틀랜드를 대상으로 전쟁을 치른 잉글랜드는 에드워드 2세의 혼란기에 귀족들과의 내전과 스코틀랜드와의 전투를 거쳐 조직적인 전투 경험이 쌓여 있었다. 마침내 에드워드 3세는 대륙으로 건너와, 바이킹 침략 이래 역사상 영국이 경험한 그 어느 전쟁보다도 더 오랫동안, 더 넓은 지역으로 확대된 백년전쟁(Hundred Years' War)을 시작한다. 이 전쟁 이후 그의 후손들은 몇 세대에 걸쳐 왕위분쟁을 벌였으며 장미전쟁(Wars of the Roses)으로 절정을 이룬다.

(1) 전쟁기의 플랜태저넷 왕조

1) 에드워드 2세(1307~1327)

에드워드 1세가 죽자, 그의 아들 에드워드는 스코틀랜드 국경에서 형식적인 원정만 한 후 런던으로 돌아가 에드워드 2세(Edward II)로 등극하였다. 웨일스의 카나번에서 태어났다고 해서 그의 별칭은 카나번의 에드워드(Edward of Caernarvon)이다. 그는 뛰어난 왕이 아니었다. 어릴 때는 부친에게 무시당했고, 즉위 후에는 귀족들에 대항해 자신의 권위를 내세우려고 노력했으나 별다른 성과를 얻지 못했다. 그는 자신이 총애하던 피어스 가베스턴(Piers Gaveston)에게 콘월 백작 작위를 내려 귀족들의 미움을 샀다.[17] 1311년 랭커스터 백작이 중심이 된 귀족위원회는 가베스턴을 몰아내고 인사와 재정 문제에 관한 왕권 축소를 요구하는 칙령을 발표하였다. 에드워드는 이 요구를 받아들이는 척하면서 가베스턴을 추방했다가 곧 돌아오도록 하였다. 이듬해 귀족들은 가베스턴을 잡아다가 처형하였다.

한편 스코틀랜드 국왕 로버트 1세는 잉글랜드의 속박을 벗어나기 위해 계속 세력을 넓혀 나갔다. 에드워드는 1314년 군대를 이끌고 스코틀랜드로 쳐들어갔으나 6월 24일 배넉번 전투(Battle of Bannockburn)에서 결정적인 패배를 당했다. 이 전투로 스코틀랜드는 사실상의 독립을 이룩하였다. 런던으로 돌아온 에드워드는 그의 사촌 랭커스터 백작 토머스

---

[17] 에드워드는 두 명의 여인으로부터 적어도 5명의 자식을 얻었지만, 동성애자였던 것으로 알려져 있다. 그의 애인으로는 가스코뉴 출신의 가베스턴과 그가 죽은 후 사귄 잉글랜드 출신의 휴 데스펜서(Hugh Despenser)가 유명하다. 가베스턴은 에드워드보다 몇 살 더 위였는데, 건강하고 잘 생긴 얼굴이었으며 위트가 넘치는 재담꾼이었다고 한다. 가베스턴도 일찍이 결혼하여 자식이 있었다. 에드워드가 1308년 이사벨라와 결혼 후에도 관계는 지속되어, 이들의 이상한 행동에 대해 왕후가 자신의 친정아버지 필리프 4세(Philip IV of France)에게 불평하였다고 전해진다. 당대의 연대기에도 그들의 관계가 과도하다고 묘사하고 있으나, 사실 그들이 정말로 동성애 관계였는지는 확실하지 않다. 이들의 관계는 16세기 극작가 크리스토퍼 말로우(Christopher Marlowe)의 작품 「에드워드 2세(Edward II)」(c. 1592)에서도 암시되고 있다. 20세기에 들어와서 'Braveheart'를 포함한 대중영화들에서도 에드워드는 동성애자로 묘사되고 있다.

(Thomas, Earl of Lancaster)가 이끄는 귀족들의 처분을 바라는 신세가 되었다. 1318년경 펨브록 백작인 에이머 드 발랑스(Aymer de Valence, Earl of Pembroke)가 이끄는 중도파 귀족들이 토머스와 에드워드 사이에 중재역할을 맡고 나섰다. 이즈음 에드워드는 가베스턴을 대신하여 데스펜서(Despenser) 부자(父子)를 새로이 총애하게 되었다. 토머스가 데스펜서 부자를 추방해버리자 에드워드는 그들 부자를 위해 군사를 일으켜 반대세력을 패배시키고 1322년 요크셔의 버러브리지에서 토머스를 사로잡아 처형했다.

마침내 귀족들의 간섭에서 벗어난 그는 귀족들이 요구한 칙령을 파기했다. 그러나 데스펜서 부자에게 의존하는 것을 못마땅하게 생각하던 왕비 이자벨라(Isabella of France)는 1325년 외교사절로 파리에 갔다가 에드워드를 반대하고 망명한 로저 모티머(Roger Mortimer) 백작과 사랑에 빠지게 되었다. 1326년 9월 이자벨라는 모티머와 함께 군사를 이끌고 잉글랜드로 쳐들어와 데스펜서 부자를 처형하였다. 이어 1327년 에드워드를 폐위한 뒤, 아들 에드워드 3세를 왕위에 오르게 했다. 에드워드 2세는 글로스터주의 버컬리 성(Berkeley Castle)에 투옥되었다가 1327년 9월에 죽었는데, 경호병들의 폭행으로 숨진 것으로 추정된다.

2) 에드워드 3세(1327~1377)

에드워드 2세와 프랑스의 이자벨라 사이의 큰아들인 그는 왕권을 제한하려는 귀족들과 부왕사이의 끊임없는 분쟁을 목격하면서 성장했다. 왕으로 즉위했을 때 겨우 15세였던 에드워드 3세(Edward III)는 부왕보다 훨씬 능력 있었다. 그가 즉위 한 직후 4년 동안은 어머니 이자벨라와 모티머가 실질적인 통치를 맡았다. 1327년 여름, 그는 스코틀랜드와의 전쟁에 참가했는데, 이 전쟁의 결과 에딘버러-노샘프턴 조약(Treaty of Edinburgh-Northampton)이 체결되고(1328), 스코틀랜드는 독립왕국이 되었다. 에드워드는 그 협상에 대해 깊이 고민했으나 이자벨라와 모티머의 설득으로 그 조약에 서명했다. 그는 1328년 1월 요크에서 필리파(Philippa of Hainault)와 결혼했다. 그 후 그는 모티머의 독재에 반기를 들어 1330년 노팅엄 성(Castle of Nottingham)을 급습하여 모티머를 체포한 뒤 처형했다. 이로서 그의 모후의 정치적 영향력도 끝이 났다.

젊고 열정적이며 야망에 불타는 성격의 에드워드는 자신의 조부 에드워드 1세와 같은 강력한 국왕이 되기를 원했다. 스코틀랜드의 독립을 허용한 것에 대해 여전히 한을 품고 있던 그는 1329년 스코틀랜드 왕 로버트 1세가 죽고 어린 데이비드 2세(David II)가 즉위하자 이 기회를 이용하였다. 로버트 1세 대항하던 스코틀랜드 귀족들을 이용해 그들의 수장 에드워드 베일리얼(Edward Balliol)을 스코틀랜드 왕위에 앉히도록 도왔다. 데이비드 2세는 프랑스로 달아났으나, 베일리얼이 잉글랜드 왕의 꼭두각시로 경멸받게 되자 1341년에 다시 스코틀랜드로 돌아왔다.

백년전쟁(1337~1453): 1330년대에 잉글랜드는 점차 프랑스와 적대관계에 빠져들었다. 가장 큰 이유는 잉글랜드의 가스코뉴 통치를 둘러싼 분쟁이었다. 1314~1328년 사이 4명의 프랑스 왕이 연속적으로 사망했을 때마다 매번 프랑스가 가스코뉴 통치에 대하여 신서를 요구하자 잉글랜드와 가스코뉴 사람들은 분개하였다. 에드워드는 자신이 프랑스의 선왕 필리프 4세의 외손이 되는 만큼 프랑스의 모계 왕위 계승권을 주장하였다. 그러나 남계(男系)만이 왕위에 오를 수 있다는 전통적인 살릭 법(Salic

Loi)에 따라 프랑스 의회가 에드워드의 주장을 거절하고, 필리프 4세의 남계 친족 가운데 가장 가까운 필리프 드 발루아(Philippe de Valois)를 필리프 6세(Philip VI)로 옹립하였다. 에드워드는 여기에 승복할 수밖에 없었다. 그런데 프랑스 왕이 플랑드르 지방을 탐내는 눈치를 보이면서 플랑드르 도시민들과 영국 상인들이 들고 일어났다. 영국의 주요산물은 양모였고, 플랑드르 지방의 주요 산업은 모직의 직조 기술이었기 때문에 두 지역은 서로 불가분의 관계를 맺고 있었다. 이에 에드워드는 1336년부터 왕위계승권을 재차 요구하고, 프랑스 경제를 혼란에 빠뜨리기 위해 양모공급을 중단했다. 그러자 1337년 프랑스의 필리프 왕은 가스코뉴 지방을 몰수한다고 선언하였다. 거기에다가 필리프 왕은 스코틀랜드를 지원하고 있었는데, 그해 스코틀랜드로 항해중인 한 척의 프랑스 군함이 노르망디 앞 바다에게 발견되자 사태는 더 악화되었다. 이에 따라 에드워드는 프랑스에 전쟁을 선포하였는데, 이런바 백년전쟁의 시초였다.

백년전쟁의 실질적인 전투는 1339, 1340년 두 차례에 걸쳐 프랑스 북쪽의 침공을 시도하면서 시작되었다. 1340년 6월 에드워드는 플랑드르의 슬뤼스(Sluys) 근해에서 벌어진 해전에 직접 참전해 프랑스 해군을 격파함으로써 영불해협의 해상권을 장악했다(McKisack 1959: 128-9). 1340년부터 에드워드는 프랑스 왕이라는 칭호를 사용했다. 처음에는 플랑드르인들의 협조를 얻기 위한 목적으로 사용하였는데, 시간이 지날수록 점점 왕권 주장이 전쟁에서 중요한 비중을 차지하게 되었고, 에드워드의 후계자들도 끈질기게 그런 주장을 내세움으로써 100년이 넘도록 산발적인 전투는 계속되었다. 이로서 모든 잉글랜드 왕들은 1801년까지 프랑스 왕의 칭호를 겸해서 사용했다.

1341~1347년 사이에 잉글랜드 군은 프랑스의 브르타뉴, 가스코뉴, 노

르망디 지방을 관통하는 전투를 치르면서, 전쟁은 더욱 격렬해졌다. 이 사이 여러 전투 준비로 막대한 군비를 지출하던 에드워드는 윈저(Windsor) 성을 재건하고(이로 인해 그의 별칭은 윈저의 에드워드(Edward of Windsor)이다), 가터 훈장을 제정하면서 재정적 압박은 더욱 커져만 갔다. 1346년 7월 에드워드 3세는 큰아들 흑세자 에드워드(Edward, the Black Prince)를 대동하고 노르망디에 상륙하였다. 그해 8월 26일 크레시(Crécy)에서 필리프 6세가 이끄는 프랑스군에 결정적인 승리를 거두고(크레시 전투(Battle of Crécy)), 9월에는 칼레(Calais)를 포위하였다. 이어서 영국군은 가스코뉴와 브르타뉴에서 승리를 거두고, 그해 10월 네빌스크로스(Neville's Cross)에서 스코틀랜드의 데이비드 2세를 생포함으로써(네빌스크로스 전투(Battle of Neville's Cross)), 더욱 힘을 과시하였다. 칼레 시민들은 거의 1년 동안 영국군에게 완강히 저항했지만, 1347년 결국 점령당했다. 에드워드는 칼레의 프랑스 주민들을 추방하고 영국인들을 정착시켜 프랑스 침공의 전진기지로 만들었다. 연이은 승리에도 불구하고 자금부족에 시달리던 에드워드는 1347년 9월 프랑스와 휴전협정을 맺어야 했다.

에드워드는 1347년 10월 잉글랜드로 돌아왔으며 호화로운 마상시합을 열어 승리를 기념했다. 1348년 흑사병(Black Death)이 잉글랜드에 처음 발병해 1349년 말까지 기승을 부렸다.[18] 그러나 전염병이나 휴전협정에

---

[18] 흑사병(Black Death, Black Plague)은 페스트 균(Yersinia pestis)이 일으키는 질병으로서 주로 쥐벼룩과 같은 설치류와의 접촉에 의해 처음 발생된다. 사람에게 감염되면 두통, 구토, 현기증, 사지 통증, 종양 등이 생긴다. 이것이 심해지면 사람과 사람 사이에 전염될 수 있는 기관지폐렴으로 발전하여 약 3~4일 후 사망한다. 또한 뇌손상이 일어나기도 하는데, 이 경우 발병한 지 24시간 내에 사망한다. 흑사병은 처음에 아시아 내륙에서 발생하여 1347년에 유럽에 도착하였다. 영국에는 1348년에 발병하기 시작하여, 전체 인구의 3분의 1 이상이 사망한 것으로 추정된

무관하게, 그 후에도 수 년 간 에드워드는 군사적 공적에 몰두하였다. 전쟁에 지친 잉글랜드 의회는 평화를 이루려는 노력하였지만, 프랑스와의 소규모 전쟁은 지속되었다. 그 사이 프랑스에서는 1350년 필리프 6세가 죽고 장 2세(John (=Jean) II)가 뒤를 이었다. 1355년 에드워드는 또다시 대규모 군사행동을 개시하였다. 이 작전에서 에드워드는 칼레 외곽지역을 공격했으나 성과를 거두지 못했다. 그러나 아들 흑태자 에드워드는 9월 19일 푸아티에 전투(Battle of Poitiers)에서 대승을 거두고 프랑스 국왕 장 2세를 사로잡았다. 에드워드는 포로가 된 프랑스 왕을 융숭히 대접했으나 너무나 많은 영토를 요구하였기 때문에 프랑스와의 협정을 이루어지지 않았다. 그러다가 프랑스에서도 농민폭동이 일어나 정치적으로 혼란스러웠던 탓에 1360년 두 나라는 브레티니 조약(Treaty of Brétigny)을 맺는 데 기꺼이 동의했다. 이 조약으로 에드워드는 프랑스 왕위에 대한 자신의 권리를 포기하는 대신 아키텐과 칼레 시를 할양받았다.

내정: 에드워드 3세는 탁월한 전술가였고 완벽한 기사였다. 그는 예의범절을 지켰고, 귀부인을 존대했으며, 아서 왕의 원탁을 재건하기 위하여 한 반에 12명의 기사로 구성된 두 반의 가터 기사단(Order of the Garter)을 창설하여(아마도 1348년), 국왕 자신이 한 개 반을 맡고, 흑태자가 다른 반을 맡았다. 이들은 프랑스와의 전쟁에서 용맹한 명성을 얻었다. 에드워드는 프랑스와의 전쟁을 수행하기 위한 자금을 확보할 필요가 있었기

다. 1349년 말쯤에 흑사병이 완전히 진정되었으나, 1361~62년 사이에 다시 찾아와 전체 인구의 5분의 1 정도가 사망하였다. 이 역병으로 인해 1400년 영국은 1300년 인구의 절반으로 줄었다. 이후에도 간헐적으로 흑사병이 발생하였으나, 1665~1666년에 런던 대역병(Great Plague of London)이 발생하기까지 그 정도는 심하지 않았다.

때문에 백성들의 청원을 호의적으로 받아들였으며 의회의 힘을 강화하는 데 기여했다. 그러나 그는 또한 낭비벽이 심하고 방종한 생활로도 잘 알려져 있는데, 그의 궁정은 당대 유럽에서 가장 화려했다.

프랑스와의 전쟁에서 영국의 투자는 전례가 없을 정도로 막대하였다. 전쟁으로 인한 물가와 임금 상승을 묶어두기 위해 노동자 칙령(Ordinance of Labourers, 1349)과 노동자 법령(Statute of Labourers, 1351)을 발표하였으나 별다른 성과가 없었다. 그밖에 1350년대에는 외국 성직자들에 대한 대중적 적대감을 반영한 후임성직자 규제법(Statute of Provisors, 1351)과 교황존중 처벌법(Statute of Praemunire, 1353) 등이 있었다.

1360년 프랑스와 평화조약이 체결되었으나, 1361년과 1369년 영국에 또다시 흑사병이 발생해 사회적·경제적 혼란이 심해졌다. 1366년 에드워드는 잉글랜드에 대해 교황청이 주장하는 봉건적 우월권을 공식적으로 거부했다. 그 사이 프랑스에서는 장 2세의 아들 샤를 5세(Charles V)가 즉위하였다. 그는 정치적으로 신중하고 현실적인 정책을 폈으며, 부왕이 빼앗긴 영토를 되찾고자 하는 야망을 가지고 있었다. 샤를은 아키텐의 귀족을 선동하여 잉글랜드의 지배에 저항하도록 만들었고, 이것으로 인해 두 나라의 관계는 급속히 냉각되었다.

한편 에드워드는 1369년 필리파 왕비가 죽은 후, 정부인 앨리스 페러스(Alice Perrers)에게 빠져 대부분의 행정과 영지 관리를 흑태자 에드워드와 흑태자의 동생 랭커스터 공작 곤트의 존(John of Gaunt, 1st Duke of Lancaster, 1340~1399)에게 맡겼다.[19] 에드워드 왕자와 곤트의 존은 각각 자기 세력을 이끌고 서로 날카롭게 대립했다. 1369년 프랑스와의 전쟁이

---

[19] 곤트의 존의 부인은 헨리 2세의 고손녀이자 랭커스터 가문의 딸이었으므로 곤트의 집안을 랭커스터 가라 한다.

재개되자 프랑스에 고조된 민족의식으로 인해, 잉글랜드 군은 전투에서 별 성과를 거두지 못하고, 아키텐은 점차 프랑스의 수중으로 들어갔다. 흑태자 에드워드는 건강이 나빠져 1371년 잉글랜드로 돌아왔고, 곤트의 존은 프랑스를 가로질러 칼레에서 보르도까지 행군했으나(1373) 별다른 성과가 없었다. 1372년에는 에드워드 3세가 친히 해외출정을 시도했으나 역풍이 불어 그의 군대는 프랑스에 상륙조차 하지 못했다. 1375년 그는 기꺼이 휴전협정을 맺었는데(브뤼헤 조약(Treaty of Bruges)), 이로 인해 영국의 영토는 해안지방에 위치한 칼레, 보르도(Bordeaux), 바욘(Bayonne)으로 줄어들었다.

곤트의 존은 1374년 잉글랜드로 돌아와 앨리스 페러스의 도움으로 아버지에게 큰 영향력을 행사하였다. 그러나 곤트의 존 일파들이 전제적 통치를 하자. 1376년의 이른바 선린의회(Good Parliament)에서 대중적 분노가 터져 나왔다. 이 의회에서 앨리스 페러스는 궁정에서 축출되었고 곤트의 추종자 일부도 탄핵을 받았다. 그러나 1376년 6월 의회가 일을 다 마무리 짓기 전에, 병석에 있던 에드워드 왕자가 죽음으로써, 곤트의 존이 다시 권력을 잡았다. 1377년 에드워드 3세가 죽자 선린의회가 제정한 조례는 번복되었다. 왕위는 에드워드의 손자이며 흑태자의 어린 아들인 리처드가 이어받게 되었다.

3) 리처드 2세(1377~1399)

리처드가 1377년 6월 할아버지의 왕위를 계승했을 때 겨우 10살이었기 때문에 숙부였던 곤트의 존과 그 추종자들이 나라를 다스렸다. 백년전쟁과 흑사병으로 어려운 경제상황 속에서 정부는 1377~1380년 사이에 15세

이상의 국민들에게 인두세를 부과하였다. 이 세금은 상당히 높은 수준이었으므로 국민들의 반감은 극에 달했다. 농민들은 이미 1351년에 제정된 노동자 법령에도 반발하고 있었고,[20] 농노체제에 불만을 가지고 있었다. 위클리프 파의[21] '가난한 수도사'들이 이미 농민들에게 수도원의 부패를 폭로하고 있었으며, 랭글런드(Langland)의 시「농부 피어스(Piers Plowman)」은 이미 전국에 유포되어 있었다.[22] 도처에서 농민들은 부역을 강요하려는 영주와 그 관리인들과 다투었고, 촌락마다 교회의 개혁과 농민의 봉기를 선동하는 비밀집회가 개최되고 있었다. 1381년 마침내 켄트(Kent), 에식스(Essex), 동앵글리아(East Anglia) 지방을 중심으로 농민반란(Peasants' Revolt)이 일어났다. 폭동의 직접 동기는 세금징수원이 세금

---

[20] 노동자 법령(1351년)은 60세 이하의 노동자들의 임금을 흑사병이 발병했던 1348년 이전의 임금으로 노동에 종사해야 한다는 내용을 담고 있었다. 법으로 임금을 묶어 놓으려 했지만 낮은 임금으로 일하려는 사람들은 없었다. 더 많은 임금을 요구하자 법령은 사문화되었다.

[21] 존 위클리프(John Wycliffe, 1320~1384)는 옥스퍼드 대학의 유명한 신학자였다. 그는 당시의 부도덕을 개탄하고 교회의 재산을 몰수하여 원초적인 가난으로 회귀하여야만 교회의 미덕을 되찾을 수 있다고 믿었다. 처음에는 옥스퍼드 대학과 랭커스터 공의 지지를 받고 있었기 때문에 그는 다소 대담한 교수로서만 알려져 있었다. 나중에 성찬례에 성체가 현존하고 있다는 화체설(transubstantiation)을 부정했을 때 그는 이단자가 되었다. 유죄선고를 받은 위클리프는 교황의 존재를 부정하고, 성서만이 기독교의 유일한 근원이라고 주장하였다. 또한 성서를 보급하기 위해 지금까지 라틴어와 프랑스어로만 되어 있던 성서를 일반 민중 언어인 영어로 번역하였다. 그는 가난한 생활을 하는 수도사들을 양성하였는데, 이들 '가난한 수도사(Poor Preachers)'들은 농촌에서 청빈과 평등을 설교하며, 농민들에게 큰 영향력을 발휘했다. 위클리프는 1382년 이단죄를 선고받고, 2년 뒤 사망하기까지 크게 일신상의 불안을 느끼지 않고 살았다. 그러나 그를 추종하던 롤라드파(Lollards)의 사람들은 1401년 제정된 이단자 화형령에 의해 화형을 당하기도 하였다.

[22] 랭글런드는 수도원 생활을 찬미하는 신앙심 깊은 사람이었는데, 민중의 암담한 생활을 사실적으로 묘사하고 귀족과 상류계급의 사치스런 생활을 비판하고 있었기 때문에, 이 시를 읽은 많은 민중들이 깊은 감동을 받게 되었다(제8장 참조바람).

이 충분히 걷히지 않자, 다시 걷으려고 사람을 보냈는데, 그 징수원이 미납자를 체포하려 하자 농민들이 격분하였다. 이 반란 가운데 와트 타일러(Wat Tyler)가 이끄는 켄트인들은 6월 13일 런던으로 들어갔다. 당시에 성직자이면서 반란의 선동자이던 존 볼(John Ball)은 타일러와 함께 런던으로 들어갔다. 그는 다음과 같이 농민들을 선동하였다.

우리 영국에서 만물이 공유되고 농노도 귀족도 없는 평등이 오지 않으면 모든 일이 잘 될 수가 없다. … 우리 모두는 아버지 아담과 어머니 이브의 자손이다. … 우리 모두 국왕을 만나러 가자. 국왕은 아직 젊었다. 우리가 농노살이를 하고 있는 것을 보여주자. 우리가 이렇게는 못 살겠다는 것을 알리자!

농민 반란군은 런던으로 입성해서, 플랑드르 상인들을 외국인이란 이유로 학살하고 곤트의 저택인 사보이궁을 파괴하였다. 또한 대법관 직에 있던 사이먼 서드베리(Simon Sudbury, Archbishop of Canterbury)와 재무장관(High Treasurer) 직에 있던 로버트 헤일스(Robert Hales)를 인두세에 대한 책임을 물어 처형하였다. 반란군은 섭정을 하고 있던 곤트를 매우 미워하였으나 어린 국왕에 대해서는 호의를 가지고 있었다. 리처드 2세(Richard II)는 측근들이 알려준 대로 런던 교외 마일엔드(Mile End) 벌판에서 반란군과 만나 그들의 요구를 들어주는 체하였다. 30명의 서기가 해방헌장을 작성하고 옥쇄를 찍자, 여기에 만족한 대다수의 농민들이 그날로 런던을 떠났다. 그러나 아직 남아있는 수천 명의 농민들은 약탈을 계속하려 하였다. 이튿날 새로운 협상장소가 스미스필드(Smithfield)에 마련되었다. 타일러는 왕에게 모든 교회 소유의 토지를 몰수하라는 무리한 요구를 하였다. 이 때 미리 약속한 정부군이 협상 장소에 급습하였다. 타일러는 중상을 입고 잡혀서 결국 처형되고 말았다. 급박한 상황이 전개되는 동안 리처드가 반란군 앞에 나섰다. 그는 어린 나이임에도 위엄을 잃지 않고 반란군을 설득하였다. 자신의 수장도 죽고 뚜렷한 계획이 없던 농민들은 무기를 버렸다. 어린 국왕은 그들의 선두에 서서 그들을 런던 밖으로 끌고 나왔다(1381. 6. 15).

지방에서의 반란은 6월 25일 동앵글리아의 반란군이 진압됨으로써 마침내 농민반란은 끝이 났다. 농민군이 해산되어 각자의 촌락으로 돌아가자, 정부는 법관들로 하여금 샅샅이 이들을 색출하게 했다. 수많은 사람들이 사형을 선고받고 참수되었다. 지배계층의 공포는 오래 지속되었고, 기사와 자유사상을 가진 도시공민들은 의회에서 행사하던 모든 권한을 잃게 되었다.

한편, 1382년 리처드는 신성로마제국과 보헤미아 국왕의 딸 보헤미아의 앤(Anne of Bohemia, 1394 사망)과 결혼했는데 아내를 매우 사랑했다. 농민반란 때 국민에게 감동을 선사했던 어린 왕은 1385년에 이르러 옥스퍼드 백작 로버트 드 비어(Robert de Vere, Earl of Oxford) 같은 대수롭지 않은 신하들을 총애하여 점점 에드워드 2세를 상기시키는 방종한 군주가 되어 갔다. 이로 인해 리처드의 또 다른 숙부인 글로스터 공작 우드스톡의 토머스(Thomas of Woodstock, Duke of Gloucester), 애런들 백작 리처드 피철런(Richard Fitzalan, Earl of Arundel), 워릭 백작 토머스 드 보참프(Thomas de Beauchamp, Earl of Warwick) 등이 이끄는 반대세력들이 등장했다.

곤트의 존은 이들 사이에 평화를 유지하는 역할을 하다가 1386년 7월 아내의 고향 카스티야에 왕위를 계승하기 위해 스페인으로 떠나게 되었다. 이에 글로스터 백작의 지지를 받은 의회는 리처드의 측근인 서퍽 백작을 탄핵하고(1386) 국왕의 활동을 감시하였다. 리처드가 이것이 왕권을 침해하는 반역행위라고 선언하자, 리처드에 반대하는 5명의 '청원파(appellant)'들은 드 비어를 포함한 왕의 측근들을 기소하였다.[23] 왕실파와 반대파 사이에 1387년 12월 래드컷 브리지(Radcot Bridge)에서 충돌이 일어났고 드 비어는 영국에서 추방되었다. 반대파는 1388년 '냉혹 의회(Merciless Parliament)'를 열어 리처드의 측근들을 완전히 축출하였다.

그러나 1389년 5월 성년이 된 리처드는 자신이 독자적인 통치를 하겠다고 선언하면서 반대파에게 복수를 계획하였다. 그러나 그해 말 곤트가 스페인에서 돌아와 상황을 진정시킴으로써 리처드는 향후 8년간 곤트나 청원파들과 외견상 화목한 관계로 지냈다. 그러나 리처드는 다시 더 강력하게 자신을 지지할 세력을 구축해나갔으며, 1397년 글로스터 공과 애런들 백작, 워릭 백작을 체포하였다. 이로서 리처드 치세의 말기는 폭정의 시기가 된다. 애런들은 반역죄로 기소되어 처형되었으며 워릭은 추방되고 글로스터는 투옥되어 살해되었다.

청원파였던 곤트의 아들 헨리 볼링브룩(Henry (of) Bolingbroke)과 노퍽 공작(이전의 노팅엄 백작) 토머스 모브레이(Thomas de Mowbray) 사이에 1398년 9월 분쟁이 일어나자 국왕은 이 기회를 틈타 두 사람을 모두 추방했다. 뒤이어 1399년 2월 곤트가 죽자 리처드는 볼링브룩에게 넘어갈 랭커스터 가문의 막대한 영지를 몰수했다. 그런 후에 그 해 5월에 아일

---

[23] 5명의 청원파 귀족은 초기에 글로스터 공작(Thomas of Woodstock, Duke of Gloucester), 애런들 백작(Richard Fitzalan, Earl of Arundel), 워릭 백작(Thomas de Beauchamp, Earl of Warwick) 외에, 곤트의 아들이며 후세에 헨리 4세가 된 더비 백작(Henry, Earl of Derby)과 노팅엄 백작(Thomas de Mowbray, Earl of Nottingham)이 있었다.

랜드로 떠났는데 이것은 큰 실수였다. 그가 없는 틈을 타서 볼링브룩이 잉글랜드를 침공해 귀족들을 규합했고, 리처드는 8월에 잉글랜드로 돌아왔지만 싸워보지도 못하고 볼링브룩에게 항복했다. 그는 9월 30일 폐위되고 볼링브룩이 헨리 4세로 왕위에 올랐다. 리처드는 런던탑에 갇혀 있다가 폰티프랙트 성(Pontefract Castle)으로 옮겨져 이듬해 2월 그곳에서 죽었다. 그의 죽음에 대해 의문이 있긴 하지만 아마도 굶어 죽은 것으로 추정된다(Tuck 2004).[24]

(2) 랭커스터 왕가[25]

1) 헨리 4세(1399~1413)

헨리는 링컨 주의 볼링브룩 성에서 랭커스터 공작인 곤트의 존과 그의

---

[24] 셰익스피어가 「리처드 2세(Richard Ⅱ)」에서 그가 살해당했다고 한 것은 믿을 만한 근거가 없다. 리처드는 예민한 문학적 감식안을 지녀 제프리 초서, 존 가워, 장 프루아사르 같은 문인들을 후원했다.
[25] 랭커스터 왕가(House of Lancaster)는 플랜태저넷 왕조의 방계 집안으로서, 15세기에 헨리 4세, 헨리 5세, 헨리 6세를 배출하였다. 랭커스터라는 성은 헨리 3세의 막내아들 에드먼드(1245~1296)가 1267년 랭커스터 백작 작위를 받았을 때 생겨났다. 그의 손자 헨리(1361 사망) 때 랭커스터 공작의 작위를 얻었다. 헨리는 아들이 없었기에 그의 둘째딸 블랑쉬가 잉글랜드 국왕 에드워드 3세의 셋째 아들인 곤트의 존과 결혼함으로써 가문을 이었다. 그들의 아들이 왕위에 오르면서, 랭커스터 가문의 조상이 헨리 3세라는 점을 강조하기 위해 헨리 4세라고 칭했는데, 그 이유는 존의 형으로서 왕위 계승 서열이 더 높은 클래런스 공작 라이어넬(Lionel, 1st Duke of Clarence, 1338~1368)의 후손들을 의식했기 때문이었다. 결국 존의 동생이자 요크 공작인 에드먼드의 후손들과 클래런스 공작의 후손들이 장미전쟁을 통해 헨리 6세를 몰아냈고 에드먼드의 후손인 요크 공작이 에드워드 4세로 왕위에 올랐다. 그 뒤 랭커스터의 혈통은 존의 서자(庶子)가 창시한 보퍼트 가문의 후손인 헨리 7세에게 이어졌다. 헨리 7세에 의해 튜더 왕조가 시작되면서부터 랭커스터의 모든 영지는 왕령에 속하게 되었다.

첫 아내 블랑쉬(Blanche) 사이에 태어났다. 그는 왕위에 오르기 전에는 헨리 볼링브룩이라는 이름으로 알려져 있었고, 리처드 2세에게서 더비 백작(1377~97)과 헤러포드 공작(Duke of Hereford, 1397~99)의 작위를 받았다. 플랜태저넷 왕조의 9번째 왕이며 랭커스터 왕가 최초의 국왕이다. 그는 왕위를 찬탈해 국왕이 된 후 자신이 에드워드 3세의 후손이며, 자신의 어머니가 헨리 3세의 막내아들의 증손녀임을 들어 왕위계승을 정당화했다. 그러나 몇몇 귀족들은 그의 권리를 인정하지 않고 계속 헨리를 위협했다. 1400년 1월에는 리처드의 지지자들이 꾸민 음모를 분쇄하였다. 8개월 뒤에는 웨일스인 오웬 글렌다우어(Owain Glyndŵr)가 자신이 웨일스 공임을 선포하며 대규모 반란(1400~1415)을 일으키자 헨리는 웨일스로 계속 원정대를 보냈지만 별다른 성과를 거두지 못했다. 이 반란은 그의 아들인 헨리 왕자(뒤의 헨리 5세) 때 완전히 진압되었다. 한편 국내에서는 강력한 퍼시 가문이 반란을 주도하였다. 오웬의 지원을 받은 노섬벌랜드 백작 헨리 퍼시(Henry Percy, Earl of Northumberland)와 '조급쟁이(Hotspur)'라 불리는 그의 아들 헨리 퍼시경이 힘을 합쳐 반란을 조종했다. 아들 퍼시 경이 일으킨 반란은 헨리 4세의 치세 가운데 가장 심각한 반란이었으나, 1403년 7월 슈루즈버리 전투(Battle of Shrewsbury)에서 정부군에게 패배하고 진압되었다. 1405년 헨리 4세는 노섬벌랜드 백작 헨리 퍼시와 공모해 반란을 일으키려 했다는 혐의를 씌워 노펵 공작 토머스 모브레이와 요크 대주교 리처드 스크루프를 처형했다.

이로써 정치적 위기를 넘겼으나 이때부터 육체적인 고통이 찾아왔다. 당대의 사람들이 문둥병이라 여겼으나 아마도 건선이나 간질이 포함된 심장 혈관계통의 병인 듯하다(McNiven 1985). 헨리 4세의 치세에 마지막으로 일어난 무장봉기는 1408년에 일어난 노섬벌랜드의 반란이었으나 곧 진압되었다. 이 동안에도 헨리는 스코트인들과 계속 국경 분쟁을 치렀으며, 1405~1406년 웨일스의 반란을 지원한 프랑스와도 충돌할 뻔했으나 무사히 넘겼다. 그는 타협을 통해 의회의 지지를 얻어냈고, 의회의 세력은 랭커스터 왕조 60년 동안 계속 강대해졌다. 헨리 4세의 건강이 점점 나빠지자 헨리 왕자는 병에 걸린 왕을 대신하여 섭정을 원했다. 그 결과 헨리 4세와 왕자 사이는 나빠졌으며 둘 사이에는 불화의 골이 깊게 패였다.[26] 1413년 헨리 4세가 죽자 헨리 왕자가 헨리 5세로 즉위하였다. 헨리 4세는 그의 왕국을 탄탄한 토대위에 올려놓는데 상당한 성공을 거두었다고 할 수 있다.

2) 헨리 5세(1413~1422)

헨리는 웨일스의 몬머스 성(Monmouth Castle)에서 헨리 볼링브룩(후에 헨리 4세)과 메리 드 보헌(Mary de Bohun) 사이에서 큰아들로 태어났다. 이러한 이유로 헨리 5세의 별칭은 '몬머스의 헨리(Henry of Monmouth)'이다. 1398년 아버지가 망명하자, 리처드 2세는 어린 헨리를 잘 보살펴주었고, 1399년에는 그에게 기사작위를 주었다. 헨리는 자라면서 음악과 독서를 좋아하였고, 영어로 글을 쉽게 읽고 쓸 수 있는 최초의 잉글랜드 국왕이었다. 아버지가 왕위에 오른 뒤, 1399년 체스터 백작, 콘월 공작 겸 왕세자로 책봉되었고, 그 직후에 아키텐과 랭커스터 공작이 되었다. 1400년부터 그는 웨일스의 행정을 책임졌으며, 웨일스의 반란자들을 진압하기 위한 군대의 총 책임자였다.

---

[26] 셰익스피어의 작품에서 헨리 왕자가 방종한 젊은 시절을 보내다가 왕이 된 후에 사람이 갑자기 달라졌다는 묘사는 허구이거나 엘리자베스 시대 극작가들의 과장법으로서 실제 사실과 모순된다.

어릴 때 전쟁과 통치 경험을 쌓은 후 1413년 3월 21일 국왕이 된 헨리 5세는 유능하고 두려움을 모르며 권위적인 왕이었다. 통치 초기에 음모와 반란의 위협이 있었으나 그때마다 헨리는 미리 그 정보를 취득하여 반대자들을 무자비하게 진압하였다. 그리고 살아남은 리처드 2세 지지자들과 화해하고 대외적인 동맹관계를 새로이 맺으면서 프랑스와의 전쟁을 준비하였다. 그는 아키텐과 기타 일부 영토에 대한 소유권에 만족하지 못했고, 과거의 앙주제국의 영토인 노르망디와 투렌(Touraine) 및 메인의 소유권을 요구했을 뿐만 아니라, 더 나아가 에드워드 3세가 주장한 프랑스 왕위 계승권을 되살리려고 하였다. 그의 야심과 열정에 감동한 귀족들의 지휘 아래 대규모 군대가 편성되었다. 마침내 1415년 6월 헨리 5세가 프랑스와의 전쟁을 다시 일으켰다.

백년전쟁의 계속: 헨리 5세의 전략은 프랑스의 귀족들과 동맹을 맺어 그들의 분열을 야기하는 것이었다. 당시에 프랑스 국왕 샤를 6세(Charles VI)는 정신이상으로 인해 프랑스 안에서 인기가 없었기 때문에, 왕세자가 실질적으로 통치하고 있었다. 분열된 프랑스에서 부르고뉴(Bourgogne)의 지지는 전쟁의 성공에 중요한 역할을 하였다. 1415년 10월 헨리는 중세에 가장 격렬했던 전장이었던 아젱쿠르(Agincourt)에서 프랑스 군을 대파함으로써 유럽의 외교적 중재자가 되었다. 그는 신성로마제국의 지기스문트(Sigismund) 황제의 예방을 받고 캔터베리에서 동맹조약을 맺었으며 (캔터베리 조약(Treaty of Canterbury), 1416), 이 둘은 서로 협력하여 마르티누스 5세(Martinus V)를 교황으로 선출함으로써(1417) 교황 분열을 종식시키는 데 이바지했다.

1417~1420년에 헨리는 노르망디를 정복하는 사업에 착수하였다. 1419

년 1월 노르망디 루앙(Rouen)을 점령했고, 9월에는 부르고뉴와 동맹을 맺었다. 헨리가 잇달아 승리하자 프랑스는 1420년 5월 결국 트루아 조약(Treaty of Troyes)에 동의하였다. 이 조약으로 헨리는 왕위계승자로서 프랑스 왕세자 대신 프랑스 섭정으로 인정되었고, 샤를의 딸 발루아의 카트린(Catherine of Valois)과 6월 2일 결혼했다. 그의 칭호는 샤를 6세가 생존하는 동안에는 잉글랜드 왕 겸 프랑스 왕위 계승자 헨리 5세로 정했다. 이제 권력의 절정에 서 있던 헨리는 그러나 결코 프랑스 왕이 되지 못했다. 2년 후(1422) 그는 뱅센(Vincennes) 성에서 이질에 걸려 샤를 6세보다 일찍 죽었다. 헨리 5세는 잉글랜드를 유럽에서 가장 강력한 왕국의 하나로 만들었으나, 일찍 죽는 바람에 잉글랜드는 그 후 오랫동안 헨리 6세의 무능한 통치를 받아야 했다.

3) 헨리 6세(1422~1461, 1470~71)

헨리 6세는 1422년 9월 1일 아직 한 돌이 채 안되었을 때 아버지 헨리 5세에 이어 국왕이 되었다. 외할아버지인 프랑스의 샤를 6세가 죽자(1422. 10. 21), 트루아 조약에 따라 프랑스의 왕으로 선포되었다. 그의 숙부인 베드퍼드 공작 존(John, Duke of Bedford)이 섭정으로 임명되었다. 베드퍼드 공이 프랑스에서의 전투로 영국에 부재중일 때 헨리의 또 다른 숙부인 글로스터 공작 험프리(Humphrey, Duke of Gloucester)가 그를 대신해서 섭정하였다. 베드퍼드 공은 1423년 크라방(Cravant)에서, 1424년 베르뇌이(Verneuil)에서 잇따라 프랑스 군에 승리하였다. 이때가 프랑스에서 영국의 세력이 가장 절정에 달하던 때이다.

한편, 샤를 6세의 아들 샤를 왕세자는 자신이 프랑스 국왕 샤를 7세

(Charles VII)임을 선포하였으나, 왕국의 중심에서 벗어나 간신히 루아르 (Loire) 강변의 성들을 전전하고 있었다. 그러나 1429년 전환점이 찾아왔다. 샤를 7세의 거점인 오를레앙(Orléans)은 1428년부터 베드퍼드 공에게 포위되어 궁지에 몰려 있었다. 이때 작은 시골 마을 동레미(Domrémy)에서 농부의 딸로 태어난 잔 다르크(Joan of Arc (=Jeanne d'Arc))가 샤를을 프랑스 왕으로 추대하라는 천사의 계시를 들었다. 1429년 4월 29일 17세의 잔 다르크는 잉글랜드군의 포위를 받은 오를레앙 요새에 도착했고, 그녀가 이끄는 프랑스 군대는 오를레앙에서 대승을 거두었다.[27] 이 승리를 기점으로 프랑스 세력이 다시 살아났고, 샤를 7세는 1429년 랭스(Rheims)에서 대관식을 치렀다. 이로서 헨리 6세는 사실상 프랑스 왕으로서의 자격을 상실하고 말았다. 그 후 영국군의 주요 거점이었던 노르망디와 부르고뉴 사람들도 태도가 바뀌기 시작하였고, 이 지역에서 군대를 유지하는데 필요한 재정적 부담은 더욱 커져갔다.

1435년 베드퍼드 공이 죽은 후 국내 정치는 글로스터 공작, 헨리 보퍼트 주교(Henry Beaufort, Bishop of Winchester, 후에 추기경이 됨), 서퍽 백작 윌리엄 드 라 폴(William de la Pole, Earl of Suffolk) 등의 경쟁관계에 의해 좌우되었다. 1437년 성인이 된 헨리가 직접 통치를 시작하였지만,

---

[27] 현대 의학자들은 잔 다르크의 계시가 사실은 간질이나 정신병으로 인한 착시나 환청이었을 가능성을 제기하였다. 그러나 그녀는 정상적인 의사소통이 가능했고, 성직자들이 잔 다르크를 시험했는데 그녀가 미쳤거나 마녀가 아니라는 결론을 내려 샤를과의 만남이 성사되었다. 잔 다르크는 열세에 몰린 프랑스군이 오를레앙에서 승리할 수 있다고 장담하였는데, 반신반의하던 왕세자도 잔 다르크를 직접 만나본 후 그녀의 의지와 열정에 감탄했다고 한다. 잔 다르크는 남자처럼 머리를 짧게 자르고 중무장을 한 채 군을 이끌었다. 후에 잔 다르크는 법정에서 자신이 직접 무기를 사용하기보다는 깃발을 들고 독려하는 역할을 주로 했다고 증언했다. 따라서 그녀가 순전히 병사들의 사기를 북돋우는 존재였는지, 아니면 당대 사료가 말하는 대로 뛰어난 전술가이자 군인이었는지에 대해서는 아직도 의견이 분분하다.

그의 선량한 성품은 국왕으로서는 크게 도움이 되지 못했다. 그는 경건하고 학구적이어서 종교 의식과 교육기관의 설립에만 관심을 가졌다. 1440년 이튼칼리지(Eton College), 1441년 케임브리지의 킹스칼리지(King's College)가 그에 의해 설립되었다. 프랑스와의 평화를 추구하기 위하여 보퍼트 추기경과 서퍽 백작은 헨리로 하여금 앙주의 마거릿(Margaret of Anjou)과 결혼하도록 설득하였다. 그녀의 외모에 반한 헨리는 메인과 앙주를 프랑스에 넘겨주기로 하고(1444년 투르 조약(Treaty of Tours)에서 재확인 됨), 이 사실을 의회에는 비밀로 한 채 1445년 4월 그녀와 결혼하였다. 투르 조약이 나중에 영국에 알려지자 대중적 분노가 서퍽에게 향했다. 이 결혼에도 불구하고 헨리와 샤를 사이의 화친은 결코 이루어지지 않았다. 헨리는 1450년 노르망디를 상실했고, 1453년에는 가스코뉴마저 잃었다. 이제 영국이 프랑스 지역에 가진 것은 칼레뿐이었다.

장미전쟁(1455~85):[28] 1449년 서퍽 백작이 몰락하자, 랭커스터 가문의 서머싯 공작 에드먼드 보퍼트(Edmund Beaufort, Duke of Somerset)와 요크 공작 리처드(Richard, Duke of York)가 권력 다툼을 벌였다. 리처드는 장자상속 원칙에 엄격히 따르면 왕위계승 서열에서 헨리보다 앞서 있었다. 헨리는 프랑스에서 전투를 치르면서 계속 병에 시달렸는데, 아마도 프랑스에서 왕국을 잃은 것과 국내 통치에서의 문제들 때문인 것 같다. 헨리의 정부는 파산을 눈앞에 두고 있었고, 웨일스와 아일랜드에서도 정부의 권위가 무너지고 있었다. 1453년 헨리가 정신이상증세를 보이자 요크 공이 그 이후 두 차례나 섭정으로 임명되었다. 궁극적으로 헨리의 뒤를

---

[28] '장미전쟁'이라는 이름은 왕위를 놓고 싸운 랭커스터 가문의 빨간 장미와 요크 가문의 하얀 장미 문장(紋章)에서 따왔다.

이어 왕이 되려고 했던 요크 공의 야망은 1453년 10월 13일 마거릿 왕비에게서 에드워드가 탄생함으로써 좌절되었다.

1455년 서머싯 공이 권력을 잡자 전쟁은 불가피해졌다. 1455년 5월 제1차 세인트 올번스 전투(Battles of Saint Albans)에서 서머싯 공이 전사하고 헨리 왕은 요크 공의 포로가 되었다. 이 전투가 벌어진 뒤 요크 공은 1년 이상 우위를 지켰지만, 1456년 마거릿이 세력을 회복하자 1459년 다시 전쟁이 벌어졌다. 블로어 히스(Blore Heath) 전투와 러드퍼드 브리지(Ludford Bridge) 전투 이후 흩어지게 된 요크 군대는 다시 1460년 7월 노샘프턴 전투(Battle of Northampton)에서 랭커스터 군을 크게 물리쳤다. 노샘프턴에서 요크 군에 붙잡힌 헨리는 자신이 왕으로 남아 있되 요크 공을 왕위계승자로 인정하는데 동의하였다. 이것은 헨리의 아들 에드워드 왕자의 계승권을 빼앗은 것으로, 마거릿 왕비는 계속해서 이에 반대했다.

그해 12월 웨이크필드 전투(Battle of Wakefield)에서 요크 공이 죽고, 그 이듬해 2월 제2차 세인트 올번스 전투에서 왕비와 랭커스터 군대는 헨리를 구조하였다. 그러나 마거릿이 세인트 올번스에서 머뭇거리고 있는 동안 요크 가의 후계자 에드워드는 런던에 입성하여 3월 4일 에드워드 4세(Edward IV)로 즉위했다.

한편 헨리는 가족과 함께 스코틀랜드로 도망갔다가 1464년 잉글랜드로 돌아와 랭커스터 가의 반란을 지원했으나 실패했다. 이듬해 7월 그는 랭커스터에서 체포되어 런던탑에 유폐되었다. 왕비와 아들은 프랑스로 망명하였다. 이후 에드워드 4세가 자신을 왕으로 만드는데 결정적인 역할을 하였던 워릭 백작 리처드 네빌(Richard Neville, Earl of Warwick)을 멀리하였고, 이에 네빌이 랭커스터 가문과 협조하여 반란을 일으켰다. 그들은 에드워드와의 싸움에서 이겨 1470년 10월 헨리를 다시 왕으로 복귀시켰다. 이로써 헨리는 두 번의 치세를 누린 영국 최초의 왕이 되었다.

에드워드는 프랑스로 피신했다가 곧 돌아와 바닛 전투(Battle of Barnet)에서 워릭을 패배시켜 죽이고 투크스베리 전투(Battle of Tewkesbury)에서 마거릿 왕비의 군대를 전멸시켰다(1471. 5. 4). 이 전투에서 헨리의 아들 에드워드 왕자가 죽고 마거릿은 체포되었다. 이 전투는 헨리의 운명에 종지부를 찍었으며, 에드워드 4세는 그날 밤 의기양양하게 런던에 입성하였다. 헨리 6세는 그 후 얼마 되지 않아 런던탑에서 죽었는데, 살해당했음이 거의 확실하다. 이로써 랭커스터 왕조의 계보는 끝나버렸다.

(3) 요크 왕가[29]

1) 에드워드 4세(1461~1470, 1471~1483)

---

[29] 요크 왕가(House of York)도 랭커스터 왕가와 마찬가지로 플랜태저넷 왕조의 방계 집안이다. 랭커스터 가로부터 왕위를 빼앗고, 15세기에 에드워드 4세, 에드워드 5세, 리처드 3세의 3명의 잉글랜드 왕을 배출하였다. 이 가문의 창시자는 에드워드 3세의 살아남은 아들 중 넷째인 랭리의 에드먼드(Edmund of Langley, 1st Duke of York, 1341~1402)이다. 에드먼드의 아들 요크 공작 2세 에드워드는 후사가 없었기에 죽기 전에 동생의 아들 리처드에게 공작 작위를 물려주었다. 요크 공작 3세가 된 리처드는 랭커스터 가 출신의 헨리 6세에 맞서 왕위계승권을 주장하였다. 리처드의 어머니인 앤 모티머는 클래런스 공작 라이오넬의 3대손이었다. 클래런스 공작은 에드워드 3세의 둘째아들이고 랭커스터 가의 창시자인 곤트의 존은 에드워드 3세의 셋째아들이었으므로 클래런스 공의 후손이 혈통에 따른 왕위계승에 우선권이 있었다. 리처드의 주장의 약점은 그가 모계혈통을 이어받았다는 점이었다. 그러나 리처드는 모계혈통과 더불어 부계혈통에서도 에드워드 3세의 후손(비록 부계혈통에서는 랭커스터 가에 뒤지지만)이었기 때문에 그의 왕권 주장은 국민들로부터 지지를 받았다. 상원이 그의 주장을 인정하여 헨리 6세의 왕위를 그대로 유지하면서 그의 사후에 리처드와 그 후손들에게 왕위를 승계하도록 타협안을 제시했다. 이 타협안은 리처드와 헨리 6세의 동의를 받았으나, 마거릿 왕비와 그 추종자들이 반발함으로써 내전으로 이어진다.

요크 공 리처드의 큰아들이었던 에드워드는 1460년 지지자들에 의해 헨리 6세의 후계자로 선포되었다. 그해 12월 리처드가 살해되자 에드워드는 웨일스에서 군대를 모아 헨리의 지지자들이던 랭커스터 가를 무찔렀고, 1461년 에드워드 4세로 즉위했다.

내전동안에 에드워드를 적극적으로 도운 워릭 백작 리처드 네빌은 에드워드의 집권 초기에 가장 큰 세력을 누렸다. 그는 1462~1464년 영국 북부에서 일어난 랭커스터 가의 저항을 무찔렀으며, 프랑스와 동맹을 맺기 위해 에드워드를 프랑스 공주와 결혼시키려 하였다. 그러나 에드워드는 1464년 5월 1일 평민출신인 젊은 미망인 엘리자베스 우드빌(Elizabeth Woodville)과 몰래 결혼함으로써 워릭 백작과 요크 가 귀족들의 분노를 샀다. 그 후 에드워드가 왕비의 친척들을 총애하여 세력을 형성하자, 워릭 백작은 점차 모든 영향력을 잃어갔다. 에드워드는 프랑스의 적인 부르고뉴와 동맹을 맺고(1467), 이듬해 그의 여동생 마거릿을 부르고뉴 공작 샤를과 결혼시켰다. 부르고뉴 공작과 에드워드는 함께 프랑스 침공 계획을 세웠다.

이에 워릭은 프랑스 왕 루이 11세(Louis XI)의 부추김을 받아 반란을 일으켜, 1469년 7월 에드워드 4세를 사로잡아 구금했다. 그러나 에드워드의 지지자들이 매우 많았으므로 에드워드는 그해 10월에 다시 자유의 몸이 되었다. 워릭은 프랑스로 달아나 루이와 랭커스터 왕조의 왕비 마거릿과 손을 잡고 1470년 9월 잉글랜드로 쳐들어왔다. 에드워드 4세는 부르고뉴로 도망쳤다. 그러나 곧 부르고뉴 공의 도움을 받아 1471년 3월 동생인 글로스터 공작 리처드(Richard, Duke of Gloucester)와 함께 영국으로 돌아와 런던을 되찾고, 4월 14일 바닛 전투에서 워릭을 죽였다. 이어 5월 4일 에드워드는 투크스베리에서 마거릿의 군대를 대파하였다. 이로써 랭커스터 가문의 지지자들은 대부분 전쟁터에서 목숨을 잃거나 얼마 후 처형당했다. 곧이어 헨리 6세가 런던탑에서 죽은 후(5. 21~22), 에드워드는 평생 안전하게 지냈다.

에드워드는 1470년대에 비교적 정치적 안정을 누렸다. 그는 브르타뉴와 부르고뉴, 스코틀랜드와 동맹을 맺었다. 그는 부르고뉴 공작과 함께 다시 프랑스 침공 계획을 착수하여, 1475년 당시로서는 최대 규모의 원정군을 이끌고 프랑스로 쳐들어갔다. 프랑스군은 강력히 저항하였으나, 결국 피키니 조약(Treaty of Picquigny)이 체결되어 에드워드는 프랑스에서 물러나는 대가로 금화 7만 5,000크라운을 받고 해마다 금화 5만 크라운을 받게 되었다.

에드워드의 치세 후반은 상당히 안정적이었다. 1475년 이후 프랑스, 부르고뉴, 플랑드르, 독일 항구들과의 교역은 눈부시게 성장하였으며, 이로 인해 세입이 증가했다. 그는 몸소 무역업자로 나서 교역에 참여하기도 하였다. 또한 정부의 재정을 재편하고 특별세를 부과하지 않고 통치를 하겠다고 선언함으로써 의회의 지지를 얻었다. 그는 인쇄업자 윌리엄 캑스턴(William Caxton)의 후원자였으며 그가 수집한 서적들은 나중에 대영도서관의 기틀이 되었다.

1482년 루이 11세는 부르고뉴 통치자들과 화해하기 위해 피키니 조약에 의한 연금 상납을 거부했다. 에드워드는 다시 프랑스 침공을 계획했으나 그 계획을 실현하기 전에 병이 들어 1483년 4월 9일 겨우 40세의 나이로 세상을 떠났다.

2) 에드워드 5세(1483)

에드워드 4세가 죽었을 때, 그의 첫째 아들 에드워드는 겨우 열두 살이었다. 잉글랜드는 이전에도 미성년자가 왕위를 이어받은 적이 있고, 큰 정치적 난관 없었기 때문에 이번에도 그럴 것이라고 생각하였으나, 15세기 후반의 영국의 상황은 과거와 상당히 달랐다. 1483년 4월9일 에드워드 5세(Edward V)가 왕위를 이었을 때, 그의 숙부인 글로스터 공작 리처드가 섭정으로 지명되었다. 그러자 에드워드 5세의 어머니 쪽 우드빌 가문의 귀족들과 글로스터 공작 사이에 분쟁이 일어났다. 이 분쟁은 글로스터 공이 우드빌 가의 지도자들을 체포하고 에드워드 5세와 그 동생 리처드 (Richard of Shrewsbury, Duke of York)를 런던탑에 감금함으로써 곧 끝났다.

글로스터 공작은 에드워드 4세와 엘리자베스 우드빌의 결혼이 무효이며 따라서 그들의 자식들은 적자가 아니라고 주장하였다. 이 주장은 받아들여져, 그해 6월 26일 글로스터 공은 잉글랜드 국왕 리처드 3세(Richard III)로 선포되었고 에드워드 5세의 2달간의 통치가 끝났다. 얼마 뒤 에드워드 5세와 그의 동생은 런던탑에서 영원히 사라졌다. 그들이 어떻게 죽었는지 불확실 하지만, 리처드가 이들을 살해한 것으로 짐작되지만, 당시 막강한 권력을 휘두르던 버킹엄 공작이나 혹은 리처드의 뒤를 이어 왕위에 오른 헨리 7세나 그의 어머니가 죽였다는 설도 있다. 1674년 런던탑에서 에드워드 5세와 그의 동생의 것으로 보이는 유골이 발견되었다.

3) 리처드 3세(1483~1485)

리처드 3세는 요크 공작 리처드(1460 사망)의 막내아들로서 큰형이 에드워드 4세로 즉위하자 글로스터 공작이 되었다. 1483년 6월 어린 조카의 왕관을 찬탈해 국왕 자리에 오르자, 항간에는 그가 어린 에드워드 5세를 죽였다는 소문이 돌았다. 리처드의 가까운 동지였던 버킹엄 공작 헨리

스태퍼드(Henry Stafford, Duke of Buckingham)는 그해 10월 잉글랜드 남부에서 반란을 일으켰다. 이 반란은 곧 진압되어 공작은 처형당했다. 이후 리처드는 과거의 불명예를 씻어내기 위해 무역을 장려하고 재정개혁을 실시하는 등 국왕으로서의 직무를 전념했다.30 그는 귀족들과 지주 계층인 젠트리들의 지지를 얻으려고 노력하였으나 그들은 리치먼드 백작 헨리 튜더(Henry Tudor, Earl of Richmond)의 편에 모여들고 있었다.

헨리는 랭커스터 가의 혈통을 이어받은 왕위계승권자였는데, 프랑스에 망명해서 살고 있었다. 1485년 8월 7일 헨리가 군대를 이끌고 영국에 상륙하였다. 8월 22일 보즈워스(Bosworth) 평야에서 벌어진 전투에서 리처드는 용감하게 싸우다가 전사했다.

(4) 튜더 왕조의 건립

헨리 튜더는 리치먼드 백작 에드먼드 튜더(Edmund Tudor)와 마거릿 보퍼트(Margaret Beaufort) 사이에서 태어난 아들로, 아버지가 죽은 지 3개월 후에 태어났다. 그의 어머니는 랭커스터 공작 곤트의 존의 증손녀였다. 헨리 6세와 다른 랭커스터 가문의 왕위계승권자들이 모두 죽자 헨리 튜더는 랭커스터 가의 혈통을 주장할 수 있는 유일한 생존자가 되었다.

헨리의 어머니 마거릿은 남편이 죽은 뒤 곧 재혼했기 때문에 헨리는 삼촌인 재스퍼 튜더(Jasper Tudor)에 의해 양육되었다. 투크스베리 전투

---

30 셰익스피어의 희곡 「리처드 3세」를 비롯한 많은 글에서 그가 꼽추였다고 나와 있지만 초상화나 당대의 기록에서 이러한 사실이 확인되지 않는다. 셰익스피어를 포함하여 튜더 시대의 글에서는 리처드가 항상 악인으로 등장하는데, 튜더 왕조가 리처드 3세를 물리치고 건립되었다는 점에서 보면, 당연한 일일 것이다. 리처드 3세가 어떤 인물인가에 대해서는 논쟁이 많은데, 현대의 학자들은 그를 큰 잠재력을 지닌 군주로 평가하기도 한다.

(1471)에서 랭커스터 가가 패배했을 때 재스퍼는 어린 헨리를 데리고 브르타뉴로 망명했다. 강건해 보이던 요크 가가 리처드 3세의 왕위 찬탈(1483)로 분열되자, 리처드 3세의 반대자들을 규합하기 위해 헨리는 에드워드 4세의 맏딸인 요크 가의 엘리자베스와 결혼할 것을 약속했다. 1485년 8월 22일 보즈워스 전투에서 승리한 후 그는 왕위를 요구했고 그해 10월 30일 헨리 7세(Henry VII, 1485~1509)로 즉위함으로써 튜더 왕조를 열었다. 그리고 1486년 1월 18일 요크 가의 엘리자베스와 결혼함으로써 요크 가문과 랭커스터 가문의 왕위계승권을 통합했으며 장미전쟁을 종식시켰다.

헨리 7세가 왕위에 오른 후에도 반란은 곳곳에서 일어났다. 1486년 리처드 3세의 시종장 러벌(Lovell)의 반란은 준비 부족으로 전투 없이 와해되었고, 이듬해에 일어난 램버트 심널(Lambert Simnel)의 반란도 곧 진압되었다. 1491년과 그 이후 3차례 더 일어난 퍼킨 워벡(Perkin Warbeck)의 침공도 1497년 그가 체포되어 처형됨으로써 모두 진압되었다. 헨리 7세는 이웃 나라와의 전쟁보다는 평화를 유지하기를 원했다. 1501년 자신의 맏아들 아서(Arthur, 1502 사망)를 아라곤의 캐서린(Catherine of Aragon)과 결혼시켰다. 또한 오랫동안 적대적 관계였던 스코틀랜드와 1499년 평화협정을 맺고, 이어 1502년에 자신의 딸 마거릿을 스코틀랜드의 제임스 4세와 결혼시켰다. 유럽에서 첫째가는 강국이었던 스페인과의 결혼동맹은 튜더 왕조의 지위를 더욱 고양시켜주었다. 이로써 헨리가 1509년 죽었을 때, 그의 살아남은 유일한 아들 헨리는 별 반대 없이 헨리 8세(Henry VIII)로 왕위를 계승할 수 있었다.

제2장 문자와 발음

1. 문자[1]

영국인들은 이미 고대영어시기에 로마문자를 받아들여 사용하였다. 그러나 로마문자로 표기하기 어려운 자신들만의 발음을 나타내기 위하여 þ('thorn'이라 부름), ƿ('wynn') 같은 게르만 룬(rune)문자를 이용하였다. 고대영어에는 또한 로마 문자 d를 수정한 글꼴 ð('eth' 혹은 'edh')와 a와 e를 합친 연자(ligature) æ('ash')가 사용되었다. þ와 ð는 동일한 음가를 가졌기 때문에 상호 교체하여 사용할 수 있었다. j, q, v는 고대영어에서 사용되지 않았으며, k와 z는 드물게 사용되었다. 다음은 고대영어에서 사용된 문자이다.[2]

---

[1] 이 책에서 문자를 표기할 때는 괄호 없이, 발음기호는 [ ]에 넣어 표기한다. 그러나 내용상 특별히 문자임을 명백히 할 필요가 있을 때 문자를 < >에 넣어 표기하기도 한다(즉 a, <a>는 문자, [a]는 발음기호). 발음기호는 국제음성문자(International Phonetic Alphabet, IPA)를 채택하였다. 그러므로 이 책의 [j]는 흔히 사용되는 [y]와 같은 발음으로 현대영어 단어 year의 첫 자음 음가를 나타낸다.

[2] 고대영어를 다루는 문법서나 문헌 편집본에서 편의상 ȝ와 ƿ를 각각 g와 w로 바꾸어 사용하는 경우가 많다.

a, æ, b, c, d, e, f, ȝ, h, i, k, l, m, n, o, p, r, s, t, þ, ð, u, ƿ, x, y, z

노르만 정복 이후 초기 중세영어 필사생들은 이러한 고대영어 문자를 그대로 이용하였다. 그러나 각 문자가 상징하는 음가들은 일부 변화하였다. 이 문자들 가운데 æ, ð, ƿ는 점차 사라지게 되는데, æ는 ea, a, e로, ð는 þ와 th로, ƿ는 u와 uu를 거쳐 마침내 대륙에서 건너온 w로 교체된다. 고대영어에서 아일랜드 필체로 쓰인 ȝ(yogh)는 음성적 환경에 따라 [g], [j], [ɣ]로 발음되었다. 이 가운데 발음이 [g]일 때 대륙에서 들어온 새로운 글꼴 g로 교체되었다(예를 들어 god 'good' < OE ȝod). [j] 발음에서는 고대영어와 약간 형태가 다른 ȝ(yogh)가 사용되었다(ȝer 'year' < OE ȝear). [ɣ] 발음은 중세영어에는 더 이상 사용되지 않고 w로 변화하는 경우가 많다(drawen 'to draw' < OE draȝan). 중세영어 철자 ȝ는 [j] 외에도 [ç]와 [x] 발음을 갖기도 하는데, 이 두 개의 발음은 고대영어 철자 h가 맡았던 역할이었다(miȝt 'might' < OE miht, broȝt < OE brohte).

앵글로-노르만(Anglo-Norman) 필사생들은 한 개의 음가를 이중자(digraph)와 삼중자(trigraph)로 나타내는 대륙의 관습을 새로 도입하였다. [tʃ] 발음을 위하여 ch를(child < OE cild), [ʃ]를 위하여 s, ss, sch를 거쳐 마침내 sh를(ship < OE scip) 도입하였다.[3] 또한 이들은 ch, sh를 모방한 gh를 만들어 [ç], [x] 발음을 나타내었다(knight < OE kniht, OE brought < brohte 'brought'). 따라서 중세영어시기에는 ȝ와 gh가 둘 다 [ç], [x]를 상징하는 변이(variation)가 존재한다. 또한 이들은 [θ], [ð]를 위하여 th를

---

[3] 중세영어 후기 동앵글리아(East Anglia) 지역의 문헌에서는 sh 대신에 x를 사용하기도 하였다. 예를 들어 15세기에 지은 「마저리 켐프의 책(Book of Margery Kempe)」에서 xa는 'shall'을, xulde는 'should'를 나타내었다.

만들어 고대영어의 þ/ð를 대체해 나갔으며(thing < OE þing/ðing), 그리하여 중세영어시기에는 과도기적으로 th와 þ가 공존한다. wh는 고대영어 hw를 대체하게 된다(what < OE hwæt, wher < OE hwer). 이상과 같은 변화과정을 거쳐 14세기 후반 중세영어 문자는 다음과 같았다.

a, b, c, d, e, f, g, (ʒ), h, i, k, l, m, n, o, p, q, r, s, t, (þ), u, v, w, x, y, z

이 가운데 ʒ는 y로 바뀌거나(ʒer 'year' > yeer), gh로 바뀌면서(miʒt 'might' > might, broʒt > brought) 곧 사라진다. 마찬가지로 þ도 이중자 th와의 중복으로 인해 곧 사라진다(þing > thing).[4]

중세영어시기에는 또한 j (=[ʤ]) 대신에 i를 사용하거나(ioie 'joy', iustise 'justice'), v 대신에 u를 사용하는(loue 'love', seuen 'seven') 라틴어 관습을 받아들였다. u/v의 경우 단어 처음에 나타날 때는 u가 쓰일 곳에서도 v가 사용되었다(vnder 'under', vp 'up'). 그 외의 위치에서는 v가 쓰일 곳에서도 u가 사용되었다(seuen 'seven', euel 'evil').[5] i와 j, 그리고 u와 v를 각각 동일 문자로 취급하는 이러한 관습은 상당히 오랫동안 지속되었고, 17세기 중반에 가서야 두 개를 구별하려는 노력이 이루어졌다.

중세영어시기에는 아직 단어의 철자가 고정되지 않았다. 철자규범은

---

[4] þ를 변모시킨 글꼴로서 y와 거의 구분할 수 없는 형태가 있다. 이러한 글꼴은 초기현대영어까지 사용되는데, 예를 들어 yᵉ와 þᵉ가 동일하게 'the'의 뜻으로 사용된다. 이러한 관습에 대한 오해석(misinterpretation)으로 나중에 Ye Olde Tea Shoppe과 같은 상호가 사용되기도 한다.

[5] 본서에서는 특별히 문자의 모양에 관해 논하는 경우를 제외하고는 초보자들을 위하여 j, u, v를 복원하여 사용하겠다(즉 ioie → joie, vnder → under, seuen → seven). 중세영어를 다룬 여러 문법서나 문헌 편집본들이 이렇게 복원하여 쓰는 경우가 많으니 참고하기 바란다.

15세기 인쇄술이 도입되면서 시작된 것으로서 한 단어에 반드시 한 가지 철자법이 존재해야 한다는 생각은 이 시기에 글을 쓰는 이들에게는 떠오르지 않은 개념이었다. 따라서 이들은 자신의 말(방언)에 따라 소리 나는 대로 적는 경향이 강했다. 또한 필사생들은 특정 문헌을 필사할 때에 원본을 그대로 따르지 않고, 자신의 방언에 맞춰 변모시키는 경우가 많았다. 철자법에 대한 이런 무관심으로 인해 심지어 동일 작가의 글이나 동일 필사생의 사본에서 한 단어에 대하여 다양한 철자가 나타나기도 한다. 예를 들어 14세기 후반에 영어로 번역된 존 위클리프(John Wycliffe) 성경의 한 필사본(Bodley 959)을 보면, 단 몇 행 사이에 made/maad, erth/earthe, treese/tres, nakid/nakyd 등 서로 다른 철자가 존재한다. 제프리 초서(Geoffrey Chaucer)의 「캔터베리 이야기(The Canterbury Tales)」의 한 필사본(Hengwrt 필사본)에서도 at the/atte, the other/tother 등 철자의 다양성을 보여준다. 이러한 철자의 변이는 한편으로는 중세영어 학습이 어렵게 느껴지게 하는 요인이 되기도 하지만, 다른 한편으로는 중세영어의 방언 차이나 특정 시기에 일어난 발음변화를 연구하는 데 좋은 자료가 되기도 한다.

2. 발음

현재 사용되지 않는 언어인 중세영어의 발음에 대한 지식은 어디까지나 추정치이다. 그러나 당시 작가들과 필사생들은 라틴어의 발음을 근거로 로마 알파벳을 사용했고 몇 가지 잘 알려진 대륙의 관습을 이용했기 때문에 이들 언어와의 비교를 통하여 우리는 중세영어의 발음을 추측할 수 있다. 또한 중세영어이후에 일어난 영어의 발음 변화과정과 중세 영시에서 나타나는 운율 등도 중세영어의 발음을 이해하는 데 도움을 준다.

우리가 중세영어로 일컫는 언어는 1100년부터 1500년까지 약 400년간 걸쳐 사용되었고, 또 여러 방언으로 기록된 언어이므로, 시공간적으로 동질적인 언어가 결코 아니다. 따라서 중세영어 초기와 후기는 발음이나 문법 측면에서 상당히 다른 양상을 보여주고 있고 방언에 따른 차이도 있다. 다음에 기술할 내용은 14세기 중세영어 발음으로서, 중요한 초기의 발음이나 방언적 차이에 대한 설명도 덧붙인다.[6]

(1) 모음

중세영어에는 철자 a, e, i, o, u, y가 모음(vowel)으로 사용되었다. æ 문자는 중세영어 초기에만 사용되다가(예를 들어 제7장 문헌강독의 「피터버러 연대기(Peterborough Chronicle)」) 사라진다. 이것이 단모음(short vowel)일 때는 주로 [a]나 [ɛ]로 발음되고, 장모음(long vowel)일 때는 주로 [ɛː]나 [aː]로 발음되었다. y는 고대영어에서 전설·원순 고모음 [ü]/[üː] 음가([ü]는 독일어 München의 첫 모음 음가를 나타냄)를 지녔으나, 중세영어에 들어와 [ɪ]/[iː]로 발음이 바뀌면서, i 문자의 변이철자로 사용되었다. 중세영어말부터 y는 [iː] 음가로 주로 어말위치에 나타나게 된다.

고대영어와 마찬가지로, 단일 철자 a, e, i/y, o, u는 단모음과 장모음을 모두 나타낼 수 있었다.[7] 그러나 중세영어에 들어와서 장음을 나타내기

---

[6] 14세기 후반 초서의 발음에 대해서는 Kökeritz(1978)를 참고하라.
[7] 한 개의 모음 문자가 장음을 상징하는 경우 해당 모음 위에 "ˉ"를 표시하기도(예를 들어 ā) 한다. 그러나 많은 중세영어 문법서들이 그러하듯이 이 책에서도 장단의 구별을 특별히 논할 때를 제외하고는 모음철자 위에 장음 표시를 하지 않겠다.

위해 모음을 두 개 겹쳐 쓰는 방식이 등장하였다. 이러한 방식은 동중부방언에서 일반화되었고, ee, oo는 오늘날까지 사용되게 된다. 현대영어처럼 겹자음 앞의 모음은 단모음을 나타낸다(mette 'met' [ɛ], cf. meten 'to meet' [eː]). 또한 모음 뒤에 두 개의 자음이 이어 나타나는 경우에도 해당 모음은 짧다(kepte 'kept', fifty 'fifty', softe 'soft'). 이 예들에서 첫 음절은 모두 폐음절(closed syllable)이기 때문이다.[8] 반면에 개음절(open syllable)에서는 해당 모음이 장모음이다(name 'name' [aː], cf. nam 'took' [a]). 13세기 초에 「오르물룸(Ormulum)」을 저술한 오름(Orm)은 이러한 방식을 체계적으로 사용하고 있어 중세영어의 모음 길이를 연구함에 있어 귀중한 자료가 된다.

1) 단모음

모음철자 a, e, i/y, o, u는 기본적으로 단모음 [a], [ɛ], [ɪ], [ɔ], [ʊ]를 각각 나타내었다. 이 가운데 철자 o는 1250년경 이후 [ʊ] 발음을 나타내기도 하였는데, 주로 m, n, u (v, w) 문자가 이웃해 있을 때였다. 이것은 본래 u를 써야 하는 것을 필사체에서 u가 m, n 등과 비슷한 모양을 지니기 때문에 이들과의 혼동을 피하기 위하여 일부러 o를 사용하였다. 따라서 loue(love) 'love', sonne 'sun'의 모음 발음은 [ʊ]이며, 실제로 변이철자 luue(luve), sunne가 쓰이기도 했다. 이러한 관습으로 인해 일부 단어들은

---

[8] 여기에 예외가 다수 있다. mb, nd, ld, rd, rþ 앞의 모음은 비록 자음이 두 개 이어 나타나는 폐음절이지만 장모음이다(clīmben 'to climb', cōmb; bīnden 'to bind' bounden 'bound'; mīlde 'mild', gōld 'gold'). 만약 이 자음들 뒤에 또 다른 자음이 따라온다면 그 모음은 단모음이다(children, cf. chīld, 'child'). 또한 이들 가운데 일부는 다시 단모음화되기도 하였다(wind(명사) 'wind', held 'held', friend 'friend').

철자법 고정이후 실제로 o가 표준이 되었는데, love, sone 'son', comen 'to come' 등이 그러한 예이다. u는 영국 서부(서중부와 남서부) 방언에서 [ü] 발음을 나타내기도 한다. 이것은 고대영어의 철자 y가 담당했던 발음을 계승한 것으로서, 다른 방언에서는 y의 발음이 [ɪ]로 바뀌었지만 이 방언에서는 14세기 후반까지 [ü] 발음을 보존하였기 때문에 철자 u로 이 발음을 나타낸 것이었다. 이 방언에서 sunne 'sin'는 고대영어 synn에서, murþe 'mirth'는 myrigþ에서 발전된 것이다. 이러한 예들은 대체로 해당 모음발음이 현대영어에서 i나 e인 경우가 많다. u는 또한 불어에서 차용된 어휘의 [ü] 발음을 나타내기 위하여 사용되었는데, 특히 [ü] 발음이 본래부터 사용되고 있던 서부방언에서 오래 지속되었다. 그 외 지역에서는 [u]로 바뀌었다(just, judge). 중세영어 철자 eo는 단모음일 경우 대부분의 지역에서 [ɛ]로 발음되지만, 초기 서부지역 방언(예를 들어 제7장 문헌강독의 「수녀들을 위한 지침서(Ancrene Wisse)」)에서 [ö]로 발음되기도 하였다.[9] 다음은 중세영어 단모음을 정리한 것이다.

a [a]   al 'all', catel 'cattle', fast 'fast'
e, eo [ɛ]   bed, gessen 'to guess', mery 'merry', eorþe 'earth'
i, y [ɪ]   by, kyng 'king', sitten 'to sit', wysse 'to guide'
o [ɔ]   body, godspelle 'gospel', ofte 'often', sorwe 'sorrow'
o [ʊ]   comen 'to come', contre 'country', love, yong 'young'

---

[9] [ö]는 고대영어에서 이중모음(단모음)이었던 eo(고대영어 발음은 [ɛə])에서 온 것으로서(Mossé 1952: 10), 중세영어에서 o, eo 철자를 사용한다. 마찬가지로 장모음 [ö:]도 고대영어의 이중모음(장모음)이었던 ēo(=[e:ə])에서 왔다(Lass 1992: 54). 서부방언을 제외한 다른 지역에서는 eo 철자를 지녔던 고대영어 단어는 e(=[ɛ])로 바뀌었고(OE heorte 'heart' > ME herte), 장모음 ēo는 [e:]로 바뀌었다 (OE sēon 'to see' > ME seen).

u [ʊ]   but, just, us, cuntre 'country'
u [ü]   (서부방언) kunne 'kin', murie 'merry', sunne 'sin'
           (불어 차용어) just, judge
eo, o [ö] (초기 서부방언) eorþe 'earth', leof 'dear', hoven 'heaven'

중세영어에는 또한 무강세음 슈와(schwa) [ə] 발음이 다음과 같이 사용되었다.

e [ə] (무강세 음절에서) naked 'naked', roote, 'root', sweete 'sweet'

위 단어들은 모두 두 개의 음절로 이루어져 있다. 현대영어와 달리 어말의 e도 모두 발음되었다. 외국어 차용어를 제외하고 중세영어의 강세는 어간의 첫음절에 있었기 때문에, 위 단어들의 마지막 음절은 모두 강세가 없다. 무강세 음절에서 철자 e는 모두 짧은 [ə]로 발음되었다(naked [na:kəd], roote [ro:tə], sweete [swe:tə]). 한 개의 음절로 이루어진 단어라도 문장에서 보통 강세가 없는 어휘들은 e가 [ə]로 발음된다(þe/the).

2) 장모음

모음철자 a, e, i/y, o, u는 또한 장모음 [a:], [e:]/[ɛ:], [i:], [o:]/[ɔ:], [u:]를 각각 나타내기도 하였다. 단모음과 달리, 중모음(mid vowel) 장음일 때는 다시 폐모음(closed vowel) [e:], [o:]와 개모음(open vowel) [ɛ:], [ɔ:]로 구분된다. 모두 발음할 때 혀의 높이가 구강의 중간쯤에 위치하지만, 폐모음이 상대적으로 혀의 높이가 높아 고모음에 가깝다. 중모음의 폐모음, 개모음 구별은 당시의 철자로는 구별하기 어려우나, 현대의 철자가 도움이 될 때가 있다. 현대의 철자가 ee일 경우 중세영어의 철자가 무엇이든 폐모음 [e:]에서 온 것이며(예를 들어 sweete 'sweet'), 현대의 철자가 ea일 경우 개모음 [ɛ:]에서 온 것이다(breeth 'breath'). 마찬가지로 후설(back) 중모음의 경우도 현대의 철자가 oo이면서 발음상 [u], [ʊ], [ə]일 경우 중세영어의 발음은 폐모음 [o:]이며(fode/foode 'food', fot/foot 'foot', flod/flood 'flood'), 현대의 철자가 oa이거나 혹은 o+자음 뒤에 묵음의 e가 뒤따를 경우 중세영어의 발음은 [ɔ:]일 경우(ro(o)d 'road', sto(o)n 'stone')가 많다.

또한 중세영어에서는 aa, ee, ii, oo, ie, eo, ea, ou, ow, ui와 같이 모음 철자를 두 개 연이어 써서 장모음임을 나타내기도 하였다. eo는 장모음일 경우, 대개 [e:] 발음이지만, 초기의 서부 방언에서는 [ö:] 발음을 나타낸다. 단모음과 마찬가지로 서부방언에서는 고대영어의 장모음 [ü:]를 계승하여 [ü:](철자상 u 혹은 ui)를 가지고 있었다. 또한 불어에서 차용된 어휘들도 불어의 발음을 따서 [ü:] 지니고 있었는데, 14세기 후반 초서의 작품에서도 이렇게 읽는 예들이 있다. 그러나 많은 어휘들에서 [u:]와 [ju:]로 발음이 바뀌게 된다(예를 들어 sure, duke, refusen, rude). 북부방언과 스코틀랜드 영어에서는 a, e, u 뒤에 모음 i를 더해서 이것이 장모음임을 나타내기도 하였다. 예를 들어 raid 'raid', Reid 'Reid', guid 'good'는 각각 [a:], [e:], [u:]을 나타내었다(아래에 괄호 속에 표시함). 다음은 중세영어 장모음의 철자와 발음이다.

a, aa (ai) [a:]   aprill 'april', name, smale 'small', caas 'case' (raid)
e, ee, ie, eo (ei) [e:]   fet 'feet', deed, grief, neode 'need' (deid 'deed')
e, ee, ea [ɛ:]   eten 'to eat', heeth 'heath', deaþ 'death'
i, y, ii [i:]   child 'child', fine 'fine', lyf 'life', wiis 'wise'
o, oo [o:]   fot 'foot', mone 'moon', doo 'do', good 'good'

o, oo [ɔ:]		holy 'holy', hond 'hand', smoke, stoon 'stone'
u, ou, ow (ui) [u:]		grund 'ground', hous 'house', honowr 'honour' (guid 'good')
u, ui [ü:]		(서부방언) huden 'to hide', uvel 'evil', builden 'to build', fuir 'fire'
		(불어 차용어) pure, nature, vertu 'excellence, virtue'
eo, o [ö:]		(초기 서부방언) beon/bo 'to be', neode 'need'
		(불어 차용어) preove 'to prove', people 'people'

3) 이중모음

고대영어에도 이중모음(diphthong)으로 ea/ēa, eo/ēo가 있었으나 중세영어 초 단순모음(monophthong)이 되었다.[10] 따라서 중세영어에서 ea 철자는 위의 장모음 목록에서 보았듯이 [ɛ:]를 나타내고, eo 철자는 단모음 [ɛ]나 장모음 [e:]를 나타낸다. eo는 초기의 서부지역 방언에서는 [ö]/[ö:]를 나타내기도 하였다. 고대영어의 이중모음이 단순모음화 되고 대신에 다음과 같은 새로운 이중모음이 생겼다.[11]

---

[10] 고대영어에서 이중 단모음 ea를 지녔던 단어들은 중세영어에 와서 a로 바뀌었다 (OE geaf 'gave' > ME yaf). 고대영어에서 이중 장모음 ēa를 지녔던 단어들은 [ɛ:]로 바뀌었다(OE lēaf 'leaf'> ME leef, leaf) (Algeo 2010: 124). eo/ēo의 변천에 대해서는 각주 9를 참조하라.

[11] 이중모음 [aɪ], [eɪ]의 기원은 고대영어에서 찾을 수 있다. 먼저, 고대영어 철자 g(= ȝ)가 전설모음에 이웃하면 [j]로 발음되었는데 여기서 유래하였다(saide 'said' < OE sægde, wey 'way' < OE weg). 둘째, 전설모음과 h가 나란히 올 때 그 사이에 [ɪ]가 발전되기도 하였다.(eighte 'eight' < OE ehta). 이와 마찬가지로 [aʊ], [eʊ], [iʊ], [oʊ]도 고대영어에 그 유래를 찾을 수 있다. 첫째, 고대영어에서 g가 단어 중간에 위치할 때(그러나 앞뒤에 동시에 전설모음인 환경은 제외됨) [ɣ]로 발음되었는데 여기서 유래하였다(sawe 'saw' < OE sagu, bowe 'bow' < OE boga). 둘째, 후설모음과 h가 나란히 올 때 그 사이에 [ʊ]가 발전되었다(aught

ai, ay [aɪ]	dai 'day', saide 'said', mayden 'maiden'
ei, ey (ai, ay) [eɪ]	(초기) wei/wey (wai/way) 'way', seint 'saint', they 'they'
oi, oy [ɔɪ]	cloistre 'cloister', joie 'joy', poysoun 'poison'
oi, oy [ʊɪ]	boilen 'to boil', joinen 'to join'
au, aw [aʊ]	cause 'cause', lawe 'law', straw 'straw', saȝ 'saw'
eu, ew [eʊ]	dew 'dew', fewe 'few', shewen 'shown'
iu, iw (eu, ew) [iʊ]	triwe (trewe) 'true', newe 'new'
ou, ow [oʊ]	knowen 'known', soule 'soul', thought 'thought'

이중모음 [aɪ], [eɪ]는 중세영어 후기에 동일한 발음으로 [aɪ]로 융합된다(어떤 학자는 [a]와 [e]의 중간 발음 [æ]를 이용하여 [æɪ]라고 주장하기도 한다). 그리하여 초서의 시에서 day와 wei는 동일 각운으로 이용되고 있다. oi/oy는 대개 [ɔɪ]로 발음되지만 가끔 [ʊɪ]로 발음되기도 한다.

(2) 자음

자음 철자 가운데 b, d, f, h, k, l, m, n, p, t, z는 철자와 발음기호가 동일하다고 보면 된다. r은 현대의 권설음(retroflex)이 아니라 약한 전동음(trill)이었다. w는 자음 [w]이거나 이중모음의 뒷모음 역할을 하였다.

'aught' < OE aht, broughte 'brought' < OE brohte). 셋째, 고대영어에서 자음 w(= ƿ)가 모음 뒤에 나타날 때, 이것이 중세영어에 들어와서도 철자는 그대로 사용되었지만 이중모음의 뒷모음으로 바뀐 경우로서 음절의 경계가 바뀌었다. 이 경우 [aʊ], [eʊ], [iʊ], [oʊ] 4개의 이중모음이 모두 해당한다(clawe 'claw' < OE clawu, lewed 'unlearned' < OE lǣwede, newe 'new' < OE nīwe, growen 'to grow' < OE grōwan). 마지막으로 [ɔɪ]와 [ʊɪ]는 불어 차용어와 함께 들어온 발음이다(이상 Algeo 2010: 125 참조).

x는 [ks] 발음이다. 고대영어에 없었던 철자 가운데 새로 도입된 q는 [k] 발음(qu= [kw])이 되었다(quethen 'to say', quen 'queen', quik 'alive, quick'). 앞에서 언급하였듯이, v는 u와 동일문자로 취급되었기 때문에 자음일 때는 [v]로 발음되고, 모음일 때는 모음철자 u와 동일한 기능(vpon 'upon', vsury 'usury')으로 사용되었다. 어두에 나타나는 자음 [v]는 본래 고대영어에 없었던 발음으로서,[12] 중세영어에서 어두에 v가 사용되는 어휘들은 대개 불어나 라틴어 차용어(verray 'very, really', visage 'face')이거나 남부방언에서 [f]를 [v]로 발음한 것을 반영한 것이다(vox 'fox', vlod 'flood'). 마찬가지로 어두에 z가 사용되는 것도 중세영어시기 불어 차용어휘에서 시작되었다(zeal < OF zele). 자음 j는 [ʤ] 발음을 가졌으며, 불어 차용어에서 나타난다(joy, jewel). 문자 j는 드물게 사용되었으며, j 대신에 i를 사용하는 경우가 많다.

중세영어의 자음은 모두 발음되었고 묵음이 없다. 예를 들어 어두의 kn(knif 'knife' knowen 'known'), gn(gnawen 'to gnaw'), wr(writen 'to write')는 각각 [kn], [gn], [wr]로 모두 발음되었다. 마찬가지로 lf(half), lk(folk), lm(palmer 'pilgrim'), ng(thing, sing)도 묵음 없이 각각 [lf], [lk], [lm], [ŋg]로 발음되었다. gh도 [x]나 [ç]로 발음되었다(thogh 'though'; right 'right'). 이러한 사실을 제외하고는 중세영어 자음은 대부분 현대영

---

[12] 고대영어에는 문자 f가 음성적 환경에 따라 무성마찰음 [f]나 유성마찰음 [v]을 나타내었다. 문자 f가 유성음과 유성음 사이에 나타날 때에는 [v]로 발음되고(예를 들어 cnafa 'boy') 나머지 환경에서는 [f]로 발음되었다(foda 'food', lof 'praise'). 따라서 [f]와 [v]는 한 음소(phoneme)의 변이음(allophone) 관계였다. 마찬가지로 무성마찰음 [s, θ]와 이에 대응하는 유성마찰음 [z, ð]도 각각 같은 규칙을 가지며, 서로 변이음 관계였다. 따라서 고대영어에서 유성마찰음 [v. z, ð]는 단어 처음에 나타나지 못하였으며, 중세영어에 들어와서 이들이 어두에 나타나기 시작한다.

어와 비슷하다. 다음은 중세영어 자음 가운데 두 가지 이상의 음가를 가지거나 현대의 독자들에게 다소 어려운 예들을 정리한 것이다.

c [k]	(자음/후설모음 앞) crafty 'crafty', callen 'to call', colere 'collar'
c [s]	(불어 차용어, 전설모음 앞) certain 'certain', citee 'city', grace 'grace'
c [tʃ]	(초기, 전설모음 앞) milce 'mercy', cild 'child'
g [g]	goos 'goose', grene 'green', frogge 'frog'
g, gg, dg [dʒ]	gentil 'gentle', jugge 'judge', straunge 'strange', bridge 'bridge'
gh, ȝ [x]	(후설모음 뒤) cauȝte 'caught', doughter 'daughter', laughter 'laughter', thogh 'though'
gh, ȝ [ç]	(전설모음 뒤) fiȝt 'fight', right 'right', night 'night'
s [s]	seyen 'to say', swich 'such', hous 'house'
s [z]	(모음과 모음사이) rise, arise, lose
þ, th [Θ]	bath 'bath', þonk 'thought'
þ, th [ð]	(무강세 위치) the, this, they, bathen 'to bathe'
y, ȝ [j]	ȝelden 'to yield', ȝet 'yet', yelowe 'yellow'

(3) 강세

고대영어에서 내려온 토착어휘의 경우, 고대영어처럼 일차강세(primary stress)는 원칙적으로 어간의 첫음절에 있었다(bróther, brétheren). 어간의 첫음절에 강세를 가지는 규칙은 게르만어(Germanic)들의 공통된 특징이다. 이 규칙은 합성어의 경우에도 마찬가지로 적용된다(chápmon 'merchant', férthermore 'furthermore'). 그러나 만약 첫음절에 a-, al-, at-, bi-, for-, i-, mis-, þer-, um-, un- 같은 접두사(혹은 합성어의 첫 부분)가 나타나면, 접두사를 제외하고 어간의 첫음절에 강세가 있었다(Mossé 1952: 14): adréde 'to dread', almýȝti 'almighty', atstónden 'to take up fighting position', bifóren 'before', forléte 'to abandon', ilímpen 'to happen', misdéde 'sin', þeróf 'thereof', umstríde 'astride', undép 'shallow'.

노르만 정복이후 많은 수의 불어와 라틴어 차용어가 들어오면서 영어의 강세규칙이 변모하게 된다. 이들 로맨스어(Romance) 어휘들의 강세규칙은 영어와 완전히 반대였는데, 만약 해당 음절의 모음이 강세를 받지 못하는 e(=[ə])가 아니라면 한 단어의 강세는 제일 마지막 음절에 부가되었다(everichón 'everyone', melodýe 'melody', bácheler 'bachelor'). 일부 차용어들은 게르만 강세규칙에 순응하는 과정을 거치기도 하였다. 예를 들어 nature는 현대에는 게르만 규칙에 따라 첫 음절에 강세가 있지만, 불어에서 차용된 이 단어는 중세영어시기에 불어식 강세 natúre와 토착 강세 방식을 따른 náture의 두 가지 변이가 존재하였다(Burrow and Turville-Petre 1992: 13). 마찬가지로 로맨스어 접미사 -oun([u:n])은 곧 모음축소(vowel reduction)를 겪으면서 -on([on] > [ən])의 형태를 함께 갖게 된다. 그리하여 중세영어시기에 nacióun(즉 [ú:n]) 'nation'과 nácion의 두 형태가 존재하며 강세도 서로 다르다(Lass 1992: 89). 초서의 「캔터베리 이야기」에서 동일 어휘 'diverse'가 동일 행에서 두 가지 서로 다른 강세로 사용된 예가 있다.

In dívers art and in divérse figures (Friar's Tale, CT 2: 1460)

3음절 단어에서 초서 시대에 두 번째 음절에 강세가 있던 corage 'courage', governe 'to govern', honour, presence 등은 이후에 모두 첫음절 강세로 바뀌었으며, 마찬가지도 세 번째 음절에 강세가 있던 facultee 'faculty', general, glorious, pilgrymage 'pilgrimage' 등도 이후에 모두 첫 음절 강세로 바뀌었다.

(4) 발음 표본

이상에서 설명한 중세영어 발음관습에 따라 이제 중세영어 원문을 읽어보자. 다음은 중세영어의 대표적 문학작품이며, 14세기 후반의 런던영어(동중부방언)를 대표하는 초서(c. 1340~1400)의 「캔터베리 이야기」가운데 '총 서시(General Prologue)'의 첫 18행이다. Kökeritz(1978)을 참고하여 본서의 발음기호 기술에 맞게 수정하였다. 강세는 단어의 첫음절에 강세가 있지 않은 경우에만 표시하였다.

General Prologue

    Whan that Aprill, with his shoures soote
    The droghte of March hath perced to the roote
    And bathed every veyne in swich licour,
    Of which vertu engendred is the flour;
5   Whan Zephirus eek with his sweete breeth
    Inspired hath in every holt and heeth
    The tendre croppes, and the yonge sonne
    Hath in the Ram his halfe cours yronne,

And smale foweles maken melodye,
10   That slepen al the nyght with open ye
     (So priketh hem Nature in hir corages);
     Thanne longen folk to goon on pilgrimages
     And palmeres for to seken straunge strondes
     To ferne halwes, kowthe in sondry londes;
15   And specially from every shires ende
     Of Engelond, to Caunterbury they wende,
     The hooly blisful martir for to seke
     That hem hath holpen, whan that they were seeke.

[hwan ðat a:prɪl wɪϴ hɪs ʃu:rəs so:tə
 ðə drʊxt ɔf martʃ haϴ pe:rsəd to: ðə ro:tə
 and ba:ðəd ɛvri: vaɪn ɪn swɪtʃ lɪkú:r
 ɔf hwɪtʃ vərtǘ:¹³ ɛndʒɛ́ndrəd ɪs ðə flu:r
5 hwan zɛfɪrʊs ɛ:k wɪϴ hɪs swe:tə brɛ:ϴ
 ɪnspí:rəd haϴ ɪn ɛvri: hɔlt and hɛ:ϴ
 ðə tɛndrə krɔppəs and ðə jʊŋgə sʊnnə
 haϴ ɪn ðə ram hɪs halvə ku:rs ɪrúnnə
 and sma:lə fu:ləs ma:kən mɛlɔdí:ə

---

¹³ vertu 'virtue'는 대표적 불어 차용어로서 초서의 영어에서도 어말 모음을 불어식 [ü:]로 발음해야 한다는 의견(즉 [vərtǘ:])과 중세영어 후기에는 이미 [ü:]가 [u:]나 [iu]로 발음이 바뀌었다는 의견으로 나뉜다. 후자의 의견을 주장하는 학자들은 철자상 vertu나 duke가 vertew와 deuke로 나타난다(즉 u 대신에 ew나 eu)는 점을 들고 있다. 마찬가지로 nature의 마지막 모음도 [ü:]고 가정할 수도 있겠으나, nature가 emperour과 각운을 이룬다는 점으로 볼 때, 이미 [u:]로 바뀌었다고 볼 수도 있다. 이 책에서는 vertu와 nature를 [ü:]로 나타내겠다.

10 ðat sle:pən al ðə nıçt wıΘ ɔ:pən i:ə
    sɔ: prıkəΘ hɛm na:tűr ın hır kʊrá:ʤəs
    ðan lɔ:ŋgən fɔlk to: gɔ:n ɔn pılgrımá:ʤəs
    and palmɛrs fɔr to: se:kən staʊnʤə strɔ:ndəs
    to: fɛrnə halwəs ku:ð ın sʊndri: lɔ:ndəs
15 and spɛsyəli: frɔm ɛvri: ʃi:rəs ɛndə
    əf ɛŋgəlɔ:nd to: kaʊntərbri: ðaı wɛndə
    ðə hɔ:li: blısfʊl martır fɔr to: se:kə
    ðat hɛm haΘ hɔlpən hwan ðat ðaı wɛ:r se:kə]

제3장 방언과 어휘

1. 방언

중세영어는 영어의 역사에서 그 어느 때보다 문어(written language)에 방언적 다양성(혹은 변이)이 심하게 나타난다. 1100년 이전의 언어, 즉 고대영어로 된 현존하는 글들은 대부분 한 개의 방언, 즉 서색슨방언(West Saxon dialect)으로 되어 있기 때문에 비교적 동질적인 특성을 지니고 있다(김혜리 2011). 중세영어 말엽(1500년)이 지나면 이른바 표준문어의 발생으로 인해 적어도 글에 있어서는 동질적인 언어가 되어간다. 이즈음 영국에 인쇄술이 보급되어 대량으로 책을 찍어내면서 철자법을 주도하기 시작하고, 이로 인해 원저자의 지역적 특성이 문어에서 배제되기 시작한다. 이에 반해 중세영어시기동안의 글에는 방언적 다양성이 상당히 반영되어 있다. 이 당시에는 표준 문법이나 표준 정자법에 대한 개념이 희박하였기 때문에, 글을 쓰는 작가들이나 이것을 필사하는 이들은 모두 자신의 발음과 문법적 특징을 글에 그대로 노출하였다. 표준어는 없고 방언만 있던 시기였다. 제프리 초서(Geoffrey Chaucer)는 「트로일루스와 크리세이드(Troilus and Criseyde)」에서 "gret diversité / In Englissh and in writying of oure tonge"(5. 1793-4)이라고 이러한 상황을 불평하였다. 그는 여기서 '영어(Englissh)'와 '문어(writying)'을 구분하고 있는 것이다. 다음에서 우리는 중세영어의 방언을 구분하고, 각 방언의 특성을 살펴보겠다.

(1) 방언 구분

중세영어의 방언을 구분하는 방법은 여러 가지가 있겠다. 14세기 존 트레비사(John of Trevisa)는 남부, 북부, 중부의 말('Southeron, Northeron, Myddel' speche)로 구분하였다. 현대의 학자들은 대략적으로 다음과 같이 5개의 방언으로 구분한다. 물론, 이러한 방언 구분은 현대의 영국 행정단위 구분만큼 명확한 것은 아니며, 얼마든지 더 세부적으로 구분할 수 있을 것이다.

먼저, 남동방언(South Eastern dialect)은 켄트방언(Kentish dialect)이라고도 하는데, 고대영어의 켄트방언에서 계승된 말이다. 남서방언(South Western dialect)은 고대영어의 서색슨방언(West Saxon dialect)에서 계승된 말로서, 템스 강 이남의 영국 남부지역 중 서리(Surrey)와 햄프셔(Hampshire) 서부에서 시작하여 서쪽으로 향한다. 경우에 따라서는 여기서 중남부방언(Middle South dialect)을 따로 구분하기도 한다(Milroy 1992: 172). 중부방언(Midland dialect)은 대략 고대영어의 머시아방언(Mercian dialect)에서 계승된 말로서 템스 강과 험버 강 사이의 지역에서 사용된 방언이다. 서쪽으로는 글로스터주(Gloucestershire), 동쪽으로는 런던을 경계로 하여 그 북쪽 지역이다. 이 지역은 다시 동중부방언(East Midland dialect)과 서중부방언(West Midland dialect)으로 나뉜다. 중부방언으로 쓰인 중세영어 문헌이 상당히 많으며, 동부와 서부가 뚜렷한 방언적 차이를 보인다. 가끔 동앵글리아방언(East Aglian dialect)을 따로 구분하기도 하는데 이 방언으로 쓰인 문헌이 동중부방언과 다른 특성을 보이기 때문이다. 마지막으로, 북부방언(Northern dialect)은 고대영어의 노섬브리아방언(Northumbrian dialect)에 해당하며, 험버강이 위치한 요크셔(Yorkshire) 중부에서 스코틀랜드와의 경계선까지이다. 북부방언으로 기록된 문헌은 중세영어후기 이전까지는 매우 적다.

〈그림 1〉 중세영어 방언

위에서 기술한 방언 사이에는 발음·철자, 어휘·형태면에서 차이를 보여준다. 이 시기 방언 차이를 잘 보여주는 예로 우리는 14세기에 쓰인 도덕시(moral poem)인 「양심의 가책(The Prick of Conscience)」를 예를 들겠다. 이 시는 총 9,624행으로 되어 있는데, 무려 100개가 넘는 사본이 영국 도처에서 필사되어 현존하고 있는 것으로 보아, 당시에 상당히 인기 있는 작품이었던 것으로 보인다. 여러 지역의 필사본 가운데 각 방언지역을 대표하는 한 가지씩만 골라서 아래에 예시한다(Millward 1996: 214-216).

(a) 남동방언: 남동 서리(Surrey)주
 To make þe folk hym honour
 & say he ys here sauyour
 He schal seye þat no crysten man
 By-fore hys tyme neuer by gan
 Bote false anticristys he schal hym calle
 And sey þᵗ þy leued in false trowþe alle

(b) 남서방언: 데본셔(Devonshire)
 And make the folk hym to honour
 As thovgh he were here sauyour
 He schal saye thanne ryȝt to cristene man
 Was neuer non be-fore hˢ tyme be-gan
 Bote falsly crist he wol hym calle
 And saye þᵗ hy be-levyth wrong alle

(c) 동중부방언: 남부 링컨셔(Lincolnshire)

And so make þe folk hym to honoure
And shal seie þat he is here saueoure
He shal seie þat no cristene man
Was bifore þat his tyme began
And falce cristene he shal hem calle
And seyn þat þei lyuen in falce trouþe alle

(d) 서중부방언: 북동 슈롭셔(Shropshire)

And make þe folk him to honoure
And sey he is oure sauyoure
He schal sey þ^t ryȝt cristene man
Was ner before his tyme bygan
B^t false an^t cristus hem he schal calle
And sey þei haue lyued þorȝ wronge at alle

(e) 북부방언

And mak ye folk him to honoure
And sall say y^t he es yair saueoure
He sall say yat na ryght cristen man
Was neuer bi-for his tyme bi-gan
Bot fals anticristes he sall yam call
And say yai lyfed in fals trowth all

위에서 예시한 6행의 자료만으로도 방언사이의 차이를 잘 보여준다.

예를 들어, 북부방언에는 schal/shal 대신에 sall을, no 대신에 na를 사용하였으며, 철자상 y와 þ를 구분하지 않는다. 그리고 남서방언과 서중부방언 같은 서쪽 방언은 <gh> 대신에 <ȝ>를 사용한다. 북부방언은 3인칭복수 인칭대명사(즉 they, their, them)의 모든 격에 þ-형태(y-와 혼동하여)를 쓰고 있다(즉 yai-yair-yam). 다른 방언에서는 목적격에는(대체로 소유격에도) h-형태를 쓰고, 주격에는 아주 남부방언인 데본셔 자료를 제외하고는 þ-형태를 쓴다. 따라서 동중부방언에는 þei-here-hem, 서중부방언에는 þei-oure[1]-hem, 남동방언에는 þy-here-hym가 사용되었다. 데본셔 방언에는 hy-here-hym과 같이 모든 격에 h-형태가 사용되었다.[2] 직설법 복수 현재동사의 어미에도 -th(남서방언의 be-levyth), -en(동중부방언의 -lyuen), -e(서중부방언의 haue[3])의 지역적 차이를 보인다.

이제 중세영어 방언들 사이에 몇 가지 체계적 차이를 살펴보자.

(2) 발음·철자 차이

제2장에서 이미 우리는 중세영어의 철자와 발음에 있어 방언간의 차이를 언급한 적이 있다. 이제 중세영어의 발음·철자 면에서 몇 가지 주요

---

[1] 소유격 인칭대명사 oure는 어두에 h가 탈락되었거나, 혹은 1인칭복수 we의 소유격 oure가 잘못 사용된 것으로 보인다. 서중부방언중 남쪽지방인 워릭셔(Warwickshire) 남부에서 쓰인 동일 문헌에는 3인칭복수 소유격으로 heore가 사용되고 있다.
[2] 고대영어의 3인칭복수 인칭대명사는 hi(e), hi(e)ra, hi(e)로서 모두 h로 시작하는 형태였다. th로 시작하는 형태는 고대노르웨이어(Old Norse)로부터 차용한 것이다. 따라서 북부방언이 보다 혁신적 형태를 보여주며, 남부로 갈수록 과거의 보수적 형태를 보존하고 있는 것이다.
[3] 여기에서 예를 든 슈롭셔 필사본에는 현재완료 haue lyued가 사용되었지만, 워릭셔 필사본(서중부방언)에는 직설법 복수 현재형으로 lyue가 사용되고 있다.

차이를 살펴보자. 첫째, 고대영어에서 장모음 <a>(=[aː])였던 단어들이(예를 들어, ham 'home', stan 'stone', wa 'woe') 북부방언에서는 <a>/<ai>(=[aː])로 발음을 그대로 보유하지만(ham/haim, stan/stain, wa), 중부와 남부 방언들에서는 중세영어의 상당히 초기부터 <o>(=[ɔː])로 나타난다 (hom(e), ston(e), wo(e)). 가끔 한 문헌이 두 가지 방언의 철자 관습을 모두 보유하는 경우도 있다. 이것은 그 작품이 두 방언의 경계지역에서 탄생하였거나 혹은 원전과 다른 지역 태생의 필사생이 자신의 말에 맞게 변모시킨 경우이다(Milroy 1992: 175).

둘째, 고대영어에서 비음 앞에 단모음 <a>(=[a])는 이미 중부이북 방언들에서 <o>(=[ɔː])가 되었다(예를 들어, hand 'hand', man 'man', nama 'name' > hond, mon, noma). 중세영어에 들어와서 서중부방언은 그 <o>를 유지하였다(hond, mon, nom). 다른 지역에서는 <a>(=[a])를 지닌다.

셋째, 고대영어에서 단모음 <y>(=[ü])는(예를 들어, brycge 'bridge', cynn 'kin', synn 'sin') 서중부방언의 남쪽(즉 남서중부방언)이나 남서방언에서 [ü] 발음(철자상 <u>)이 그대로 유지되었지만(brugge, kun, sunne), 남동방언에서는 e(=[ɛ])로(bregge, ken, senne), 그 외 지역에서는 i(=[ɪ])로 나타난다(brigge, kin, sinne). 마찬가지로 고대영어 장모음 <y>(=[üː]) (예를 들어, fyr 'fire', hydan 'to hide', mys 'mice')도 서중부방언이나 남서방언에서 <u>(=[üː])로 나타나지만(fur, huden, mus), 남동방언에서는 <e>(=[eː])로(fer/ver, heden, mes), 그 외 지역에서는 <i>(=[iː])로(fir, hiden, mis) 나타난다.

넷째, 고대영어의 단모음 <æ>(=[æ]) (예를 들어, dæg 'day', hwæt 'what', sæt 'sat')는 중세영어에서 보통 <a>(=[a])로 나타나지만(dai, what, sat), 남동방언과 서중부방언에서는 종종 e(=[ɛ])로 나타난다(dei, w(h)et, set).

다섯째, 고대영어의 이중 단모음이었던 <eo>(=[eə]) (예를 들어, heorte 'heart', heofon 'heaven')는 중세영어시대 대부분의 지역에서 <e>(=[ɛ])로 바뀌었다(herte, heven). 그러나 서부지역(즉 남서방언과 서중부방언)에서는 <eo>/<o>(=[ö])로 나타난다. 마찬가지로 이중 장모음 <eo>(=[e:ə])도 동일한 방언적 차이를 보여준다. 고대영어에서 이중 장모음을 포함한 deop 'deep', beon 'to be'가 서부지역에서는 deop/dop, beon/bon으로, 그 외 지역에서는 dep/deep, ben/been으로 나타난다. 서부지역만의 이러한 특성은 14세기가 되면 원순음이 사라지고 다른 지역과 동일해진다.

여섯째, 고대영어에서 어두에 [f], [s] 발음(철자상 각각 <f>, <s>)을 가졌던 단어들이 중세영어의 대부분의 지방에서는 그 발음이 그대로 보유되지만(예를 들어, fader 'father', folk, fox; sea, swo 'so', sinne 'sin'), 남부지역 방언들과 남서중부방언에서는 <v>(=[v]), z(=[z]) 철자가 나타난다(예를 들어, vader, volk, vox; ze, zwo, zenne). 이 지역에서는 <v> 외에 <u>, <w> 철자를 쓰기도 한다(즉 wox 'fox').

일곱째, 남부와 중부 방언들에서 [ʧ](철자상 <ch>), [ʤ](철자상 <dg> 혹은 <gg>) 발음을 하였던 단어(chirch(e), bridge/brigge)에 대하여 북부방언에서는 <k>(=[k])와 <g>(=[g])가 나타난다(kirk, brig). 북부지방에서는 오늘날까지 이 단어들에서 [k], [g]로 발음하는 현상이 나타난다.

여덟째, 고대영어의 <hw>(=[hw])를 지녔던 단어(hwæt 'what')는 중세영어에 와서 <wh>가 되었다. 남부방언에서는 종종 이 단어들에 <w>(=[w])가 나타나지만, 북부방언에서는 <wh>(=[hw])가 나타난다. 이 발음은 오늘날까지도 일부지역에서 사용되고 있다. 또한 북부방언에서는 종종 <quh>/<qu>/<qw>/<qh> 철자가 나타나기도 한다.

(3) 어휘·형태 차이

단어의 형태나 굴절면에서 방언 차이를 살펴보면 다음과 같다. 첫째, 3인칭단수 여성 주격인칭대명사 'she'의 형태에 있어 방언 차이가 존재한다. sche/scho 같이 [ʃ] 발음을 가진 형태는 북부와 동중부방언에서 사용되었고, 남부 지역과 서중부방언에서는 heo/ho 같이 [h] 발음을 가진 형태가 사용되었다. scho는 북부와 스코틀랜드 지방에서 사용되었고, sche/she는 동중부방언에서 사용되었다.[4] s(c)h-형은 14세기 후반부터 문어에서 표준이 되었으나, 오늘날까지도 [h] 발음이 영국 남부와 서부에서 사투리로 사용되고 있다.

둘째, 3인칭복수 인칭대명사(they, their, them)의 형태에 있어서도 방언 차이가 존재한다. 본래 고대영어는 h로 시작하는 형태를 가지며(주격 hi(e), 속격 hi(e)ra, 대격 hi(e), 여격 him), th로 시작하는 형태는 스칸디나비아 언어인 고대노르웨이어(Old Norse)로부터(주격 þeir, 속격 þeira, 여격 þeim) 차용한 것이다. th-형은 처음에 북부방언과 북동중부방언에서 사용되었으며, 「오르물룸(Ormulum)」(1200년경, 북동중부방언)에서 þeȝ,

---

[4] she의 기원은 불확실하다. 고대영어의 3인칭단수 여성 주격인칭대명사는 heo 'she'로서 이것의 모든 격변화는 h로 시작한다(주격 heo, 대격 hi(e), 속격 hire, 여격 hire). Mossé(1952: 56)에 의하면, 북부지방의 scho는 아마도 고대영어의 여성 지시대명사 seo가 sio가 된 후, 강세이동에 의해(즉 sío > sió > sjó) 구개음화가 일어나 [ʃ]로 바뀐 것으로 추정한다. 그러나 고대영어 heo가 동일한 변화를 겪은 후(즉 hío > hió > hjó) 구개음화가 일어났다고 간주하는 것이 불가능하지는 않다고 인정하고 있다. 동중부방언의 경우, 일찍이 이 방언으로 쓰인 「피터버러 연대기」에서 scæ가 사용되었다. Bourcier(1981: 146)는 sche/she의 경우도 고대영어 인칭대명사 hie에서 강세이동에 의해 [hje]가 되었으며 이후 구개음화에 의해 [hj]가 [ç]를 거쳐 [ʃ]가 되었다고 주장하였다. 결국 고대영어의 3인칭단수 여성 주격인칭대명사 형태로 hio 외에 변이형 hie를 상정할 뿐, 근본적인 설명은 Mossé(1952)와 다르지 않다.

hem/þeȝm으로 나타난다. 이후 주격 they가 먼저 남쪽으로 확산되어 1400년경에는 they가 거의 모든 지역에서 사용되었다. 14세기 후반 제프리 초서나 존 가워(John Gower)의 작품과 같이 런던말로 된 글을 보면 주격에서만 th-형(þei/they)가 나타나고 사격(oblique case)에서는 h-형(here, hem)을 쓰고 있다.5 이에 반해 북부방언에서는 주격과 사격에 모두 th-형이 발견된다.

셋째, 현재분사(present participle)의 형태에서도 방언사이의 차이가 있다. 고대영어에서는 동사의 어간에 -ende가 사용되었다(helpende 'helping'). 중세영어에서는 북부방언(혹은 일부 북중부방언)에서 -ande가, 중부방언에서 -ende, 남부방언에서 -inde가 대체로 사용되었다. -ing 형이 이후에 사용되면서 14세기 후반 -ing(e)/-yng(e)가 남동중부방언에서 표준이 되었고(예를 들어, 초서의 작품), 나중에 북부까지 확산되어 방언 사이의 차이가 사라져버렸다.6

넷째, 과거분사(past participle)의 형태에 있어서도 방언 차이가 존재한다. 과거분사에 i-/y- 접두사(고대영어의 ge- 접두사에서 온 것임)를 붙이는 방식은 중부방언의 남쪽과 서쪽 그리고 남부방언에서 주로 사용되었다. 따라서 초서의 작품에서도 이 접두사가 종종 나타난다(ybroken 'broken', yspoken 'spoken'). 이 접두사는 북부방언이나 북중부방언에서는 일찍이 사라졌다.

다섯째, 동사의 3인칭단수현재 어미에서도 방언 차이가 존재한다. 고대영어의 해당어미는 -(e)þ이었다. 중세영어에서 이 형태를 계승한 방언은 남부지역으로서 남부방언과 남중부방언에서 -(e)th/-(e)þ가 사용된다. 그

---

5 사격이란 주격을 제외한 여러 격(가령 대격, 속격, 여격 등)을 말한다.
6 현재분사 굴절접미사 -ing 어미는 고대영어에서 동사를 명사로 전환하는 파생접미사 -ung(예를 들어, bodung 'preaching', leornung 'learning')에서 온 것이다.

러나 북부지역, 즉 북부방언과 북중부방언에서는 새로운 형태 -(e)s가 사용된다. 따라서 현대영어에서 사용되고 있는 -(e)s는 북부방언에서 내려온 것이다.

(4) 표준어의 성립

14세기말엽에서 15세기에 이르러 런던 방언이 표준어라는 개념이 생기기 시작하였다. 런던은 영국의 수도로서 정치, 경제, 사회, 문화적 중심지였기에 표준어가 되기에 유리한 위치에 있었다. 요직을 차지한 사람들이나 그렇게 되려고 하는 사람들은 런던 말을 쓰고자 노력하였다. 런던에는 전국 여러 지방에서 올라온 사람들이 뒤섞여 살았기에, 앞에서 언급한 표준영어에서 발견되는 북쪽의 특성도 이러한 이주를 통해서 들어온 것이었다. 또 이들이 지방을 왕래함으로써 런던에서 사용되던 동중부방언을 지방으로 가져가 그들의 방언에 영향을 미쳤다.

뿐만 아니라 동중부방언은 지리적으로 유리한 위치에 있었다. 영국 중앙에 위치하였기 때문에 북부방언처럼 너무 혁신적이지도 않았고, 남부방언처럼 너무 보수적이지도 않은 중간적 위치를 갖고 있었다. 이러한 상황을 14세기 후반 존 트레비사(John of Trevisa)는 라틴어로 된 히그던(Higden)의 「종합연대기(Polychronicon)」를 영어로 번역하면서(1385년 출판), 다음과 같이 진술하고 있다.

for men of þe est wiþ men of þe west, as it were vnder þe same partie of heuene, acordeþ more in sownynge of speche þan men of þe norþ wiþ men of þe souþ; þerfore it is þat Mercii, þat beeþ men of myddel Engelond, as it were parteners of þe endes, vnderstondeþ bettre þe side langages, Norþerne and Souþerne, þan Norþerne and Souþerne vnderstondeþ eiþer oþer

'동쪽 사람들과 서쪽 사람들은 동일한 하늘 아래 위치하기 때문에 북쪽 사람들과 남쪽 사람들 사이보다 말소리에 있어 더 일치를 보이고 있다. 그러므로 영국 중부의 사람들인 머시아인들은 양쪽의 동반자로서, 북쪽과 남쪽 사람들이 서로 이해하는 것보다 양쪽 언어를 더 잘 이해한다.'

그러므로 중부방언은 양극단을 싫어하는 사람들이 다 같이 선호할 수 있는 유리한 입장에 있었던 것이다.

중부방언 중에서도 동중부 지역은 서중부지역보다 농토가 비옥하고 인구도 많아서 더 부유하였다. 링컨셔(Lincolnshire), 노펵(Norfolk), 서펵(Suffolk)은 서부의 어떤 지역보다 더 번영을 누렸다. 또한 동중부 지역은 옥스퍼드(Oxford)와 캠브리지(Cambridge)라는 두 명문대학이 자리 잡고 있었다. 옥스퍼드는 지리적으로 중부방언과 남부방언의 경계 상에 위치하기 때문에 약간 남부의 특색을 띠고 있지만, 캠브리지는 전형적인 동중부방언이었다. 대학의 존재가 표준영어의 채택에 어느 정도 영향을 미쳤는지 측정하기 어렵다. 그러나 당시 대학이 과거 수도원이 하던 지성의 중심지였다는 점을 감안하면 그 영향력을 과소평가할 수 없을 것이다.

마지막으로 혹자는 초서의 영향을 언급하기도 한다. 한때 표준문어의 채택에 있어 초서의 영향력이 절대적이라고 생각되었던 적이 있었다. 당시 초서는 동중부방언으로 작품 활동을 하였고 작가로서 인기 절정에 있었기 때문에, 그의 작품이 전국에 펴져 읽혔다. 그럼에도 불구하고 관료들이 쓴 공식문서나 편지에 사용된 영어를 보면 초서의 시어에서 영향을 받았다고 보이지 않는다. 비록 초서가 셰익스피어 이전 가장 위대한 시인이며, 후세 시인들의 존경을 받은 분인 것은 틀림없지만, 현대 표준영어의 근간이 된 것은 이러한 화려한 시인의 언어가 아니고, 딱딱하고 산문적인 관료들의 언어였다.

15세기 후반 런던영어는 적어도 문어에 있어서는 표준어로 정립되었다. 따라서 1450년 이후 문학작품 가운데 일부 북쪽에서 나온 책을 제외하고는, 어떤 책이 어떤 지역에서 쓰였는지 이제 구분하기가 거의 불가능하다. 그리고 일상적인 편지나 지방의 기록문서에서도 런던 표준어에 일치시키려는 노력이 엿보인다. 15세기 중반까지 대법원(Court of Chancery)의 서기들이 공식문서를 작성하면서 런던영어를 꾸준히 발전시켰다. 마침내 1476년 윌리엄 캑스턴(William Caxton)은 영국에 인쇄기를 도입하였다. 그는 런던에 인쇄소를 차렸으며, 이후 런던은 서적출판의 중심지가 되었다. 인쇄술의 도입으로 대량의 책들이 런던 방언의 철자와 문법에 맞게 인쇄되어 지방으로 퍼졌다. 16세기에 런던영어는 이제 교육기관에서 채택되는 말이 되었고, 이후 사전편찬자나 문법 저술가들이 채택하는 말이 되었다. 런던의 동중부방언은 완전히 영국에서 표준적인 문어로 자리 잡게 된 것이다.

2. 외래어

제1장에서 기술한 역사적 사건들은 영어의 어휘에 막대한 영향을 끼쳤다. 전쟁과 교류에 의해 두 민족이 접촉하게 될 때, 정치·문화적으로뿐만 아니라 언어적 측면에서도 서로 영향을 미치게 된다. 그 대표적인 경우가

외래 어휘의 차용인데, 중세영어시기에는 지배계층의 언어인 불어의 영향이 가장 눈에 띈다. 라틴어는 이 시기에도 교회와 국가 공식서류 언어로서 꾸준히 사용되었으며, 이로 인한 라틴어 차용이 상당량 이루어졌다. 이미 고대영어시기에 일어난 바이킹 침략에 의해 스칸디나비아 사람들이 영국에 거주하고 있었는데, 이들로부터 많은 어휘가 영어로 유입되었다. 또한 유럽대륙과의 교역, 십자군 원정 등으로 인해 언어 접촉의 폭이 넓어져, 네덜란드어, 아랍어 등의 소수 언어 어휘들도 일부 들어왔다. 다음은 중세영어시기에 도입한 차용어(loan words)에 대해 알아보자.

(1) 불어 차용어

1) 영어와 불어의 관계

1066년에 노르망디 공작 윌리엄이 영국을 정복하고 영국에 노르만 왕조를 세운 후, 자연히 영국의 지배계층은 노르망디 출신의 귀족들로 채워졌다. 따라서 이들의 언어인 불어가 영국 상류사회의 언어가 되었다. 맨 처음에 불어를 말한 사람들은 노르망디 출신이었지만, 곧 이들과 결혼한 앵글로색슨인들과 그들의 후손, 그리고 상류계층으로 나아가려는 야망을 가진 모든 이들이 불어를 배우고 사용하기 시작하였다. 따라서 노르만 정복 이후 약 200년간 불어는 상류사회의 일상적인 교제어로 사용되었다. 정복자 윌리엄은 자신의 통치를 위해 나이 40이 넘어 영어를 배우려고 노력하였으나 별 진전이 없었다. 13세기 초까지 왕과 상류사회는 영어에 대하여 대체로 무관심한 태도를 취했다. 영국의 지배계층이 불어를 계속 사용하게 된 것은 아마도 영국의 왕실이 영국과 노르망디를 둘 다 다스리고 있었기 때문일 것이다. 정복이후에도 영국 왕은 노르망디 공작을 겸했으며, 초기에는 영국보다 노르망디에 더 애착을 가졌다. 영국 왕들은 많은 시간을 프랑스에서 보냈다. 정복자 윌리엄(1066~1087)과 그의 아들 윌리엄 2세(1087~1100)와 헨리 1세(1100~1135)는 그들의 재위기간중 약 절반을 프랑스에서 보냈다. 그 뒤를 이은 스티븐(1135~1154)은 국내 사정으로 인해 주로 영국에 머물렀으나, 헨리 2세(1154~1189)는 그의 재위기간의 거의 3분의 2를 프랑스에서 보냈다. 또한 헨리 1세를 제외하고 에드워드 4세(1461~1470, 1471~1483)의 재위기간까지 모두 그들의 왕비를 대륙에서 맞이하였다. 영국왕실과 마찬가지로 일반 귀족들도 대부분 프랑스에서 결혼하였으며, 거기에서 많은 시간을 보냈다. 따라서 프랑스 영지에 대한 애착과 프랑스 사람들과의 끊임없는 접촉으로 불어를 계속 사용하는 것은 매우 자연스럽고 당연한 것이었다. 1300년경 로버트 글로스터(Robert of Gloucester)는 그의 연대기에서 다음과 같이 이 당시 상황을 묘사하였다.

>Þus com lo engelond in to normandies hond.
>& þe normans ne couþe speke þo bote hor owe speche
>& speke french as hii dude atom, & hor children dude also teche. (7537-9)

'그리하여 영국이 노르망디의 수중에 떨어졌나니.
노르만인들은 자신의 말만 할 수 있어
집에서 하듯이 불어만 말하고, 아이들에게도 불어만 가르친다.'

반면, 일반 대중의 언어는 여전히 영어였다. 영어사용자가 불어사용자보다 훨씬 많아서 전체 인구의 90% 이상을 차지하였다. 몇몇 수도원에서 영어가 상당기간 사용되었다는 점은 「피터버러 연대기」가 1154년까지 영어로 쓰였다는 점에서도 드러난다. 이것은 성직자들이 영어를 말하고 쓸 수 있었음을 보여주는 것이다. 실제로 노르만 출신이며 런던주교였던 길버트 폴리오트(Gilbert Foliot)는 라틴어와 불어 외에도 영어에 능통했다고 한다(Baugh and Cable 1993: §91). 일부 고위 성직자들은 영어를 전혀 못하였다는 기록도 있으나, 많은 이들이 하위직 성직자와 교인들과 대화하기 위해 영어를 알아야 했다. 국왕 헨리 2세도 영어를 말하지는 못하였지만 이해는 할 수 있었다는 기록이 있다. 중간계층에 속하는 사람들 가운데 하류계층과 빈번히 접촉하는 기사, 집사, 집달관 등은 불어와 더불어 영어를 말할 수 있었다. 또한 노르만인과 앵글로색슨인을 부모로 가진 아이들은 불어와 영어를 둘 다 하는 경우가 많았다. 이들은 두 언어를 모두 사용할 수 있는 이중 언어사용자(bilingual)였다.

그러나 약 1250년경을 전후하여 영어와 불어의 입지가 뒤바뀌게 된다. 그렇게 된 이면에는 존(1199~1216) 왕이 1204년 프랑스에 있는 노르망디를 상실한 사건이 있었다(제1장 참조). 존 왕에게 승리한 프랑스 국왕은 영국에 거주하는 귀족들의 소유인 노르망디의 봉토를 모두 몰수한다는 칙령을 발표하였다. 이에 노르만 귀족들은 영국에 소유한 토지와 프랑스의 토지 가운데 하나를 선택해야 했고, 자신의 이해관계에 의해 많은 이들이 프랑스의 토지를 포기하였다. 노르만 정복이후 두 나라에 양다리를 걸치고 있었던 왕과 귀족들은 이제 대륙과 연결고리가 끊어졌고, 그들 자신을 영국민과 동일시 할 수밖에 없었다. 13세기 중엽 프랑스와의 분리작업이 끝나갈 무렵, 그들과 그들의 후손들은 이제 적국이 된 프랑스의 언어를 사용할 이유가 없었으며, 영어를 사용하는 대다수의 인구에 흡수되었다.[7] 이제 점차적으로 영어가 상류사회의 일반적인 언어가 되어갔다.

이 시기에 상류사회를 위한 문학이 불어에서 영어로 번역되기 시작하였다. 그리고 이 시기에 그들이 쓰는 영어 안에 많은 불어 어휘가 전이되었다. 따라서 불어 차용이 가장 많이 발견되는 시기는 그들이 일반적으로 불어를 쓰던 중세영어 초기가 아니라, 13세기 중엽 이후에 일어났다. 이제 귀족의 자녀들은 불어를 사교와 교육을 통하여 배워야 하는 외국어가 되었다. 실제로 13세기 후반 월터 비브스워스(Walter de Bibbesworth)는 아이들에게 불어를 가르치기 위한 「교본(Le Tretiz)」을 저술하기도 하였다.

2) 차용어

영어의 음운체계와 문법에 끼친 불어의 영향은 미미하지만, 어휘에 있어서는 그 파급효과가 지대하였다. 사실, 노르만 정복 이전에도 앵글로색슨인과 노르망디 사이에 정치적 접촉이 있었다. 고대영어 후기, 바이킹들이 영국을 침입했을 때, 색슨 왕 애설레드(Æthelred, 978~1016)는 왕비의 고향인 노르망디로 도망쳤다. 이어 영국의 왕위를 이어받은 덴마크 왕조의 크누트(Cnut, 1016~1035)는 에설레드의 미망인이며 노르망디 출신인 엠마(Emma of Normandy)와 결혼하였다. 1042년 다시 색슨(즉 웨식스)

---

[7] 노르망디 상실 이후에도 프랑스의 영향은 지속되었다. 존 왕 시절 프랑스 푸아투(Poitou) 출신의 왕비와 동향인 프랑스인 피터 로세(Peter des Roches)가 총애를 받아 대법관 자리에 올랐다. 존의 아들 헨리 3세(1216~1272)는 어머니와 왕비가 프랑스 루이 왕과 친척관계였고 프랑스 왕실과 친밀하게 지냈다. 그의 오랜 치세 기간동안에 친인척을 포함한 수많은 프랑스인들을 불러 이전에 있던 귀족과 행정관들을 해임하고 주요 요직에 앉혔다. 그는 교회의 재산을 몰수하여 외국인들에게 나눠주어 영국인들에게 막대한 피해를 끼쳤다. 이러한 행위는 영국민들의 반발을 샀으며 외국인에 대한 반감이 극에 달했다. 그리하여 몽포르(Simon de Montfort)의 지휘 아래 귀족들과 중류계층이 결집하여 반란을 일으키는데, 이런 바 제2차 귀족전쟁(Second Barons' War, 1264~1267)이다. 에드워드 1세(1272~1307)가 왕위에 오르고 난 후 영국은 비로소 영어를 중심으로 결속하였다.

왕조를 복귀시키며 왕위에 오른 참회자 에드워드(Edward, 1042~1066)은 애설레드와 엠마 사이에 태어난 아들이었고, 어린 시절 노르망디에서 망명생활을 하였다. 따라서 어떤 의미에서건 노르만 불어와의 접촉은 있었던 것이다. Strang(1970: 316, 250-254)은 불어 차용어가 이미 고대영어 후기에 들어와 쓰였다고 주장하였다. 노르만 정복 이전에 나온 11세기 문헌에 이미 sot 'sot, foolish' (1000), capun 'capon' (1000), prud 'proud' (1050), castel 'castle' (1075) 등이 나온다(Freeborn 1998: 74).

그러나 두 언어 사이의 본격적인 접촉은 1066년 노르만 왕조가 건립된 이후였다. 불어 차용의 수는 오랜 세월을 거쳐 증가하였고 14세기에 이르러 절정을 이루었다. 노르만 정복이후 영국의 상류층이 사용하던 불어는 프랑스 파리를 중심으로 한 중앙 불어(Central French, Ile-de-France, CF)가 아니었다. 이들은 프랑스 북부 노르망디에서 사용하던 노르만 불어(Norman French, NF)를 쓰고 있었다. 영국에서 사용된 노르망디식 불어를 앵글로-노르만(Anglo-Norman)이라고 하며, 영국에서 사용된 불어를 통칭하여 앵글로-프렌치(Anglo-French, AF), 즉 영국식 불어라고 한다.

노르만 정복 직후 100년 동안은 불어 차용어 수가 적다. 그 이유는 아마도 영어사용자가 불어에 익숙하게 되어 불어 어휘가 영어에 자연스럽게 스며드는데 상당 기간이 소요되기 때문이다. 또 다른 이유는 글은 대체로 말보다 보수적이기 때문에, 혁신적 요소가 글로 기록되는 시점이 더 늦는 경향이 있다. 그러므로 기록에 없다하더라도 차용어가 실제로 말에서는 일찍이 사용되었을 수 있다. 무엇보다도 12세기에 불어 차용어 수가 적은 가장 큰 원인은 아마도 1200년 이전에 영어로 기록된 문헌이 거의 없다는 사실에 기인한다. 실제 이 기간 동안 불어 차용어가 글에 상당량 존재하였다 하더라도 이것을 입증하는 자료가 없는 것이다. 12세기에「피터버러 연대기」에 기록된 불어 차용어로는 prisun 'prison' (1123), uuerre 'war' (1154)가 있다. 그 외, 실제로 이 시기에 들어온 것으로 추정되는 불어 차용어로는 abbot, cardinal, council, duke, justice, legate, market, peace, saint, table 등이 있다.

13세기에 접어들면, 1200년대 초에 영어로 쓰인 「오르물룸」과 「브루트(Brut)」에서는 불어 차용어가 거의 쓰이지 않았다. 특히 라야먼(Laʒamon)의 「브루트」는 와스(Wace)가 불어로 쓴 작품 「브루트 이야기(Le Roman de Brut)」를 영어로 번역한 것이기 때문에 여기에 불어 차용어가 거의 쓰이지 않았다는 것은 놀랄만하다. 비슷한 시기에 쓰인 「부엉이와 나이팅게일(The Owl and the Nightingale)」에는 총 1794행중에 10여개의 불어 차용어가 발견되는데, 법률용어(accord, plead, rent, spouse), 생활용어(carter, flower, pie, stubble), 형용사(gent 'new born', jealous, poor) 외에도, disputing, overquartie 'glut' 같이 불어에서 온 어간에, 토착의 영어접미사를 붙인 경우도 있다. 13세기 초(1200~1250)에 사용된 다른 불어 차용어로는 art, baron, blame, catch, chapter, feast, hermit, letter, messenger, prince, proof, traitor, service 등이 있다(Freeborn 1998: 146-147).

실제로 불어 차용이 가장 왕성한 시기는 1250년 이후이다. Jespersen (1978: 87)에 의하면, 현대의 불어 차용어중 절반정도는 1251~1400년 사이에 들어온 것이다. 13세기 후반의 차용어로는 abbey, attire, censer, defend, falcon, figure, fool, heir, leper, music, ointment, painting, parliament, parson, plead, robe, sacrifice, supper 등이 있다. 14세기의 차용어로는 almond, beef, blanket, carol, chair, chamber, cloister, curtain, damnation, dance, duchess, emerald, enemy, evidence, faith, fashion, garment, gender, goblet, idiot, novice, orange, panel, pearl, peer, poet, quail, record, romance, salmon, saucer, title, towel, vicar 등 매우 많다. 불어 차용은 14세기 말에 절정을 이루다가 15세기에 급감한다.

불어 차용어는 정부/행정, 군대, 법률, 종교, 의류와 보석, 음식, 가정 및 일상생활, 오락과 여가, 교육, 의학, 문학과 예술 등 다양한 분야에 영향을 끼쳤고, 오늘날에도 여전히 상당량 사용되고 있다. 옥스퍼드 영어사전(Oxford English Dictionary, OED)에 따르면, 중세영어시기에 영어에 들어온 불어 차용어는 약 1만여 개인데, 이 가운데 75% 가량이 아직도 현대영어에 사용되고 있다(Berndt 1984: 61, Baugh and Cable 1993: §133, 박영배 2011: 217). 불어 차용어를 몇 개 분야별로 나누어 구분하면 다음과 같다.

(a) 정부/행정

정치와 행정을 책임진 사람들이 대다수 불어사용자였음은 의심할 것 없다. 따라서 이 당시의 정부와 행정에 필요한 개념이나 귀족의 직급, 공직명칭에 관한 것이 많이 불어에서 차용되었다.

① 정부와 행정 용어: administer, allegiance, alliance, assembly, authority, council, country, court, crown, empire, exchequer, exile, government, liberty, majesty, parliament, public, realm, rebel, record, reign, repeal, revenue, royal, sovereign, state, statute, tax, traitor, treason, treaty, tyrant, usurp

② 귀족의 직급: prince, princess, duke, duchess, count, countess, marquis, marquise, viscount, viscountess, baron, baroness (cf. king, queen, lord, lady, earl은 고대영어로부터 내려온 토착어휘임)

③ 공직명칭: chancellor, chamberlain, treasurer, marshal, governor, councilor, minister, mayor, castellan, constable, coroner, warden

(b) 군대

영국의 육해군이 불어사용자의 통수권 아래 있었고, 영국인들이 경험한 대다수의 전쟁이 프랑스를 상대로 했다는 점은 많은 불어 차용이 유입되는 결과를 낳았다.

① army, arms, attack, battle, combat, defense, enemy, gurard, navy, peace, retreat, siege, spy, soldier
② 계급명칭: captain, corporal, lieutenant, sergeant

(c) 법률

불어가 영국에서 가장 오랫동안 사용된 곳은 법률용어였다. 토착의 법률 어휘들이 불어에서 들어온 어휘로 대체되었다.

① 법 집행 절차 및 법정용어; accuse, acquit, advocate, arrest, attorney, bail, bar, bill, condemn, defendant, depose, evidence, felon, fine, forfeit, indictment, inquest, jail, judge, juror, jury, panel, pardon, petition, plaintiff, plea, plead, prison, proof, punishment, ransom, seize, sentence, sue, summons, verdict
② 범죄 용어: adultery, arson, assault, felony, fraud, larceny, libel, perjury, slander, trespass

(d) 종교

정치, 행정, 군대, 법률뿐만 아니라, 노르만인들은 교회의 고위직을 차지하였다. 이로 인하여 교회, 수도원, 성직명칭, 종교생활과 관련된 불어 어휘들이 사용되었다.

① 교회와 종교생활: abbey, absolution, baptism, chant, charity, cloister, communion, confession, contrition, convent, crucifix, damnation, devout, divine, homily, incense, mercy, passion, penance, penitence, pity, prayer, preach, priory, redemption, religion, sacrament, salvation, sanctuary, sermon, solemn, theology, virtue
② 성직 신분 및 명칭: abbot, abbess, cardinal, chaplain, clergy, clerk, dean, friar, hermit, legate, novice, parson, pastor, prelate, sexton, vicar

(e) 의류, 색깔, 보석
상류층의 노르만 귀족들이 의상에 있어 유행을 선도한 것은 자연스런 현상이었다. 이들의 사치와 관련된 다양한 의류, 색깔, 보석 명칭이 불어에서 차용되었다.
① 의류와 부속물: apparel, attire, boots, buckle, button, cape, chemise, cloak, coat, collar, dress, embroidery, fashion, frock, garment, garter, gown, habit, lace, petticoat, robe, tassel, veil
② 색깔: blue, brown, russet, saffron, scarlet, tawny, vermilion
③ 보석: amethyst, brooch, chaplet, coral, crystal, diamond, emerald, enamel, garnet, ivory, jewel, ornament, pearl, ruby, sapphire, topaz, turquoise

(f) 음식
음식 명칭과 다양한 조리법에 대한 어휘들도 불어에서 차용하였다. 특히, 살아있는 가축의 명칭(cow/ox, pig, sheep, calf)은 게르만 토착어가 오늘날까지 계승되고 있는 반면에, 요리를 위해 사용하는 고기 명칭(beef, pork, mutton, veal)과 그 조리법은 불어 차용어가 사용된다는 점은 가축을 기르는 일에 투입된 토착 영국민과 그 고기에서 나오는 요리를 즐겼던 노르만 귀족들의 신분 차이를 반영한다 하겠다.

① 식사와 관련된 개념: appetite, collation, dinner, feast, repast, supper, sustenance, taste, victuals, viand
② 고기류: (육류) bacon, brawn, beef, chine, haunch, loin, mutton, pork, sausage, tripe, veal, venison; (가금류) poultry, pigeon, pullet; (어패류) bream, mackerel, oyster, perch, salmon, sardine
③ 후식: (견과류, 과일) almonds, cherry, date, fig, fruits, grape, lemon, orange, peach, pomegranate, raisin; (기타) confection, jelly, pastry, tart, treacle
④ 양념: sauce, spice, cinnamon, clove, herb, marjoram, mustard, nutmeg, sugar, thyme, vinegar
⑤ 조리법: boil, broil, fry, grate, parboil, roast, stew
⑥ 식기: cruet, goblet, plate, platter, saucer

(h) 가정 및 일상생활
① 주택, 집기, 비품: arch, cellar, chimney, closet, garner, pantry, parlor, porch, scullery, wardrobe; chair, couch, curtain, cushion; chandelier, lamp, lantern, sconce table; blanket, counterpane, coverlet, quilt; basin, towel
② 일상적 신분 관계: ancestor, aunt, uncle, cousin; gentleman, noble, nobility, courtier, retinue, peer, squire, bailiff, page, peasant, servant, slave; sir, madam, mistress

(i) 오락과 여가
① 오락: checkers, chess, dance, fool, juggler, leisure, recreation, revel,

ribald, solace
② 승마, 사냥: (승마) ambler, courser, crupper, curb, joust, hackney, palfrey, rein, rowel, stallion; (사냥개) kennel, leash, scent, spaniel, terrier; (사냥감) falcon, heron, mallard, partridge, pheasant, plover, quail, squirrel; (기타) covert, forest, pavilion, tournament, warren

(h) 교육, 의학, 문학과 예술
① 교육: chapter, college, copy, dais, dean, grammar, lectern, noun, page, paper, pen, pencil, pupil, reason, science, study, subject, test, university
② 의학: cure, drug, fracture, herb, medicine, pain, physician, plague, poison, powder, pulse, remedy, surgeon
③ 문학과 예술: ballad, chapter, lay, minstrel, poet, rime, rondel, story, title, tragedy; carol, lute, melody, minstrel, music, tabor; art, color, painting, portrait, sculpture

　이외에도 지명이나 인명에 불어 차용어가 사용되었다. 'beautiful'이란 뜻의 불어 어간 beau-와 bel-로 이루어진 Beauchamp, Beaufort, Beaulieu, Beaumaris, Beausert, Belchamp, Belmont 등 수 십 개의 명칭이 있다.
　중세영어 초기의 상류층은 주로 노르만 불어(NF)를 사용하였기 때문에, 영어에 들어온 차용어도 주로 이 방언을 통해 유입되었다. 그러나 시간이 지나면서, 파리를 중심으로 한 중앙 불어(CF)가 표준어로 인식되면서 노르만 불어는 조롱의 대상이 되었다. 이러한 상황은 초서의 글에서도 나타난다. 「캔터베리 이야기」의 총 서시에서 작가는 단정하고 우아한 에

티켓을 보여주는 수녀원장이 말할 때는 사투리 불어를 쓰고 있는 점을 대조시켜 아이러니를 자아내고 있다.

> And Frenssh she spak ful faire and fetisly,
> After the scole of Stratford atte Bowe,
> For Frenssh of Parys was to hire unknowe. (CT. Prol. 124-6)

'그녀는 곧잘 우아하게 불어를
Stratford-atte-Bow 식으로 구사하였다.
왜냐하면 그녀는 파리 불어를 몰랐기 때문이다.'

따라서 불어 차용도 노르만 불어와 중앙 불어의 두 가지 경로를 통해 들어왔으며, 이것으로 인한 중복어(doublet)가 현대에 존재한다. 중복어들은 두 방언사이의 철자와 발음, 그리고 의미차이를 반영하고 있다. 다음 표는 중세영어시기에 차용된 중복어들과 각 어휘들이 처음 기록된 연도를 나타낸 것이다(Burnley(1992: 430-431)를 수정함)

/a/ 앞에 오는 라틴어 c(=[k])는 노르만 불어에서는 그대로 유지되었으나 중앙 불어에서는 ch (=[ʧ])로 바뀌었다. 따라서 현대영어의 철자에 따라 이것이 노르만 불어에서 온 것인지 중앙 불어에서 온 것인지 파악할 수 있다. cattle과 chattel, catch와 chase는 각각 같은 어원을 지니지만, 영어로 차용될 당시에 서로 다른 불어 방언에서 차용된 것이다.

고대불어 w(=[w])는 노르만 불어에서는 유지되었으나 중앙 불어에서는 [gw]를 거쳐 [g]가 되었다. 이러한 발전과정은 중복어 wage/gage, warranty/guarantee에 반영되어 있다. 또한 고대불어 g(=[g])도 노르만 불어에는 유지되었으나(즉 gardein 'garden') 중앙 불어에서는 [ʤ]로 바뀌었다(즉 jardin). gaol/jail은 두 방언 경로를 통한 중복어인데, gaol의 경우 처음에는 [g]로 발음되다가 시간이 지나면서 발음이 변화하였다.

노르만 불어	중앙 불어
<c> canchelers (1066) calange (1225)	<ch> chanceleres (1300) challenge (1300)
<w> wile (1154) warden (1225) warrant (1225) reward (1315)	<g>/<gu> guile (1225) guardian (1466) guarantee (1624) regard (1430)
<g> gaol (1163)	<j> jail (1209)
<e>/<ei> convei (1375) lealte (1300)	<oi> convoye (1425) loialte (1400)

고대불어의 이중모음 ei는 노르만 불어에서는 유지되었으나 12세기 중앙 불어에서 oi가 되었다. 그리하여 영어의 leal(< AN leial)과 real(< AN reial)은 불어에서는 loyal, royal이 되었다. 나중에 중앙 불어에서 다시 이 어휘를 차용함으로써 현대에 leal/loyal, real/royal의 중복어가 존재한다.

영어는 불어의 어구나 관용표현을 차용번역(loan translation)한 것도 있다(Prins 1952, 박영배 2011: 221).[8] 이 가운데 몇 개의 예를 들면, after

---

[8] 차용번역(loan translation)이란 외국어의 형태를 그대로 빌려오지 않고, 어휘 구성 요소의 뜻을 빌려와 모국어의 형태로 전환하는 것을 말한다. 가령, 불어의 après tout의 발음과 형태는 그대로 두고, 각 구성어휘의 뜻(각각 'after'와 'all')을 차용

all (cf. après tout), at large (cf. au large), at leisure (cf. a loisir), at random (cf. a randon), because of (cf. par cause de), excuse me (cf. excusez moi), for the present (cf. pour le présent), the hue and cry (cf. le cri et le hu), if you please (s'il vous plait), that is to say (c'est-a-dire)가 있다.

(2) 스칸디나비아 차용어

8세기후반 바이킹(즉 현대의 덴마크, 스웨덴, 노르웨이 사람들)이 영국을 침략한 이래로, 이들은 수백 년 동안 영국민과 접촉하며 지냈다. 이들이 사용한 언어는 영국 북부의 일부지역에서는 상당히 오랫동안 사용된 흔적이 보이지만, 대부분의 지역에서는 서서히 영어와 영국문화에 흡수되었다. 이들이 사용한 고대노르웨이어(Old Norse)를 통칭하여 스칸디나비아어라고 부르겠다. 영어와 고대노르웨이어의 접촉은 고대영어시기에 일어났는데, 스칸디나비아 차용어가 실제로 기록되는 것은 중세영어시기이다. 그 이유 중 하나는 앞에서 언급한 불어 차용과 마찬가지로, 말과 글의 시간적 차이 때문일 것이다. 그러나 또 다른 더 중요한 이유는 이들의 주거주지가 영국 동북부 데인로(Danelaw) 지역이어서 차용이 주로 이 지역에서 일어났을 것이기 때문이다.⁹ 현존하는 고대영어 문헌은 주로 서색슨(West Saxon) 방언으로 되어 있고, 영국 동북부지역에서 기록된 고대영어 문헌은 현재 거의 남아있지 않기 때문에, 스칸디나비아 차용어가

하여 영어의 after all로 전환하였다.
⁹ 데인로(Danelaw)란 바이킹이 영국으로 침략했을 때, 당시의 영국왕조 웨식스와 바이킹 군대가 전투를 거듭한 끝에 조약에 의해 영토를 구분하였다(9세기). 대략 런던에서 북서 방향으로 체스터(Chester)까지 경계선이 그어졌고, 그 경계선 밖 북동 지역에는 바이킹 사람들이 정착하게 되었다. 바이킹(당시에는 '데인(Dane)'이라 불렀음)의 법(law)이 통하는 지역이라 하여 데인로라고 한다.

이 시기에 이미 많이 사용되었더라도 이것을 증명할 기록이 없는 것이다. 중세영어시기의 문헌에서 발견되는 스칸디나비아 차용어의 수는 수천 개에 이른다(Hansen 1984: 53). 그러나 현대영어에 남아있는 스칸디나비아 어휘수는 약 400~900개 정도이다(Hansen 1984: 60, Geipel 1971: 70). 중세영어 초기 1100~1250년은 스칸디나비아 차용어가 가장 많이 문헌에 사용된 시기이다. 1251~1350년 사이에는 수 십 개의 차용이 이루어졌으며, 1351년~1500년 사이에는 차용의 수가 더 줄어든다. 다음은 스칸디나비아 차용어를 유입된 시기 순으로 인용한다(Freeborn 1998: 97, 147, 162, 186, 206, 229 참조).

c. 1100~1250

(1100~1200) sister, tidings, die, low, swain, both, skill, thrust, wing, aloft, aye, band, bank, birth, bull, clip flit, fro, get, ill, kid, kindle, meek, raise, rid, root, same, scare, skin, they, though, thrive; (1201~1250) hit, hap, scale, gape, sky, crook, loose, rotten, seemly, trust, want, window, cast, loan, anger, rake, ransack, scab

c. 1251~1350

(1251~1300) leg, bait, bark crawl, dirt, droop, girth, lift, sale, skirt, slaughter, sly, snare, stack weak; (1301~1350) flat, race, snub

c. 1351~1500

down (feathers), glitter, lug, egg, gap, calf (leg), freckle, keel, mire, scrap, gasp, reef (sail), bask, odd

위의 어휘들을 보면 상당수가 일상적으로 사용하는 기본어휘로서 이것들이 다른 언어에서 차용되었다고 믿기 어려울 정도이다. 불어나 라틴어의 경우에 토착어휘를 보조하여 영어의 어휘집단을 확장시키는 결과를 낳았다면, 스칸디나비아 차용어는 토착어휘를 완전히 대체한 경우가 많다. 예를 들어, 스칸디나비아 차용어 call은 고대영어의 hatan을 대체하였고, both는 ba를, take는 고대영어 niman 혹은 fon을 완전히 대체하였다. 어떤 경우에는 스칸디나비아 차용어가 토착어휘의 의미 일부를 대체하였는데, 예를 들어, 스칸디나비아 차용어 sky는 고대영어 heofon이 갖고 있던 '하늘'이라는 물리적인 의미를 대체하였고, heofon은 이제 heaven의 좁은 의미로서만 존재한다. 때때로 스칸디나비아 차용어와 토착어휘가 동의어로 남아있는 경우도 있다. 스칸디나비아 차용어 crawl과 토착어휘 creep은 현재 의미 구별을 거의 할 수 없다(Millward 1996: 197).

영어와 스칸디나비아 언어는 사실상 조상이 같은 게르만 언어로서, 두 언어는 이미 상당량의 동계어(cognate) (즉, 같은 조상에서 내려온 비슷한 형태의 어휘)를 보유하고 있었다. can, come, folk, hear, house, land, man, mother, see, thing, think, wife, will 등의 기본 어휘에서 형태가 유사했다 (김혜리 2011: 65). 이들 동계어들 중에는 스칸디나비아 차용어 skirt와 고대영어에서 발전한 shirt와 같이, 두 어휘가 모두 생존하여 서로 의미를 달리하는 경우도 있다(또 다른 예로, ON raise/OE rear, ON skin/OE shin). 스칸디나비아 차용어는 muck up, muck about과 같은 구동사(phrasal verb)도 있다(Poussa 1982: 73).

이상에서 소개한 기본어휘 외에도 스칸디나비아 차용어는 지명에 남아 있다. 데인로 지역에는 한때 바이킹족이 정착한 마을임을 암시하는 -by, -thorp(e), -thwaite, -toft, -holm(e), -beck 'brook', -dale 'valley'로 끝나는 지명들이 있다. 이 접미사들은 그 앞에 사람을 지칭하는 고유명사, 민족 명칭, 보통명사나 형용사 표현에 덧붙여 사용되었다. Grimsby는 Grim이라는 바이킹 사람 이름에 '마을'을 뜻하는 -by가 붙어있고, Ingleby와 Irby는 각각 'English'와 'Irish' 거주지임을 나타내고 있다. Whenby는 'women'을 뜻하는 표현에 -by가 합성되었고, Kirkby(혹은 Kirby)는 교회가 있는 마을을 의미했다. 지명 가운데에 가장 많이 사용된 접미사 -by는 원래 '농가(farmstead)'의 뜻이었다가 나중에 '마을(village)'을 지칭하는 것으로 발전하였다. Barnby, Derby, Frisby, Normanby, Ormsby, Selby, Swainby, Thirkleby, Whitby 등 수백 개의 지명이 있다. 이 지명들 중 일부는 큰 도시로 발전했다. -by는 bylaw의 어원이기도 하다. 다음으로 흔한 지명은 '외딴 마을(hamlet, isolated farm)'를 뜻하는 -thorp(e) (와 그 변이형 -throp, -trop)이다. 이것은 본래 마을에서 벗어난 부차적인 거주지를 뜻하는데, Althorp, Grinklethorp, Hawthorpe, Knostrop, Linthorpe, Westhorpe 등이 있으며, 현대에도 대체로 작은 마을 이름인 경우가 많다. 주택지(a site of house)를 의미했던 -toft도 데인로의 여러 곳에서 발견되며, Brimtoft, Eastoft, Langtoft, Lowestoft, Nortoft 등이 있다. -thwait(e)는 덴마크인보다 노르웨이인들이 주로 정착한 마을에서 나타나며, 큰 농장에 붙어있는 '목초지(meadow)'를 뜻했다. 그 예로는 Applethwaite, Braithwaite, Haverthwaite, Langthaite 등이 있다. 또한 스칸디나비아 지명은 영어지명과 결합하기도 한다. -holm(e)는 본래 '섬(island)'을 의미하는 고대노르웨이어에서 왔는데, 바닷가 주변이나 습지에서 개간한 농지들에 많이 쓰였다. Holm, Dunnerholme, Durham(고대영어 dun 'hill' + 고대노르웨이어 holmr 'island'의 결합) 등이 있다(이상 김혜리(2011: 66-67) 인용). 마지막으로, -beck 'brook'과 -dale 'valley'은 컴벌랜드(Cumberland)와 웨스트멀랜드

(Westmorland)에서 Grizebeck, Troutbeck, Knarsdale, Uldale 등의 이름으로 발견된다. 또한 스칸디나비아 차용어는 인명에도 사용된다. 흔히 사용되는 접미사 -son은 처음에 Anderson, Nelson 같은 스칸디나비아 기원의 성(姓)에 사용되다가 나중에는 Edwardson, Edmundson 같이 토착영어로 된 성과 심지어 Jackson, Henryson 같이 프랑스에서 온 성과도 결합하였다.

스칸디나비아 언어는 영어의 발음에도 영향을 주었다. 본래 원시게르만어(Proto-Germanic)의 연구개음은 선고대영어(Pre-Old English)시기에 전설모음 앞에서 구개음화가 일어났다. 그리하여 본래 /k/, /g/, /sk/ 음은 고대영어에 와서 각각 /tʃ/, /j/, /ʃ/로 발음되었다. 이에 반해서 고대노르웨이어에서는 이러한 발음변화가 일어나지 않았다. 따라서 고대영어 giefan 'give', gietan 'get'의 첫 음은 /j/로 발음되었다. 오늘날 차용어 give, get에서 전설모음 앞에 /g/가 가능한 것은 스칸디나비아 차용에 기인한 것이었다. 마찬가지로 고대영어 cetel 'kettle'의 첫 음은 /tʃ/이었으나 오늘날 kettle은 스칸디나비아 차용이었다. 또한 /sk/로 시작하는 단어들(scant, scare, scathe, scorch, score, scowl, scrape, scrub, skill, skin, skirt, sky)은 모두 스칸디나비아 차용이다(김혜리 2011: 68).

스칸디나비아 차용은 차용어의 개수보다는 차용의 깊이에서 눈에 띤다. 두 언어가 접촉할 때, 차용되는 어휘의 범주는 보통 명사, 동사, 형용사, 부사에 국한된다. 인칭대명사, 조동사, 전치사, 접속사, 관사 등의 차용은 일반적으로 매우 어렵다. 그러나 이러한 차용이 일어났는데, 앞에서 언급했듯이, 현대영어의 3인칭복수 인칭대명사 they, their, them의 th-형태는 스칸디나비아 차용이었다. 또한 전치사 till 'to'과 접속사 though(OE þeah를 대치함)도 스칸디나비아 차용이다. be동사의 복수현재 형태도 고대영어에서는 s로 시작하며(OE sind(on)/sint), 현대의 are는 스칸디나비아 차용이다. 이러한 범주의 차용이 일어난 것을 보면 영국민과 스칸디나비아 사람들이 사회문화적으로 상호 밀접한 관계를 맺고 살았음을 시사한다.

(3) 라틴 차용어

라틴어는 앵글로색슨인이 기독교로 개종한 고대영어시기부터 교회와 학문의 언어로 사용되었다. 이러한 상황은 중세영어시기에도 지속되었다. 많은 라틴 차용어들이 직접 혹은 불어를 경유하여 영어에 유입되었다. 불어와 스칸디나비아 차용은 일상적 접촉을 통해 영어의 구어(일상어휘)에도 영향을 주었던 반면, 불어를 경유하지 않고 라틴어로부터 직접 차용된 어휘들은 라틴어로 된 작품들의 번역을 통해 들어온 문어체의 학식 있는 어휘이거나, 라틴어가 교회의 공식 언어로 사용됨으로 인해 사용된 종교 용어에 치중된 경향이 있다. 물론 라틴어가 성직자들과 학자들 사이에서는 말로서도 사용되었기 때문에 소수의 어휘들은 일상어휘로 유입되기도 하였다. 그러나 문학이나 신학을 통하여 들어온 어휘와 비교하면 그 수는 매우 적다.

중세영어시기에 들어온 라틴 차용어 가운데 문학이나 학문 분야에 관련된 어휘로는 adjacent, allegory, comprehend, explicit, formal, frustrate, genius, history, immune, index, inferior, intellect, lucrative, lunatic, magnify, major, mechanical, moderate, necessary, prosody, private, rational, reject, remit, scrutiny, solar, spacious, solitary, temperate, temporal, tract, ulcer, zenith, zephyr 등이 있다. 또한 법률과 행정 분야에서도 불어와 더불어 라틴어 차용어가 사용되기도 하였는데, arbitrator, client, confederate, homicide, legal, legitimate, memorandum, proviso, prima facie, testify 등이 있다. 교회와 관련된 어휘로는 apocalypse, dirge, limbo, psalm, purgatory, requiem, rosary, scripture 등이 있다.

(4) 기타 차용어

지금까지 살펴본 주요 세 언어 외에도 중세영어에는 다른 언어로부터 차용이 이루어진다. 켈트인들은 영국의 초기 역사에서 중요한 한 축을 담당한 민족이었지만, 이들로부터 차용한 영어어휘의 수는 항상 적었다. 중세영어시기에 처음 기록된 켈트 차용어로는, bard, clan, crag, glen, loch 가 있다. 정확하지는 않지만 켈트어에서 유입된 것으로 추정되는 또 다른 어휘로는 bald, bray, bug, gull, hog, loop이 있다. 일부는 일찍이 불어로 차용된 후 불어를 통하여 간접적으로 들어온 어휘가 있는데, car, change, garter, mutton, socket, vassal이 있다.

중세영어시기에는 그리스 학문의 유입이 거의 없었으므로 그리스어로부터의 직접적인 차용은 거의 없다. 다만 불어나 라틴어를 통하여 간접적으로 들어온 어휘로는 center, chronicle, cinnamon, diaper, diet, harmony, lyre, squirrel 등과(이상은 불어 경유), aristocracy, chaos, comedy, cycle, drama, epoch, philosophy, paradigm, physic, synod, theory 등(이상 라틴어 경유)이 있다.

중세영어 후기에 영국은 북해연안의 벨기에와 네덜란드와 양모무역이 크게 늘게 된다. 이로 인하여 수 십 개의 네덜란드어와 저지 독일어(Low German) 어휘가 영어에 유입된다. 이 어휘들 중에는 해양과 관련된 halibut, pump, shore, skipper, whiting과 상품의 포장 및 용기와 관련된 bundle, bung, cork, dowel, firkin, tub이 있다. 또한 (양모) 무역과 관련된

trade, huckster, nap (of cloth), selvage가 있고, 그 외 clock, damp, luck, speckle, wriggle 등이 있다.

중세영어시기에 유럽은 십자군원정을 통하여 이슬람국가와 접촉하였다. 이로 인하여 아랍어(Arabic)와 페르시아어(Persian) 어휘들이 유럽언어들로 유입되었다. 영어는 이들 언어로부터 직접 차용한 경우는 없고, 불어나 라틴어를 통하여 간접적으로 빌려왔는데, alkali, amber, azimuth, cipher, cotton, ream, saffron, sugar, zenith는 궁극적으로 아랍어로부터 온 것이고, borax, lemon, mummy, musk, spinach, taffeta는 페르시아어로부터 온 것이다. 불어나 라틴어를 통해 궁극적으로 히브리어(Hebrew)에서 온 어휘로는 jubilee, leviathan, cider가 있다. 또한 중세영어는 불어를 통해 슬라브어(Slavic)에서 sable을, 헝가리어(Hungarian)에서 coach를 받아들였다.

3. 어형성

지금까지 우리는 중세영어시기에 새로운 단어가 발생되는 방법으로 외래어 차용을 살펴보았다. 수천 개에 해당하는 이러한 외래어의 차용에도 불구하고, 기존 요소로부터 새로운 단어를 만드는 방법, 즉 어형성(word formation) 방식은 여전히 과거의 전통을 따랐다. 중세영어의 어형성 방식은, 고대영어에서와 같이, 크게 합성법(compounding)과 접사 첨가(affixation)가 있으며, 차용된 새 단어들은 이러한 어형성에 새로운 자원이 되었다. 그러나 절단법(clipping), 역형성(back formation), 혼합법(blending) 같은 새로운 어형성 방식도 이 시기에 생겨났다.

(1) 합성법

합성법이란 현대영어의 postoffice와 같이 post와 office라는 2개의 독립된 단어, 즉 2개의 자립형태소(free morpheme)를 결합하여 새로운 단어를 만드는 방식이다. 이렇게 만들어진 단어를 합성어(compound)라고 한다. 이때, 합성어의 핵어(head)는 대체로 두 번째 요소로서, 의미결합에서 더 핵심적 역할을 할뿐만 아니라 합성어 전체의 문법적 특징이 두 번째 요소의 문법적 특징에 의해 결정되는 경우가 많다. 예를 들어, blackboard의 품사는 두 번째 요소 board에 의해 명사로 결정된다.

그러나 합성 요소 사이에 의미결합이 명확하지 않아서 어떤 것이 핵어인지 분명하지 않은 경우도 있다. 예를 들어, 15세기에 사용된 burnwater는 '대장장이, 세공인(smith)'란 뜻을 지녔는데, 그 뜻을 각각의 요소로부터 추정할 수 없는 외심합성어(exocentric compound)이다(Burnley 1992: 443). 이것이 가능한 이유는 일단 합성이 일어난 후 어휘화(lexicalization)를 겪으면서 새로운 의미가 추가되기 때문이다(김혜리 2011: 70). 비슷한 예가 14세기 초부터 발견된다: trail-bastoun 'perpetrator of violent and organized crime'(1305), spurnwater(1347), spilltime(1362), cutpurse(1350), pinchpenny(1412), wantwit(1448). 또한 계사합성어(copulative compound)도 핵어가 명확하지 않다. 계사합성어란 합성된 두 요소가 동등하게 지시대상(referent)을 지칭하는 것으로서, bitter-sweet(1386년 처음 기록됨)과 같은 예이다. 이러한 예로는 「오르물룸」의 kayserr-kinng 'kaiser-king', 「선과 악(Vices and Virtues)」의 stane-roche 'stone-rock', 「브루트」의 gleo-drem 'gree-dream, the playing or sound of music' driht-folk 'army'가 있다.

고대영어에서는 합성어가 특히 시(詩)에서 많이 사용되었는데, 고대영시에서 사용되는 은유적 합성어를 케닝(kenning)이라 부른다(김혜리 2011: 73). 시적 도구로서의 합성법은 중세영어에 들어와서는 급격히 감소한다. Carr(1939)의 조사에 따르면, 고대영시 「베어울프(Beowulf)」에서는 1,069개의 합성어가 사용되었고 이중에 22%만 반복되었던 반면, 그보다 10배나 더 긴 중세영어 초엽(1200년경)의 영시 라야먼(Laȝamon)의 「브루트」에서는 단지 800개의 합성어만 사용되었다. 고대영어 산문에서도 합성어는 널리 사용되었는데, 이러한 전통은 중세영어 산문에서도 지속되었다(Burnley 1992: 441).

중세영어에 들어와 발생한 굴절의 소실(제4, 5장 참조)과 이로 인해 용이해진 기능전환(functional shift)으로 이제 합성어의 품사를 결정하기가 어려워졌다. 예를 들어, windfall이란 합성어는 명사(N)+명사(N)로서 '바람에 의해 쓰러진 것(a fall caused by the wind)'이란 명사의 뜻으로도 쓰이고, 또한 명사(N)+동사(V)사로서 '바람이 쓰러뜨리다(the wind makes it fall)'라는 동사의 뜻으로도 쓰이게 된다(Millward 1996: 202). 고대영어와 마찬가지로 중세영어도 명사 합성어가 가장 많다. 특히 N+N의 구조가 가장 흔하다. Sauer(1985)의 조사에 따르면, 「브루트」에서 N+N 구조가 268개 사용되었는데, 그 가운데 138개는 새로 만들어진 단어였다.

다음은 중세영어에서 사용된 합성어로서 현대영어까지 생존하고 있는 것들을 예시한 것이다. 이 가운데 V+N과 N+V는 중세영어에 들어와서 새롭게 만들어진 구조이다.

1) N + N = N

bagpipe, bedchamber, birthday, bloodhound, cheesecake, mankind, nightmare, schoolmaster, swordfish, toadstool, wheelbarrow

2) A + N = N

blackberry, blackboard, commonwealth, grandfather, highroad, quicksand, shortbread, sweetheart, wildfire

3) Ad/P[10] + N = N

afternoon, insight, upland

4) V + N = N

hangman, pastime, whirlwind

5) N + A/Participle = A

blood-red, coal-black, headstrong, honey-sweet, threadbare, book-learned, moss-grown, moth-eaten, wind-driven, woe-begone

6) A + A = A

brown-blue, fool-hardy, icy-cold, light-green, lukewarm, red-hot

7) Ad + A/Participle = A

---

[10] after, in, over 등은 부사와 전치사의 경계가 불확실하기 때문에 Ad/P로 표시하였다.

overlarge, well-beloved, well-done, well-faring

8) Ad/P + V = V

outcast, outcome, outline, overturn, overshoot, uphold, upset, underwrite

9) N + V = V (N)

nosebleed, sunshine

중세영어에 들어와서 Ad+V의 합성어와 함께 [V … Ad] 형식의 구(phrase)가 나타나기 시작한다. 고대영어의 합성어 bifallen은 중세영어에서 fall by(1325)로 나타나며, outfare(1150)와 fare out(1393), outflee(1325)와 flee out(1300), outleap(1375)과 leap out(1398), overlook(1400년경)과 look over(1400년경)가 중세영어시기에 공존한다. 이러한 구동사(phrasal verb)의 등장으로 15세기가 지나면 합성동사는 점차 비생산적이게 된다.

불어나 라틴어에서 들여온 차용어 가운데 합성어나 구(phrase)가 상당수 포함되어 있었다. 이 가운데 일부는 영어에 도입된 후 한 개의 단위로 취급되기도 하였다. 예를 들어, 불어의 porc espin 'spiny pig'는 porcupine이 되었고, 라틴어의 dies mali 'evil days'는 dismal이 되었다(Millward 1996: 203).

(2) 접사 첨가

의미를 지니는 최소단위인 형태소(morpheme)는 단어로 독립할 수 있는 자립형태소와 그렇지 못한 의존형태소(bound morpheme)로 나뉜다. 예를 들어, 현대영어 unkind에서 kind는 자립형태소이고 un-의 의존형태소이다. 의존 형태소가 어간(stem)의 앞이나 뒤에 첨가되어 새로운 단어를 만들거나 문법적 기능을 변모시키는 것을 접사첨가(affixation)라고 한다. 접사는 다시 그 위치에 따라 나뉘는데, 어간 앞에 나타나는 접사를 접두사(prefix)라 하고, 어간 뒤에 나타나는 접사를 접미사(suffix)라 한다. 또한 접사가 첨가되면서 단어의 의미나 품사를 변화시키는 접사(가령, un-kind, kind-ness에서 un-과 -ness)를 파생접사(derivational affix)라 하고, 이런 방식으로 새로운 단어를 만들어내는 과정을 파생(derivation)이라고 한다. 현대영어와 마찬가지로 중세영어의 파생접사는 접두사일 수도 접미사일 수도 있다. 파생접사와 달리, 수(number), 격(case), 인칭(person), 시제(tense), 시상(aspect), 법(mood), 비교(comparison)와 같은 문법적 기능만을 변화시키는 것을 굴절(inflection)이라고 한다. 현대영어의 복수 접미사 -s, 소유격의 -'s, 3인칭단수현재형의 -s, 과거시제 -ed, 완료시상(과거분사)의 -en, 진행시상의 -ing, 비교의 -er, -est가 여기에 속한다. 현대영어처럼, 중세영어의 굴절접사(inflectional affix)도 모두 접미사이다. 굴절접사는 문법적 기능만을 변모시키기 때문에 새로운 어휘가 만들어지는 것은 아니므로 보통 문법을 설명할 때 다룬다. 따라서 앞으로 소개할 중세영어의 접두사와 접미사는 모두 파생접사이다.

중세영어시기에도 접사 첨가는 여전히 새로운 단어를 만드는 주된 어형성 방법이었다. 고대영어 접두사들 가운데 æ- 'away', and- 'against', ed- 'again, back'(불어에서 차용된 re-로 대체됨), sam- 'half', sin- 'excessive' 등은 빠르게 사라져갔다. a-, be-, for-, to-, ge-, ymb- 'around', wiþ- 등의 고대영어 접두사들은 고대영어에서 계승된 단어들에 포함되어 중세영어 초에서는 여전히 널리 사용되었으나 점점 비생산적이게 되었다.

중세영어에서도 여전히 생산적으로 사용되는 고대영어 접두사들은 의미가 바뀌거나 결합규칙이 바뀌었다. 예를 들어, un-은 고대영어에서 형용사나 동사와 결합하여 '반대'의 뜻을 지니는 것 외에도, 명사나 형용사와 결합하여 '나쁜(evil, badly)'의 뜻을 지녔었는데(김혜리 2011: 78 참조), 후자의 기능은 중세영어에 와서 생산성을 상실한다. 반면에 동사어간과 결합하는 un-close와 같은 용례는 더 늘어난다. 불어와 라틴어에서 온 in-과의 혼동으로 인해 14세기부터 un-은 특히 불어에서 온 접미사 -able을 가진 형용사(예를 들어, unknowable (1374))에서 매우 생산적으로 사용된다(Marchand 1969: 230). 또한 고대영어의 mis-는 불어의 mes-와 합병되어 더 강화된다. 그리하여 중세영어는 mis-로 시작하는 동사와 여기에서 파생된 명사가 상당히 많다.

불어나 라틴어로부터 차용된 접두사들은 중세영어 후기에 들어와서 많이 나타난다. de-와 dis-는 13세기 후반에 차용단어에서 쓰였지만, 이 접두사가 토착 어휘들과 결합하여 사용된 것은 15세기 초반이다. 마찬가지로, re-, sub-, super-, mal-도 14세기 후반과 15세기 초반에 로망스 언어들의 어간과 결합하여 사용되었으나, 더 생산적으로 사용된 것은 중세영어시기가 끝난 후 르네상스 시대였다. 또한 en-은 위클리프의 글에 처음 사용되었는데, 토착 어간과 결합된 것은 15세기에 기록된 enthrallen(1447)이다(Burnley 1992: 447).

접두사에 비해 접미사는 토착적 요소를 더 잘 보존하였다. 고대영어의 접미사의 약 4분의 3이 중세영어시기에 나타나며, 외래 차용어와 자유롭게 결합하였다. 그러나 이들 중 상당수는 의미나 기능이 바뀌었다. 예를 들어, 고대영어에서 추상명사를 형용사로 전환시켰던 접미사 -ful은 이제 forgetful(1382), weariful(1454) 같이 동사와 결합하여 형용사를 만드는 기능을 추가하였다. 고대영어에서 민족의 이름(den-isc 'Danish')이나 사람의 유형(cild-isc 'childish')을 나타내는 뜻으로 사용되었던 -ish는 중세영어에서도 계속 그러한 뜻으로 사용되었으나(예를 들어, womman-isshe (Chaucer)), 14세기 후반에 색깔명과 결합하는 기능을 추가하였다 (yellowish(1379), greenish(1384), reddish(1398), 등등). 접두사 -ed는 명사와 결합하여 '~가 제공된'이란 뜻으로 계속 사용되었으나, 중세영어에 와서 well-과 결합하는 형태가 생산적으로 사용된다(well-weaponed(1250), well-boned(1297), well-lettered(1303)). 이것은 스칸디나비아 언어에서 차용된 ill-과 결합된 어휘들과 짝을 이루었다(ill-tongued(1400)). 이것이 생산적으로 사용되는 것은 더 이후 시기이므로(Finkenstaedt and Wolff 1973: 135), ill-이 본래 자립형태소였다가 접두사로 변모하는 것은 현대영어시기라고 할 수 있다.

다음은 중세영어 접사들 중에 일부로서, *Middle English Dictionary* (MED)를 조사한 것이다.

1) 접두사

고대영어에서 계승된 토착 접두사로는 a-, be-/bi-, for, i-/y-, in-, mis-, to-, un-, with- 등이 있고, 불어나 라틴어에서 차용된 새로운 접두사로는 a-, arche-, co-, countre-, de-, dis-, en-, entre-, for-, in-, mal-, re-, semi-, sub-, super-, trans- 등이 있다. 이 가운데 a-, for-, in-은 토착어와 외래어 둘 다에서 유래하였다.[11]

---

[11] for-, to-, with- 등은 이 시대에 전치사라는 독립된 어휘로도 존재할 수 있었다. 따라서 이것들이 포함된 어형성을 접사 첨가로 취급할지 아니면 합성법으로 취급할지 결정하기 어렵다. 앞에서 합성법으로 취급한 after-, over- 등도 마찬가지이

a-[1] (토착 접두사)

(a) 동사에 사용될 때: 특별한 의미추가 없음

① (< OE a-): abiden 'to abide', abreken 'to break to pieces', afallen 'to fall', arisen 'to arise'

② (< OE on-/an-): abiden 'to abide' (an-biden도 가능), aknouen 'to know' (on-knaun도 가능)

(b) 부사 (< OE on-/an-, 혹은 of-): 명사, 형용사, 부사 → 부사 전환 abedde 'to bed', aclokke 'o'clock', afire 'afire', agame 'in jest, playfully', alive 'alive', aslepe 'asleep', awei 'away', afer 'afar', alude 'aloud'

a-[2] (차용 접두사)

(a) 동사와 동사성 명사

① (< OF a-, 궁극적으로 L ad-, ac-, at-): adressen 'to guide, arrange', afaiten 'to shape, educate', a(d)vocat(< a(d)-vocat) 'advocate', awaiten 'to await'

② (< AF an-, cf. CF en-): abushen 'conceal oneself', abushment 'ambush', adaunten 'conquer'

③ (< AF as-, cf. CF es-, 궁극적으로 L ex-): acheten (cf. es-cheten) 'to confiscate', a(f)-forcen 'to force, attempt'

④ (< OF e-, 궁극적으로 L e-에서 왔거나 어두 st 앞에서 새로 발전됨): astoren (=storen) 'to store', astraied 'away from home', avanisshen (=vanisshen) 'to vanish'

다. 대체로 전치사의 의미를 많이 반영하는 경우 합성법으로 보고, 그렇지 않은 경우 순수접두사로 보는 것이 한 가지 기준이 될 수 있다. 그런 의미에서, in-[2] 'not'는 순수접두사로 보지만, in-[1] 'in'은 합성법으로 볼 여지가 있다.

⑤ (< L a-, 궁극적으로 ad-): ascenden 'to ascend', ascriben 'to ascribe', aspiren 'to aspire, inspire'

(b) 부사 (< OF 전치사 a)

abelef 'obliquely', afine 'fully, well', agref 'angrily', apart(ie) 'apart'

arch(e)- 'arch-' (L < G archi)

archangel 'archangel', archebishop 'archbishop', archewif 'dominating woman, virago', archeprest 'chief priest, dean'

be-/bi- (< OE be-, bi- (cf. Goth. bi-))

(a) 자동사 → 타동사 전환(의미강화, 완성의 의미를 지님)

① 고대영어에서 계승된 어휘: bilaughen 'to laugh about', bisitten 'to beset, besiege', bispeken 'to speak out'

② 중세영어에서 새로 형성된 어휘(즉 신조어): beberken 'to barl at', bigilten 'to make guilty', biwailen 'to lament'

(b) 타동사 → 타동사 전환(의미강화, 완성의 의미)

① 고대영어 계승: beburien 'to bury', begripen 'to seize', beholden 'to behold'

② 중세영어 신조어: bebedden 'to provide with a bed', bicallen 'to accuse', behaven 'to behave'

(c) 고대영어에서 계승된 자동사에서

bicomen 'to arrive, become', bifallen 'to fall', biginnen 'to begin'

(d) 명사 → 타동사 전환

① 고대영어 계승: biheveden 'to behead'

② 중세영어 신조어: biflaumen 'to fill with flames', bihirnen 'to put into a corner', bismoken 'to treat with smoke'
(e) 형용사 → 타동사 전환
  befulen 'to befoul', benicen 'to make a fool of'
(f) 과거분사와 함께
  bideled 'bereft', bedust 'covered with dust', bihated 'hated', biloved 'beloved'
(g) 행위(action)명사나 행위자(agent)명사와 함께
① 고대영어 계승: bebod 'command', biheste 'pledge', bihove 'duty'
② 중세영어 신조어: bigiler 'beguiler', biginninge 'beginning', biquste 'bequest, testament'

co- (< OF co-, L co- < L com-)
  co-accioun 'coersion', co-arten 'compress', co-equal 'equal', co-heir 'a joint heir'

countre- 'counter-' (< OF countre)
  countrepaie 'repayment', countreseien 'to contradict', countrevaillen 'to be equal in value'

de- (< OF de- (일부는 OF de- < des-), L de-)
(a) '하락, 결핍, 반대'의 의미
  declinen 'to decline', deceit 'deceit', destruccioun 'destruction'
(b) 특별한 뜻 없음(어간이 단독 어휘로 중세영어에 존재하지 않음)
  debat 'debate', deciden 'to decide', delaien 'to delay'

dis- (< OF des-/dis-, L dis-)

동사나 동사성 명사나 형용사와 결합한다.

(a) '반대'의 의미

disavauntage 'disadvantage', discomfort 'discomfort', displesen 'to displease'

(b) 특별한 뜻 없음(어간이 단독 어휘로 중세영어에 존재하지 않음)

discret 'discreet, prudent', discussen 'to examine, determine', disputacioun 'dispute'

en- (< OF en-, L in-)

동사와 동사에서 파생된 행위(자) 명사 등에 사용되는 접두사[12]

(a) 불어 차용어:

(-tend- 어간) entenden 'to intend, attend', entendaunce 'attention', entendement 'judgement, meaning', entendaunt 'dilegent, attentive', entendable 'zealous'; (-chaunt- 어간) enchaunten 'to enchant', enchauntement, enchaunterie 'enchantment', enchauntur 'enchanter', enchaunteresse 'enchantress'

---

[12] 고대불어(OF)에서 en- (cf. L in-)의 주된 기능은 명사나 형용사를 동사로 전환하는 기능이다. 이때 생성된 동사는 주로 타동사이며 가끔 강조의 의미를 지니기도 한다. 중세영어는 고대불어에서 이런 동사와 함께, 동사에서 파생된 행위명사나 행위자 명사들을 차용하였다. 전문용어의 경우, 라틴어에서 직접 차용한 in-이 중세영어에서 사용되기도 한다(가령, entente (< OF)와 intente (< L) 'intention'). 중세영어에서 en-과 in- 사이의 철자변이는 상당히 빈번하다. 또한 고대불어의 en-은 es- (L ex-)나 as- (L as-/ad-)와 비슷한 의미를 지녔다. 이것으로 인해 중세영어의 as-semblen과 en-semblen 'assemble, congregate', as-senten과 en-senten 'assent'은 각각 비슷한 뜻이다. 그러나 en-이 형태적으로 es-와 as-와 구별되므로 보통 다른 항목으로 취급하는 것이 일반적이다.

(b) 중세영어 신조어:

enthrallen 'to enthrall', enhangen 'to hang', enneuen 'to renew'

entre-/enter- 'inter-' (< OF entre-, L inter-)
동사, 행위명사, 행위자 명사를 만드는 접두사로서 불어 차용어를 통해 들어왔다. 본래 'between, among'의 뜻이었으나 명확하지 않은 경우가 있다(라틴 형태인 inter-가 변이철자로 사용되기도 함).

enterchaungen 'to interchange, exchange', enterditen 'to forbid', entercours 'trade'

for-[1] (< OE for-)
동사와 일부 형용사, 명사에 첨가되는 접두사로서, 고대영어에서 계승된 어휘 외에도 중세영어에서 새로이 형성된 어휘도 있다.

(a) 행위의 완료 혹은 의미강화

(동사) forbreken 'to break up', forleten 'to forsake, give up', forwepen 'to weep hard', forwunden 'to wound, injure', foryeven 'to forgive, give up, grant'; (형용사) for-cold 'very cold'

(b) 행위의 악화나 실패의 함축

(동사) fordon 'to ruin, destroy', forfaren 'to go astray, ruin', forleden 'to mislead', forworthen 'to degenerate, spoil', foryeten 'to forget, neglect'; (형용사) forcouth 'infamous, wicked'; (명사) forwird 'perdition, destruction'

for-[2] (< OF for < L foris 'out-of-doors, abroad')

불어에서 차용된 어휘에 사용되며, 의미상 토착어휘와 부분적으로 유사하다.

forjuggen (< OF for-jugier) 'to condemn, convict, banish', forlancen (< OF for-lancer) 'to throw out', forloinen (< OF for-loignier) 'to forsake, stray from'

i-/y- (< OE ge-)

고대영어에서 계승된 접두사로서 다양한 의미를 지닌다. 고대영어에 기원을 둔 어휘에 많이 발견되지만, 가끔 중세영어에서 새로 형성된 어휘도 있다. 명사로 사용된 것은 1300년경 이후 드물어지며, 동사의 경우도 1300년 이후에는 과거분사에 한정된다.

(a) 명사, 형용사, 부사

(명사) ibedde 'spouse', ibird 'state, condition', ibrotheren '(half) brother'; iborenesse 'birth', ibridde 'young birds'; (형용사) idafenlich 'proper, fit', ilich 'alike', inough 'enough'; (과거분사, 형용사) idref 'disturbed'; (부사) iliche 'in like manner', inough 'enough', iwis 'indeed', ifere 'together, each other'

(b) 동사, 과거분사, 동명사

(동사) ibeten 'to relieve, repair', icomen 'to come, arrive', ifallen 'to fall dead, happen'; icallen 'to call', icoveren 'to win'; (과거분사) iboned 'adorned', ibrested 'carved', icaved 'excavated', iginned 'devised, formed', isided 'carved into sides'; (동명사) iendinge 'end of existence, death', iernunge 'merit, desert'

in-[1] 'in' (< OE in-)

[라틴어나 불어 차용어일 때는 im-, jm-, em-, am-, il-, ir-]

명사, 형용사, 부사, 동사, 동명사, 분사, 전치사에 사용되며, 고대영어에서 유래한 어휘와 라틴어나 불어에서 차용된 어휘에 동시에 사용되었고, 중세영어에 새로이 형성된 어휘도 있다.

(a) 고대영어 토착어휘

(명사) inborgh 'a sponsor at baptism', ingang 'entrance'; (형용사, 부사) inmost 'intimate', inward 'inward'; (동사) inbringen 'to lead, introduce', incomen 'to enter'; (동명사) inbringinge 'introduction', inwritinge 'inscription on a coin'; (분사) indight 'dressed in', indon 'put in'; (전치사) into 'into', inwith 'within'

(b) 라틴어/불어 차용어

(명사) illuminacioun 'illumination', illusioun 'illusion', induccioun 'induction', inhabitantes 'inhabitants'; (형용사) implete 'full, fillied', (분사) inductif 'inducing'; (동사) illuminen 'to enlighten', implien 'to infold, imply', irriten 'to provoke, irritate'

in-[2] 'not' (< OF/L in- 'not')

[(l 앞에) il-, (b, m, p 앞에) im-, (r 앞에) ir-, (gn 앞에) i-]

부정(negative)의 의미로 형용사와 형용사에서 파생된 명사와 부사, 그리고 동사와 동사에서 파생된 분사와 동명사에 사용된다. 라틴어와 불어에서 차용된 어휘에 나타나며, 중세영어에서 새로 형성된 어휘도 있다. 가끔은 un-이 사용되는 어휘에 un-을 대체하여 쓰인 경우도 있다 (improfitable 'unprofitable', indue 'undue', indoubted 'undoubted' 등)

(a) 라틴어/불어 차용어

(형용사) illiterate 'illiterate', immaculate 'immaculate', indigne 'unworthy'; (명사) ignoraunce 'ignorance', imbecilite 'withness', impotence 'impotence', imprudence 'imprudence'; (동사) improvise 'improvise', infamen 'to humiliate'

(b) 중세영어 신조어

① 어간이 라틴어/불어 기원: (형용사) imperciable 'impenetrable', insapient 'lacking knowledge or wisdom'; (명사) improvisioun 'improvision', inremembraunce 'forgetfulness'; (부사) impertinentli 'impertinently', indirectli 'indirectly'; (분사) inaccording 'not proportionate'

② 어간이 고대영어 기원: inleful 'illegal, unlawful', inmethe 'ungentle, rough', inruide 'cruel', inunderstondable 'ununderstandable'

mal-/male- (< OF mal-, male-, L male-)

'bad, evil'의 뜻으로, 불어나 라틴어 차용 명사나 형용사(드물게 동사)에 주로 나타난다. 중세영어 신조어는 소수이다.

(a) 불어 차용어

(명사) maleaventure 'misfortune, misconduct', malecheif 'bad luck', maltalent 'ill will, anger'; (형용사) alapert 'impudent, shameless', maleureux 'unfortunate, unhappy'; (동사) malasen 'to trouble, distress'

(b) 라틴 차용어

maledighten 'to curse', malefactour 'criminal, malefactor'

(c) 중세영어 신조어

malatente 'ill will, unfavorable attitude', malefactif 'doing evil'

mis- (< OE mis-)

대부분 'evil(ly)', bad(ly), painful(ly)' 등 악화된 의미(pejorative meanings)를 지니지만, 특별한 의미가 없거나 강화된 의미만을 지니는 경우(가령, misdreden 'to be afraid', misgilt 'sin', misgreven 'to grieve')도 있다. 대부분 고대영어에 기원을 둔 어휘에 나타나지만, 스칸디나비아나 불어의 차용어에도 나타난다.

(a) 고대영어 계승

(명사) misdede 'misdeed, crime', mislore 'evil persuasion'; (동사) misbeden 'to abuse, insult', misdon 'to do wrong, transgress', mismaken 'to misuse'; (분사) misboren 'born with congenital defects'

(b) 스칸디나비아 차용어

mistaken 'to make a mistake', mistrouen 'to distrust'

(c) 불어 차용어

(명사) misaventure 'mishap', mischef 'misfortune'; (형용사) mischevous 'miserable', misese 'miserable'; (동사) miscounten 'to miscalculate', misplesen 'to displease'

(d) 중세영어 신조어

(명사) misbileve 'false religion', misfortune, misgilt 'sin'; (동사) misansweren 'to answer impolitely', misdeparten 'to distritute (wealth) unfairly'; (분사) misbehaving, misfoundinge 'mistaken judgement', miscroked 'crooked, deformed', misdeformed 'deformed', misframed 'misconstructed'

re- (< L re-, OF re-)

동사(혹은 동사에서 파생된 품사)와 결합하여 'back from, back to, again, against' 등의 뜻을 지닌다.

(a) 라틴/불어 차용어

rebouten 'to rebuke', retorte 'reversed in direction', reducen 'to restore', reboilen 'to ferment a second time', rebel 'rebel, rebellious'

(b) 중세영어 신조어

① 라틴어와 불어에서 유래한 어간과 결합(대부분 'again'의 뜻):
rebaptisatour 'one who rebaptize', recarien 'to transport back again', remollifien 'to soften (hardness)', revisible 'visible again'

② 고대영어나 고대노르웨이어에서 유래한 어간과 결합 (부정적 의미나 'again'의 뜻): rehelmen 'to divest (someone) of a helmet'; recairen 'to go back on a commitment, promise', rehaving 'regaining'

semi- (< L semi-)

'half'란 뜻의 접두사

(a) 라틴어(혹은 라틴어에서 불어를 경유한) 차용어

semibrefe 'semibreve', semidiametre 'radius of a circle, semidiameter', semicirculer 'semicircular'

(b) 중세영어 신조어

semicope 'short cloak', semisoun 'slight or soft sound', semibousi 'half-drunk'

sub- (< L sub-, OF sus-, suz-)

[(모음 앞) subb-, (자음 앞) su-, (p, s, t 앞) sup-, (s 앞) sope-, (c 앞) suc-, (f 앞) suf-, (g 앞) sug-, (m 앞) sum-, (r 앞) sur- 등 가능] 주로 라틴어(가끔 불어) 차용 어휘에 사용되는 접두사로서, 'subordinate in rank, below, near' 등의 다양한 의미를 지닌다.

(a) 라틴어/불어 차용어

　　subcollector 'deputy collector of taxes', subdite 'under the rule, subject', suffumigaten 'to suffumigate', suburban, subsequent

(b) 중세영어 신조어

　　subchauntres 'nun who assists the precentor of a convent', subden 'subdean', subscriven 'to subscribe'

super- (< L super-, OF super-)

(a) 주로 라틴어(가끔 불어) 차용어휘의 접두사로서 'over, above, exceedingly'의 뜻을 지닌다.

　　superaltar(e) 'superaltar', supercilie 'eyebrow', supernatural 'supernatural', superaboundaunt 'exceedingly abundant', superplusage 'excess, surplus'

(b) 중세영어 신조어

　　supercelestial 'supercelestial', superegression 'process of going too far', supersuffrable 'extremely long-suffering'

trans-/tran-/tra- (< L trans-/tran-/tra-, OF trans-/tran-/tra-)

'across, over'의 뜻으로 라틴어와 불어에서 차용된 70여개의 어휘에서 사용된 접두사

　　tradicioun 'tradition', trajectorie 'funnel used to suffumigate the ear (> trajectory)', transcript 'transcript', transfiguraten 'to transform the appearance of, transfigure', transitori(e), 'transitory'

umb(e)- (< OE ymb(e)-)

'around, enveloping, about'의 뜻으로 40여개의 중세영어 어휘에서 나타난다. 다수가 고대영어에서 계승된 어휘에서 나타나지만, 일부는 중세영어에서 새로 발견되며 모두 게르만 어간과 결합한 것이다.

umbeclappen 'to enfold', umbesen 'to take heed', umbeweven 'to wrap, cover', umbeseien 'to speak about', umbhoue 'care, worry'

un- (< OE un-)

고대영어뿐만 아니라 중세영어에서도 매우 생산적 접두사였으며, 토착어휘뿐 아니라 라틴어, 불어, 스칸디나비아 어휘와도 새로이 결합하기도 함.

(a) 부정('not')의 'un-' (주로 형용사(부사)와, 일부 명사/동사와 결합) (형용사) uncomplete 'incomplete', ungracious; (부사) unethe 'unreadily'; (명사) unfeith 'infidelity'; (동사) unbitden 'to fail to happen', unlasten 'to fail to last'; (분사) unbiddende 'not praying', unborn(e) 'unborn'; (동명사) unbehaving 'poor behavior'

(b) 'evil, bad'의 뜻 (주로 명사, 형용사와 결합)

(명사) unlaue 'wrongdoing, injustice', unred 'bad counsel', untheu 'evil habit, sin', ungod 'evil'

(c) 'undo'의 뜻 (주로 동사와 결합)

(동사) unclenchen 'to unfasten (bars)', undien 'to reverse the process of dyeing, undye', unpreven 'to disapprove of, reject', unyoken 'to unharness (oxen)'

with- (< OE wiþ-)

100여개의 어휘에서 사용되며, 고대영어에서 계승된 어휘도 있고 중세영어에서 새로 형성된 어휘도 있다. 그중 과반이 동사이며, 그 외 동사에서 전성된 명사, 부사, 전치사, 형용사(1개), 접속사(1개)에서도 발견된다. 의미상 크게 3가지로 분류된다.

(a) 'in opposition, against'의 의미

(동사) withnaien 'to refuse', withreden 'to speak against, oppose'; (명사) withsetting(e) 'obstruction, obstacle', withbraid 'reproach'

(b) 'away, back'의 의미

(동사) withbouen 'to avoid, turn away from', withdrauen 'to move away, withdraw', withholden 'to restrain, withhold'; (명사) withdraught 'withdrawal'

(c) 'together, in company'의 의미

(동사) withberen 'to bring in, gather in', withdon 'to deal with, treat', withlaughen 'to laugh in company, laugh along'; (명사) withheire 'co-heir'

2) 접미사

고대영어에서 계승된 토착 접미사들로는 -ed, -en, -er, -ful, -i, -ing, -ish,

-ly, -ness, -some, -ward가 있고, 불어나 라틴어에서 차용된 새로운 접미사로는 -able, -age, -al, -arie, -ance, -ant, -erie, -ive, -ist, -ion, -ious, -ity, -ment, -our이 있다.

-able (< OF -able (< L -abilis))

(a) 불어(라틴어) 차용어

① 타동사 → 수동의 뜻('fit to be ~ed')의 형용사로 전환: acceptable 'acceptable', blamable 'blamable', chaungeable 'changeable', honorable 'honorable'

② 동사 → 능동의 뜻('capable of ~ing')의 형용사 전환: comfortable 'comfortable', deceivable 'deceivable', enheritable 'inheritable'

③ 명사 → 형용사 전환: charitable 'charitable', favorable 'favorable', resounable 'reasonable', serviceable 'serviceable'

(b) 중세영어 신조어

① 타동사 → 수동의 뜻의 형용사 전환: bilevable 'believable', erable 'arable' (cf. OF ar-able, L ar-abilis), etable 'edible' (cf L ed-ibilis), findable 'findable', singable 'singable' (cf. L cant-abilis)

② 동사 → 능동의 뜻의 형용사 전환: fillable 'fillable', forberable 'forbearing, lenient'

③ 명사 → 형용사 전환: pesable 'well-considered' (cf. OF pais-ible)

-age (OF -age (< L -aticum))

(a) 불어 차용어로서 '상태, 행위, 집단, 구체적 대상'의 의미를 지님 (상태) avauntage 'advantage', courage 'courage', servage 'servage', spousage 'marriage'; (행위) pilgrimage 'pilgrimage', viage 'journey of adventure'; (집단) baggage 'baggage', perage 'peerage'; (구체적 대상) vicarage 'vicarage', village 'village'

(b) 토착어간에 사용되며 '소유, 부담, 책임'의 의미를 지니며 법률분야에서 주로 사용됨

feriage 'a charge for transporting', hidage 'tax assessed by the hide of land', poundage 'poundage', socage 'socage'

-al (< L -al-is, OF -al)
(a) 명사(소수의 형용사)를 형용사로 전환하는 접미사
① 라틴어에서 직접 혹은 불어를 경유하여 들어온 차용어: annual, cordial, formal, funeral, general, mortal, natural
② 중세영어 신조어 (주로 학술적 어휘에서): destinal 'determined by destiny', endal 'ultimate, absolute', menal 'ancillary'
(b) 라틴어/불어 형용사에서 차용한 명사

animal, portal, tribunal

-arie (< L -arius, -arium, -aria)
라틴어에서 차용된 형용사나 명사에 사용된다.
(a) 형용사

contrarie 'contrary', necessarie 'necessary', secundarie 'secondary', solitarie 'solitary'
(b) 명사

(행위자 명사) adversarie 'adversary', secretarie 'secretary'; (기타) februarie 'February', salarie 'salary', sanctuarie 'sanctuary'.

-a(u)nce (< AF -aunce, CF -ance (< L -antia, -entia)).

'상태, 태도, 행위'를 나타내는 명사를 만들어 주며, 노르만 불어와 중앙 불어 형태가 둘 다 사용되다가 1400년 이후에는 중앙 불어 형태가 우세해진다.

(a) 불어 차용어

abounda(u)nce 'abundance', allia(u)nce 'alliance', appara(u)nce 'appearance', pena(u)nce 'penance'

(b) 중세영어 신조어: furthera(u)nce 'support, furtherance', hindera(u)nce 'harm, hinderance'

-a(u)nt (< AF -aunt, CF -ant (< L -ant-em, -ent-em))

고대불어에서 현재분사를 만드는 접미사로서 일부는 명사로 전성되어 사용되었다. 영어로 차용된 후 변이철자 -and(아마도 토착영어의 현재분사 어미 -and와 혼동하여)도 사용된다.

(a) 불어에서 차용된 현재분사(형용사)

abounda(u)nt 'abundant', appara(u)nt 'apparent', arroga(u)nt 'arrogant', rampaunt 'rampant'

(b) 불어에서 차용된 명사: afferaunt 'one's proper share', sembla(u)nt 'shape, face 'face', semblance 'semblance', serva(u)nt 'servant'

-ed (< OE -ed)

(a) 명사와 결합하여 형용사를 만드는 접미사

berded 'having a beard', ringed 'provided with a ring, made of rings', horned 'having horns, shaped like a horn', wrecched 'like a wretch, miserable'

(b) 과거와 과거분사를 만드는 굴절접미사 (제4장 참조바람)

-en (< OE -en)
(a) 물질명사에 붙어 'made of, characterized by'의 뜻
golden 'golden' (< OE gylden), ston-en 'made of stone' (< OE stænen), wollen 'woolen' (< OE wyllen)
(b) 소수의 명사에서 여성을 나타냄
fixen 'she-fox' (< OE fyx-en: fox), minchen 'nun' (< OE mynec-en: munec 'monk')
(c) 원형동사, 과거분사, 명사 및 형용사의 굴절접미사 (제4장 참조바람)

-erie (< OF -erie)
직업이나 기술의 의미하는 명사나 그 직업을 가진 사람의 특성을 지칭한다.
(a) 불어 차용어
archerie 'archery', chevalerie 'knighthood, chivalry', hostelerie 'hostelry, inn'
(b) 중세영어 신조어
① 행위자 명사와 결합: beggerie 'beggary', hukkerie 'huckstering'
② 기타명사와 결합: denerie 'position of a dean', nonnerie 'nonery 'nunnery', husbanderie 'husbandry', foxerie 'foxy behavior'

-ful (< OE -ful)
명사(드물게 형용사나 동사)와 결합하여 'full of', 'characterized by' 등의 뜻을 가지는 형용사를 만들어준다.

3. 방언과 어휘 | 141

(a) 고대영어 계승

careful 'sorrowful, troublesome', baleful 'wretched, malignant', shameful 'modest, disgraceful', sinful 'sinful', thankful 'grateful, pleasing'

(b) 중세영어 신조어(고대영어 또는 불어 차용 명사로부터 형성)

dredful 'timid, intimidating', worshipful 'worthy, respected', blameful 'censorious, blameworthy', feithful 'full of faith, loyal', graceful 'graceful'

-i(e) (< OE -ig, -ige)

명사, 형용사, 부사를 만드는 접미사

blodi 'bloody', honi 'honey', holi 'holy, devine', holli 'safely'

-if/-ive (< OF -if/-ive)

형용사, 명사를 만드는 접미사

(a) 불어 차용어

adoptif 'by adoption, adopted', hastif 'swift, eager', baillif 'bailiff', fugitif 'fugitive'

(b) 중세영어 신조어

giltif 'guilty, humective 'moistening medicine', intrusive 'intrusive'

-ing (< OE -ing, -ung)

(a) 명사나 형용사에 붙어 'derived from, son of'의 뜻(축소나 애정, 경멸의 함축을 지님)

① 고대영어 계승: atheling 'son of a noble', erming 'poor creature, wretch', ferthing 'farthing'
② 스칸디나비아 차용어: gelding 'gelding', nithing 'wretch, coward'
③ 중세영어 신조어: deoring 'darling', founding 'foundling', lording 'nobleman'
(b) 동사와 결합하여 추상명사(동명사)를 형성

binding 'act of binding', erming 'grief, misery', founding 'building, founding'
(c) 현재분사를 만드는 굴절접미사 (제4장 참조바람)

-ish (< OE -isc)
(a) 국가, 민족, 언어를 지칭하는 명사나 그 형용사를 형성
① 고대영어 계승: Brittish 'British', English 'English', Denish 'Danish', Frensh 'French', Welsh 'Welsh'
② 중세영어 신조어: Alemainisc 'German', Irish 'Irish', Scottish 'Scottish', Spainish 'Spanish'
(b) 보통명사와 결합하여 'pertaining to, similar to'의 의미를 지님
① 고대영어 계승: cherlish 'rustic, churlish', hevenish 'heavenly', mennish 'mankind'
② 중세영어 신조어: elvish 'elf-like, coltish, folish 'foolish', foxish 'foxish'
(c) 후기중세영어에 오면, 형용사와 결합하여 'somewhat'의 뜻을 가짐
blakish 'blackish', derkish 'darkish', fattish 'fattish', redish 'reddish'

-ist(e) (<L -ista, OF -iste)

(a) 라틴어나 불어에서 차용된 몇 개의 명사에서 사용됨

alkemist/alkamistre 'alchemist', baptist 'baptist', evangelist 'evangelist', exorcist 'exorcist'

(b) 중세영어 신조어(희소함)

jubiliste 'one who expresses jubilation', Wiclifist 'adherent of Wycliff's teachings, Wycliffite'

-io(u)n (< OF -ïon, AF -ioun, L -io(nem) 등)

(a) 라틴어나 불어 차용어에 사용되는 명사를 만드는 접미사

accioun 'action', contradiccioun 'contradiction', temptacioun 'temptation'

(b) 중세영어 신조어(종종 축소의 의미를 지님)

conjeccion 'plot', merlioun 'small European falcon, merlin', clergioun/clergeoun 'clerk in minor orders'

-ious (< L -iosus, OF -ïos)

(a) 라틴어나 불어 차용어에 사용되는 형용사를 만드는 접미사

ambicious 'ambitious', curious 'curious', glorious 'glorious', gracious 'gracious'

(b) 중세영어 신조어(종종 축소의 의미를 지님)

costious 'costly', cortius/courteis 'courteous', mervelious/ merveillous 'marvelous'

-li(e)/-licIe)/-lich(e) (< OE -lic, cf. ON -ligr)

명사나 형용사와 결합하여 '특징'을 나타내는 형용사를 만들며, 고대영

어나 고대노르웨이어 형용사에 사용된다.

airli 'of air, aerial', eldeli 'elderly', armlich 'grievous, sorrowful', dedli 'mortal, deadly', forwordenlic 'perishable, transitory'

-ment (< OF -ment, L -mentum)
동사와 결합하여 '행위, 결과, (드물게) 상태'를 나타내는 명사를 만들며, 불어와 라틴 차용어를 통해 처음 유입되었다.
(a) 불어/라틴 차용어
　　commencement, excitement, experiment, firmament, fragment, impediment
(b) 중세영어 신조어
　① 불어/라틴 어간과 결합: chastisement 'chastisement', commendement 'commendation', prisonement 'imprisonment', surement
　② 고대영어/고대노르웨이어 어간과 결합: botment 'remedy', cursement 'cursing', eggement 'act of egging on, instigation', marrement 'trouble, woe'

-nes(se) (< OE -nes)
형용사나 동사에 붙어 '특징, 상태, 감정' 등을 나타내는 추상명사를 형성하는 접미사로 고대영어에서 유래하였다.
(a) 토착어휘
　　bitternesse 'bitterness', clennesse 'cleanness', evennesse 'evenness', gladnesse 'gladness', holinesse 'holiness'
(b) 중세영어 신조어: 대부분 토착어간과 결합하며, 외래어 어간과 결합

하는 경우는 매우 소수임

bisinesse 'business', blaknesse 'blackness', hiddenesse 'secrecy', likingnes 'beauty, attractiveness', mannesse 'human nature', levenesse 'religous faith'

-our/-er (< OF -ëor, -ëoir, -ëur, -ëour, -ieur, -äor, AF -our, -ur, L -or, -orem.)

[변이형: -or, -oir, -ur, -eur, -eour, -iour, -iur / -er, -re, -ir, -ar]
행위자, 직업, 도구를 지칭하는 명사를 만들며, 대부분 불어나 라틴 차용어에서 사용되지만, 고대영어에서 계승된 어휘도 있다.

(a) 불어 차용어

baratour 'malefactor, fighter', divinour 'diviner', lechour 'lecher, fornicator'

(b) 라틴 차용어

dictour 'spokesman', inquisitour 'officer who inspects friaries, inquisitor', interpretatour 'interpretor'

(c) 불어나 라틴 어간을 기반으로 중세영어에서 새로 형성된 어휘(소수임)

chastisour 'disciplinarian, chastiser', gestour 'jester', grevour 'opponent'

(d) 고대영어에서 계승된 어휘나 고대영어 어간을 기반으로 형성된 어휘[13] (대부분 -er(e) 형태를 가지지만, -our로 대체되는 경우도 가끔 있음)

bender 'bender', berere 'bearer', graver(e) 'engraver, miner'

---

[13] 고대영어에도 동사나 명사에 붙어 행위자나 사물을 만드는 접미사 -ere가 있었다 (예를 들어, leorn-ere 'disciple', sceaw-ere 'mirror' 등).

-som(e)/-sum(e) (< OE -sum)

명사, 형용사, 동사와 결합하여 다양한 뜻을 갖는 형용사를 만들어 주는 접미사

(a) 고대영어에서 계승

   hersum 'obedient', holsom 'healthful, wholesome', lofsom 'lovely, praiseworthy', winsom 'pleasant of manner, gracious'

(b) 중세영어 신조어

   fren(d)som 'friendly', gam(e)som 'joyful; playful', hondsom 'handy', lustsum 'impudent, lustful', gladsom 'joyful, cheerful'

-ward (< OE -weard)

장소('toward, in the direction of')와 시간('at a time')을 나타내는 접두사로서, 중세영어에서 약 100개 정도의 어휘에서 사용되며, 그중에 과반이 부사이다. 중세영어에서 사용된 어휘의 3분의 1이상이 고대영어에서 직접 계승된 것이고, 나머지는 중세영어에서 새로 만들어진 단어이다.

   asideward 'sideways, horizontally', forthward 'forward, in front', hiderward 'toward this place, until now', outward 'outward'; aforeward 'forward (in space), earliest (in time)', afterward 'afterward', onward 'onward', toward 'toward'

(3) 기타 어형성

다음의 어형성 방식은 고대영어에서는 발견되지 않으며 중세영어에 와서 새로 생긴 것이다.

1) 절단법

절단법(clipping)이란 한 단어에서 한 음절 이상을 절단하여 없애는 어형성 방식으로서, 현대영어의 Bra (< brassière), phone (< telephone), flu (< influenza)가 여기에 속한다. 중세영어의 절단법은 특히 불어 차용어에 나타나는데, 그 이유는 두 언어사이의 강세 차이에 기인한 것으로 보인다. 토착영어 어휘는 단어의 첫음절에 강세가 있었다. 반면에 불어 어휘는 대체로 마지막 음절에 강세가 왔다(제2장 참조). 따라서 불어의 강세규칙에 익숙하지 않은 영국인들이 불어의 강세음절을 첫음절로 잘못 해석하여, 강세음절에 선행하는 무강세 음절들을 모두 탈락시키기 쉬웠다. 가끔은 절단된 단어와 완전한 단어가 둘 다 현대영어에 서로 다른 의미로 생존한 경우가 있다. 이러한 예로는 fray (< affray), squire(< esquire), stress(< distress), peal (< appeal), mend (< amend)가 있다.

2) 역형성

역형성(back formation)이란 옛 단어가 새로운 단어에서 파생된 것으로 잘못 해석하여 일어난다. 예를 들어, 본래 burglar라는 단어가 있었는데, 형태상 burgle-ar로 오분석(misanalysis)함으로써 burgle이란 단어를 새로 만드는 현상을 말한다. 중세 영국민들은 고대불어 orfrois의 마지막 s를 복수접미사로 잘못 해석하였고 이것으로 인해 새 단어 orfrei 'orphrey'가 생겨났다.

3) 혼합법

혼합법(blending)이란 기존단어 두 개를 융합하여 새로운 단어를 만드는 과정을 말한다. 예를 들어, 현대영어의 smog는 smoke+fog를 혼합한 것이다. 중세영어에서 일어난 것으로 추정되는 혼합어(blend)로는 scrawl(< sprout+ crawl), scroll(< escrow+roll)이 있다.

제4장 굴절

굴절(inflection)이란 성(gender), 수(number), 격(case), 인칭(person), 시제(tense), 시상(aspect), 법(mood), 비교(comparison) 같은 문법적 특징을 구별하기 위해 단어 형태를 변모시키는 것을 말한다. 현대영어에도 굴절이 사용된다. 예를 들어, apples의 마지막 -s는 복수(plural)를 나타내는 굴절접미사(혹은 굴절어미)이다. foot-feet은 어간의 모음을 교체하여 단수(singular)와 복수를 구별한다. 그 외, 소유격(possessive case)을 나타내기 위한 's, 3인칭단수현재의 -s, 과거/과거분사의 -ed(sing-sang-sung의 경우 어간 모음 교체), 현재분사 -ing, 비교급의 -er, 최상급 -est가 모두 굴절접미사이다.

고대영어에도 굴절을 위하여 어간모음 교체와 접미사를 이용되었다. 그러나 고대영어는 현대영어보다 훨씬 굴절이 발달한 언어였다. 명사, 대명사, 형용사는 성, 수, 격에 따라 굴절하였고, 동사, 조동사는 수, 인칭, 시제, 시상, 법에 따라 다양하게 굴절하였다(김혜리 2011: 제4장 참조). 고대영어는 남성(masculine), 중성(neuter), 여성(feminine)의 세 가지 문법성을 가졌고, 단수와 복수의 구별이 있었으며, 인칭대명사의 경우 쌍수(dual)도 있었다. 그리고 주격(nominative), 대격(accusative), 속격

(genitive), 여격(dative)의 네 가지 격의 구별이 있었다. 지시사와 형용사, 의문사 일부의 경우, 도구격(instrumental)을 추가할 수 있다. 그러나 고대영어 후기로 갈수록 굴절은 점점 축소되어 갔고, 이러한 경향은 중세영어 시기에 지속되었다. 굴절 축소의 이면에는 음성변화 같은 언어내적 요인이 중요한 역할을 하였다. 또한 고대영어 후기 바이킹 침략과 노르만 정복으로 인한 사회적 변화와 언어접촉도 굴절 축소의 촉매제 역할을 하였다.

1. 굴절의 축소

(1) 음성변화

굴절의 축소를 야기한 음성변화로, 첫째, 무강세 음절의 수평화(levelling)를 들 수 있다. 고대영어시기에 분명하게 발음되던 단모음 <a>(=[a]), <e>(=[ɛ]), <o>(=[ɔ]), <u>(=[ʊ])가 고대영어후기부터 시작하여 강세가 없는 음절에서는 [ə]로 (철자상 주로 <e>) 약화되어 통일되기 시작하였다.[1] 11세기가 되면 거의 전 방언에 이러한 현상이 나타난다.

고대영어		중세영어
nama 'name' [nama]	>	name [na:mə]
hundes 'hound's' [hundɛs]	>	houndes [hu:ndəs]
nacod 'naked' [nakɔd]	>	naked [na:kəd]
medu 'liquor' [mɛdʊ]	>	mede [mɛ:də]

---

[1] 동일한 환경에서 [ɪ]는 수평화를 겪지 않았다.

강세 없는 음절에서 음이 약화되는 현상은 여러 언어에서 발견되는 언어 보편적 현상인데, 굴절이 발달되었던 언어에서 이러한 수평화는 굴절의 구별에 치명적 영향을 끼쳤다. 예를 들어, 고대영어에서 hund 'dog' (> hound)의 속격단수는 hund-es (=[ɛs])이고, 주격/대격 복수는 hund-as (=[as])로서 서로 형태 및 발음상 구별되었다. 그러나 수평화로 인해 중세영어에서는 굴절어미가 둘 다 -es(즉 hound-es) (=[əs])로 축소되었고, 이것으로 인해 명사의 속격과 복수의 형태/발음상 구별이 상실되었다(현대영어에서도 boy's와 boys의 발음은 동일하며, 철자의 구별은 편의를 위하여 17세기 이후에 도입된 것이다). 마찬가지로, 고대영어 원형부정사(bare infinitive) et-an 'to eat'의 과거분사는 et-en 'eaten'으로서 굴절어미가 구별되었다. 그러나 수평화로 인해 중세영어에는 원형부정사와 과거분사가 둘 다 et-en이 되면서 구별이 상실된다.

둘째, 고대영어의 여격 어미 -um은 11세기경에 -an을 거쳐, (수평화에 의해) -en (=[ən])이 되었다. 그 이후 단어 끝(즉 어말) -e 뒤의 -n은 탈락하게 된다.

셋째, 마지막 음절의 -e의 발음이 묵음이 된다. 이 현상은 13세기에 북부지방에서 시작하였고, 이후 중부와 남부로 확산되었다. 수평화를 거친 name, houndes, naked, mede, eten의 [ə]는 모두 묵음이 되었다. eten 'to eat'의 경우, -n 탈락으로 인해 ete가 되었다가 et(오늘날 eat)이 된다. 마찬가지로 고대영어의 drincan은 중세영어에서 drinken > drinke > drink가 된다. 마지막 음절의 -e 묵음화의 경우, 철자 <e>는 그대로 보유하는 경우도 있고(가령, name), 결국 철자가 탈락하는 경우도 있다(hounds, eat, drink).

이상과 같은 음변화는 중세영어의 명사적(nominal) 품사의 수와 격의 구별을 축소시켰다.[2] 1154년에 쓰인 「피터버러 연대기(Peterborough Chronicle)」에서는 이미 -(e)s가 명사의 성이나 격변화 유형에 상관없이 속격단수와 모든 격의 복수의 굴절어미로 사용되었다.[3] 또한 여격단수에 굴절어미가 나타나지 않은 경우가 많다. 예를 들어, 연대기에 나타나는 mid deoveles and yvele men는 고대영어에서는 mid deoflum and yflum mannum 'with devils and evil men'이라고 표현하였을 것이다. 음변화는 동사의 활용도 단순화시켰다. 중세영어 hadde는 1,3인칭 단수(cf. OE hæfde)와 복수(cf. OE hæfdon)를 모두 포괄하게 되었다. 또한 고대영어에는 약변화동사의 활용 유형이 3가지, 강변화동사의 활용 유형이 7가지로 구분되었으나(김혜리 2011: 131-150), 중세영어에서는 유형이 단순화되었다.

(2) 문법성의 소실

고대영어에 존재하던 문법성(grammatical gender)이 중세영어에서 소실되었다. 고대영어의 다양한 굴절어미들은 문법성의 구별을 용이하게 해주었다. 예를 들어, 강변화(strong declension)의 경우, 남성복수(stan-as

---

[2] 명사적(nominal) 품사인 명사, 대명사, 형용사는 성, 수, 격에 따라 굴절하였다. 이러한 굴절을 격변화 혹은 곡용(declension)이라고 한다. 동사의 굴절은 활용(conjugation)이라고 하는데, 동사의 유형이 강동사인지 약동사인지에 따라 활용법이 다르다. 동사적(verbal) 품사인 동사, 조동사는 수, 인칭, 시제, 시상, 법에 따라 굴절하였다.

[3] 「피터버러 연대기」는 중세영어 초기의 문헌임에도 불구하고, 스칸디나비아의 영향이 컸던 북동중부지역에서 사용된 언어였던 만큼 상당히 혁신적 언어변화를 보여준다. 오히려 역사적으로 뒤에 창작된 남부와 서부방언의 「부엉이와 나이팅게일(The Owl and the Nightingale)」과 「수녀들을 위한 지침서(Ancrene Wisse)」가 더 고대영어에 가까운 보수성을 보여준다.

'stones'), 중성복수(scip-u 'ships', word 'words'), 여성복수(gief-a 'gifts')가 형태상 잘 구별되었다. 그러나 중세영어에 들어와서, 성과 무관하게 상당히 많은 명사들이 남성복수의 어미(즉 -(e)s)를 모방하게 되었고, 이로 인해 schippes, wordes, giftes, names가 되었다. 이제 형태로 보아서 문법성이 무엇인지 구별하기가 불가능하게 된다. 동시에 고대영어 정관사(se(남성), þæt(중성), seo(여성))가 불변화사 þe 'the'로 되면서 성, 수, 격의 구별이 불가능해졌고, 이것은 명사의 문법성의 소실을 가속화시켰다. 이로 인하여 문법성은 자연성(natural gender)으로 대치되었다. 고대영어에서 wif 'woman'은 중성명사였는데, 이제 여성인칭대명사로 지칭하게 된다.[4]

2. 명사

중세영어시기 명사의 굴절유형은 고대영어에서 강변화명사에 속했던 -s 복수, 비 굴절 복수, 모음변이 복수와 약변화명사에 속했던 -n 복수가 있다. -s 복수는 명사의 복수에 -s 어미를 가지며, 이것이 현대 명사의 복수를 만드는 일반적 규칙이 되었다. 그 외 복수형들은 오늘날 불규칙 복수의 일종이 되었다. 중세영어 굴절은 방언에 따라, 그리고 초기냐 후기냐에 따라 상당한 굴절 차이가 있다. 이 책에서는 이러한 차이를 단순화하여

---

[4] 사실, 인칭대명사 사용의 측면에서 보면 문법성의 소실은 이미 고대영어시기에 일어나기 시작하였다. 비드(Bede)의 「영국민의 교회사(Ecclesiastical History of the English People)」의 고대영어 번역본을 보면, 켄트의 왕비 Bertha를 인칭대명사 hit 'it'이 아니라 heo 'she'로 지칭하고 있다. 그러나 같은 문장에서 seo(여성) wif 'the woman'가 아니라 þæt(중성) wif 'the woman'을 사용하고 있는 것을 보면 아직 문법성이 살아있음을 알 수 있다.

핵심 위주로 제시한다. 그러나 실제로는 훨씬 다양한 철자변이가 존재함을 주지하기 바란다.

(1) -s 복수

-s 복수(초기의 -es)는 고대영어의 a-격변화(강변화의 일종) 남성명사의 굴절에서 계승된 것이다. 중세영어초기의 템스 강 남부와 남서중부방언(제7장의 문헌 2, 3)의 경우, 강변화의 주격과 대격 단수에는 어미가 없으며, 속격단수는 -es, 여격단수는 -e를 가진다. 복수는 대체로 모든 격에 -es를 지니지만, 속격복수에 -e/-ene, 여격복수에 -e가 나타나는 경우가 있다. 반면에 북부와 동중부방언(제7장의 문헌 1)에서는 굴절이 더 축소되어 오늘날과 유사한 형태를 보인다.

		남부방언· 남서중부방언	북부방언· 동중부방언
단수	주격/대격	engel	ston
	속격	engles	stones
	여격	engle	ston(e)
복수	주격/대격	engles	stones
	속격	engles, engle(ne)	stones
	여격	engles, engle	stones

이상과 같이 굴절하는 명사로는 bridd 'bird', Drihten 'God', havek 'hawk', tre 'tree', tun 'town', wyf 'wife' 등이 있다. ende 'end', soule 'soul' 같이 어간에 -e를 포함하는 명사는 주격/대격 단수는 어간대로 -e를

포함하고 다른 격에서는 위와 동일하게 굴절한다. 북부방언에서는 일찍이 이들의 주격/대격 단수에서도 -e가 탈락하여 end, saul로 나타나기도 한다.

속격단수 -es는 중세영어후기에 -s로 축소된다. 속격단수에 일찍이 -e가 나타나는 경우도 있는데(가령, 가워(Gower)는 속격으로 herte, ladi, soule를 사용함), 이것은 고대영어의 여성명사나 약변화명사에서 계승된 것이다. 중세영어후기에는 그 -e가 탈락하여 어미 없이 hors feet 'horse's hooves', the forest syde 'the forest's edge'와 같은 표현이 나타난다. 리처드 롤(Richard Rolle of Hampole)이 지은 동일 작가의 문헌에서 man saule 'man's soul'과 mens syghte 'men's sight'가 동시에 사용되는 것으로 보아, 어떠한 규칙이 있는 것도 아닌 것 같다. 이러한 굴절은 중세영어 말 매우 드물어진다. 특히 -er로 끝나는 친족명사들이 고대영어처럼 속격에서 어미가 없는 경우가 많다(fader bone 'father's munderer', fader brain 'father's brain'). 또한 북부방언에서 고유명사의 경우 속격어미가 없는 경우가 빈번하다(Hengyst dawes 'Hengest's days', Adam kynde 'Adam's kindred').

여격단수 -e는 중세영어 후기에 완전히 탈락한다. 여격이 간접목적어로 사용될 때, 굴절어미 대신에 전치사로 표현하는 경우가 빈번해진다(가령, Gode þonk와 thank to God).

(2) -n 복수

-n (혹은 -en) 복수는 고대영어 약변화에서 계승된 것으로 다음과 같이 굴절한다.

	단수	복수
주격/대격	nome	nomen
속격	nome	nomen
여격	nome	nomen

이상과 같이 굴절하는 명사로는 Ancre 'Anchoress', devel(e) 'devil', eye 'eye', helle 'hell', heorte 'heart', ox(e) 'ox', sweord(e) 'sword', wepen(e) 'weapon' 등이 있다. 본래 고대영어에서 약변화(n-격변화) 했던 명사인 eyen 'eyes' (< OE eagan), fan 'foes' (< OE fan), hynen 'hinds, servants' (< OE hiwan) 외에도, 이것들을 기초로 본래 약변화명사가 아니었던 것들도 중세영어에서 약변화하는 명사도 있다. 이러한 예로는 deoflen 'devils' (cf. OE deoflas), shoon 'shoes' (cf. OE scos), worden 'words' (cf. OE word), synnen 'sins' (cf. OE synna), bretheren 'brothers' (cf. OE broðor), children 'children' (cf. OE cildru), kyn 'kine' (cf. OE cy), 심지어 불어에서 차용된 platen 'pieces (of money)' (cf. OF plates)이 있다. 속격단수의 -e는 (가령, ancre ahte 'nun's possessions') 어간 자체가 e로 끝나는 경우를 제외하고, 앞에서 설명한 것처럼 탈락한 후 드물어진다.

약변화명사는 점차 -s 복수에 동화되어 중세영어 후기(14세기 이후)에는 다음과 같은 굴절로 대체되는 경향이 있다.

	단수	복수
주격/대격	nome	nomes
속격	nomes	nomes
여격	nome	nomes

이러한 -s 복수의 팽창은 북부방언에서 일찍 일어났으며 점차 중부와 남부방언으로 확산되었다. 13세기 (남)서중부방언으로 쓰인 라야먼 (Laȝamon)의 「브루트(Brut)」에서 이미 mid sweoreden 'with swords'과 mid sweordes가 동시에 발견된다. -n 복수는 오늘날 소수의 -en 복수 (oxen, children, brethren)에만 남아 있다.

(3) 비 굴절 복수

고대영어 a-격변화 중성명사 가운데 word 'word' 같은 장어간(long-stemmed)은 주격/대격 복수에 어미가 없었다(김혜리 2011: 93 참조바람). 이러한 명사들은 대부분 중세영어에 와서 -s 복수에 동화되었다. 그러나 일부는 이 특성을 계승하여 특히 12~13세기에는 ȝer 'year', leaf 'leaf', þing 'thing', word 'word'가 단수로도 복수로도 사용되었다. 특히 가축명 칭이 이러한 특징을 보유하여, hors 'horses', swyn 'pigs', der 'wild animals' (> deer), shep 'sheep', neet 'cattle'이 단수와 복수가 동일 형태였 고(일부는 집합명사의 뜻을 가지고 있음), 이 가운데 일부는 오늘날까지 불규칙 복수로 사용되고 있다. 또한 숫자 뒤에 사용되는 측량의 단위에서 단/복수 동형이 사용되었는데, vour þusend ȝer 'four thousand years', fyve wyntyr 'five winters', syxe myle 'six miles', fyfty syþe 'fifty times' 등의 예가 있다.

(4) 모음변이 복수

고대영어의 모음변이 복수(mutated plural)는 중세영어에 상당량 유지되었다. 예를 들어, man은 다음과 같이 굴절한다.

	단수	복수
주격/대격	man	men
속격	mannes	men, manne,
여격	manne, men	men, manne

대부분의 문헌에서는 모음이 변이된 men은 복수에서만 사용되었으나, 일부 문헌(가령, 제7장의 문헌 3)에서는 고대영어의 특성을 그대로 계승해 여격단수에서도 men이 사용되었다. 또한 일부 문헌에서는 속격복수에 men(ne)s가 사용되기도 한다. 모음변이 복수를 지니는 다른 명사로는 fot, 'foot' - fet 'feet', gos 'goose' - ges 'geese', mous 'mouse' - mys 'mice', toþ 'tooth' - teþ 'teeth'가 있다. broþer 'brother'의 경우, 복수로 breþer 'brothers'가 사용되나 남부방언에서는 en이 첨가되어 breþeren (> brethren)이 종종 사용된다.

3. 관사와 대명사

이 절에서는 중세영어 정관사(definite article)와 지시대명사(demonstrative pronoun) 인칭대명사(personal pronoun), 의문대명사(interrogative pronoun), 부정대명사(indefinite pronoun)를 다룬다. 재귀대명사(reflexive pronoun)와 관계대명사(relative pronoun)는 제5장에서 다룬다.

(1) 정관사[5]

중세영어 정관사는 'that, the'의 뜻을 갖는 고대영어의 지시대명사(혹은 지시형용사) se에서 왔다. 이 지시사는 성에 따라(즉, 남성 se(주격), 중성 þæt(주격/대격), 여성 seo(주격)) 그리고 수와 격에 따라 굴절하였다 (김혜리 2011: 109 참조바람). 중세영어에 들어와서 뒤에 명사가 뒤따라 올 때, 상당히 일찍부터 불변화사 þe 'the'로 대체되었다(가령, þe mon 'the man'). 북부방언에서는 þe만 사용되며, 동중부방언의 「피터버러 연대기」와 「오르물룸(Ormulum)」과 심지어 남부방언의 「부엉이와 나이팅게일」에서도 일찍이 þe가 사용되었다. 그러나 불변화사 þe와 함께, 남부와 서중부방언에서는 고대영어를 계승하여 13세기까지는 다음과 같은 굴절을 보이기도 한다.

			남서중부방언	남동방언
단수	남성	주격	þe	þe, se
		대격	þene	þane
		속격	þes, þas	þas
		여격	þan, þene	þan, þon
	중성	주격/대격	þet, þat	þet
		도구격	þe	
	여성	주격	þa, þæ	þo, si
		대격	þa	þo
		속격/여격	þere, þare	þare, þo
복수		주격/대격	þa	þo
		여격	þan	

---

[5] 중세영어에는 부정관사(indefinite article)이란 범주가 없다. 이에 대해서는 제5장을 참조하라.

초기 동중부방언으로 쓰인 「피터버러 연대기」의 정관사는 성에 관계없이 모든 격의 단/복수에 þe를 사용하였지만, 복수에 단 한 개의 þa가 발견된다. 초서, 가워, 위클리프 같은 작가의 런던 표준문어에서는 주로 불변화가 þe가 사용되지만, 복수에서 þo가 나타나기도 한다.

(2) 지시대명사

중성(주격/대격)의 지시사 þat 'that'는 (중성)관사의 역할을 상실하고, 점차 모든 성에 단수의 지시대명사(혹은 형용사) 'that'이 되었다. 복수로는 þo/þa (< OE þa 'those, the')가 사용되다가 þos (< OE þas 'these')로 대체되었다: þat dai 'that day', þa men 'those men', alle þos 'all those'.

'this' 의미의 고대영어 지시사로 남성 þes(주격), 중성 þis(주격/대격), 여성 þeos(주격), 모든 격의 복수 þas가 사용되었고, 이 형태가 12세기까지 유지되었다. 예를 들어 「수녀들을 위한 지침서」를 보면 (제7장 문헌 2), þes king 'this king'(남성), þis scheld 'this shield'(중성), þeos leafdi 'this lady'(여성), þeo 'those'(복수)가 사용되었다. 심지어 격의 굴절도 가능하여 þisne swikedom 'this treason'(남성 대격단수)가 쓰이기도 하였다. 이후 북부와 동중부 지역에서는 중성 주격/대격 단수인 þis가, 남부에서는 남성 주격단수인 þes가 격의 구별 없이 사용되었다. 이 단수 형태를 근거로 새로운 복수 þise, þese가 사용되었다. 중세영어말엽이 되면 현대의 지시대명사의 형태 that/those, this/these가 사용된다.

	단수	복수
'that'/'those'	þat, that	þo, þa, þos, those
'this'/'these'	þis, þes, this, thes	þise, þese, these

(3) 인칭대명사

명사와 비교하여 인칭대명사는 굴절의 축소를 적게 겪었다. 그리하여 인칭대명사는 주어와 목적어를 확연히 구별해 준다. 다만, 중성의 hit 'it'은 고대영어시대부터 주격과 대격이 형태상 구별되지 않았고, 중세영어에도 여전히 구별되지 않는다. 고대영어에서 구별되던 대격과 여격 형태가 융합되면서(대체로 대격 형태가 사라짐), 중세영어에는 목적격으로 통합된다. 고대영어에 1,2인칭에 존재하던 쌍수도 사라지고 이제 단수와 복수의 구별만 남게 되었다. 먼저, 중세영어 1,2인칭대명사는 다음과 같다.

1인칭	단수	복수
주격	ich, ic, ik, I, y	we
목적격	me	us, ous
속격	min, mi, my	ur(e), our(e)

2인칭	단수	복수
주격	þu, thou, tou	ȝe, ye
목적격	þe, thee, te	ou, ow, ȝow, ȝou, you
속격	þin, þi, thy	ower, your(e)

1인칭단수 주격 ich는 남부와 중부방언의 강세형이고(이 지역에서 고대영어 형태 ic가 1200년경까지만 쓰임), ic, ik은 북부의 강세형이다. 이후 템스 강 북부에서 자음으로 시작하는 단어 앞에 나타날 때 비강세형 I, y가 사용되었다. 비강세형은 점차 확산되어 14세기에 표준이 되었다. 초서는 모든 위치에서 I를 썼으며, ich는 드물게 사용하였다. 가워와 위클

리프도 항상 I를 사용하였다. 중세영어 I는 항상 단모음 [ɪ]이었으며, 나중에 장음화를 겪은 다음, 대모음추이(Great Vowel Shift)가 적용되었다(ɪ > iː > (대모음추이) aɪ).[6] 고대영어 쌍수는 1인칭에서 13세기까지 흔적이 남아 있다(wit 'we two', unker 'of us two').

2인칭단수 주격 tu, tow가 동사와 결합하여 전접어(enclitic)로 사용되기도 한다: artow 'art thou', hastow 'hast thou', wiltow, woltou 'wilt thou', wilte 'wilt thou'. 좀 드물지만, 목적격 þe 앞에 t로 끝나는 단어가 오면 te로 변환되기도 한다: went te awei 'wend thee away'. 2인칭 쌍수의 속격이 12세기에 발견되기도 한다(incer 'of you two'). 2인칭 복수의 초기 형태 ou, ow (< OE eow)는 13세기부터 ȝow, ȝou, you로 대체된다. 이것은 주격의 ȝe와 목적격의 ou 사이에 혼교(contamination)를 일으킨 것으로 보인다. you를 주격으로 쓰는 것은 중세영어시대에서는 일어나지 않았다.

1, 2인칭 단수속격(혹은 소유격) mi, my, þi, thy는 항상 자음 앞에 사용되었다(my lyf 'my life', þi wif 'thy wife'). 반면에 min, þin은 모음과 h 앞에 사용되었지만(min age 'my age', þin heved 'thy head'), 가끔 자음 앞에 사용되는 경우도 있다(min friend 'my friend', þine children 'thy children'). 소유격이 뒤에서 꾸미거나(cosine min 'my cousin'), 단독(즉 소유대명사)으로 존재할 때 min, þin이 사용되었다.[7] 1,2인칭 속격은 고대영어의 특성을 이어받아 초기에는 형용사처럼 굴절하기도 하였다. 그리

---

[6] 대모음추이(Great Vowel Shift)는 중세영어 말부터 초기현대영어 초에 이르는 시기 동안 일어난 모음의 변화로서, 모든 장모음(long vowel)의 모음의 위치가 한 단계 이상 상승하거나, (고모음 [iː], [uː]의 경우) 이중모음이 되는 현상을 말한다.

[7] min, þin 같이 단어 끝에 -n이 붙는 것을 모방하여, hisen, heren, ouren, youren, theiren 같은 소유대명사가 남부와 동중부방언에서 일시적으로 사용되었다. 이 형태들은 표준영어로 도입되지 못하였으나, 오늘날까지도 사투리로 사용되고 있다.

하여 여성 여격단수로 사용될 때 mire, þire가 사용되기도 한다(가령, mid mire leoft honde 'with my left hand'). 또한 복수명사에 선행할 때 -e 어미를 붙이는 예가 종종 발견된다(mine leove sustren 'my dear sisters', þine hine 'thy servants').

중세영어 3인칭대명사 단수는 다음과 같다.

3인칭단수	남성	중성	여성
주격	he(e), (h)a	hit, it, a	① heo, ho, he, ha, hi ② scho, ȝho, cho ③ sche, she
목적격	① 대격: hin(e) ② 여격: him	① hit, it ② him	① heo, hi ② hir(e), her(e)
속격	his(e)	his(e)	hir(e), her(e), hore

3인칭 남성단수 주격 (h)a는 비강세형이다. 대격형태 hine는 템스 강 남부에서만 사용되었으며, 급격히 him으로 대치되었다. 「피터버러 연대기」에서는 이미 him을 직접목적어(즉 대격)으로 사용하고 있다. 중성단수 it은 hit (< OE hit)이 비강세 위치에서 약화된 것으로, 이미 12세기에 나타난다. 14세기 이후에는 it이 더 광범위하게 사용되었다. (h)it이 목적어로 사용될 때에는 항상 직접목적어(대격)이었고, 간접목적어로 쓰일 때는 him이 사용되었다.

여성단수 주격의 형태는 매우 다양하였다. 「부엉이와 나이팅게일」에서는 심지어 he가 'he'와 'she'를 모두 지칭할 수 있었다. hi는 'she'와 'her'(대격), 그리고 'they'와 'them'(대격)이 될 수 있었다. 또한 여성단수의 형태는 방언에 따른 차이가 뚜렷하다. heo-유형(위의 표의 ①)은 남부와 서중부방언에서 사용되었으며, 고대영어의 주격 heo를 잘 보존한 것이다. 소리변화로 인해 [ho:]로 발음되었을 때조차도 철자 heo를 사용하였으며, ho, hue 같은 철자는 이 소리변화를 반영한 것이다. 이후 [ho:]는 평순음화되어 he [he:]가 되었으며, 장모음이 끝나면서 나는 소리 [i]로 인해 남동방언에서는 hi [hi:]로 바뀐 것으로 보인다. 서중부방언의 「수녀들을 위한 지침서(Ancrene Wisse)」에서는 비강세형 ha가 사용된다. scho-형(표의 ②)은 북부(와 스코틀랜드 영어)방언의 형태이다. scho, sho 외에 ȝho (가령,「오르물룸」)과 cho (가령,「아서의 죽음(Le Morte d'Arthur)」)도 쓰인다. 북부방언에서 사용된 이 형태는 「오르물룸」의 북동중부방언으로 확산되었고, 더 나아가 서중부방언으로 확산되어 「가웨인 경과 초록기사 (Sir Gawain and the Green Knight)」에서는 ho와 더불어 scho가 가끔 사용되고 있다. she-형(표의 ③)은 동중부방언의 형태이다. 일찍이 「피터버러 연대기」에서 scæ의 형태로 사용되었고, 14세기후반에는 초서, 가워, 위클리프 등에서 사용된 표준형태가 되었다.[8]

여성단수 목적격 인칭대명사의 경우, 템스 강 남쪽에서는 heo, hi를 특별히 대격으로 사용하였다(가령 「부엉이와 나이팅게일」). 그러나 이 대격 형태는 13세기부터 사라지기 시작하고 곧이어 모든 방언에서 고대영어 여격형태인 hir(e), her(e)가 모든 목적어에서 사용되었다. 속격에서는 hir(e)가 1400년경까지 사용되었다. her가 속격으로 문어에서 사용된 것은 15세기경부터였다.

3인칭 복수의 형태는 인칭대명사 가운데 가장 방언차이가 다양하였다. 그 분포를 정리하면 다음과 같다.

---

[8] 북부의 scho와 동중부의 s(c)he의 기원에 대해서는 제3장 주석 4를 참조하라.

3인칭 복수	북부	중부	남부
주격	þai, þay, thai	þei, þe₃, they	hy, hi, heo, ho, he, ha, a
목적격	þaim, thaim, thame	heom, hem	① 대격: hi⁹ ② 여격: heom, hem, hom, ham
속격	þe₃re, þayr, thair, thar	hor, her, þayr	hore, heore

고대영어 hi(e) (주격/대격), him(여격), hi(e)ra(속격)에서 계승된 h-형은 초기에 남부에서 모든 격에 사용되었다. 그러나 14세기후반이 되면 남서쪽 변방을 제외하고 여러 남부지역에서도 주격에는 북쪽에서 전파된 th-형태를 보여준다. 주격이 아닌 격들(즉 사격)에서는 여전히 h-형이 사용된다. 반면, 스칸디나비아에서 차용된 th-형은 먼저 북부(와 스코틀랜드 영어)의 모든 격에서 사용되었다. 곧이어 중부지역에서 이 형태를 받아들여, 먼저 주격에서 þei, þe₃, they 등이 사용되었다. 그리하여 14세기후반 런던 말에서는 주격에는 th-형이, 사격에서는 h-형이 사용되었다.

이상에서 언급한 속격들은 오랫동안 아래와 같이 소유형용사(아래의 þine cherles 'thy rustics')와 소유대명사(þine 'thine')의 역할을 병행하였다.

Loverd, we aren boþe þine,
þine cherles, þine hine.
'Lord, we are both thine,

---

[9] Mossé(1952: 58)에 의하면, 남부의 3인칭복수 대격으로, hi 외에 es(와 그 변이형인 hise, his, hes, hies)가 드물게 발견된다. 이것은 고대영어에서 내려온 것이 아니다. Mossé는 이것의 기원을 대륙의 고대프리지아어(Old Frisian)로 보았다.

thy rustics, thy servants' (Havelok 619-620)

그러나 중세영어시기를 거치면서 소유대명사의 기능을 위해 -r 뒤에 -es를 붙이는 형태가 나타나기 시작한다(hires 'hers', oures 'ours', ʒoures 'yours', here/þeires 'theirs'). 새 형태들은 북부에서 처음 나타났으며, 14세기 후반에 중부방언으로 확산되었다. 그리하여 초서의 작품을 보면 youres 'yours', oures 'ours' 같은 단어가 사용되고 있다. 이 형태는 an old fealwe of youres 'an old fellow of yours'처럼 이중소유격으로도 사용되었다.

(4) 의문대명사

중세영어 의문대명사 who와 what의 굴절은 다음과 같다.

	남성/여성	중성
주격	who (wo, huo)	what (wat, hwat, hwet, quat)
대격	whom	what
속격	whos	
여격	whom (whom, wham, whaym)	

고대영어 hwa 'who'는 대격(hwone)과 여격(hwæm)의 형태가 구분되었는데, 중세영어에 와서 대격과 여격의 구분이 없어지고 여격의 형태로 통일되어 whom이 되었다. 중성의 경우, 중세영어 초기에는 고대영어를 계승하여 위와 같이 대격과 여격을 구분하였으나 곧 여격형태를 포기하였다. 그 외, which(변이형: hwucche, huyche, whylk, wylke) 'who, which (one)', whether(변이형: weþer, whethir, whethur, huader, quhethir) 'which (one) (of two)'가 있다.

(5) 부정대명사

중세영어에 쓰인 부정대명사와 부정형용사의 예를 들면 다음과 같다.

al, eal 'all'
ani, any 'any'
auȝt, oght 'anything'
both(e), baþe 'both'
ech, ich, alc, ilk 'each'
echon, ech an, ilk an 'each one'
ei, ai 'any'
eyþer, eider, ethir, either 'either'
elles 'something else'
everi, everych, everelch, everilk 'every, each'
everichon, everychon 'each one, everyone'
man, mon, men, me 'they, one'
mani, many 'many'
non(e), no, nan(e), na 'none'
on(e), an(e) 'one'
other, otheir 'other'
som(e), sum 'some'
swich, such, swilk 'such'
þelli, þiilli 'such'

그 외, 고대영어의 특성을 이어받아 의문사가 부정대명사 역할을 하는 예도 있다. who가 'anyone, someone' (bot who þat wole of wondres hiere 'but for anyone who wants to hear of marvels')와 which 'any, some' (whiches kinnes other nede 'any other need of any kind whatsoever')가 각각 부정대명사와 부정형용사로 쓰였다.

4. 수사

중세영어 수사는 다음과 같다.

	기수	서수
1.	o(o)n, o(o)	first, ferst, fryst
2.	two, to	oþer, secounde
3.	thre, thrie	thridde, thyrde
4.	four, foure	ferthe
5.	fif, fyve	fifte, fifth(e)
6.	six(e), sex(e)	sixte, sixth(e)
7.	seven, seve	seventh(e)
8.	eighte, eiȝte, eȝte	eightethe
9.	nin(e), niȝen	ninthe
10.	ten	tenthe
11.	elleven, en(d)leve(n)	elleventhe
12.	twelve, twelf(e)	twelfthe
13.	thritene, þrettene	thritenth
14.	fourtene	fourtenthe
15.	fiftene	fiftenthe

	기수	서수
16.	sixtene	sixtenthe
17.	seventene	sevententhe
18.	eigh(te)tene	eigh(te)tenthe
19.	nintene	nintenthe
20.	twenti	twenti(e)the
30.	thriti	thritithe
40.	fourti	fourtithe
50.	fifti	fiftithe
60.	sixti	sixtithe
70.	seventi	seventithe
80.	eigh(te)ti	eigh(te)tithe
90.	ninti	nintithe
100.	hundred	hundredethe
1000.	thousand	

기수(cardinal) '1'의 북부형태는 an(e), a였고, '2'의 북부형태는 twa, ta 이었다. '3'의 초기 형태로 þree, þreo, þri 등이 사용되었다. 기수 가운데 1~3은 고대영어의 격변화를 따라 굴절하기도 하였다. 예를 들어, '1'의 굴절 형태로 an-es, an-re, a-re, an-um, an-en, an-ne, on-ne, '2'의 굴절로 two-m, two-n, twa-m, twa-n, '3'의 굴절 형태로 þre-m, þreo-m, þri-m, þro-m, þri-re, þreo-ra 등이 쓰였다. 그 외 기수는 굴절하지 않았다.

서수(ordinal) oþer는 고대영어에서 계승되었고 secounde 'second'는 1350년 이후부터 사용되었다. 그리고 기수에 -fold가 붙으면 배수사(multiplicative)가 되었다(onfold 'onefold, single', twofold 'twofold', trefold 'treefold', fourfold ⋯ hundredfold, thousandfold).

5. 형용사와 부사

(1) 형용사의 굴절

고대영어 형용사는 명사의 성, 수, 격에 따라 굴절하였다. 또한 형용사는 통사적 위치에 따라 강변화와 약변화의 두 가지 다른 방식의 굴절이 있었다(김혜리 2011: 113 참조바람). 중세영어에 들어와서, 이런 굴절의 흔적이 자음으로 끝나는 1개의 음절로 된 형용사에 아직 남아 있다. 약변화는 형용사 앞에 한정사(즉 정관사, 지시형용사, 소유형용사)가 나타날 때(가령, the good man과 같은 표현) 사용되고, 강변화는 형용사 앞에 한정사가 없을 때 사용된다(가령, 한정적 용법의 good men과 서술적으로 쓰인 it is good에서). 이러한 굴절구별은 특히 남부에서, 그리고 운율에 엄격한 가워와 초서 같은 시인들의 글에서 중세영어 후반까지 발견된다.[10] 중세영어 형용사 god 'good'와 leef 'beloved'의 굴절은 다음과 같다.

	강변화	약변화
단수	god, leef	gode, leeve
복수	gode, leeve	gode, leeve

---

[10] 1200년경까지의 남부와 중부 방언에서는 고대영어 굴절을 더 다양하게 보여준다. 강변화의 경우, 남성단수 대격으로 -ne, 남성/중성 단수 속격으로 -es, 남성/중성 여격으로 -en, 여성단수 속격/여격으로 -re, 복수속격으로 -re의 예가 있다. 약변화의 경우, 모든 성의 사격에서 -en을 썼다. 중세영어 후기의 초서의 글에서도 복수 속격으로 -er를 쓴 예가 있다(he was oure aller cok 'he was the cock for(*lit.* of) all of us). 그러나 북부방언에서는 어말 -e의 소실로 인해 형용사의 굴절이 더 일찍 사라졌다.

이렇게 굴절을 보여주는 형용사로는 al 'all', brod 'wide', def 'deaf', hol 'whole', long 'tall, long', smal 'small, slender', strong 'strong', swich 'such' 등이 있다.

다른 형용사들은 굴절하지 않았다. 예를 들어, fre 'free', grene 'green', swete 'sweet', bysy 'busy', nedy 'needy', heþen 'heathen', open 'open', manifoldlic 'numerous' 등은 통사적 위치나 수의 변화에 따라 굴절하지 않았다.[11]

(2) 부사

고대영어에서 형용사에서 부사를 만드는 주된 방법은 접미사 -e를 붙이는 것이었다(가령, hraþ 'quick', hraþe 'quickly') 이러한 파생법은 중세영어 초기에 지속되었으나, 마지막 음절의 -e(=[ə])의 발음이 소실되자(이 장의 제1절 참조바람), 형용사와 부사의 구별이 어려워졌다. 고대영어에서 -lic는 형용사를 만드는 접미사였고 여기에 -e을 붙이면 부사가 되었다. 고대영어의 형용사 접미사 -lic의 경우, 어말 자음의 소실로 인해 중세영어에서 -li, -ly가 되었다. 마찬가지로 부사의 -lice 역시 마지막 음절의 -e의 소실과 어말 자음의 소실로 -li, -ly가 되었다. 기존에 존재하던 -ly 형용사들(가령, manly, earthly)이 오늘날까지 현존하지만, 이제 -ly는 형용사를 만드는 파생법으로는 더 이상 생산적이지 못하고, 부사를 만드는 접미사가 되었다.

---

[11] 가끔 2음절이라도 -el, -en, -er, -y로 끝나는 형용사는 강변화 방식으로 굴절하는 경우도 있었다: mikel 'large', evel 'evil', litel 'small, little', biter 'bitter', oþer 'other', owen 'own', many 'many', eni 'any'. 특히 초기 문헌에서 그러한 경향이 강하다.

중세영어에 들어와서 all, clean, downright, enough, fair, fele, full, passing, pure, quite, right, sore, swiþe, well 등의 강조부사가 많이 도입되었다. 이들은 그렇게 정밀하게 해석하지 않는다면 모두 'very'로 해석할 수 있을 것이다. 그러나 very (< ME verrei) 자체는 'true, accurate'라는 뜻의 형용사로 쓰이다가 나중에 부사('accurately, truly' > 'intensely, very')로 전성되었다.

(3) 비교

형용사의 비교급은 어간에 -(e)re (이후 -er), 최상급은 -est을 붙여 만들었다. -li/-ly, -lich로 끝나는 형용사는 -lier, -liest 외에 -loker, -lokest가 있었다.

원급	비교급	최상급
wis 'wise'	wiser	wisest
laþe 'hateful'	laþre	laþest
semli 'seemly'	semlier/semloker	semliest/semlokest

일부 형용사들은 어말의 자음을 겹쳐 쓰고 어간모음을 짧게 하는 경우가 있다.

glad 'glad'	gladder	gladdest
greet 'large'	gretter	grettest
late 'late'	latter	last(<lattest)

그러나 이들도 유추(analogy)에 의해 다른 형용사에 맞춰 규칙화된다. late는 latter와 later(최상급 last, latest)의 두 가지 굴절이 오늘날까지 그대로 남아있다. 또한 일부 형용사들의 어간 모음은 전설모음으로의 변이를 보인다.

old, ald	elder	eldest
long, lang	lenger	lengest
strong, strang	strenger	strengest

이들도 유추에 의해 모음의 변이가 일어나지 않는 형태가 특히 북부에서 나타난다(즉 alder-aldest, langer-langest). 고대영어와 마찬가지로, 소수의 형용사들은 비교급과 최상급의 어근이 원급과 다른 보충형태(suppletive forms)를 가진다.

god 'good'	bet(t)re, better, (bet)	best
evel 'evil'	werse, wurse	werst
muche(l), mikel 'large'	more, mare, (mo)	most
litel 'little'	lesse, lasse	leste

부사도 형용사와 동일한 비교급과 최상급을 가졌다.

sone 'quickly'	soner	sonest
wiseli 'wisely'	wiselier	wiseliest
longe 'for a long time'	lenger	lengest
neh 'nearly'	ner[12]	next

6. 동사

고대영어, 현대영어와 마찬가지로, 중세영어 동사는 형태상 현재와 과거라는 두 가지 시제를 지닌다. 과거시제의 형태를 만드는 방식은 크게 두 가지로 나뉘는데, 하나는 강변화동사이고 다른 하나는 약변화동사이다. 강변화동사는 현대의 swim-swam-swum처럼 어간의 모음교체(ablaut)를 통해서 과거시제와 과거분사를 만들고, 약변화동사는 love-loved-loved, bend-bent-bent처럼 어간 끝에 치음(dental) 접미사 -(e)d, -t를 붙이는 것이다.

고대영어시기에도 수치로 따지면 강변화동사보다는 약변화동사가 많았다. 그러나 고대영어의 강변화동사는 현대에 비해 훨씬 많고 다양하였다. 중세영어에 들어와서 많은 강변화동사들이 소멸하였다.[13] 예를 들어, 고대영어 강변화동사 blican 'to shine', leon 'to lend' 등은 중세영어에 생존하지 못하였다. 또한 고대영어 강변화동사 중 일부는 약변화로 바뀌고 있었다. 가령, bow, burn, climb, glide, help, weep 등은 고대영어에서 강변화동사였으나, 중세영어시기에 약변화동사로 변화를 겪고 있었다.[14] 이들의 경우, 마치 현대의 과거분사 shown과 showed처럼, 기존의 강변화

---

[12] ner는 비교급 'nearer'의 뜻 외에, 점점 더 형용사 'near'와 부사 'nearly'의 뜻을 갖게 되었다. 그리하여 ner를 원급으로 하여 비교급 ner(r)er 'nearer', 최상급 nerrest 'nearest'가 사용된다.

[13] 고대영어에 쓰였던 강변화동사의 약 3분의 1(약 100여개)이 중세영어 초기에 소멸하였다. 또한 중세영어시기를 거치면서 30개 이상의 강변화동사들이 없어졌고, 16~17세기를 거치면서 역시 30여개의 강변화동사가 사라졌다(Baugh and Cable 1993: §117).

[14] 고대영어에서 강변화였던 것이 약변화동사로 바뀐 어휘는 14세기까지 32개 이상, 15세기에 10여개, 현대에 들어와서도 10여개 정도가 있다(Baugh and Cable 1993: §118).

와 새로운 약변화가 과도기적으로 같이 사용되는 경우가 많았다. 예를 들어 helpen 'to help'의 과거단수는 halp와 helped 둘 다 사용되었다. 또한 차용으로 새로 도입된 동사들은 대부분 약변화동사가 되었다. 이러한 동사로는 cover, join, move, notice, plead, save, spend, store, waste (이상 불어 차용), call, cast, clip, crawl, droop, glitter, lift, raise, want(이상 스칸디나비아 차용) 등이 있다.

(1) 강변화동사

중세영어에 남아있는 강변화동사는 고대영어의 7가지 유형(제1군~제7군)의 모음교체 방식을 계승하였다. 현대영어의 강변화동사는 원형부정사(swim)-과거(swam)-과거분사(swum)의 3가지 모음교체를 보여주지만, 중세영어는 고대영어처럼 원형부정사-과거단수-과거복수-과거분사의 4가지 모음교체 패턴을 보여준다. 그러나 중세영어기간동안에 과거단수와 복수사이에 같은 모음을 가지려는 경향이 생기기 시작하였다. 특히 북부방언에서는 과거단수와 과거복수 사이에 모음차이가 사라지기 시작하였다(남부방언은 과거단수와 과거복수에 고대영어와 같은 구별을 지속하였고, 중부방언은 유동적이었다). 4가지 모음교체 패턴을 보여주는 중세영어 강변화동사를 정리하면 다음과 같다.[15]

---

[15] 이 표는 강변화의 7가지 유형을 단순화하여 정리한 것이다. 실제로는 중세영어의 다른 많은 어휘들과 마찬가지로 지역에 따라 다양한 철자변이가 존재한다. 예를 들어, 제1군 writen 'to write'의 과거단수에 wrot 외에 wrat(북부지역)도 존재하며, 제3군 helpen 'to help'의 과거단수에도 halp 외에 holp도 존재한다.

유형	모음교체	원형부정사	과거단수	과거복수	과거분사
제1군	i-o-i-i	write(n) 'write'	wrot	writen	(y)writen
제2군	e-e-u-o	crepe(n) 'creep' chese(n) 'choose'	crep ches	crupen curen	(y)cropen (y)coren
제3군	(a) i-a-u-u (b) e-a-o-o (c) i-au-ou-ou	singe(n) 'sing' helpe(n) 'help' fighte(n) 'fight'	sang halp faught	sungen holpen foughten	(y)sungen (y)holpen (y)foughten
제4군	e-a-e-o	bere(n) 'bear'	bar	beren	(y)boren
제5군	e-a-e-e	mete(n) 'measure'	mat	meten	(y)meten
제6군	a-o-o-a	take(n) 'take'	tok	token	(y)taken
제7군	V₁-e-e-V₁	falle(n) 'fall' blowe(n) 'blow'	fel blew	fellen blewen	(y)fallen (y)blowen

제1군은 오늘날에도 비교적 잘 보존되어 있는 모음교체이다. 각 모음의 장단과 개/폐모음을 구분하여 표시하면 ī-ọ̄-i-i (발음상 [iː-ɔː-ɪ-ɪ])이다.[16] 중세영어시기 제1군에 속한 동사들로는 (a)biden 'to remain', (a)risen 'to rise', atwiten 'to blame', bistriden 'to bestride', byten 'to bite', dryven 'to drive', gliden 'to glide', riden 'to ride', schriven 'to confess', slyden 'to slide', smyten 'to smite', wrien 'to cover' 등이 있다. 예외적으로, 불어 차용어 중에 striven 'to strive'(< OF estriver)와 finen 'to finish' (< OF finer)도 제1군 강변화동사로 도입되었다.

제2군의 모음교체는 ē-ẹ̄-u-ọ̄ ([eː-ɛː-ʊ-ɔː])이다. 여기에 속한 동사로는 beden 'to order', fleten 'to float', flen 'to flee', fleʒen 'to fly', forbeden

---

[16] ọ는 발음상 개모음 [ɔ] 음을 나타내기 위해 도입하였다. 마찬가지로, ẹ는 개모음 [ɛ]음을 나타낸다.

'to forbid', greten 'to weep', scheten 'to shoot', unlouken 'to unlock' 등이 있다. 위에서 chesen의 복수과거(curen)와 과거분사(ycoren)에서 s가 r로 나타나는 것은 베르너 법칙 때문이다.[17]

제3군은 크게 3가지 교체방식이 있었다.

(a) 어간이 비음+자음으로 끝나는 동사: ① 원형부정사 어간이 단모음 [ɪ]인 경우, [ɪ-a-ʊ-ʊ]의 발음을 가진다. 따라서 drinken 'to drink'의 경우, drinken-drank-drunken-ydrunken로 바뀌었다. 이렇게 바뀌는 동사로는 (be)ginnen 'to begin, happen', (i)limpen 'to happen', ringen 'to ring', singen 'to sing', springen 'to spring', swinken 'to work' 등이 있다. ② 원형부정사 어간이 장모음화 되어 [i:]인 경우, [i:-ɔ:/u:-u:-u:]의 발음을 가진다. 따라서 finden 'to find'의 경우, finden-fond/found-founden-yfounden 으로 철자가 다르게 나타난다. 이렇게 교체하는 동사로는 binden 'to bind', climben 'to climb', grinden 'to grind', winden 'to wind'가 있다.

(b) 어간이 유음(l, r)+자음으로 끝나는 동사: e-a-o-o ([ɛ-a-ɔ-ɔ]). 이러한 방식의 동사로는 helpen 'to help', berʒen 'to protect', bresten (< bersten) 'to burst', ʒelden 'to give', sterven 'to die', werpen 'to throw', welden 'to rule' 등이 있다.

(c) 어간이 -ght/-ʒt로 끝나는 동사: i-au-ou-ou. 이러한 동사로는 fighte(n)-faught-foughten-yfoughten이 있다.

---

[17] 베르너 법칙(Verner's Law)에 대해서는 김혜리(2011: 133-134)를 참조하라.

제4군은 e-a-e-o ([ɛ:-a-e:-ɔ:])를 갖는다. 여기에는 beren 'to bear', helen 'to conceal', stelen 'to steal', teren 'to tear'이 있다. breken 'to break', drepen 'to kill', speken 'to speak', treden 'to tread' 등은 고대영어에서 제5군에 속했으나, 중세영어에서 제4군으로 바뀌었다. 그리하여 이 동사들은 과도기적으로 과거분사의 모음이 제4군의 <o> (가령, yspoken)와 5군의 <e> (yspeken)가 둘 다 발견된다.

제5군은 e-a-e-e ([ɛ:-a-e:-ɛ:])이다. 여기에 속하는 동사로는 kneden 'to knead', weʒen 'to weigh', eten 'to eat'(단, 과거단수가 et임), queþen 'to say'(단, 과거분사로 quaþ, quoþ, quod가 쓰임), ʒeten 'to get', forʒeten 'to forget', ʒeven 'to give'가 있다.

제6군은 a-o-o-a ([a:-o:-o:-a:])이다. 여기에 속하는 동사로는 faren 'to go', forsaken 'forsake', schaken 'to shake', schapen 'to shape, make', taken 'to take', waken 'to waken' 등이 있다.

제7군 동사의 원형부정사의 어간모음은 다양하다. 과거분사의 어간모음은 원형부정사의 모음과 동일하다. 과거단수와 과거복수의 어간모음도 [e:]로 동일하다. 여기에 속하는 동사로는 holden 'to hold', hoten 'to command', fon, fangen 'to seize', growen 'to grow', knowen 'to know', lepen 'to leap', leten 'to let', mowen 'to mow', sowen 'to sow', throwen 'to throw' 등이 있다.

(2) 약변화동사

약변화동사는 크게 두 가지 유형으로 나뉜다. 하나는 과거나 과거분사에 -ed가 포함되고, 다른 하나는 -d나 -t가 포함된다. 그러나 중세영어

말, 치음자음 앞의 모음 발음이 소실되면서 이러한 구분이 사라지게 된다.

유형	굴절	원형부정사	과거(단수)	과거분사
제1군	-ed-	hope(n) 'hope'	hopede	(y)hoped
제2군	-d- -t-	(a) here(n) 'hear' (b) sette(n) 'set' (c) telle(n) 'tell' (d) have(n) 'have'	herde sette tolde hafde	(y)herd (y)set (y)told (y)hafd

약변화동사 제1군에 속하는 동사들은, 첫째, 고대영어 제1군 약변화동사 중 단어간(short stem)을 가졌던 동사들로서,[18] erien 'to plow', deren 'to injure', herien 'to praise', steren 'to stir', werien 'to protect' 등이 여기에 속한다. 둘째, 고대영어에서 -od- 굴절하였던 제2군 약변화동사들이 -ed-로 바뀐 것으로, betaknen 'to betoken, symbolize', clensen 'to cleanse', clepen 'to call'(과거단수로 clepede 외에 clepte도 사용됨), hopen 'to hopen', lernen 'to learn, teach', loken 'to look', loven 'to love', maken 'to make'(과거단수로 makede와 mad, 과거분사로 ymaked와 ymad가 동시에 사용됨), spellen 'to explain', tilen 'to cultivate' 등이 있다. 셋째, 음성적으로 비슷한 구조를 갖는 차용어들이 제1군 약변화동사가 된 예로는 chaungen 'to change', travailen 'to work' 등이 있다.

---

[18] 단어간(short stem)이란 1음절 단어에서는 각운(rhyme)이 단모음(이중모음 포함)+자음으로 구성된 것을 말한다. 음절의 두음(onset)은 음절의 길이와 무관하다. 1음절 단어의 장어간(long stemm)은 장모음(혹은 이중 장모음)이거나 혹은 모음이 짧을 경우 말음(coda) 자음이 2개 이상이어야 한다. 2음절 단어의 경우, 첫 음절부터 단모음+자음+모음으로 구성된 것은 단어간이고, 장모음+자음+모음 혹은 단모음+자음+자음+모음일 때는 장어간이다. 더 자세한 내용은 김혜리(2011: 89, 145)를 참조하라.

중세영어 제2군 약변화동사는 크게 4가지로 나뉜다.

(a) 고대영어에서 장어간 제1군 약변화동사에서 계승된 동사: delen, 'to devide', demen 'to judge', felen 'to feel', helen 'to hide', heren 'hear', leren 'to teach', semen 'to seem', wenen 'to hope'.

(b) 고대영어에서 단어간 제1군 약변화동사 중에 어간이 -d나 -t로 끝나는 동사: letten 'to let, hinder', setten 'to set'.

(c) 고대영어에서 제1군 약변화동사 중에 원형부정사에 움라우트(umlaut) 모음을 지녔던 동사: 이 유형은 다시 다음과 같이 tellen 'to tell' 유형, techen 'to teach' 유형, sechen, seken 'to seek' 유형으로 구분된다. tellen 유형에는 quellen, aquellen 'to kill', sellen 'to sell'이 있고, techen 유형에는 rechen 'to reach', lacchen 'to seize', cachen 'to catch'(< OF cachier)이 있고, thenken 'to think' 유형에는 bringen 'to bring', byen, buggen 'to buy', sechen, seken 'to seek', thinken 'to seem', werchen 'to work'가 있다.

원형부정사	과거(단수)	과거분사
telle(n) 'tell'	tolde	(y)told
selle(n) 'sell'	solde	(y)sold
teche(n) 'teach'	taughte	(y)taught
cache(n) 'catch'	caughte	(y)caught
thenche(n) 'think'	thoughte	(y)thought
bringe(n) 'bring'	broughte	(y)brought
bye(n) 'buy'	boughte	(y)bought
seche(n) 'seek'	soughte	(y)sought

(d) 고대영어에서 제3군 약변화동사에 속했던 동사: haven 'to have' (hafde/hadde- yhafd/yhad), seyen, seggen 'to say' (seide-yseid).

(3) 동사의 활용

동사는 시제, 인칭, 수, 서법에 따라 굴절하였는데, 이것을 활용(conjugation)이라 한다. 먼저, 현재시제의 활용을 살펴보자.

1) 현재시제

현재시제의 어미는 강변화동사와 약변화동사 모두 같다. 모든 법의 현재시제 어간은 원형부정사 어간과 동일하다. 중세영어는 방언차이가 커서, 현재시제의 어미는 방언마다 다르다. heren 'to hear'을 이용하여, 북부, 중부, 남부 방언으로 구분하여 정리하면 다음 표와 같다.

			북부	중부	남부
직설법	단수	1	her(e)	here	here
		2	heres	heres(t)	her(e)st
		3	heres	heres, hereþ	hereþ
	복수		heres	here(n)	hereþ
가정법	단수		her(e)	here	here
	복수		her(en)	here(n)	here(n)
명령법	단수	2	her	her	her
	복수	2	heres	hereþ	hereþ
원형부정사			her(e)	here(n)	here(n)
현재분사			herand	herand, herende, hering(e)	herinde, hering(e)

방언적 차이는 특히 3인칭단수, 복수, 그리고 현재분사에서 두드러진다. 북부방언(북중부방언 포함)에서 3인칭단수 어미는 -es인 반면, 남부방언(남중부방언 포함)은 -eþ(=eð, eth)이다. 남부방언 어미 -eth는 -th로 축소된 후, d/t로 끝나는 어간에 동화되기도 한다. 따라서 findeth 'finds'는 fint로 나타나기도 한다(비슷한 예로 last 'lasts', sit 'sits', stant 'stands').

복수어미의 경우, 북부방언(랭커셔, 요크셔, 링컨셔와 그 북쪽)은 -es를 가졌고, 남부방언과 남서중부방언(슈롭셔 남쪽, 워릭셔)은 -eþ(=eð, eth)를 가졌다. 그 중간 위치인 동중부방언과 북서중부방언에서는 -e(n)을 가졌다. 현재분사의 경우, 일반적으로 남부와 중부방언에서는 -ing를 가졌다. 그러나 고대영어에서 계승된 현재분사 어미가 여전히 사용되어, 북부방언은 -and, 동중부방언은 -ende, 남서중부방언 -inde를 가졌다.[19]

남부방언과 남서중부방언에서 일부 동사들은 원형부정사에 -i(e) (n)를 갖는다(예를 들어, makien 'to make', lokin 'to look', luvie 'to love'). 이들은 고대영어 제2군 약변화동사에서 내려온 것들이다(즉 -ien < OE -ian). 이들의 활용은 다음과 같았다.

직설법	단수	1	makie	가정법	단수		makie
		2	makest		복수		makie(n)
		3	makeþ				
	복수		makieþ	명령법	단수	2	make
					복수	2	makieþ

이상의 활용은 방언차이와 더불어 시대에 따라 변하였다. 예를 들어,

---

[19] -ing는 또한 동사성 명사(즉 동명사)를 만들어 주는 파생접미사로도 쓰였는데(제3장 참조), 이 경우에는 모든 방언에 -ing가 쓰인다.

우리가 제7장에서 살펴볼 문헌 「수녀들을 위한 지침서(Ancrene Wisse)」 (13세기 초, 남서중부방언)와 「가웨인 경과 초록기사(Sir Gawain and the Green Knight)」(14세기 후반, 북서중부방언) 사이에 heren 'to hear'의 직설법 현재는 다음과 같이 서로 다른 어미를 보여준다.

		Ancrene Wisse		Gawain	
원형부정사		heren		here	
직설법 단수	1	ich	here	I	here
	2	þu	herest	þou	heres
	3	he	hereð	he	heres
복수		we, ȝe, ha	hereð	we, ȝe, þay	here(n) heres

방언차이도 있겠으나, 시간적으로도 원형부정사 -en 어미는 점차로 소실되어 -e로 바뀌거나 어미가 사라진다. 중부방언(특히 런던 방언)에서 사용된 복수의 -en 어미도 동일한 변화를 겪었는데, 14세기후반 초서는 동일 행 안에서 they daunce and pleyen 'they dance and play' 같이, 어미 없는 복수(운율상 daunce의 마지막 <e>는 묵음임)와 -en를 같이 쓰고 있다. 이미 -en이 런던 방언에서 사라지기 시작하였음을 보여주는 것이다.

2) 과거시제

과거시제의 어미는 강변화동사와 약변화동사사이에 차이가 있다. 오히려 방언차이는 현재시제보다 덜 두드러지며, 북부와 나머지 지역으로 양

분할 수 있다.

(a) 강변화동사의 활용

앞에서 언급하였듯이, 강변화동사의 과거와 과거분사는 어간모음을 교체하여 나타낸다(제1군~제7군). 이 때 북부방언의 경우, 오늘날처럼, (과거분사를 제외하고) 뒤따르는 어미가 없다. 반면에, 남부와 중부방언에서는 과거시제의 어미가 수, 인칭, 법에 따라 조금씩 달랐다. 직설법 2인칭 단수에 -(e)가, 복수에 -e(n)이 붙었다. 직설법 2인칭단수의 어간은 복수의 어간과 동일하다. 가정법에서는 모든 단수에 -e, 모든 복수에 -e(n)이 붙었다. 가정법의 어간은 직설법 과거복수(혹은 2인칭단수)어간과 동일하다. 과거분사는 모든 방언에서 -(e)n이 붙었다. 그러나 남부와 중부방언에서는 가끔 -n이 탈락하기도 하였다. 과거분사에 붙는 접두사 y-, i- (< OE ge-)는 북부와 북서중부 방언에서는 일찍 사라졌다. 런던 방언에서는 14세기동안에도 이 접두사 유무는 자유변이 관계였다. 초서의 글을 보면 이것의 도입에 특별한 규칙 없다. 가워는 이 접두사를 쓰지 않는다.

강변화동사 가운데 driven 'to drive'(제1군), finden 'to find'(제3군), taken 'to take'(제6군)의 과거시제 활용을 예시하면 다음과 같다.

driven 'to drive'			북부	중부와 남부
직설법	단수	1	draf	drof
		2	draf	driv(e)
		3	draf	drof
	복수		draf	drive(n)
가정법	단수		draf	drive
	복수		draf	drive(n)
	과거분사		driven	(y)drive(n)

finden 'to find'			북부	중부와 남부
직설법	단수	1	fand	fond
		2	fand	found(e)
		3	fand	fond
	복수		fand	founde(n)
가정법	단수		fand	founde
	복수		fand	founde(n)
	과거분사		funden	(y)founde(n)

taken 'to take'			북부	중부와 남부
직설법	단수	1	tok	tok
		2	tok	toke
		3	tok	tok
	복수		tok	toke(n)
가정법	단수		tok	toke
	복수		tok	toke(n)
	과거분사		taken	(y)take(n)

(b) 약변화동사의 활용

약변화동사는 과거나 과거분사에 접미사 -ed-나 -d-/-t-를 붙인다. 중부와 남부방언에서는 여기에 수, 인칭, 법에 따른 어미를 붙인다. 그러나 북부방언에서는 모든 수, 인칭, 법이 동일한 형태를 지녔다. 약변화동사 hopen 'to hope'(제1군), heren 'to hear'(제2군 (a)), haven 'to have'(제2군 (d))의 활용을 살펴보면 다음과 같다.

hopen 'to hope'			북부	중부와 남부
직설법	단수	1	hoped	hoped(e)
		2	hoped	hopedest
		3	hoped	hoped(e)
	복수		hoped	hoped(e)(n)
가정법	단수		hoped	hoped(e)
	복수		hoped	hoped(e)(n)
과거분사			hoped	(i-)hoped

heren 'to hear'			북부	중부와 남부
직설법	단수	1	herd	herde
		2	herd	herdest
		3	herd	herde
	복수		herd	herde(n)
가정법	단수		herd	herde
	복수		herd	herde(n)
과거분사			herd	(i-)herd

haven 'to have'			북부	중부와 남부
직설법	단수	1	had	had(d)e
		2	had	had(d)(e)st
		3	had	had(d)e
	복수		had	had(d)e(n)
가정법	단수		had	had(d)e
	복수		had	had(d)e(n)
과거분사			had	(i-)had

(4) 변칙동사

강변화와 약변화 어디에도 속하지 않는 변칙동사들이 있다. 이것들은 고대영어에서 계승된 것으로서, be(n) 'to be', do(n) 'to do', go(n) 'to go', wille(n) 'to wish, will'이 있다. 이 가운데 특히 'to be'는 불규칙적이었고 방언사이 차이도 컸다. 이것은 두 가지 형태를 지녔는데, am, art, is, ar(e)는 주로 현재시제를, b-로 시작하는 형태들은 미래의 함축을 갖고 있었다 (swa þe bið alre laððest 'as shall be most hateful to you').

ben 'to be'			북부	서중부	동중부	남부
현재						
직설법	단수	1	am, be	am	am	am, æm, em
		2	ert, es; bes	art	art; best	art; best
		3	es; bes	is, ys; beoþ, buþ	is, ys; beoþ	is; beoþ, beþ
	복수		ar(e), er(e), es; bes	arn	ar(e)n; beoþ, beyn, ben, be (sinden)[20]	beoþ, beþ, buþ
가정법	단수		be	be	be, (si)	beo, bo, (sie)
	복수		be	ben	ben	beon, bon, (sien)
명령법	단수	2	be	be	be	beo, bo
	복수	2	bes	beþ	beþ	beoþ
원형부정사			be	ben	ben, be	beon, bon, bo
굴절부정사			—	—	—	to beonne
현재분사			beand(e)		being	
과거						
직설법	단수	1	was, wes	was	was	was
		2	was, wes	wore	were, wast	weore
		3	was, wes	was	was	was
	복수		wer, war(e), wes	woren	were(n)	weore, wære
가정법	단수		war(e)	wore	were	were
	복수		war(e)	woren	were(n)	were
과거분사			ben	ben	(y-)be(n)	i-be

ben의 부정(negation)은 부정접어 n- (ne의 축약형)가 앞에 붙었다: 현재시제 nam 'am not', nart 'art not', nis 'is not'; 과거시제 nas, nes 'was not', nere 'were not'.

don 'to do'의 활용은 다음과 같다. 과거시제의 활용어미는 직설법 1,3인칭 단수만 표시한다. 직설법 과거 2인칭과 복수, 그리고 가정법 과거의 활용어미는 약변화동사와 동일하다.

don 'to do'			북부	중부	남부
현재					
직설법	단수	1	do	do	do
		2	dos	dost	dest
		3	dos	doþ	deþ
	복수		dos	do(n)	doþ
가정법	단수		do	do	do
	복수		do	do(n)	do(n)
명령법	단수	2	do	do	do
	복수	2	do(s)	doþ	doþ
원형부정사			do	do(n)	do(n)
굴절부정사			—	—	to don(n)e
현재분사			do(a)nd(e)	doinge	doinde
과거					
직설법 단수	1,3		dide	dide	dede, dude
과거분사			don	(y)don	idon

[20] 괄호 속의 s-로 시작하는 형태(si, sie, sien, sinden)은 고대영어 직설법 복수(sind, sint, sindon)와 가정법 단수(sie)와 복수(sien)에서 내려온 것이다(이들은 b로 시작하는 형태들과 함께 사용되었음). s-형태들은 스칸디나비아에서 are가 차용되면서 점차 영어에서 사라지게 된다.

고대영어와 마찬가지로, gon 'to go'의 과거형은 원형부정사(혹은 현재 시제)의 어간에 기반하지 않았다. 중세영어의 남부(와 12세기의 중부)지역에서는 보충(suppletive) 형태 eode와 그 철자변이형 ȝede, ȝode (< OE eode, ge-eode)가 사용되었다. 반면, 북부와 중부지역에서는 새로운 보충형 went(e) (이것은 중세영어 wenden 'to go'에서 왔음)가 사용되었다. 이 형태는 북부에서 처음 나타난 후, 점차로 중부와 남부로 확산되었다. gon 과 비슷한 뜻으로 제7군 강변화동사 gangen, gongen 'to go'가 있었는데, 북부지역에서는 이 동사에서 현재분사 gangand 'going'를 빌려왔다.

gon 'to go'			북부	중부	남부
현재					
직설법	단수	1	ga	go	go
		2	gas	gost	gest
		3	gas	goþ	geþ
	복수		gas	go(n)	goþ
가정법	단수		ga	go	go
	복수		ga	go(n)	go(n)
명령법	단수	2	ga	go	go
	복수	2	ga(s)	goþ	goþ
원형부정사			ga(n)	go(n)	go(n)
현재분사			[gangand]	goinge, goende	goinde
과거					
직설법 단수 1,3			went	ȝede, ȝode, wente	eode, ȝede, ȝode
과거분사			gan	(y)go(n)	igo

willen 'to wish' (> will)의 현재형으로 wol이 14세기 공통 문어체에 많이 사용되었다. 초서와 가워는 wil보다는 wol 더 자주 사용하였다. 이것은 과거형 wol-de에서 역형성(back formation)된 것으로서, 현대영어 부정 won't의 기원이 되었다. willen의 부정형은 부정접어 n-가 앞에 붙는 형이 자주 사용되었다: 1,3인칭 단수 현재 nil, nul; 2인칭 단수 현재(인칭대명사와 함께 붙어) neltou, nultu; 복수 현재 nillen, nulleþ; 과거 nalde, nolde, nulde, naldest, noldest 등이 쓰였다.

willen 'to wish'			북부	중부	남서부
현 재					
직설법	단수	1	wil, wel	wil(le), wol(le)	wul(l)e
		2	wil, wel	wilt, wolt	wult
		3	wil, wel	wil, wol(le)	wul(l)e
	복수		wil, wel	wilen, wol(n)	wulleþ
가정법	단수		wil, wel	wile, wole	wulle
	복수		wil, wel	wile, wole	wullen
과 거					
직설법	단수	1,3	wald, weld	wilde, wolde	walde

(5) 과거-현재동사

고대영어에서 사용되었던 과거-현재동사(preterit-present verb)의 대부분이 중세영어에 계승되었다. 과거-현재동사란 원시게르만어(Proto-Germanic)에서 본래 강변화동사였는데, 세월이 흐르면서 이것의 과거형이 현재시제의 기본형이 되고, 대신에 새 동사의 과거형은 약변화하는 동사들을 일컫는다.[21]

이들은 여전히 이전의 강변화동사의 특징을 보여주기 때문에, 다음과 같이 강변화처럼 분류된다(각 군의 분류가 불명확한 경우, 각 군의 명칭에 괄호를 사용한다).

원 부류	원형부정사	현재단수	현재복수	과거단수
제1군	witen 'know'	wat	witen	wiste
(제1군)	owen 'possess, ought'	owe	owen	ahte
제2군	dugen 'avail'	dowe	-	douhte
제3군	unnen 'grant'22	an	unnen	(h)uðe
제3군	cunnen 'know how to, can'	can	cunnen	cuþe
제3군	þurven 'need'	þarf	þurven	þurfte
제3군	durren 'dare'	dar	durren	durste
제4군	shulen 'be obliged, shall'	shal	shulen	shulde
제4군	monen 'shall, must'23	mon	mon	munde
(제5군)	mahen 'be able, may'	mai	mahen	mahte
제6군	moten 'be compelled to'	mot	moten	moste

이 가운데 가장 흔히 사용된 cunnen, mahen, moten, shulen, durren, þurven, owen, witen의 활용을 살펴보면 다음과 같다.

---

[21] 과거-현재동사에 대한 보다 자세한 설명과 고대영어의 과거-현재동사에 대해서는 김혜리(2011: 152)를 참조하라.
[22] unnen 'to grant, wish'는 중세초기에만 사용되었다.
[23] monen 'shall, must'은 북부지방에서만 사용되었다. 따라서 현재복수형도 현재단수와 동일형태를 가진다.

			현재			
직설법	단수	1	can	mei	mot	schal
		2	canst	maht	most	schalt
		3	can	mei	mot	schal
	복수		cunnen	mahen	moten	schule(n)
가정법	단수		cunne	mahe	mote	schule
			과거			
직설법	단수	1, 3	cuðe	mahte	moste	schulde

			현재			
직설법	단수	1	dar	þarf	owe	wat
		2	darst	þarft	owest	wast
		3	dar	þarf	owe(þ)	wat
	복수		dar	þurve(n)	owe(n)	witen
가정법	단수		durre	þurve	owe	wite
			과거			
직설법	단수	1, 3	durste	þurfte	ahte	wiste

과거-현재동사 중 일부는 현대영어의 법조동사(modal auxiliary)가 되었다. cunnen, mahen, moten, shulen, durren, owen의 경우 각각 can, may, must, shall, dare, ought로 발전하였다. 이 가운데 can, may, shall, dare는 각 동사의 1, 3인칭 단수현재 형태에서 온 것이고, must와 ought는 각 동사의 1,3인칭 단수과거 형태에서 온 것이다.

제5장 구문

　제4장에서 언급한 바와 같이, 명사구의 격어미의 소실은 중세영어의 통사구조에 중요한 영향을 끼쳤다. 고대영어에서는 주어, 목적어, 보어 등의 문법관계를 격어미를 통해서 파악할 수 있었던 반면, 이제 이러한 역할은 문장 안의 어순이 담당하게 되었다. 또한 전치사의 중요성이 증가하게 되었다. 12세기경까지 고대영어 격변화의 흔적이 명백하게 남아있지만, 14세기경에는 대격과 여격의 거의 모든 구별이 상실되었다. 이러한 측면에서 중세영어는 고대영어와 현대영어의 과도기적 위치에 있다고 볼 수 있다.

1. 격

　고대영어 명사구는 주격, 대격, 속격, 여격이 형태상 구별되었다.[1] 그러

---

[1] 주격, 대격, 속격, 여격 외에, 다섯 번째 격으로 도구격이 있었다. 그러나 도구격은 지시사, 형용사, 의문사의 일부에서만 별도의 형태를 지녔다. 고대영어의 격변화 형태와 그 기능에 대해서는 김혜리(2011)을 참조하라.

나 중세영어에서는 속격을 제외하고 형태상 격구별이 빠르게 사라져 갔다.

(1) 주격과 대격

주격(nominative)은 본래 문장의 주어나 주격 보어로, 대격(accusative)은 타동사의 직접목적어나 여러 전치사(특히 주로 시간이나 장소의 이동을 암시하는 전치사)의 목적어로 사용되었다. 그러나 주격과 대격사이의 형태상 구별은 중세영어 초기에만 발견된다. 대격은 전치사 없이 부사적 용법으로 시간과 장소의 지속이나 방향을 나타내기도 하였는데, 이러한 대격의 형태도 중세영어초기에만 발견된다. (1a)는 1258년 런던 말로서, 대격이 형태상 구별되고 있다. 14세기의 (1b)에서는 대격을 공통격(common case)과 구별할 만한 특징이 없다.[2]

(1) a. witnesse usselven at Lundene, þane eʒtetenþe day
witness ourselves at London, the(Acc) 18th day
on þe monthe of Octobre
in the month of October
'witness ourselves at London, on the) 18th day of the month of October'
b. He hath a thousand slayn this pestilence
'he has slain a thousand during this pestilence'

---

[2] 공통격(common case)이란 형태상 구별이 되지 않는 격을 일컫는 것으로 현대영어 명사의 주격, 대격, 여격은 공통격을 갖는다. 또한 대격과 여격을 합쳐서 목적격이라고 한다. 인칭대명사의 경우, 주격과 목적격이 형태상 구별된다.

(2) 속격

중세영어의 속격(genitive)은 형태상 고유의 격어미를 지녔다. 현대영어의 소유격이 '소유'의 뜻 외에 다양한 기능을 갖듯이, 중세영어 속격의 용법도 다양하였다. 먼저, 속격은 명사가 뒤따라 올 때, '소유'(2a), '주체'(2b), '객체'(2c) 등의 뜻을 가졌다.

(2) a. þe kinges halle 'the king's hall'
　　b. þurh Godes fultume 'through God's help'
　　c. Ancrene Wisse 'Guide for Anchoresses'

때때로 속격에 형태상 어미가 없는(즉, 영-어미(zero-ending)) 경우도 있다. (3a-c)는 속격단수의 예이고, (3d, e)는 복수의 예이다.

(3) a. Uryn son 'Urien's son'
　　b. sister sunes 'sister's sons, nephews'
　　c. Our Lady veyl 'Our Lady's veil'
　　d. heordemonne hure 'shepherds' wages'
　　e. þe seli children blod 'the innocent children's blood'

이럴 경우, 그 구문이 속격을 포함한 명사구인지 아니면 합성명사(compound noun)인지 구분이 모호한 경우도 있다: werlde ryche 'world('s) realm', munster dor 'minster('s) door', sumere dale 'summer('s) valley'.

속격은 이른바 부분속격(partitive genitive)의 기능으로도 사용되는데,

중세영어 초기 문헌에서 주로 쓰였다. 부분 속격이란 '~중의'라는 뜻으로, 숫자를 나타내는 단어(4a, b)나 형용사/부사의 최상급(4c, d)과 함께 사용되었다.

(4) a. X wintre '10 years (*lit.* 10 of winters)'
 b. fif and twenti þusend wihtere monnen '25,000 (of) bold men'
 c. richest alre kinge 'most powerful of all kings'
 d. læðest alre þinges 'most hateful of all things'

초기문헌에서 속격은 ful 'full', unilic 'unlike'같은 형용사와 함께 쓰여 형용사를 수식하기도 하였다.

(5) ælchen oðere unilic 'unlike all others'

중세영어초기에 속격은 부사적 용법으로 사용되기도 하였다: 가령, lives 'alive', willes 'voluntarily'. 특히 시간을 나타내는 (6)과 같은 부사절이 사용되었다. ones 'once', twyes 'twice', þries 'thrice'는 현대영어에 잘 보존되었다.

(6) be nihtes and be days 'nights and days'

중세영어를 거치면서 of-구의 사용이 늘어난다. 이것은 이미 고대영어에 나타나지만, 아마도 불어 de 'of'의 영향으로 1066년 이후 사용비율이 증가한다. 속격어미와 마찬가지로 of-구도 '소유'(7a) '객체'(7b), '수식'(7c), 부분속격(7d) 등의 다양한 기능을 가졌다.

(7) a. þe face of frelych dryȝtyn 'the face of gracious lord'
　　b. eie of monne 'fear of man'
　　c. men of þe land 'men of the land'
　　d. some of hem 'some of them'

고대영어에서는 특정 의미를 지니는 동사의 목적어로서 속격이 나타났으나, 중세영어에서는 of-구만 사용된다.³

(8) a. men sturven of hungær 'men died of hunger'
　　b. hwerof chalengest tu me 'of what dost thou accuse me'
　　c. talde hire of his kinedom 'told her of this kingdom'

일부 문헌(특히 남서중부방언)에서는 속격을 대신하여 his가 사용되기도 한다. 이것을 흔히 his-속격이라고 한다.

(9) a. God hys heste 'God's commandment'
　　b. Seint Gregore hys bokes Dialoges 'St Gregory's books "The Dialogues"'

두 개의 속격이 나란히 사용되기도 한다. (10a)에서 두 개의 명사구가 동격이기 때문이다. 만약 속격이 수식하는 명사가 존재하면, 속격이 분할

---

³ 고대영어에 속격을 목적어로 취하는 동사들은 '기쁨', '열망', '관심', '한탄' 등의 감정을 나타내거나 '소유', '시도', '요청'의 동사 뒤에 쓰이는 경우가 많았다(김혜리 2011: 160).
　(i) hie þæs fægnodon 'they rejoiced at that'
　(ii) fandiaþ min 'try me'

되어 앞 요소에만 격어미가 붙는 경우도 있다. (10b)에서 속격이 수식하는 명사 love가 존재하며, 동격의 두 명사구(mi lord, Sir Orfeo)가 분할되어 앞에 나오는 요소만 속격어미 -es가 붙었다. (10b)와 동일한 어순으로 of-구가 나타나기도 한다(10c).

(10) a. He wes Uðeres þas aðelen kinges
   It was Uther(Gen) the noble king(Gen)
   'It has been the noble king Uther's'
   b. mi lordes love Sir Orfeo 'my lord Sir Orfeo's love'
   c. for the Lordes love of hevene 'for the love of the Lord of heaven'

(3) 여격

고대영어에서 계승된 여격(dative) 단수어미 -e는 중세영어초기까지 잔존하였으나, 곧 모든 명사에서 탈락하면서, 주격, 대격과 형태상 구별을 상실하였다. 따라서 이 절에서 예시한 형태적으로 구별되는 여격은 모두 중세영어초기 예문이다. 여격의 주된 기능은 문장에서 간접목적어 역할이었다. 명사나 관사에 격구별을 보이는 중세영어 초 예문은 다음과 같다.

(11) a. he heo ȝef þare æðelen Ælienor
   'he it gave the(Dat) noble Eleanor'
   'he gave it to the noble Eleanor'
   b. brohte tidinge Arðure þan kinge
   brought tidings Arthur(Dat) the king(Dat)

'brought tidings to Arthur, the king'

여격어미 -e는 중세영어 초 to, mid 'with', bi 'by' 등의 전치사의 목적어로 사용되었다.

(12) bi mine songe 'by my song'

또한 loþ 'loath', lef 'dear' 같은 형용사 뒤에는 여격이 사용되었다.

(13) a. loþ smale foȝle 'loath to small birds'
     b. lof him were niȝtingale 'nightingales were dear to him'

고대영어에서 사용된 '소유'의 여격이 중세영어에도 계승되었다. '소유'의 여격은 현대영어에도 계승된 현상이다. 가령, He looked her in the face, She hit him on the head, She took him by the sleeves에서 목적격으로 사용된 her, him은 사실은 여격에서 계승된 것이며, 의미상 He looked at his face, She hit his head, She took his sleeves이다.

(14) a. him bræcon alle þe limes
      him(Dat) broke all the limbs
      'all his limbs broke'
    b. hit come him on mode
      it came him(Dat) into mind
      'it came into his mind'

여격은 부사적 용법으로도 사용되었는데, 다음과 같은 예는 중세영어 초기 문헌에서도 드물며, 곧 전치사의 사용으로 대체된다.

(15) ludere(Dat) stæfne(Dat) 'with a loud voice'

여격 인칭대명사가 허사(pleonastic, dummy)적으로 사용되기도 하였다. 특히「가웨인 경과 초록기사(Sir Gawain and the Green Knight)」등을 지은 익명의 시인의 글에서 1인칭 여격 인칭대명사 me를 이렇게 사용되는 예가 많다. 이 경우 me는 해석할 필요가 없으며(16a), 2,3인칭 여격 인칭대명사의 이런 사용(16b)은 매우 드물다.

(16) a. he swenges me þys swete schip
       it turns ∅ this fine ship
       'it turns ∅ this fine ship'
    b. had hym in sayntes 'broght in saints'

그 외, 비인칭동사의 의미상의 주어로 여격이 사용되었는데, 이것에 대해서는 이 장의 제10절에서 다루겠다.

2. 관사

제4장에서 관사의 굴절에 대하여 살펴보았다. 이 절에서는 관사의 통사적 쓰임에 대해 알아본다.

(1) 정관사

중세영어의 정관사와 부정관사의 사용은 고대영어보다 더 확장되었다. 그러나 관사의 사용규칙은 현대에 비해 상당히 느슨하였다. 현대라면 정관사가 사용되어야 할 통사적 문맥에서 정관사가 없는 경우가 많다.

(17) a. beginnunge ant rot of al þis ilke reowðe
　　　 beginning and root of all this same evil
　　　 'the beginning and the root of all this same evil'
　　 b. til sonne ʒede to reste
　　　 until sun went to rest
　　　 'until the sun went down'

직위 뒤에 고유명사가 뒤따라올 때, 정관사를 사용하는 경우가 특히 초기중세영어에서 흔하였다(18a). 반면에, 정관사 없이 고유명사가 앞에 나오는 경우도 있다(18b). 중세영어후기로 오면 정관사 없이 직위+고유명사가 온다(18c).

(18) a. þe king Stephne 'king Stephen', þe biscop Roger 'bishop Roger'
　　 b. Henri king 'king Henry', Aþulf kniʒt 'Knight Athulf'
　　 c. Kyng Charles 'king Charles', Seint Jerom 'St. Jerome'

12세기 동중부방언에서는 아마도 스칸디나비아어의 영향으로 관사가 소유격 대신에 사용되기도 하였다.

(19) ðat he sculde ben alsuic alse <u>the</u> eom wes
that he would be just as the uncle was
'that he would be just as his uncle was'

(2) 부정관사

부정관사가 사용된 예는 다음과 같다.

(20) He smot him a litel wiʒt And bed him beon a god kniʒt
'He hit him a little tap and asked him to be a good knight'

그러나 현대영어라면 부정관사가 사용되어야 할 문맥에 부정관사가 없는 경우가 많다.

(21) a. þu shalt bere crune
'you shall wear a crown'
b. I am wyʒe unworþy
I am man unworthy
'I am an unworthy man'

3. 인칭대명사와 재귀대명사

(1) 인칭대명사

현대영어와 마찬가지로, 중세영어 인칭대명사는 선행하는 명사를 지칭하기 위하여 사용한다. 이때 목적어가 인칭대명사일 때 동사 앞에 위치하는 경우가 많다(이 장의 제5절 참조바람).

(22) Alle þis route of ratones to þis reson þei assented
'all this assembly of rats, to this argument they assented'

현대영어와 구별되는 중세영어 인칭대명사의 특징을 다음에서 살펴보자.

1) þou와 ȝe

고대영어에서 þu 'thou'와 ge 'you'는 각각 2인칭 단수과 복수로 사용되었다. 여기에는 공손함의 함축은 들어있지 않았다. 그러나 13세기부터 2인칭복수 대명사 ȝe가 공손한 표현의 단수의 뜻으로 사용되었다. 이것은 불어의 2인칭대명사 tu(SG), vous(PL)의 용례를 빌려온 것으로서, 2인칭 단수 þou는 윗사람이 아랫사람을 부를 때나 동급의 사람들끼리 사용하였고, ȝe는 아랫사람이 윗사람을 공손히 부를 때 사용하였다. 예를 들어 「가웨인 경과 초록기사」에서 아서(Arthur)왕은 가웨인과 초록기사에게 þou를 사용하고 있으나, 가웨인은 자신의 군주인 아서에게 ȝe를 사용한다. 반면에 왕의 궁정에서 도발을 감행한 초록기사는 아서에게 þou를 사용한다.
그러나 이러한 구분이 항상 규칙적이지는 않다. 동일인을 부를 때 동일 문장에서도 þou와 ȝe 사이에 변이가 존재한다.

(23) Al Denemark I wile you yeve To þat forward þu late me live

all Denmark I will you give for the agreement thou lettest me live
'all Denmark I will give you in return for the agreement that you let me alive'

어떤 경우에는 þou를 친밀함의 표현으로 사용하기도 한다. 가웨인은 자신이 방문한 성의 성주와 그 부인에게 일관되게 공손한 어투 ȝe를 사용하지만, 가웨인을 유혹하는 성주부인은 그에게 þou를 사용한다.

2) 인칭대명사의 생략

현대영어처럼, 등위 접속된 절에서 인칭대명사 주어는 생략이 가능하다.

(24) Þe niȝtingale hi iseȝ And hi bihold and overseȝ
the nightingale her saw, and her beheld and watched'
'the nightingale saw her, and beheld and watched her'

그러나 현대영어라면 인칭대명사가 반드시 사용되어야 할 문맥에서 인칭대명사가 표현되지 않는 경우가 중세영어에 종종 있다. 이것은 크게 두 가지 경우로 나뉜다. 첫째, 선행하는 문맥에서 주어가 무엇인지 이해할 수 있는 경우이다. 특히, 그 주어를 주절에서 찾을 수 있는 경우가 많다(25a). 종속절이 앞에 나타날 때, 주절의 주어가 생략되기도 한다(25b).

(25) a. he watz sokored … þaȝ were wanlez of wele

　　　　he was protected … though were(Subj) hopeless of well-being
　　　　'he was protected … though (he) was without hope of
　　　　well-being'
　　b. Hwen ha ihereð þet god, skleatteð þe earen adun
　　　　when they hear that good flap the ears down
　　　　'when they hear anything good, (they) flap their ears down'

어떤 경우에는 문맥과 더불어 동사의 굴절에 의해 주어가 무엇인지 찾을 수 있다.

(26)　Or beggest thy bylyve
　　　or beg(2.SG) thy food
　　　'Or (you) beg for your food'

둘째, 비인칭구문(impersonal construction)에서 날씨, 시간, 거리, 상황을 나타내거나(27a), 진주어가 뒤따르는 구문(27b)의 허사주어(dummy subject) 'it'을 생략하는 경우가 있다.

(27)　a. ne beþ nout ȝet þre daies ago
　　　　'(it) is not yet three days ago'
　　　b. hard to knowe in al poyntis to holde …
　　　　hard to know in all points to hold
　　　　'(it) is hard to know exactly to hold …'

주어와 마찬가지로, 목적어 인칭대명사도 문맥으로 이해되는 경우에 생략하는 경우가 있다.

(28) lacche water And cast upon þi faire cors
　　　fetch water and cast on your fair body
　　　'fetch some water and cast (it) on your fair body'

(2) 재귀대명사

현대영어의 재귀대명사(reflexive pronoun)는 인칭대명사에 -self를 붙인다. 그러나 중세영어에는 재귀대명사로 구분되는 형태가 없다. 현대영어라면 재귀대명사가 사용될 통사적 환경에서 중세영어에는 단순 인칭대명사가 사용되었다.

(29) a. ȝif ich me loki
　　　 'if I guard myself'
　　 b. þe byshop hym shope
　　　 'the bishop got himself ready'
　　 c. summe putten hem to þe plouȝ
　　　 'some set themselves to plowing'

인칭대명사는 'each other', 'one another'와 같은 뜻의 상호적 (reciprocal) 기능도 갖고 있었다.

(30) we custe us
　　　'we kissed one another'

중세영어의 self는 단순히 인칭대명사를 강조하는 역할에 불과하다. (31a)에서 hymselven은 문장의 주어인 Ywan이 아니라 제3의 인물을 지칭한다. 따라서 self가 문장의 주어에 붙기도 하였다(31b).

(31)　a. Ywan, Uryn son, ette with hymselven
　　　　'Ywain, Urien's son, ate with him'
　　　b. Syre, now þouself jugge
　　　　'now, sir you judge'

self는 또한 명사를 강조하는 역할도 하였다.

(32)　a. þe sulve mose
　　　　the self titmouse
　　　　'the titmouse itself'
　　　b. under Krystes selven
　　　　under Christ's self
　　　　'under Christ himself'

인칭대명사와 사용될 때, self는 초기에 인칭대명사의 목적어 형태에 붙었다(가령, me self 'myself', þe self 'thyself', himself 'himself'등). 그 후, 소유격과 함께 나오는 self가 사용되는데, 1인칭과 2인칭에 한정된다 (mi self, þy self, our selve(n), your selve(n)).

(33)　a. my seolf, ich gon atstonden uppen ane wolden
　　　　my self, I went to-defend in a forest

'myself, I did take a defensive position in a forest'
   b. Hit is þe worchyp of your self
　　　'it is your own generosity'

4. 일치

중세영어의 주어와 동사는 수와 인칭에서 일치(concord)하였다. 그러나 집합명사는 현대영어도 종종 그렇듯이 형태적으로 단수인 주어에 복수의 동사가 오는 경우가 나타난다.

(34)　a. al þe tunscipe flugæn
　　　　　all the township(SG) fled(PL)
　　　　　'all the people of the village fled'
　　　b. yonge folk that haunteden folye
　　　　　young folk(SG) that spent(PL) in-folly'
　　　　　'young folk(SG) that spent their time in idle folly'

이러한 현상은 명사와 후행하는 대명사의 일치관계에서도 나타난다.

(35)　noman sholde come to chese her Mair
　　　no-man(SG) should come to choose their(PL) mayor
　　　'no man should come to choose his mayor'

주어가 등위접속사 'and'로 연결되어 있을 때, 복수의 동사가 오지만,

그 주어를 단일한 요소로 취급할 때 단수로 받은 경우도 있다.

(36) a. Lef ant gras ant blosmes springes
   'leaf and grass and blossoms springs(SG) up'
  b. And many an hert and many an hynde Was both before me and behynde
   'and many a hart and many a doe was(SG) both before me and behind'

이러한 현상은 주어가 동사 뒤에 나오거나(37a), 주어가 분할되어 있을 때(37b) 특히 흔하다.

(37) a. Hwer is Paris and Heleyne
   Where is Paris and Helen
  b. hi sæden þat Crist slep and his halechen
   they said that Christ slept and his saints
   they said that Christ and his saints slept

허사주어 it(38a)과 there(38b)가 나오는 구문의 동사는 뒤따르는 의미상의 주어와 일치한다.

(38) a. hit ar ladyes innoʒe
   there are ladies enough
   'there are a good many ladies'
  b. Ðor was in helle a sundri stede
   there was in hell a separate place

수사 다음에 나오는 명사에 복수 어미가 붙지 않는 경우가 가끔 있다. 이 가운데 일부는 본래 고대영어에서 복수에 영-어미를 지녔던 명사들(가령, ȝer 'years', der 'deer' 등은 고대영어 중성명사에서 왔음)이기 때문이다(39a). 일부는 숫자 뒤에 속격복수(위의 부분속격 참조)를 사용하는 구문에서 계승된 것이다(가령, (39b)의 siþe 'times'). 고대영어처럼 'many' 뒤에 단수를 쓰는 구문도 종종 쓰이는데(39c), 이러한 구문은 현대영어에서 many a로 바뀌었다.

(39) a. foure and twenty ȝere '24 years'
     b. elleven siþe '11 times'
     c. many mannus malt 'many a man's malt'

많은 경우에 many 다음에 복수를 쓰기 때문에, 중세영어에는 many a와 many를 혼동하여, many a diverse thinges 'many diverse things'와 같은 예도 발견된다.

5. 문형과 문장어순

중세영어 평서문의 문장어순(word order)은 현대영어처럼 주어(S)-동사(V)-목적어(O)이다. 목적어를 대신하여 보어(C)가 올 수 있다. 중세영어는 고대영어보다 굴절이 축소되었기 때문에, 고대영어만큼 어순이 자유롭지 않다. 그러나 산문작가에 비해 운문작가들은 문체상의 이유로 혹은 시의 운율을 위하여 좀 더 자유로운 어순을 보여준다. 그러나 이러한 경우에도 단어들의 순서가 문맥이나 문법형태로 파악되는 경우가 대부분이다. 다음에 기술할 문장어순은 산문의 표준적 용례를 다룬 것으로, 평서문, 의문문, 명령문의 문형(sentence type)에 따라 어떤 어순을 취하는지 살펴본다. 부정문은 따로 다룬다. 어순이 종류는 크게 SV 어순(즉 SVO, SVC), S…V 어순(즉 SOV, SCV), VS 어순(즉 OVS, CVS)으로 나뉜다.

(1) 평서문

중세영어 평서문은 세 가지 어순이 모두 사용된다.

1) SV 어순

중세영어 평서문은 현대영어처럼 SV 어순이 일반적이다. 이것은 주절(40a)과 종속절(40b)에 모두 사용된다.

(40) a. he takez hys leve
   he takes his leave
 b. biseche ich þet tu luvie me
   'I beseech you that you love me'

2) S…V 어순

가끔 S…V 어순이 나타나기도 하는데, 목적어가 대명사일 때 그런 경우가 많다. 이것은 고대영어에서 계승된 특성이다(김혜리 2011: 168 참조 바람).

(41) I hym folwed
I him followed

목적어가 일반명사구일 때도 S…V가 가끔 나타나는 경우가 있는데, 이것은 원시게르만어부터 고대영어에 이르기까지 종속절에서 많이 사용된 어순이었다. 다음 (42a)의 종속절에서 목적어 þe lordes가 관계절을 이끌고 있는 상당히 긴 어구의 목적어이지만 동사 Mai know보다 앞에 나오고 있다. 그러나 종속절에서도 일반적인 SV… 어순을 쓰는 경우가 점차적으로 더 일반적이게 되었다. (42b)에서는 동일 종속절 안에서 SOV 어순과 SVO 어순을 함께 사용한 예이다.

(42) a. that sche þe lordes ate feste That were obseissant to his heste Mai know
that she the lords at feast who were subject to his order may get-to-know
'so that at the feast she may get to know the lords who were subject to him'
b. … Alcne æðele mon … þet þeos boc rede and leornia þeos runan
… each noble man … that this book reads and masters this learning
'… each noble man … that reads this book and masters this learning'

이러한 S…V 어순은 중세영어후기가 되면 거의 사용하지 않게 된다.[4]

3) VS 어순

평서문에서 일어나는 VS 어순은 목적어(43a)나 부사적 표현(43b) 등이 문장의 처음에 화제(topic)로 나타나는 경우에 나타난다. 거의 대부분 주절에서만 이런 화제화가 나타난다(Kemenade 1997).[5]

(43) a. but hood wered he noon
　　　 but hood wore he none
　　　 'but he wore no hood'
　　b. Thenne sayd they to the x men of armes
　　　 then said they to the ten men of arms
　　　 'then they said to the ten men of arms'

그러나 중세영어 후기에는 화제구문에서도 주어와 동사가 도치되지 않는 예가 (44)와 같이 많이 사용되며, 점점 현대영어의 어순으로 변해간다.

(44) al þou most sugge
　　　 everything you must tell
　　　 'you must tell everything'

---

[4] 14세기 후반 초서의 언어에서도 S…V 어순이 사용되지만, 15세기 중반이 되면 이 어순은 1%(산문)~6%(운문) 정도만 발견된다(Fischer et al. 2000: 82).

[5] 화제화(topicalization) 구문에서 주어와 동사가 도치되는 현상은 고대영어에서부터 내려온 것으로 흔히 V-2 규칙이라고 한다. V-2규칙은 주절의 어순을 결정짓는 규칙으로서, 동사가 항상 문장의 두 번째 요소로 나타난다는 것이다(Kemenade 1987, 김혜리 2007). 평서문의 일반 어순인 SV와 도치구문인 VS어순도 V-2를 지키고 있다. 이러한 V-2규칙은 중세영어후기에 와서 급격히 쇠퇴한다(Fischer et al. 2000: 82-83).

조건(45a)이나 양보(45b)를 나타내는 종속접속사를 생략할 때 VS 어순이 사용되었다.

(45) a. wiltu ben erl, go hom swiþe
　　　　 wish-you to-be earl, go home quickly
　　　　 'if you wish to be an earl, go hom quickly'
　　　b. were it never so unprevable
　　　　 were it never so unprovable
　　　　 'no matter how unprovable it was'

또한 비교절에서도 VS 어순이 사용되기도 하였다.

(46) as weren sumhwile cnihtes iwunet to donne
　　　 as were sometimes knight wont to do
　　　 'as sometimes knights were wont to do'

(2) 의문문

1) VS 어순

중세영어 주절의 의문문은 의문사의 유무와 무관하게 VS 어순을 가진다. 조동사 do가 사용되지 않는다는 점을 제외하면 현대영어와 같다. 조동사 do의 사용은 중세영어말까지도 상당히 드물다.

(47) a. how schal I do?
　　　　 'how schall I do?'

b. gaf ye the chyld any thyng?
   gave you the child anything
   'Dido you give the child anything?'

2) 기타 어순

종속절의 경우 현대영어처럼 평서문 어순을 가진다. 평서문과 마찬가지로, 중세영어 초기에는 종속 의문문에서 S⋯V 어순이 발견되기도 하지만, 곧 현대와 같은 SV 어순으로 대체된다. 또한 현대영어처럼 평서문 형식으로 질문이 가능하다(thow art broke, so may be? 'you are injured, maybe?').

고대영어에는 hwæþer (þe) 'whether'와 S⋯V 어순이 결합하여 주절의 의문문을 만들기도 하였다(김혜리 2011: 170 참조). 중세영어시기에도 이러한 방식이 계승되었으나, 이제 S⋯V 어순보다 의문문의 일반 어순인 VS 어순이 더 많이 사용된다.

(48) Wheither seistow this in ernest or in pley?
      whether say you this in earnest or in play
      'Are you saying this in earnest or in jest?'

(3) 명령문

명령문은 현대영어처럼 동사를 문두에 둔다. 2인칭 주어를 사용할 때 VS 어순이 된다.

(49) a. And þerfore take good keep into tyme
'and therefore pay good attention to time'
b. construe þou cleerly
construe you clearly

가끔 do를 원형부정사 앞에 사용하기도 한다(50a). 또 다른 방식으로 looke 'look' 다음에 가정법을 사용하는 평서문(SV어순)을 사용하는 경우도 있다(50b).

(50) a. do gyf glory to þy godde
do give glory to your god
b. loke þou drynke
'make sure that you drink'

(4) 부정문

1) 부정평서문

중세영어초기 부정문은 부정어 ne가 동사 앞에 위치한다. 고대영어처럼 부정어 ne가 문두에 나타나는 경우가 있는데, 이 경우는 VS 어순이 된다. ne는 항상 동사 바로 앞에 나타나야 하기 때문이다. 이때, ne는 독립된 부사어구로서 일종의 화제화 현상과 유사하며, V-2 규칙을 지키고 있다.

(51) Ne bið nu þin hus healice itinbred
not is now your house high built
'Now your house is not built high'

그러나 중세영어에 들어와서 주어가 동사에 선행하는 (52)와 같은 SV 어순이 더 종종 나타난다. 이때, ne를 독립된 요소로 보면 S⋯V 어순이겠지만, 대개 중세영어의 ne를 독립되지 않는 접어(clitic)로 보기 때문에 (Kemenade 1987 참조), SV 어순이라 할 수 있다. 그 증거중 하나로서 모음, h, w로 시작하는 be동사, have, will 등과 결합하여 ne가 접어화 되기 때문이다(가령, nam 'am not' (← ne+am), nis 'is not', nere 'were not', nadde 'had not', nil 'will not' 등).

(52) I ne can ne I ne mai
 I not know-how-to nor I not am-able-to
 'I do not know how to nor am I able to'

ne는 또한 다른 부정어에 의해 강화될 수 있다(김혜리 2010). 그 가운데 가장 흔한 것이 다음과 같이 noht (> not)에 의한 강화이다.

(53) he no schuld nout fram hem go
 he ne would not from them go
 'he would not go from them'

(53)과 같은 예문은 일종의 이중부정(double negation) 구문으로 볼 수 있는데, 중세영어에 이중 혹은 삼중부정이 매우 흔하다.

(54) ne wæren nævre nan martyrs swa pined
 not were never no martyrs so tortured
 'no martyrs were ever so tortured'

14세기경부터 not 단독으로 부정문을 구성하는 것이 일반적이게 된다(Frisch 1997: 32). Kemenade(2000: 69)에 의하면, 중세영어말경에 부정어 ne는 소멸하게 되고 not만 남게 된다. 이때 not은 동사에 뒤따르는 것이 더 일반적이다. 현대영어처럼 부정문에 조동사 do를 사용하는 것은 중세영어시대에는 일어나지 않았다.

(55) a. I know not þe
 'I don't know you'
 b. Arthure wolde not ete
 'Arthur would not eat'

2) 부정의문문

부정의문문도 긍정의문문과 마찬가지로 VS 어순을 가진다(종속절의 경우 평서문 어순을 지닌다). 그러나 지금까지 살펴본 부정평서문과 달리, 부정의문문의 경우 ne…not의 이중부정 구문보다 (56a) 같은 ne 단독 구문이 더 일반적이다(Jack 1978, Fischer 1992). 또한 중세영어후기에는 not 단독 구문도 사용된다(56b).

(56) a. why ne dyttez þou me to die?
 why not condemn you me to die
 'Why don't you condemn me to die?'
 b. Woot ye nat where ther stant a litel toun …?
 know you not where there stands a little town
 'Don't you know where this little town stands …?'

3) 부정명령문

부정명령문은 중세영어초기에는 문두의 동사 앞에 ne를 사용하였다. 그러나 Jack(1978: 303)의 조사에 따르면, 중세초기 명령문의 경우 ne…not의 이중부정 구문이 더 우세하다(57a). 중세후기에는 동사 뒤에 not을 사용하였다(57b).

(57) a. Ne go ðu noht in to dome mid ðine þralle
           not go you not for judgement with your servant
           'don't enter into judgement with your servant'
       b. Cry not so
           'don't cry so'

6. 태

고대영어처럼, 중세영어 수동태(passive voice)는 be(n) 'be' (58a)이나 worþe 'become' (58b)에 과거분사를 결합하여 만들었다. worþe는 '미래'의 의미를 함축하고 있었는데 14세기까지 사용되었다.

(58) a. Iesu Crist iss borenn þær
           Jesus Christ was born there
       b. hit wurð him wel iȝolde
           it was him well repaid
           'it was well repaid him'

고대영어에서는 과거분사가 형용사처럼 굴절하는 경우도 있었으나, 중세영어에서는 굴절의 소실에 따라 굴절어미를 가지지 않는다. 행위자(agent)를 나타내는 전치사로 by, from, mid 'with', through, with가 사용되었다. from은 고대영어에서부터 14세기까지 사용되었고, mid는 중세영어초기에 사용되었다. through는 중세영어에 들어와 이미 사용이 줄어들고 있다. with는 13세기에 행위자로 나타나기 시작하였고, by의 사용은 14세기말엽까지도 드물었다(Mustanoja 1960: 442).

현대영어라면 수동태가 사용될 문맥에 중세영어는 man 'one'을 주어로 하는 구문이 많다. 이것의 변이형태로 mon, men 등이 있으며 비강세형으로 me가 사용되었다. 이 구문을 번역할 때, 일반인 'one, anyone, they, people' 등을 주어로 하여 번역하는 방법과 수동태로 변환하여 번역하는 두 가지 방법을 경우에 따라 적절하게 사용하여야 한다.

   (59) a. me ne chide wit þe gidie
            one not quarrel with the fool
            'one should not quarrel with fools'
       b. riʒt so me grulde schille harpe
            just as-if one twanged shrill harp
            'just as if a shrill harp were being twanged'

동사 가운데 유일하게 hoten 'call'이란 동사에서 온 hat(te) 'is/was called'가 수동의 뜻으로 사용되었다(60a). 이 동사의 능동과거형태인 hiʒte도 점차적으로 이러한 기능은 갖게 되었다(60b).

   (60) a. as hit now hat

'as it is now called'
b. his sone hihte
'his sone was called'

7. 시제와 시상

현대영어처럼, 중세영어에서 형태상 구별되는 시제(tense)는 현재와 과거뿐이다. 미래를 나타내는 미래의 의미는 현재시제가 대신하거나 'will', 'shall'에 의해 나타내었다. 시상(aspect)으로는 진행과 완료가 있다.

(1) 현재시제

현대영어처럼, 현재시제는 일반적 사실이나 습관적 행위를 나타낸다.

(61) þu chaterest so doþ on Irish prost
      you chatter as does an Irish priest
      'you chatter like an Irish priest'

짧은 기간동안 진행되는 행위를 나타낼 때 현대영어에서는 현재진행을 쓰지만, 중세영어에서는 현재시제를 사용하기도 한다.

(62) al dares for drede
      all dread for fear
      'they are all cowering for fear'

현재시제는 종종 미래의 의미를 나타내기도 한다. 거의 항상 문맥이 미래 의미임을 결정하게 해준다.

(63) þay ta me bylyve
they seize me at-once
'they will seize me at once'

중세영어에는 고대영어에 존재하지 않았던 이런바 '역사적 현재(historical present)'의 사용이 있다. 이것은 과거의 사건을 이야기하면서 독자들에게 생생한 내용을 전달하기 위한 것으로, (아마도 프랑스의 영향으로) 14세기 후반에 널리 사용되었다.

(64) Þe wolf haveth hounger swiþe gret For he nedde ȝare iete
the wolf has hunger very much for he not-had for-long eaten
'The wolf is very hungry for he had not eaten for a long time'

작가들은 이러한 사용에서 현재시제와 과거시제를 자유롭게 바꾸곤 하였다. 다음은 존 가워(John Gower)의 「사랑의 고백(Confessio Amantis)」의 3999-4001행에 나오는 예이다.

(65) Sche fond and gadreþ herbes suote;
Sche pulleþ up some be þe rote,
And manye wiþ a knif sche scherþ
'She found and gathers sweet herbs;
Some she pulls up by the root

And many she cuts with a knife'

(2) 과거시제

과거시제는 과거에 일단락된 내용을 나타내는데 사용된다. 그러나 행위를 나타내는 동사와 함께 쓰여 과거진행의 의미를 나타내기도 한다. 아래에서 과거형태 set은 의미상 과거진행으로 해석할 수 있다.

(66) þo al þo þat þerin set þat it was King Orfeo under3ete
      then all those who therein set(Past) that it was King Orfeo understood
      'then all those who were sitting there understood that it was King Orfeo'

특히 중세영어초기에 과거시제는 현재완료나 대과거(pluperfect) 즉 과거완료를 나타내기 위해 사용되기도 하였다. 다음은 현대영어라면 had+과거분사가 사용될 문맥이다.

(67) ne isæh nævere na man selere cniht nenne ⋯
      not saw(Past) never no man better knight no
      'no one had ever seen a better knight'

have를 사용하여 우언적(periphrastic)으로 완료를 표현하는 방법에 대해서는 시상에서 다룬다.[6]

---

[6] '우언적'이란 용어는 어떤 문법특징을 단어의 형태(가령, 굴절 등을 통한)로 표현

(3) 미래

미래를 나타내는 굴절어미가 없기 때문에, 현재시제가 미래의 의미를 대신하기도 하였다. 또한 현대영어처럼 'will', 'shall'의 법조동사를 사용하여 우언적으로 표현할 수도 있었다. 본래 고대영어 will은 '의지, 희망'을 표현하였고, shall은 '필요성, 의무'를 표현하기 위한 것이었다. 이러한 뜻은 중세영어에서도 여전히 존재하였다.

(68) a. ich wille bon of þe awreke
       I wish be of you avenged
       'I wish to get even with you'
   b. it schal be so
       it must be so

그리하여 shall은 누군가 원하든 원하지 않든 결국 일어날 수밖에 없는 일을 표현할 때 사용되었는데, 이러한 의미가 미래의 조동사로 전환되었다.

(69)   nu we scullen riden
       now we shall ride
       'now we are going to ride'

will은 여전히 '의지, 희망'의 뜻을 함축하였으나, 점점 그 뜻이 희미해져 shall과 구분 없이 사용되기도 하였다.

하지 않고, 구나 문장과 같은 통사적 단위로 표현하는 방식을 말한다.

(70) I wyl me sum oþer waye ⋯ I schal tee into Tarce
I will myself some other way ⋯ I shall travel into Tarshish
'I'll (go) some other way, ⋯ I'll travel into Tarshish'

(4) 진행과 완료

현대영어처럼, 중세영어 진행은 'be'에 현재분사를 결합하여 만들었다. 고대영어에서도 이러한 우언적 표현이 존재하였으나, 중세영어를 거치면서 점점 더 확장되었다. 그러나 15세기 이전에 이러한 진행은 단순현재나 단순과거의 be동사에만 주로 발견되고, 뒤따라오는 본동사도 go, come, dwell, live, fight, do와 같은 일부 동사들에 한정되었다.

(71) a. Arestotille sais þat þe bees <u>are feghtande</u> agaynes hym
Aristotle says that the bees are fighting against them
'Aristotle says that the bees are fighting against them'
b. Above þe erthe þey <u>were stynking</u>
above the earth they were stinking

완료는 'have'에 과거분사를 결합하여 만들었다.

(72) a. þy bone þat þou <u>boden habbes</u>
the request that you bidden have
'the request that you have asked for'
b. uche lede as he loved and <u>layde had</u> his hert
each man as he loved and laid had his heart
'each man in the way he loved and had set his heart'

그러나 본동사가 자동사일 때, 일반적으로 be가 사용되었다.

(73) a. he is nu suþe aclode
  he is now much cooled
  'he has now considerably cooled off'
 b. he watz flowen
  he was fled
  'he had fled'

8. 법

현대영어와 마찬가지로, 중세영어에도 직설법, 가정법, 명령법이 있었다(명령법은 이 장의 제5절 참고바람). 직설법은 화자가 사실을 있는 그대로 진술하는 것이고, 가정법은 화자의 상상, 가정, 기원 등을 표현할 때 사용된다. 형태적 측면에서 보면, 현대영어에서의 가정법은 3인칭단수현재로 원형부정사를 사용하고(즉, 3인칭단수현재에 -s가 붙지 않음), 1,3인칭단수 과거에 was 대신 were를 사용한다는 점에서만 직설법과 구별된다. 그러나 제4장에서 설명하였듯이, 중세영어의 가정법은 일부 방언에서 직설법과 구별되는 형태를 보이기도 하였다. 또한 중세영어의 가정법은 오늘날보다 더 광범위하게 사용되었다. 그러나 기본적인 개념은 실제로 일어나지 않을 비사실적(non-factual)인 것을 표현하는 것이므로 기원, 명령, 가정과 같은 문맥에서 사용된다.
  먼저, 주절에서는 기원(74a)이나 간접명령(74b)의 문맥에서 가정법을 사용한다.

(74) a. Drihten us fulsten
   God us help(Subj)
   'May God help us!'
   b. ylkon take hede
   each-one take heed
   'let each one take(Subj) heed'

실제로 일어나지 않을 어떤 것을 표현하기 위하여 현대영어에서 would를 사용할 문맥에서 중세영어는 가정법 과거가 사용된다.

(75) that were a long lettyng
   that were(Subj) a long delay
   'that would be a long delay'

종속절에 사용되는 가정법으로는 먼저 ȝif 'if', als 'as if', but 'unless'가 이끄는 실현 불가능한 조건의 문맥에서 가장 빈번하게 사용된다.

(76) a. ȝif hit weore ilumpe
   if it were(Subj) happened
   'if it should happen'
   b. starinde als he were wod
   staring as-if he were(Subj) crazy
   c. but he trespasse in word
   unless he trespass(Subj) in word
   'unless He(=God) trespass(es) in word'

이때, if를 생략하고 주어와 동사의 어순을 도치하기도 한다(이 장의 제5절의 VS 어순을 참조하라).

(77) wer I as hastif as þou
     were I as hasty as you
     'if I were as hasty as you'

또한 þa3/þe3/þogh 'though', how … so 'however', never so 'however' 가 이끄는 양보의 종속절에서도 가정법이 사용된다.

(78) a. þe3 sume men bo þurut gode
     although some men be(Subj) completely good
     'although some men are completely good'
     b. ne bo þe song never so murie
     not be(Subj) the song however delightful
     'however delightful the song may be'

또한 þat이나 lest가 이끄는 목적이나 결과를 의미하는 종속절에서도 가정법이 종종 쓰인다.

(79) a. that þou betere therby
     so-that you benefit(Subj) thereby
     'so that you may thereby benefit'

또한 미래의 시간을 지칭하는 er 'before', til 'until'이 이끄는 종속절에서도 가정법이 일반적이다.

(80) a. ar þe coc him crowe
　　　 before the cock him crow(Subj)'
　　　 'before the cock crows'
　　 b. tyl þou fele lyst
　　　 until you feel(Subj) desire

장소를 나타내는 종속절 중에서도 의미상 불확실한 내용일 때는 가정법이 사용된다.

(81) where he in court were
　　 wherever he in court were(Subj)
　　 'wherever he may have been at court'

가정법은 또한 '불확실한 생각', '희망', '요구', '명령'의 주절 동사가 이끄는 종속절에서도 종종 사용된다.

(82) a. and weneþ it be Glodeside
　　　 and believes it be(Subj) Glodeside
　　　 'and believes it to be Glodeside'
　　 b. he wolde þat he ded wore
　　　 he wished that he dead were(Subj)
　　　 'he wished that he were dead'
　　 c. biseche ich þe ⋯ þet tu luvie me
　　　 beseech I you ⋯ that you love(Subj) me

'I beseech you ⋯ that you love me'

d. himm bidde icc þatt he't write rihht
him order I that he it write(Subj) correctly
'I order him to write it correctly'

직설법과 가정법의 형태적 구별이 점점 어려워짐에 따라, 가정법은 shall/sholde, will/wolde, may/miʒt와 같은 법조동사의 사용에 의지하게 되었다. 그리하여 중세영어에서 이미 본동사를 가정법으로 표현하는 것과 더불어, 이러한 조동사를 사용하는 예가 상당히 종종 사용된다.

(83) a. to spyr uschon oþir Quat body hit miʒt be
to ask each-one other what body it might be
'each-one to ask the other what body it might be'
b. To Bedlem he bad that we shuld gang
to Bethlehem he ordered that we should go
'to Bethlehem he ordered us to go'

9. 부정사와 동명사

(1) 부정사

중세영어 부정사(infinitive)는 현대영어처럼 크게 두 가지로 나뉜다. 하나는 to 없는 부정사로서 원형부정사(bare infinitive)라고 불리며, 접미사 -en (> -(e))으로 끝난다. 다른 하나는 to가 있는 부정사로서, to 대신에

for to가 사용되기도 한다. 원형부정사와 to-부정사 사이의 선택은 현대영어와 거의 유사하지만 몇 가지 차이가 있었다.

먼저 법조동사[7] shall, will, can, may, mot, dare 뒤에는 원형부정사가 사용되었다.

(84) a. Ic nolde don …
 I not-would do
 'I would not do'
 b. þu myhtes faren
 you could travel

또한 let (us) 뒤에도 원형부정사가 사용되었다.

(85) a. Let us seke him there
 let us seek him there
 b. his hors he lette irnen
 his horse he let run
 'he let his horse run'

그러나 현대영어라면 to-부정사가 사용되었을 환경인 gin 'begin', go 'go', þink 'think, intend'와 같은 동사들 뒤에도 중세영어는 원형부정사가 오는 경우도 있다.

---

[7] 형태적 분류 측면에서 보면 법조동사(modal auxiliaries)는 과거-현재동사와 변칙동사에 속한다(제4장 참조바람).

(86) a. cleopien agon
　　　　call began
　　　　'began to call'
　　b. go se
　　　　go see
　　　　'go to see'
　　c. I thenke tellen
　　　　I think tell
　　　　'I think I will tell'

특히 come의 경우, 12~13세기에 또 다른 이동동사(motion verb)의 원형부정사가 뒤따라와서, 'come+~ing'의 의미를 갖는 예가 매우 많다.

(87) a. þa com an guldene leo liðe
　　　　then came a golden lion travel
　　　　'then a golden lion came traveling'
　　b. þer com a wolf gon
　　　　there come a wolf go
　　　　'a wolf came along'

또한 동사 뒤에 목적어+목적보어가 나타나는 이른바 VOSI 구문에서 목적보어로 원형부정사가 나타나기도 한다.[8] 이때 현대영어처럼 주동사가 사역이나 지각동사인 경우도 있고(88a), 그렇지 않은 경우도 있다(88b).

---

[8] VOSI 구문이란 주동사(V)의 목적어(O)가 동시에 부정사(I)의 의미상의 주어(S) 역할을 한다는 뜻에서 그렇게 부른다. 보다 전통적 용어는 accusative-and-infinitive이다.

(88) a. I have ysein segges ⋯ beren biȝes
　　　 I have seen men ⋯ wear collars
　　 b. sche bad alle oþre go
　　　 she ordered all others go
　　　 'she ordered all others to go'

두 개 이상의 부정사가 등위 접속될 때, 첫 번째 부정사는 to가 나타나지 않고 두 번째 부정사에 to가 나타나는 경우도 있는데, 이것도 현대영어와 다른 점이다.

(89) loved wel fare And no dede to do
　　　 loved well live and no deed to do
　　　 'loved to live well and do nothing'

to-부정사는 조동사 ought 뒤에(90a), 또는 일반동사의 목적어로 사용되었다(90b). 그러나 오늘날이면 원형부정사가 사용될 사역동사 뒤에 to-부정사가 사용되기도 한다(90c).

(90) a. hwet ha ahen his deorewurðe milce to ȝelden
　　　　 what they ought his precious mercy to pay
　　　　 'what they ought to pay for his precious mercy'
　　 b. Arður wende to aȝein al Rome
　　　　 Arthur planned to rule all Rome
　　 c. makie to cwakien heovene
　　　　 make to quake heaven
　　　　 'make heaven to quake'

그 외, to-부정사가 명사나 형용사를 수식하거나(91a), 목적(purpose)을 나타내는 부사적 기능, be+to-부정사(91b) 등의 기능을 지닌 점에서는 현대영어와 비슷하다.

(91) a. feherest to bihalden
　　　　fairest to behold
　　　b. avantarie is to despise
　　　　'boasting is to be despised'

중세영어에서 to-부정사가 주어로 사용될 수 있었는지 여부는 다음의 예들에서 to-부정사를 주어로 간주할지에 달려있다. (92a)는 허사주어(가주어) 'it'이 있는 구문이고, (92b)는 허사주어 없이 사용되었다. 중세영어에는 비인칭구문이라고 하는 주격이 존재하지 않는 용법이 있었기 때문에 여기서 to-부정사를 주어로 볼 수 있을지는 보는 이의 관점에 따라 혹은 언어이론에 따라 달라질 수 있다.[9]

(92) a. þet is eche lif to seon and cnawen soð God
　　　　it is eternal life to see and know true God
　　　　'it is eternal life to see and to know the true God'
　　　b. to byholde hyt was gret joye
　　　　to behold it was (a) great joy

또한 위의 (91b)와 같은 예는 부정사가 형식상 능동태이지만 의미상

---

[9] 비인칭구문에 대해서는 다음에 나올 제10절을 참조하라. 더 자세한 연구로는 Kim(1996)을 참조하라.

수동의 뜻을 가지는 예이다. 이러한 예가 중세영어에는 흔하다. 특히 아래 (93b)와 같이 '명령', '요청'의 주동사를 가진 VOSI 구문에서 그러한 예가 많다.

(93) a. nas no coumfort to kever
 not-was no comfort to obtain
 'there was no comfort to be obtained'
 b. bede unlouke þe lidde
 ordered release the lid
 'ordered the lid to be released'

그러나 중세영어에는 위의 구조를 포함하여 다양한 구문에서 현대영어처럼 부정사에 수동태를 가지는 [to be 과거분사]도 가능하였다(김혜리 2003).

for to-부정사(*for to*-infinitive)는 중세영어초기부터 사용되었고, 서중부방언과 그 이북지역에서 선도하였다(김혜리 2004). 본래 목적을 나타내는 용도로 사용하였으나(94a), 13세기말엽부터는 to와 구별이 없어져서 다양한 구문에서 사용되었다.

(94) a. for te ofgan
 for to obtain
 'in order to obtain'
 b. bigynneth for to go
 'begins to go'
 c. if him list for to laike

5. 구문 | 237

if him pleases him to play
'if it pleases him to play'

따라서 to-부정사와 for to-부정사를 동일 문장에서 발견하는 것이 드물지 않다.

(95) Hit bycomeþ for clerkus Crist <u>for to serven</u> And knaves uncrouned it is-fitting for clerks Christ to serve and for-layman untonsured <u>to cart</u> and <u>to worche</u> to cart and work 'it is fitting for clerks to serve Christ and for untonsured laymen to cart and work'

(2) 동명사

고대영어에 비해 중세영어는 동명사의 사용이 증가하였다. 중세영어 동명사는 동사어간에 -ung, 나중에 -ing을 결합하여 만들었다. 이 접미사는 동사를 명사로 전성하는 파생접미사의 성격을 가지고 있었다(제3장 3절 접미사 부분 참조바람). 따라서 동명사는 명사의 성격과(96a) 동사의 성격을(96b) 모두 지녔다.

(96) a. þis apeyrynge of þe burþ-tonge
       this deteriorating/deterioration of the native-tongue
   b. non vallynge doun
       no falling down

부정사와 마찬가지로(97a,b), 동명사도 동사의 보충어로 나타날 수 있었다(97c).[10]

(97) a. Sche þoghte to beginne 'she thought to begin'
　　 b. I think tellen 'I mean to tell'
　　 c. I herde goynge 'I heard going'

10. 비인칭동사와 이동동사

이 절에서는 일반동사 가운데 독특한 통사적 특성을 지니는 비인칭동사와 이동동사에 대해 알아본다.

(1) 비인칭동사

현대영어의 비인칭동사(impersonal verb)는 모두 주어 자리에 허사 it을 갖는다. 여기에는 'it is raining'처럼 날씨를 나타내는 동사와, 'it seems that he ruined everything', 'it is necessary to deal with it immediately'처럼 뒤따르는 that-절이나 부정사와 분명한 연관관계 갖는 형식주어 it의 두 유형으로 분류할 수 있다. 이 두 가지 유형의 비인칭동사는 고대영어에서부터 사용되었는데, it이 나타나지 않는 경우가 많았다(Kim 1996, 김혜리 2011 참조). 이와 같은 비인칭구문은 중세영어에도 여전히 사용된다. 이때, 문장에 주격명사구가 존재하지 않으며, 동사는 항상 3인칭단수를 취한다.

---

[10] 보충어란 주어를 제외하고 동사가 필요로 하는 요소로서, 목적어나 보어와 같이 문장의 의미를 완결하는데 꼭 필요한 논항을 말한다.

(98) a. me likes þat I schal fange
    me pleases(3SG) that I shall receive
    'it is pleasing to me that I shall receive'
  b. me luste bet speten
    me pleases(3SG) better spit
    'it pleases me better to spit'

이러한 비인칭동사에는 날씨동사 외에, reuen 'to rue', shamen 'to shame', eilen 'to ail', liken 'to like', listen 'to desire', limpen 'to happen', happen 'to happen', thinken 'to seem', semen 'to seem', bihoven 'to behove' 등이 있다.

그러나 중세영어시기를 경과하면서 it을 삽입하는 비인칭구문이 점점 늘어난다. 형식주어 it을 삽입하는 구문을 편의상 허사구문(dummy-construction)이라고 부르겠다.

(99) a. Whan it snoweþ oiþer rineþ
    when it snows or rains
  b. it semeth that a belle lyk to the wordes
    it seems that a bell answers to the words

그러나 형식주어 it을 삽입할 수 있는지 여부는 개별동사의 특성에 따라 다르다. 날씨동사는 주어로 it을 사용하는 경우가 많다. 그리고 뒤따르는 that-절이나 부정사가 의미상의 주어로 해석할 수 있는 동사로 발전했을 때 역시 허사구문이 사용된다. 예를 들어, 'seem'의 뜻을 갖는 thinken, semen과 'happen'의 뜻을 갖는 limpen, happen의 경우, it을 사용하는 구문과 그렇지 않은 두 구문이 모두 중세영어에서 사용되었다. 그러나 중세영어에는 허사구문이 전혀 사용되지 못하는 비인칭구문도 다음과 같이 존재한다.

(100) a. The more ydropesie drinketh The more him thursteth
　　　　 the more the hydroptic drinks, the more him thirsts(3SG)
　　　　 'The more the hydroptic drinks, the more he thirsts'

　hungren 'to hunger', thirsten 'to thirst' 같은 동사는 that-절이나 부정사를 취하지 않기 때문에 형식상 it이 없어도 문장에서 의미상 필요한 구성요소(즉 주어, 목적어 등 논항)를 모두 갖추었다. (100)에서 him의 형태가 주격이 아닐 뿐, 의미상 'thirst, be thirst'가 필요로 하는 한 개의 논항(argument)이 표현된 것이다. 반면에 liken 'to like, please'와 같은 동사는 의미상 두 개의 두 개의 논항을 취한다. 주격이 표현되어 있지 않은 비인칭구문을 현대영어로 번역할 때, 두 개의 논항 중 어떤 것이라도 주어로 선택하여 의역할 수 있다. liken은 감정을 나타내므로 원인제공자를 주어로 하면 위의 (98a)처럼 'please'로 해석되고, 감정을 느끼는 경험자를 주어로 하면 'like'로 해석된다.[11]

(101) how likes þe me nowþe
　　　 how likes you(Dat/Acc) me(Dat/Acc) now

두 개의 비주격 논항 þe 'you' 와 me 'me' 중에 원인제공자 me(이것은

---

[11] 비인칭구문에 대한 자세한 연구로는 Denison(1993)과 Kim(1996)을 참조하기 바란다.

전후 문맥으로 파악함)를 주어로 하면 'how do I please you now?'가 될 것이고, 경험자를 주어로 하면 'how do you like me now?'로 해석한다.

(2) 이동동사

이동을 나타내는 go, come, fare, turn 등은 다른 일반동사와 다른 독특한 통사적 특징을 지니고 있다. 우리는 앞에서 부정사를 다룰 때, come+이동동사에 대해 살펴보았다(위의 (87)). 이동동사들의 다른 특징을 보면 다음과 같다. 먼저, 이들은 별다른 의미가 없는 재귀대명사와 함께 사용되었다.

(102) a. Jonas hym ȝede
　　　　 Jonah him(self) went
　　　　 'Jonah went'
　　 b. him com ur Lord gon
　　　　 him(self) came our Lord go
　　　　 'our Lord came walking'

둘째, 서법조동사 뒤에 이동동사가 생략되는 경우가 많다. (103b)의 경우 의미 없는 재귀대명사가 포함되었다.

(103) a. he ne myhte nowiderwardes
　　　　 he not could anywhere
　　　　 'he couldn't (turn) anywhere'
　　 b. I wyl me sum oþer waye

I will myself some other way
'I'll (go) some other way'

어떤 이동동사가 생략되었는지는 문맥으로 파악해야 한다.

11. 형용사와 부사

(1) 통사적 위치

형용사는 명사를 수식하는 한정적 용법과, 동사의 보충어로 사용되는 서술적 용법으로 사용되었다. 고대영어에서는 형용사도 그것이 수식하는 명사의 성, 수, 격에 따라 굴절하였고, 통사적 위치에 따라 강변화와 약변화의 두 가지 굴절방법이 있었다(김혜리 2011: 113-122). 약변화는 형용사 앞에 소유격이나 관사, 지시사 등의 한정사가 있을 때 사용하였고, 그 외 모든 환경(서술적 용법, 혹은 한정적 용법이라도 앞에 한정사가 없을 때)에서는 강변화 방식의 굴절이 사용되었다. 중세영어초기에는 약변화(104)와 강변화(105)의 굴절을 보여주는 예가 다음과 같이 있다.

(104) a. þene almihten Godd
　　　　the(Acc) almighty God
　　b. þare æðelen Ælienor
　　　　the(Dat) noble Eleanor
　　　　'to the noble Eleanor'

(105) uveles cunnes
　　　 evil(Gen) kind(Gen)
　　　 'of a evil kind'

이러한 굴절방법은 13세기까지 중세영어에 잔존하였으나 고대영어에 비해 매우 불규칙하였고(제4장 5절 참조), 곧이어 사라졌다.

형용사가 한정적으로 사용될 때, 일반적으로 (104), (105)와 같이 형용사가 명사에 선행하지만, 후행하는 경우도 있는데 특히 운문에서 그런 경우가 많다.

(106) sceld deore
　　　 shield dear
　　　 'beloved shield'

그리고 두 개 이상의 형용사가 등위 접속되어 명사를 수식할 때, 분할되는 경우도 가능하다.

(107) a. pore folke syke
　　　　 poor people sick
　　　　 'poor, sick people'
　　　 b. wylde werbles and wy3t
　　　　 wild trillings and loud
　　　　 'wild and loud trillings'
　　　 c. he milde man was and softe and god
　　　　 he mild man was soft and good

'he was a mild and soft and good man'

어떤 경우에는 형용사가 한정사보다 앞에 나오는 경우도 가끔 있다.

(108) a. balde mine beornes
　　　　 bald my knights
　　　　 'my bald knights'

현대영어에 비해, 중세영어의 형용사는 관사와 무관하게, 혹은 단수이든 복수이든 무관하게 명사로 전성되어 사용되는 경우가 많았다. 이러한 특징은 특히 두운시(alliterative verse)에서 많이 사용된다.

(109) a. wise and snepe 'wise and foolish (men)'
　　　 b. þe schen 'the bright (sun)'

(2) 비교

제4장에서 우리는 형용사의 비교급과 최상급의 굴절어미로 re-/-er, -est를 언급하였다. 현대영어에 비해 중세영어는 -er, -est를 사용하는 비율이 높다. wiseli 'wisely'와 같은 부사도 비교급으로 wiselier 'more wisely'를 사용하였다. 그러나 중세영어에도 more, most를 사용하여 우언적 방식으로 표현하는 방식이 가능하였다. 고대영어에는 이런 방식이 주로 분사와 함께 사용되었는데, 중세영어에 와서 아마도 불어의 영향으로 더 강화되었다. 1300년대부터 more, most의 사용이 확산되었는데, 불어나 라틴어에서 차용된 형용사는 음절의 수에 관계없이 more, most를 많이 사용하였다.

(110) a. more noble, the moost noble
　　　 b. more profitable, the moost profitable

또한 the most fairest damyselles 'the fairest damsel'와 같이 비교급이 이중으로 사용된 예도 드물지 않게 쓰였다. 비교급 뒤에는 주로 than이 뒤따라왔지만(111a), 북부영어에서는 접속사 or가 사용되기도 하였다 (111b).

(111) a. Ich em nu alder þene ich wes
　　　　　 I am now older than I was
　　　 b. I had lever be dede or she had any dysease
　　　　　 'I would rather be dead than that she should have any discomfort'

최상급을 강조할 때에는 접두사 alder- (< OE alra 'of all')를 사용하거나, 최상급 앞에 one þe를 사용하였다.

(112) a. alder-grattyst 'greatest of all'
　　　 b. on þe unhapnest hathel
　　　　　 'quite the most unfortunate man'

또는 of all oþer 'of all others'라는 표현이 뒤따라오기도 하였다.

12. 병렬과 종속

둘 이상의 문장이 결합할 때, 크게 병렬(parataxis)과 종속(hypotaxis)의 두 유형으로 구분된다. 병렬이란 두 문장이 대등하게 연결되는 구조로서, 'I came, I saw, I conquered'처럼 접속사가 사용되지 않는 병렬(asyndetic parataxis)과, 'I came and I saw and I conquered'처럼 등위접속사가 사용된 병렬(syndetic parataxis)로 나뉜다. 반면에 종속은 두 문장이 의존관계에 있는 것으로서, 'When I came, I saw'처럼 종속접속사가 사용되는 구문이다(김혜리 2011: 182).

(1) 병렬

다음은 중세영어에서 사용된 접속사 없는 병렬구문이다. 의미상 (113a)의 두 번째 절에는 등위접속사 for를, (113b)에는 and를 첨가할 수 있을 것이다.

(113) a. No wonder is, he herde it al the day;
　　　　 no wonder is, he heard it all the day
　　　　 '(there's) no wonder, for he heard it every day'
　　　 b. I was bowne to by store, drofe my shepe me before
　　　　 I was bound to buy provisions, drove my sheep me before
　　　　 'I was on my way to buy provisions, (and) drove my sheep before me'

등위접속사가 사용된 병렬의 예는 다음과 같다. 접속사가 모든 연결에 사용되는 것은 현대의 글에는 잘 사용되지 않고 말에 흔히 나타나는데, 중세영어의 경우, 글에서도 이러한 예가 흔히 나타난다.

(114) he went in the nyght unto hire tombe and opened it and went in and lay be hire

'he went in the night unto her tomb and opened it and went in and lay by her'

중세영어 등위접속사를 살펴보면 다음과 같다. 이중에는 상관접속사를 포함하고 있다.

    and, ant, ent 'and'
    ac 'and'
    bothe ··· and 'both ··· and ···'

    ac 'but'
    bote 'but'
    naþeles 'nevertheless'

    oþer, or 'or'
    eyþer/oþer ··· oþer/or ··· 'either ··· or ···'
    wheþer 'whether'

    ne, nor 'nor'
    neyþer/noþer ··· ne/nor ··· 'neither ··· nor ···'

    þan(ne) þen(ne) 'then'
    forþi, for, for why 'for'
    ʒete, ʒit 'yet, however'

(2) 종속

중세영어에는 종속도 흔히 사용되었다. 고대영어에서는 종속접속사인지 부사인지 모호한 어휘들이 있으며, 이들을 나란히 두 개 사용하여 상관관계에 의해 종속을 표현되는 경우가 많았다(김혜리 2011: 184-185 참조 바람). 이러한 전통이 중세영어초기에 그대로 사용되었다.

> þa ⋯ þa ⋯ 'when ⋯, then ⋯'
> þonne ⋯ þonne ⋯ 'when ⋯, then ⋯'
> so ⋯ so ⋯ 'as ⋯, so'

위 구문에서 한 형태가 접속사로 사용되었는지 혹은 부사로 사용되었는지 여부는 문장의 어순에 의해 결정된다. 가령, 다음의 중세영어초기 예에서 þa 뒤에 SV어순이면 þa가 접속사 'when'으로 쓰인 것이며 그 절은 종속절이다. þa뒤에 VS 어순이면 þa는 부사 'then'이며, 그 절은 주절이다.

(115) a. þa he lai an slep in scip, þa þestrede þe dæi ouer al landes
   when he lay on sleep in boat, then became-dark the day over all country
   'when he lay asleep in the boat, it became dark everywhere in the country'

   b. And so hi were in þo ssipe, so aros a great tempeste of winde
   and as they were in the boat, so arose a big tempest of wind
   'and as they were in the boat, a big storm arose'

중세영어에 들어와서 주절이든 종속절이든 어순이 SV(O) 어순으로 통일되면서, 어순이 이제 더 이상 주절과 종속절을 구별하는 표지가 되지 못하였다. 따라서 이상과 같은 상관접속사는 급격히 사라지고 명확한 종속접속사로 대치된다. 그리하여 tho (< OE þa), thanne (< OE þonne), so (< OE swa)는 더 이상 접속사의 역할을 하지 못하고 부사가 된다.

이제 중세영어에 사용되는 종속접속사로 명사절을 구성하는 접속사와 부사절을 구성하는 접속사로 나누어 살펴보자. 형용사절을 구성하는 관계사는 다음 절에서 다룰 것이다.

1) 명사절

명사절은 오늘날과 같이 þat 'that'이 이끌었다. 현대영어에는 명사절이 주어로 나타날 수 있다. 이와 유사한 구문이 중세영어에 다음과 같이 존재한다.

(116) bet is that a wyghtes tonge reste
　　　 better is that a person's tongue rest
　　　 '(it) is wiser that one's tongue rests'

그러나 현대와 달리, þat-절이 문두에 나타나는 예가 없기 때문에, 이러한 구문에서 þat-절을 주어로 볼 수 있을지는 미지수이다. 이러한 예는 앞의 예문 (98)처럼 비인칭구문으로 다루는 것이 일반적이다.

또한 감탄문에서 þat-절이 나타날 수 있다.

(117) That I was born, allas!

'That I was born, alas!'

또한 동사의 목적어로 þat-절이 사용되었다. 이때, 현대와 같이 목적의 þat이 생략되기도 하였으나, 약간의 제약을 갖고 있었다.[12] þat-절이 '희망', '명령', '요청' 뒤에(118), 또한 '생각'과 '기대', '의심'과 '불확실성' 뒤에 목적절로 사용될 때(119), 가정법이 오는 경우가 많다.

(118) a. he wolde þat he ded wore
    'he wished that he were dead'
 b. himm bidde icc þatt he't write rihht
    him order I that he-it write correctly
    'I order him to write it correctly'

(119) a. þe Jews ⋯ awenden he were wode
    'the Jews thought he was crazy'
 b. no weneð he navere to soðe þat þu cumen aʒain from Rome
    not expects she never indeed that you come back from Rome
    'she never expects, indeed, that you will come back from Rome'

þat은 특별한 의미 없이 또 다른 접속사(가령, when that 'when', if that 'if'), 부사(now that, so that), 전치사(before that 'before', in that 'in that', till that 'until')와 결합하여 다양한 의미의 종속을 나타내는 표지로 사용되었다.[13]

---

[12] þat의 생략에 대한 더 자세한 설명은 Warner(1982)를 참조하라.
[13] þat의 잉여적 사용은 종속접속사 외에도 관계사에도 사용된다. which that

2) 부사절

시간을 나타내는 부사적 접속사로는 whan 'when', ar/er 'before', after 'after', þat time þat 'when', þe while þat, whiles þat 'while', til þat 'until', also soone as þat 'as soon as' 등이 있었다. 앞 절에서 설명하였듯이, that 을 이런 접속사 뒤에 추가할 수도 있었다(가령, whan that 'when', ar/er that 'before', after that 'after'). 시간의 종속절은 의미에 따라 직설법도 가정법도 가능하였다.

(120) a. whan she bygynneth to synge
   when she begins(Ind) to sing
   b. er it be nyght
   before it be(Subj) night
   'before it is night'

원인과 이유를 나타내는 종속접속사로는 for 'because' (Jespersen 1909-49: part V, 392), forþy, for þat 'because', bycause that 'because', sith that 'because, since'이 있었다. 그 종속절에는 항상 직설법이 사용되었다.

(121) ac hit naht ne beheld, for se biscop of Særesbyrig wæs strang
   'but it had no effect because the bishop of Salisbury was poweful'

조건의 부사절은 ȝef/yf 'if', swulc, swa sum, als, als if, al so(이상 'as

'which', how that 'how', whan that 'when'.

if'의 뜻), bute, bute ȝef 'but, unless, except that', to þat forward (þat) 'on condition that'이 이끌었다. 이들 뒤에는 일반적으로 가정법이 왔다 (이 장의 제8절 참조바람).

(122) a. ȝif hit weore ilumpe
　　　　 if it were(Subj) happened
　　　　 'if it should happen'
　　 b. swulc he weore swiðe seoc
　　　　 as-if he were(Subj) very sick

조건의 부사절은 접속사 없이 주어와 동사를 도치하여 표현하기도 하였다(앞의 (45) 참조).

(123) wite he him live
　　　 know(Subj) he him alive
　　　 'if he knows him to be alive'

양보의 종속접속사로는 þeȝ, þogh, though that 'though, although', how … so 'however …'가 있다. 이들 뒤에는 일반적으로 가정법이 왔다.

(124) a. þeȝ sume men bo þurȝut gode
　　　　 although some men be(Subj) completely good
　　　　 'although some men are completely good'
　　 b. how lawful so it were
　　　　 'however lawful it might be'

목적(purpose)과 결과의 종속접속사로는 þat 'in order that, so that'이 광범위하게 사용되었다. 그 외, 고대영어에서 내려온 to þan that 'so that'이 있다.

(125) a. And slan heom alle clane þet þer no bilaven nane
'and slay them all completely (so) that there not left none'
'and slay them all completely (so) that there be none left'
b. huyche bysinesse hi doþ to þan þet hare metes by wel agrayþed
'this care they take so that their food be well prepared'
'they take this care so that their food be/is well prepared'

13. 관계절

(1) 관계대명사

고대영어 관계대명사는 굴절하지 않는 þe와 선행사의 성·수에 따라 굴절하는 지시사 se, 그리고 지시사와 þe가 결합된 se+þe의 세 가지 유형이 있다(김혜리 2011: 185-187). 중세영어에 들어와 13세기 초까지 이 세 가지 유형이 모두 사용되었다. 특히 þe나 þa가 많이 사용되었는데, þe는 굴절하지 않았고(126a), þa(< 고대영어 지시사 se의 주격/대격 복수 및 여성 대격단수 형태인 þa)는 주로 선행사가 복수나 여성단수일 때 사용되었다. 그러나 이러한 구분이 확고하지 않아서 선행사가 중성일 때에도 þa가 사용되는 경우도 있었다(126b).

(126) a. þa men þe hi wenden ðat ani god helfden
the men that they thought that any money had
'the men that they thought had any money'
b. his spere ⋯ þa Ron wes ihaten
his spear ⋯ that Ron was named
'his spear that was named Ron'

중세영어 전 기간을 통하여 가장 많이 사용된 관계대명사는 þat 'that, who, which'이다. 이것은 본래 고대영어 지시사 se의 중성 주격/대격단수 þæt가 관계대명사로 전성된 것이다. 중세영어시기에 þat은 사람과 사물 (모든 성), 단수와 복수일 때 모두 사용되었다.

(127) a. an cæste þat was scort
'a chest that was short'
b. King Pluto and ⋯ King Juno ⋯ þat sumtime were as godes yhold
King Pluto and ⋯ King Juno ⋯ who once were as gods regarded
'King Pluto and King Juno who were once regarded as gods'

þat은 또한 선행사가 없는 관계절에서 'what, he who, anyone who'의 뜻으로 쓰였다.

(128) a. now þat London is nevenyd
now what London is called
'what is now called London'

  b. betere therby þat beleve the fynden
    benefit thereby those-who livelihood you provide(PL)
    'benefit thereby those who provide you with food'
  c. þe devel have þat reche
    the devil take anyone-who bothers
    'the devil take anyone who bothers'

þat이 이끄는 관계절의 격을 나타내기 위하여, 가끔 지시사가 선행하거나(이것은 앞에서 언급한 se+þe 유형임) 혹은 인칭대명사가 함께 사용되기도 하였다.

 (129) a. se þet sucurede hem ine þa peril
     'he who aided them in that danger'
   b. þat merkid is in oure martilage his mynde
     that set-down is in our burial-register his memory
     'whose memory is set down in our burial-register'

 (129b)에서 his는 격표지의 기능을 제외하고는 잉여적으로 사용되었으며, 따라서 þat…his는 'whose'를 의미한다.
 그러나 14세기부터 본래 의문대명사였던 which가 선행사가 사람이든 사물이든 무관하게 þat의 대체물로서 사용이 증가한다. 이것은 아마도 불어와 라틴어의 영향으로 풀이된다. 가끔 þe(=the) which나 which þat이 사용되기도 하였다.[14]

---

[14] 그 외 the which that과 which as도 사용되었다. 여기서 þat과 as는 관계사를 강화하는 역할을 한다.

(130) a. sche which kepþ þe blinde whel
'she who keeps the blind wheel'
b. o principal worching myʒt þe whiche is clepid a knowable miʒt
'one principal active faculty which is called an intellectual faculty'
c. Criseyde, which that felt hire thus itake
'Criseyde, who felt herself thus taken'

반면에 who는 16세기 이후에야 관계대명사로 사용되었다. 중세영어시기에 이따금 who가 나타나기는 하였지만 결코 안정된 사용은 아니었다. 이것의 사격형태 whom, whos 'whose'는 조금 더 일찍 중세영어말기에 사용되었는데, 이 당시 사람과 사물을 모두 지칭하였다.

중세영어에도 관계대명사의 생략이 가능하였다. 현대영어의 이른바 영-관계사(zero-relative)는 관계절의 목적어로 사용될 때로 한정된다. 그러나 중세영어에서는 주격관계대명사가 생략되는 경우도 흔하다.

(131) a. I asked oon, ladde a lymere
'I asked one (who) led a stag-hound'
b. who is that, pypys so poore
'who is he (who) pipes so poor?'

(2) 관계부사

고대영어처럼 ther(e) (< OE þær)가 장소를 나타내는 관계부사로 사용

되었다. there는 중세영어초기에 여전히 흔히 사용되었다.

(131) But I cam in þere & in othere places þere I wolde …
but I came in there and in other places there I wished
'but I came in there and in other places where I wished … '

there는 점차적으로 where로 대체되었다. 그러나 중세영어후기에도 there와 where는 모두 빈번하게 사용되었다. there의 소멸은 16세기경이다.

there/where는 장소 뿐만 아니라 의미상 시간을 나타내는 관계부사로도 사용되었다.

(133) domesdai þer þe engles schulen cwakien
'Doomsday when the angels shall tremble'

관계대명사와 마찬가지로 관계부사 뒤에도 허사적(pleonastic) that이나 (더 빈번하게) as가 나타나기도 하였다(가령, þer as, þer that 'where', where as, where that 'where').

제6장 중세영문학

이 장에서는 노르만 정복부터 1500년까지 중세영어로 쓰인 산문과 시(운문), 연극에 대해 개괄한다. 그리고 이 시대 운문의 대표적 운율로서 각운시와 두운시의 형식에 대해 살펴본다.

1. 산문

중세영어시기에 운문이 상당히 번영했던 것에 비해, 산문은 연대기(Chronicle), 종교지침서, 번역문, 기타 실생활과 관련된 다양한 문서(특허장, 유언장 등)에 한정되어 있다. 특히 노르만 정복이후 100년간은 영어로 된 새로운 글이 거의 없다(Malone and Baugh 1967: 109). 그 이유 중 하나는 이 시기에 글을 지을만한 능력을 지녔던 상류사회가 불어를 사용하였기 때문이다. 또 다른 이유는 이미 운문으로 기울고 있었던 프랑스 문학의 영향으로 보인다. 1100년대의 유일한 영어산문은 「피터버러 연대기(Peterborough Chronicle)」이다. 고대영어시기 앨프레드 대왕(Alfred, 865~899)이 시작한 「앵글로색슨 연대기(Anglo-Saxon Chronicle)」가 노르만 정복이후에도 계속 진행되었는데, 1154년까지의 기록을 담은 이 연대기를 특별히「피터버러 연대기」라 부른다.(더 자세한 내용은 제7장의 문헌 1 참조바람)

1200년경에 쓰인「수녀들을 위한 지침서(Ancrene Wisse)」중세영어초기 산문문학의 백미이다(제7장 문헌 2 참조바람). 이 글은 수녀원 밖에서 은둔생활을 하는 수녀들을 위한 영적 지침서로서 작자미상이다. 은둔생활의 가치, 감정의 절제, 유혹, 참회, 속죄, 그리스도의 사랑, 일상생활의 지침 등을 서술하고 있다. 저자가 친한 지인에게 이야기하는 식의 어조로 인간미 넘치고, 온유함이 가득한 생생한 문체로 되어있다. 이 작품은 불어와 라틴어로 번역되어 16세기까지도 인기를 누렸다.

'캐서린 집단(Katherine Group)'이란 1100년대 말~1200년대 초 사이에 서중부방언으로 쓰인 두운(alliterative) 산문들을 통칭한다. 이러한 구분은 언어적 측면과 주제적 측면을 모두 고려한 것이다(Treharne 2000: 293). 여기에는 순결을 지키다 순교한 성녀들인 캐서린(Katherine), 줄리아나(Juliana), 마거릿(Margaret)에 대한 3편의 성인전과, 순결의 장점을 강조한「성 처녀(Hali Meiðhad)」, 그리고 육체를 우의(allegory)적으로 가정에 비유하고, 가정의 보물인 4가지 주요미덕을 수호해야 함을 강조한「영혼의 수호(Sawles Warde)」가 포함되어 있다. 이 작품들은 모두 1225년경에 필사된 것으로 추정되는 옥스퍼드 대학의 보들리 도서관(Bodleian Library) 서지번호 Bodley 34 필사본에 포함되어 있다. 캐서린 집단의 방언과 문체는「수녀들을 위한 지침서」와 비슷한 점이 많아서, 이들을 모두 동일 작가가 지었다는 설도 있다. 그러나 각 작품의 어휘나 구문구조, 문체, 작가의 태도사이에 서로 차이가 있어 다른 작가의 작품들이란 주장도 있다(Millet and Wogan-Browne 1990: xii-xiii).

14세기 초 산문작가로 리처드 롤(Richard Rolle of Hampole, c. 1290~1349)이 있다. 그는 옥스퍼드 대학을 나온 재원이었는데, 당시의 학문보다는 성경연구에 더 헌신하였다. 그는 스스로 은자가 되어 영적체험을 하였으며, 고립된 환경에서 기도와 명상의 나날을 보냈다. 말년에는 요크셔 남부 햄폴(Hampole)에서 지내다가 생을 마쳤다. 그는 라틴어와 영어로 글을 썼는데, 어떤 글이 진짜 그의 작품인지 불확실하다. 한때 많은 작품들이 그의 저작물로 간주되었는데, 「양심의 가책(The Prick of Conscience)」도 그 중의 하나였다. 그러나 지금 이 작품은 작자미상으로 꼽힌다. 그가 지은 것으로 거의 확실시되는 글로는 자신의 제자를 위해 쓴 「삶의 형식(The Form of Living)」, 「송가에 대한 논평(Commentary on the Psalter)」, 「수난에 대한 명상(Meditation on the Passion)」, 그리고 「벌과 황새(The Bee and the Stork)」같은 짧은 글들이 있다.

14세기 후반 산문작가로 존 위클리프(John Wycliffe, c. 1320~1384)를 꼽지 않을 수 없다. 그는 요크셔에서 태어나 옥스퍼드 대학을 다녔고, 1360년 그 대학의 베일리얼 칼리지(Balliol College) 학장에 임명되었다. 1361년 학장직을 사임하고 주교대리가 되었고, 1369년 신학사, 1372년 신학박사가 되었다. 그 이후 정치에 관심을 보이기 시작하면서, 그는 교회와 국가의 통치에 관한 라틴어로 된 여러 논문들을 통하여 교회는 죄를 지은 상태이니 소유를 포기하고 복음의 정신에 따라 가난한 상태로 돌아가야 한다고 주장했다. 교회재산의 몰수는 국가, 특히 왕이 집행해야 한다고 보았다. 이러한 그의 이론은 곧 왕실에 의해 정치적으로 이용되었다. 위클리프는 교회재산 몰수를 주장하는 설교를 통하여 좋은 반응을 얻었으나, 이로 인하여 고위성직자들의 미움을 샀다. 1377년 그의 인기와 영향력은 절정에 달했다. 그러자 그해 교황은 그의 체포를 명령했으나, 옥스퍼드 대학이 이를 거부했다. 이후 그는 은둔생활을 하면서, 교회의 신조와 의식을 체계적으로 비판하기 시작하였는데, 특히 화체설(성찬식에 사용하는 빵과 포도주의 본질이 그리스도의 살과 피로 변한다는 교리)이 우상숭배라고 비판했다. 또한 그는 교회성직자들은 보수가 높은 세속 직업이라고 혹평했고, 수사들과 탁발수사들에 대해서도 더 신랄하게 비판했다. 이후 이단분파인 롤라드(Lollard)파는 위클리프의 이러한 견해를 널리 선전했다.

영문학의 직접적인 공헌은 그가 성서를 영어로 완역(1382)하는 작업을 지휘한 점이다. 이것은 영국에 기독교가 들어간 지 1천여 년 만에 번역된 최초의 영어성경이었다. 그가 성서를 번역한 이유는 일반신도들이 성경을 쉽게 읽을 수 있게 하기 위해서였다. 이 번역의 원본은 성서의 원어에 해당하는 히브리어나 그리스어가 아니라, 라틴어 불가타(Latin Vulgate)였다. 처음에 그와 함께 번역에 참가한 사람으로 헤리퍼드의 니콜라스(Nicholas of Hereford)가 있고, 이후에 존 퍼비(John Purvey)가 위클리프역(Wycliffe's Bible)을 전체적으로 개역했다(1388). 위클리프 성서 원본은 그것이 나온 지 33년 후인 1415년에 불태워지고 말았다. 당시 교회는 신도들이 이 성서를 읽는 것을 금했다. 위클리프는 1384년에 죽었는데, 이후 1428년에 그가 성서를 번역했다는 이유로 그의 묘가 파헤쳐지고 시신이 화형 당했다. 그러나 위클리프의 이론은 이후 종교개혁에 많은 영향을 끼쳤다.

위클리프와 동시대에 살았던 트레비사(John (of) Trevisa, c. 1342~1402)는 옥스퍼드 대학에서 수학하였고, 퀸스 칼리지(Queen's College)의 연구원(fellow)를 지냈다. 그는 같은 대학 출신의 위클리프의 견해에 동조하였던 것으로 알려져 있으며, 위클리프 성서의 번역에 어느 정도 기여한 것으로 추정된다. 그는 히그던(Higden)의 「종합연대기(Polychronicon)」를 영어로 번역하였다(제7장 문헌 7 참조바람). 이 책은 당대 영국인들의 지적 흥미를 보여주는 것으로 산문에서 중요한 위치를 차지한다.

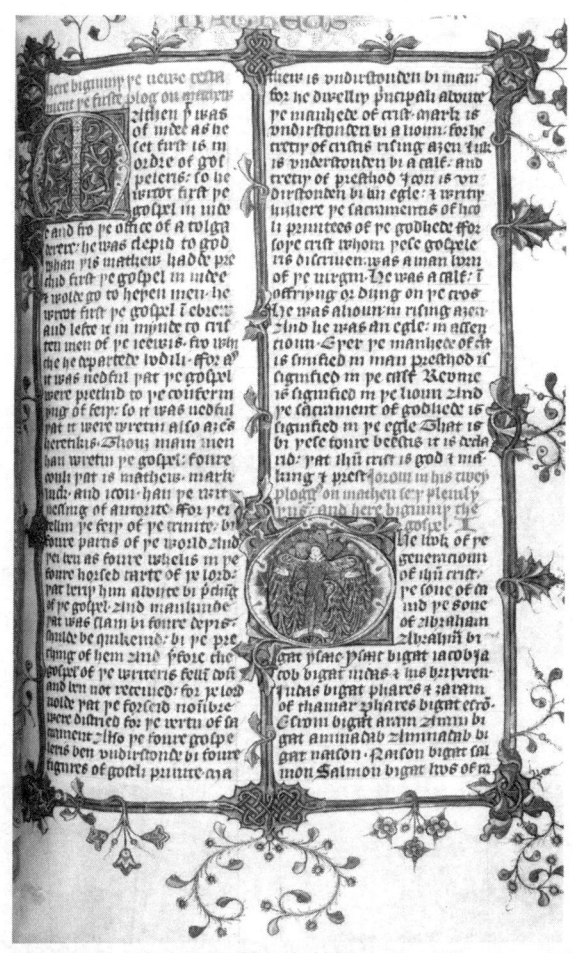

〈그림 1〉 위클리프 성경의 애런들 필사본(Arundel MS. 104, 15세기 초)

15세기 산문문학의 백미는 토머스 맬러리(Sir Thomas Malory, c. 1405 ~1471)의 「아서의 죽음(Le Morte d'Arthur)」이다. 일설에 의하면, 맬러리는 워릭(Warwick) 출신이며 장미전쟁 때 랭커스터 파에 속했고 여러 번 감옥생활을 했다가 처형된 토머스 맬러리 경과 동일인물이라고 하지만, 그의 정확은 신원은 불확실하다. 일부는 그가 웨일스인이라고도 한다. 「아서의 죽음」에서 작가는 스스로를 '기사 토머스 말레오르 경'이라고 부르면서, 이 작품을 에드워드 4세 통치 9년째 되는 해에 끝마쳤다(1469. 3. 4~1470. 3. 3)고 언급하고 있다. 또한 '감옥에서 조속히 석방되기' 위해 기도하는 내용을 덧붙이고 있다. 그리하여 이 작품은 1470년경에 완성한 것으로 추정된다.

　「아서의 죽음」은 1485년 윌리엄 캑스턴(William Caxton)에 의해 책으로 출판되었다. 캑스턴의 판본보다 더 오래된 것으로, 유일하게 현존하는 필사본이 런던의 대영도서관에 있다. 「아서의 죽음」의 캑스턴 판은 아서 왕의 출생부터 시작해 연대순으로 아서에 얽힌 전설이 21권으로 집대성되어 있다. 맬러리가 이 작품을 쓸 당시는 장미전쟁의 와중으로 영국민은 오랜 전쟁으로 고통 받고 있었다. 이러한 어지러운 현실에서 사람들은 과거의 전설적 영웅들의 봉건 기사도 세계를 흠모하게 되었다. 이 작품은 궁정의 사랑과 전쟁의 세계에 대해 이야기를 들려주고 있다. 작품의 내용은 아서 왕의 생애와 원탁(Round Table), 성배(Holy Grail) 이야기를 담고 있다. 아서의 탄생과 양육, 마술사 멀린(Merlin), 명검 엑스캘리버(Excalibur) 이야기(제1권), 기사 발린(Balin)과 발란(Balan) 형제간의 살육(제2권), 아서와 귀네비어(Guinevere)의 혼인, 원탁기사단 이야기(제3권), 마술사 멀린의 사망과, 가웨인 경의 무술 수업, 아서의 이탈리아 침입, 랜슬롯(Lancelot)의 원탁기사단 가입(제4-7권), 기사 트리스트럼

(Tristram)의 사랑이야기(제8-10권), 랜슬롯과 이레인(Elaine)의 사랑이야기(제11-13권), 귀네비어 왕비와 랜슬롯의 사랑과 이로 인한 이레인의 번민과 죽음, 랜슬롯에 대한 비난(제14-19권), 마지막으로, 아서 왕이 왕비와 랜슬롯의 간통을 알아차리고, 랜슬롯과 결투하여 패한다. 이로써 원탁기사단은 해체되고 왕은 엑스캘리버를 호수에 던져버리고 멀리 떠난다는 이야기이다(제20-21권). 전체적으로 아서 왕에 대한 불어로 된 로맨스(Romance)에 바탕을 두었지만, 궁정의 연애나 충성심에 분열이 일어난다는 것보다는, 기사들의 형제애를 강조한 점에서 프랑스의 로맨스와 다르다. 작가는 시공을 초월한 상상의 세계와, 귀족, 성직자, 기사만으로 구성된 이상사회를 구현하고, 남성적 성실과 관용의 인물로서 아서 왕을 중심에 두고 그가 통솔하는 원탁기사들의 기사도 사회를 국가적 모범으로 묘사하고 있다.

맬러리와 더불어 15세기 산문문학에서 중요한 인물은 윌리엄 캑스턴이다. 그는 켄트(Kent) 출신의 무역상으로 지금의 벨기에 브뤼헤(Bruges)에 머물렀다. 그는 당시 구텐베르크(Gutenberg)가 발명한 인쇄술을 배워 브뤼헤에 인쇄소를 차렸다. 여기서 그는 자신이 영어로 번역한 「트로이 역사 선집(The Recuyell of the Historyes of Troye)」를 출판하였다. 이것이 영어로 된 최초의 인쇄본이다. 그는 1476년 귀국하여 런던의 웨스트민스터 수도원 남쪽에 인쇄소를 차렸다. 1477년부터 1491년에 걸쳐 그는 약 80권의 책을 출판하였다. 그중에는 초서의 「캔터베리 이야기」와 가워의 「사랑의 고백」도 포함되어 있다. 그는 때로 외래어와 궁정풍의 수사법을 사용하고, 새로운 시적 문체를 산문에 적용하기도 하였다. 그의 어휘선택과 철자법은 동중부방언으로 된 런던영어를 기초로 하였기 때문에 표준영어의 확립에 기여하였다.

2. 운문

(1) 12~13세기

노르만 정복이후 영국 궁정은 프랑스인으로 채워졌기에, 운문으로 된 작품도 모두 불어로 지어졌다. 그러나 종교시인들은 왕실과 귀족들로부터 보수를 기대하지도 않았고, 평민들에게 기독교를 전파할 필요가 있었기에, 평민의 언어인 영어로 종교상의 교리나 성인전, 도덕적 교훈에 대한 시를 지었다. 12세기 말경에 지은 것으로 추정되는 「도덕시(Poema Morale」(현존하는 필사본 중 가장 오래된 것은 13세기 후반의 것임)는 약 400행으로 된 중세영어 최초의 시로서, 인생의 무상함, 최후의 심판, 천국의 기쁨과 지옥의 공포를 노래하며, 하나님께 복종하도록 설교하는 내용이다. 13세기 초반에 쓰인 「오르물룸(Ormulum)」은 오거스틴 수도회 (Augustinian order) 소속의 한 수도원(Arroaisian Abbey at Bourne, Linconshire)의 수도승으로 알려져 있는 옴(Orm)이 지은 약 2만행에 달하는 종교시이다. 평민들에게 전파하기 위해 복음서를 해석한 것으로, 각 행은 두운도 각운도 없는 단조로운 시형을 취하고 있다. 문학적 가치보다는, 작가만의 독특한 철자법으로 인해 중세영어의 발음을 연구하는데 귀중한 자료이다.

또한 이 시기에는 논쟁시(debate)라고 불리는 형식이 유행하였다. 논쟁문학은 12~13세기에 라틴과 프랑스 문학에서 성행하였는데, 두 명의 서정시인이 번갈아가면 대화방식으로 논쟁한다. 영어로 쓰인 최초의 논쟁시는 약 2천행으로 된 「부엉이와 나이팅게일(The Owl and the Nightingale)」이다(제7장 문헌 3 참조바람). 이 시는 1200년경(13세기 초)

에 지어진 것으로 추정되며, 두 마리의 새가 서로 누가 더 인간에게 이로운 존재인지를 겨루는 내용으로, 부엉이는 금욕적인 생활을 주장하는 종교시인을, 나이팅게일은 현세적 생활을 추구하는 연애시인을 상징한다. 이 시의 작가는 미상이지만, 작품 속 심판관으로 등장하는 니콜라스 길드퍼드(Nicholas Guildford)라는 주장도 있다.

중세의 대표적 문학형식인 로맨스(Romance)는 12세기 중엽 프랑스에서 처음 나타나 유럽의 다른 지역으로 퍼진 것인데, 로맨스어로 쓰인 운문이란 뜻에서 유래하였다. 주로 기사의 연애와 모험을 주제로 하고 종교적 우의가 활용되기도 한다. 로맨스에서 그려지는 기사도적 사랑 혹은 궁정연애(courtly love)는 주로 귀족들간의 사랑을 다루고 있고, 여성을 이상화하여 숭배의 대상으로 삼는다. 그리고 남녀간의 사랑을 지상에서 가장 고귀한 감정으로 생각하고, 사랑의 고통과 좌절을 종교적으로 승화하여 표현하기도 한다. 로맨스의 소재로는 그리스, 로마(가령, Alexander, Troilus 등), 프랑스(Charlemagne 대제), 영국의 영웅과 기사들이 활용되었다. 이 가운데 영국의 기사이야기는 켈트인의 전설인 아서 왕과 그 기사들에 관한 것이 가장 많다. 제프리 몬머스(Geoffrey of Monmouth)는 라틴어로 된 「브리튼 왕 열전(Historia Rugum Britanniae)」에서 아서 왕에 대한 전설을 기록하였는데, 이것을 기초로 노르만 시인 와스(Wace)가 불어로 「브루트 이야기(Le Roman de Brut)」라는 로맨스를 지었다. 우스터셔(Worcestershire) 지방 출신의 라야먼(Layamon)은 와스의 시를 확대하고 재창조하여 「브리튼인의 역사(Historia Brutonum)」를 영어로 썼는데, 이것을 간략히 「브루트(Brut)」라 부른다. 「브루트」는 13세기 전반 경에 지은 것으로, 브루트에 대한 전설과 더불어, 아서 왕을 포함한 여러 웨일스 지방의 영웅들에 대한 전설을 포함하고 있는 3만행이 넘는 방대한 시이다. 시의 운율이 독특하여, 고대영어의 전통인 두운법(alliteration)을 사용하면서도 동시에 각운(rhyme)을 활용하고 있어, 과도기적 시형을 보여준다 하겠다.

아서 왕이 아닌 다른 기사들을 소제로 한 로맨스도 있다. 「호온 왕(King Horn)」은 약 1,500행으로 되어 있는 13세기 후반의 로맨스로서, 호온 왕은 Suddenne(현재의 맨 섬(Isle of Man)으로 추정)의 왕자로 태어났다가 사라센(Saracens)의 침입으로 국외로 추방되어 그곳의 공주 리먼힐드(Rymenhild)와 사랑에 빠지는 이야기이다. 수많은 역경과 다른 여인으로부터의 유혹을 극복하고 마침내 리먼힐드와 혼인하게 되며, 본국에 돌아와 왕권을 수복하고 부인을 데리고 와서 행복하게 산다는 결말을 가지고 있다. 이 시도 역시 두운시와 각운시의 과도기적 시형을 보여준다. 「데인인 해벌러크(Havelok the Dane)」은 1270년경에 링컨(Lincoln)이나 그림스비(Grimsby) 지역에서 창작된 것으로, 약 3만행으로 이루어져 있다. 덴마크 왕자 해벌러크는 어릴 때 부왕의 죽음으로 인해 핍박을 받게 되자, 어부 그림(Grim)의 도움으로 덴마크를 탈출해 영국 그림스비에 도착한다. 거기서 그림의 양자가 되어 힘과 기량에서 두각을 나타내게 되고 영국의 공주 골드버러(Goldborough)와 결혼한다. 이들은 덴마크로 건너가 자신을 괴롭힌 사람들에게 복수하고 왕위에 오르며, 다시 영국으로 돌아와 공주를 배신한 실권자를 물리치고 왕권을 수복한다는 이야기이다.

13세기부터 중세영문학에서 꾸준히 이용된 장르로 서정시(lyrics)가 있다. 중세의 서정시는 다양한 계층의 사람들이 다양한 주제에 대해 노래한 것으로서, 주로 1인칭을 사용한 짧은 시들이다. 종교적인 내용을 담은 시에서는 그리스도의 탄생과 죽음, 성모마리아의 비탄, 인생의 무상 등을 다루고 있다. 가령, 13세기 후반 필사본인 캠브리지 트리니티 칼리지

(Trinity College) B. 14.39에 실려 있는 여러 편의 서정시 중에 「최후의 심판을 생각하며(When I Think on Domesday)」는 모든 인간에게 닥치는 죽음과 삶의 무상함을 노래하고 있으며, 「대적할 수 없는 자를 노래하다(I Singe of One That is Matchless)」에서는 성모마리아의 아름다움, 순결함, 온유함을 이브(Eve)의 죄악과 대조시켜 칭송하고 있다. 세속적인 내용으로는 봄과 사랑에 대해 노래하는 시가 많다. 14세기 중반 필사본인 대영도서관 할리 필사본(British Library, Harley 2253)에는 영어, 불어, 라틴어로 된 수많은 종교적, 세속적 내용의 서정시들이 실려 있다. 이 가운데「앨리슨(Alysoun)」에서 시인은 봄과 사랑의 고통을 노래하고 있으며, 「봄(Spring)」에서는 야생의 동물들 사이의 구애의 기쁨에 빗대어 연인을 갈구하는 마음을 담고 있다. 「불어라 북풍이여(Blow, Northerne Wynd)」는 궁정연애(courtly love)를 노래하고 있다.

(2) 14세기

14세기는 중세영문학의 절정기이다. 이 시대에 초서(Chaucer), 가워(Gower), 랭글런드(Langland), 가웨인(Gawain) 시인 등이 배출되었다. 이 시기는 백년전쟁의 와중이었으며, 흑사병과 농민반란이 일어난 혼란스런 시기였으며, 또한 루터(Luther) 이전에 종교개혁의 욕구가 강하게 일어나던 시기이기도 했다. 이 시대의 문학은 런던을 중심으로 활동한 초서와 가워의 궁정적, 도시적, 지중해적 요소가 결합된 문학과, 런던에서 멀리 떨어진 영국 북서부에서 활동한 고대영어 두운시의 전통을 부활시킨 랭글런드(Langland)와 가웨인(Gawain) 시인으로 나눌 수 있다.

1) 윌리엄 랭글런드

14세기에는 중세영문학에서 끊어졌던 고대영시의 두운법을 활용한 시들이 다시 나타나기 시작한다. 이들은 영국 서부와 북서부에서 나타났으며, 운율뿐만 아니라 앵글로색슨의 어휘와 표현도 재등장하였다. 왜 이러한 현상이 일어났는지 정확히 알 수 없다. 외국문학의 영향에 대한 민족적 감정의 표현이라는 주장도 있으나, 이들 작품에서 프랑스 문화와 문학의 영향이 보이는 점은 이런 주장과 어긋난다. 다시 말하여, 이 시들은 운율은 과거의 전통을 따랐으나, 시의 내용이나 형식은 로맨스, 우의(allegory) 등 프랑스 문학의 영향을 받고 있다.

이 지역의 두운시 작가의 대표로 윌리엄 랭글런드(William Langland, c. 1332~c. 1386)를 꼽지 않을 수 없다. 그는 영국 서부에서 태어나 런던생활을 하였으며, 결혼해서 시를 썼다고 한다. 그의 「농부 피어스(Piers Plowman)」는 기독교와 인간 구원의 문제를 다룬 종교시로서 중세문학에서 자주 사용된 꿈(vision)을 이용한 우의적인 작품이다(작가의 생애와 작품의 줄거리는 제7장 문헌 4를 참조바람). 이 작품의 구성은 복잡하고 우의는 난해하다. 몇 차례에 걸쳐 등장하는 작중의 화자 윌리엄은 복합적 의미를 지닌 우의적인 인물로서, 한편으로는 순박한 삶을 사는 평범한 농부이며, 다른 한편으로는 덕망이 높은 이상적인 인물을 상징한다. 또 '바위'라는 뜻의 이름 피어스가 암시하듯이 성 베드로를 나타내거나, 인간에게 진리와 구원의 길을 열어주는 그리스도를 상징하기도 한다. 「농부 피어스」는 교회의 타락, 정의롭지 못한 사회, 지배계층의 비리 등을 고발하고 노동문제에 깊은 관심을 가진다는 점에서 중세의 다른 어떤 작품보다도 풍자의 성격을 띤다. 이런 의미에서 초서와 가워가 궁정시인, 귀족시인이라면, 랭글런드는 민중의 시인이라고 할 수 있다. 또한 인간의 영적 문제, 기독교적 사랑에 대해 깊이 탐구하며, 진정한 기독교인이 무엇인지에 대해 생각하게 한다.

2) 가웨인 시인

「농부 피어스」가 중세 종교시의 으뜸이라면, 중세 로맨스의 으뜸은 단연「가웨인 경과 초록기사(Sir Gawain and the Green Knight)」이다. 이 작품은 작자 미상으로, 다른 세 편의 시와 함께 대영도서관의 한 필사본에 들어있다. 다른 세 편의 시는 「진주(Pearl)」, 「순수(Purity)」, 「인내(Patience)」인데, 랭커셔 지방의 방언, 동일한 문체, 풍부한 묘사력의 공통점으로 볼 때 동일 작가의 작품으로 추정된다. 그래서 이 작가를 가웨인 시인이라 부른다.

「가웨인 경과 초록기사」는 민간설화와 로맨스적 요소를 혼합하여 14세기 후반에 쓰인 2,500여행의 애가풍의 두운시이다. 이 작품은 아서 왕의 궁정을 배경으로, 목 자르기 시합과 유혹이라는 모티브를 이용한 수준 높은 궁정 로맨스이다(시의 줄거리는 제7장 문헌 5 참조바람). 신비스럽고 흥미로운 줄거리뿐만 아니라 구성의 측면에서 주목할 만한데, 성탄절에서 시작하여 성탄절로 끝나는 순환적인 구성 안에 두 차례에 걸친 도끼의 일격, 사흘 동안의 사냥과 세 번의 유혹, 여러 종류의 약속들이 서로 대립과 병렬을 보여준다. 그러나 이러한 탄탄한 구성은 내용의 모호함과 대조를 이룬다. 아서 왕의 조카이며 충성스런 신하인 주인공 가웨인은 독실하지만 결국 진정한 유혹이 어디에 있는지 예측할 수 없는 불완전한 기독교도로 그려진다. 초록기사의 아내의 유혹은 물리치지만, 불사신이 되게 해준다는 제의에는 굴복하고 마는 가웨인은 자신의 모험을 실패로 간주하지만 다른 사람들은 다르게 받아들이는 듯한데, 마지막에 초록기사의 웃음과 궁정사람들의 웃음의 의미가 모호하다. 어떤 의미에서 가웨인이 처한 난처함은 독자들에게 희극적으로 받아들여져 웃음을 짓게 만들기도 한다. 시인이 아름답게 묘사하고 있는 계절의 흐름은 삶의 유한성을 강조한다. 그리고 인간의 한계로 인해, 나약한 인간이 기사도의 절대이상을 도달할 수 있는지 회의감을 갖게 한다. 이 시는 귀족적이고 화려한 생활에 대하여 세밀하게 묘사하고 있고 작중 인물의 심리묘사 또한 뛰어나다. 각 연은 12~38행으로 된 긴 두운행과 5행의 짧은 각운행으로 이루어져있다.

「진주」(c. 1350~c. 1380)는 매우 독특한 시형을 가지고 있다. 시는 총 1,212행이며 각 행이 4강세(8음절)로 두운과 각운을 모두 가지고 있다. 시 전체는 총 20개의 절(section)로 이루어지며, 각 절에는 12행으로 이루어진 연(stanza)이 5개씩 구성되어 있다. 마지막 절에는 1개의 연이 더해져 총 101연이다. 각 연은 abababab bcbc의 각운이 엄격이 지켜지고 있다. 1개의 절에 속하는 연들의 마지막 행은 모두 공통된(혹은 거의 유사한) 후렴구를 가진다. 이러한 후렴구의 일부는 같은 절에 속하는 다음 연뿐만 아니라, 그 절이 끝난 후 잇따라 나오는 다음 절에 속하는 연의 첫 행에서도 반복되면서, 순환구조(concatenatio 'concatenation')를 이룬다.

「진주」는 중세에 즐겨 쓰인 형식인 꿈(dream vision) 문학이다. 시인은 정원에서 진주(Pearl)를 찾고 있는데, 진주는 어릴 때 죽은 시인의 딸을 우의적으로 표현한 것이다. 슬픔에 겨운 시인이 잠이 들고, 꿈속에서 강이 흐르고 강 건너 낙원에서 성인이 된 딸의 모습을 발견한다. 딸은 시인에게 슬퍼하지 말라고 말하고 자신은 천국의 여왕이 되었다고 하면서 행복한 천국의 생활을 들려준다. 시인이 딸 쪽으로 향하여 강물에 뛰어들자 순간 잠에서 깨어난다. 그 후 그는 딸의 행복에 위안을 얻고 조용히 여생을 보낸다. 이 시는 사랑하는 사람을 잃어버린 비통함이 담긴 일종의 애가이다. 그러나 인간의 죽음과 상실을 기독교적 의미에서 다룬다. 꿈을 통하여 시인은 개인적 슬픔을 넘어 영생의 기쁨을 확신하면서 기독교적 위안을 얻게 된다. 작중에는 중세신학과 성서에 대한 언급도 엿볼 수 있다. 이 작품은 전체적인 시형의 순환성, 이러한 형식과 의미와의 상호관계, 그리고 우의의 다양한 해석 등 매우 독특한 작품으로 평가되고 있다.

　동일 필사본에 들어있는 「순수」와 「인내」는 각운 없는 4행연구의 두운시이다. 4행이 하나의 통사적 단위(가령, 문장)를 이루며 필사본에는 사선(/)으로 표시되어 있다. 「순수」는 1,812행으로 되어있으며 각 행에 3개의 두운이 있다. 시인은 천사의 추락, 아담과 이브의 몰락, 노아(Noah) 이야기, 아브라함(Abraham)과 롯(Lot) 이야기, 네부카드네자르(Nebuchadnezzar)의 예루살렘 정복과 그의 몰락과 같은 구약에 나오는 여러 인물들의 일화를 이용하여 깨끗함(순수)과 불결함(타락)을 대조시켜 설명한다. 그리고 불결함은 하느님을 노하게 하며, 오직 순수만이 그의 사랑을 받음을 강조한다. 「인내」는 구약성서의 요나서(Jonah)의 교훈을 빌려와서 인내의 필요성을 강조한다. 시인은 인내가 분노의 반대이며, 자신의 마음을 통제하는 자들은 축복 받게 됨을 설명한다. 이 시에서 요나는 그리스도와 같은 전도사로서가 아니라, 두려움에 가득차고 안달하고 이기적이며 하느님의 부름을 끊임없이 거절하는 인간으로 그려진다. 요나의 인내의 부족은 인간의 반항에 대한 하느님의 인내와 대조된다.

3) 존 가워

존 가워(John Gower, c. 1330~1408)는 초서보다 좀 더 일찍 태어났다. 그들은 서로 알고 지냈던 것으로 보이는데, 초서는 자신의 작품 안에서 '도덕적인 가워(moral Gower)'라고 언급하고 있다. 후대의 시인들이 초서와 가워를 동등한 반열에 올려놓을 만큼 가워도 훌륭한 작가였다. 가워는 불어로 발라드(ballads) 50편과 「명상자의 거울(Speculum Meditantis)」(c. 1376~1379)을 썼다. 1381년 농민반란을 대상으로 그는 「소요의 소리(Vox Clamantis)」(c. 1382)를 라틴어로 썼는데, 귀족의 편에 서서 리처드 2세가 폭동을 진압하는 과정을 칭송하고 있다. 영어로 쓴 유일한 작품인 「사랑의 고백(Confessio Amantis)」(c. 1393)은 고대 그리스와 로마의 문학, 특히 오비디우스와 민간설화, 로맨스 등에서 이야기를 수집하여 쓴 30,000행에 이르는 장시이다. 작중에서 시인은 사랑의 여신 비너스에게 자신의 죄를 고백하는데, 고백의 형식으로 기독교의 칠거지악(Seven Deadly Sins)을 다루고 있다. 가워는 초서가 '도덕적인 가워'라고 할 만큼 교훈적인 작품을 많이 썼는데, 그의 작품은 초서에 비하여 무겁고 장황한 느낌이 난다.

4) 제프리 초서

'영시의 아버지'라 불리는 제프리 초서(Geoffrey Chaucer, c. 1340~1400)은 런던의 주류상인 아버지 존 초서의 아들로 1340년대 초에 태어났다. 그는 에드워드 3세의 (생후 생존한) 둘째 왕자 라이오넬(Lionel, Earl of Ulster, 이후 1st Duke of Clarence)의 부인 Elizabeth의 시동(page) 으로 지냈던 기록이 있다(1357). 백년전쟁에 종군해서 1359년에 프랑스에서 포로가 되었으나 몸값을 주고 풀려났다는 기록도 있다(1360). 그 후 초서는 에드워드 3세의 궁정에서 여러 공무를 담당했으며, 스페인, 프랑스, 이탈리아를 방문하기도 하였다. 이러한 여행을 통해 초서는 다른 나라의 관습과 문화를 이해하게 되었다. 에드워드 3세의 셋째아들이며 당시의 세도가인 곤트의 존(John of Gaunt, 1st Duke of Lancaster, 제1장 참조바람)의 셋째부인 캐서린 스윈퍼드(Katherine Swynford)와 초서의 아내 필리파(Philippa)가 자매지간이었기에 초서는 존과도 오랫동안 친분을 유지했다. 이로써 초서는 왕실과 귀족의 생활을 접하게 되었고, 그의 작품에서도 그들의 화려한 생활이 그려져 있다.

초서의 작품은 대체로 3기로 구분된다. 1359~1372년은 흔히 프랑스기라 한다. 초서는 이 시기에 궁정 연애를 주제로 하는 로맨스에 심취해서 「장미 이야기(Romaunt of the Rose)」를 영역하기도 하였다(1367~1370). 이 시기에 프랑스를 자주 여행하였으며, 불어로 시를 쓰기도 하였다. 곤트의 존의 첫 부인 블랑쉬(Blanche)가 흑사병으로 죽었을 때, 그의 죽음을 애도한 「공작부인의 서(Book of the Duchess)」(1368)는 당시 프랑스에서 유행하던 사랑의 꿈 이야기 형식을 취한 우의시(allegory)이다. 여기서 그는 프랑스에서 도입한 새로운 운율인 8음절 2행연구를 영시에 이용하여 정착시킨다.

1372년 초서는 외교적 임무를 띠고 이탈리아를 방문한다. 이것은 그가 시인으로 성장하는데 중요한 계기가 되었는데, 이 시기를 이탈리아기(1372~1386)라고 한다. 이탈리아는 이미 단테(Dante, c. 1265~1321), 페트라르카(Petrarch, 1304~1374), 보카치오 (Boccacio, 1313~1375) 등을 배출하며 르네상스시기를 열고 있었다. 초서는 이탈리아 여행을 통하여 이들 작가들의 영향을 받았고 약강 10음절 7행연을 사용하게 되었다. 특히 보카치오의 작품을 통하여 그는 귀품 있으면서도 자유로운 문학풍토를 배우게 되었다. 1372~1377년 사이에 그는 일련의 시를 지었는데, 이것은 후에 「캔터베리 이야기(The Canterbury Tales)」의 '수사(Monk)의 이야기' 와 '두 번째 수녀(Second Nun)의 이야기'로 각색되었다. 또한 이 시기에 「새들의 의회(The Parliament of Fowls)」(c. 1380), 「명예의 전당(The House of Fame)」(c. 1378~1381), 「트로일루스와 크리세이드(Troilus and Criseyde)」(c. 1381~1386). 「선한 여인들의 전설(The Legend of Good Women)」(c. 1386) 등을 썼다. 동물 우화인 「새들의 의회」는 세 마리의 수컷이 한 마리의 암컷을 두고 자연의 여신 앞에서 벌이는 논쟁의 형식을 띠고 있다. 1천여행의 미완의 작품인 「명예의 전당」은 문학과 문학적 상상력을 다루고 있다. 꿈속에서 시인은 유명한 사람들의 이미지와 그들의 업적으로 꾸며진 유리신전에 있다. 큰 독수리가 안내자가 되고, 명예의 여신이 명예와 불명예를 배분하는 것을 본다. 여기서 시인은 유명함의 본질과 기록의 진실 여부에 관심을 갖는데, 시인이 유명한 사람들의 삶을 알릴 때 그 속에서 얼마나 진실이 담겨있는지에 대한 시인의 역할에 대해 생각한다. 이 작품의 후반에 단테의 「신곡」의 영향이 보이지만, 유머와 창의적 상상력에서 단테의 모방을 벗어나는 독창성을 보인다. 「선한 여인들의 전설」역시 우의적인 꿈 이야기이며 서시가 덧붙여 있다. 시인은 여왕 앨체스트(Alceste)로부터 선한 여인들을 기리는 시를 쓰도록 명령받고, 사랑에 충실했던 10명의 여인들의 불행한 운명을 이야기한다.

「트로일루스와 크리세이드」는 중세에 유행한 트로이 전쟁 이야기를 다루고 있다. 보카치오의 「일 필로스트라토(Il Filostrato)」('사랑의 포로')의 이야기를 가져다 쓴 것으로 가장 이탈리아 문학의 영향을 많이 받은 작품이다. 그러나 초서는 보카치오의 이야기를 근본적으로 재구성하여, 총 5

권의 8천행이 넘는 매우 아름답고 독창적인 연애시로 탄생시켰다. 「캔터베리 이야기」가 없더라도 이 작품만으로도 아마 그는 위대한 영국시인의 반열에 올랐을 것이다. 이 시에서 트로이의 신관 칼카스(Calchas)는 트로이의 패망을 예견하고 적군인 그리스로 달아나지만 그의 딸 크리세이드는 트로이에 남는다. 트로이의 왕자 트로일루스는 어느 날 미망인 크리세이드를 보고 사랑에 빠진다. 그녀의 삼촌인 팬더러스(Pandrus)의 노력으로 그들은 교제를 하게 된다. 그러나 전쟁포로의 교환으로 크리세이드는 그리스에 있는 아버지에게도 인도된다. 비탄에 잠긴 크리세이드는 트로일루스에게 열흘 후에 돌아오겠다고 약속하고 트로이를 떠난다. 그러나 이 약속도 헛되이, 그녀는 그리스 장군의 아내가 된다. 그녀를 안타깝게 기다리던 트로일루스는 전쟁터에서 전사하고, 그의 영혼은 승천한다. 초서는 이 작품에서 이야기의 줄거리보다는 인물묘사와 심리묘사에 탁월한 재능을 발휘한다. 팬더러스는 세속적이면서도 마음씨 좋은 희극적 인물로 묘사되어 있고, 크리세이드는 연인을 배신하는 천박하고 사악한 여성이 아니라 귀품 있고 아름다우면서도 열정을 지닌 여성으로 묘사된다. 이 작품은 배신과 죽음으로 끝나는 비극이지만, 또 한편으로는 팬더러스가 만들어내는 희극적 요소도 다분하다. 이 작품은 또한 남녀간의 비극적 사랑을 다루고 있지만, 결말은 기독교적 교훈으로 끝난다. 승천한 트로일루스가 인간세상을 내려다보면서 현세의 무상함에 냉소적 미소를 짓고, 마지막에 단테의 작품에서 빌려온 기도문으로 끝난다.

　제3기인 영국기(1386~1400)는 초서 개인사에 있어서는 불행한 시기였다. 곤트의 존이 실각하면서 생계가 어려워졌고 그의 아내 필리파도 세상을 떠났다. 그러나 문학적으로는 풍부한 인생경험을 바탕으로 가장 성숙하고 창의적인 시기였다. 그 성과는 그의 가장 뛰어난 작품으로 간주되는

「캔터베리 이야기」에서 드러난다. 1386~7년경에 시작되어 그가 임종할 때까지 완성하지 못한 이 작품은 보카치오의 「데카메론(Decameron)」처럼 여러 독립된 이야기를 묶어놓은 것이다. 1,700행의 운문과 2편의 산문으로 되어 있는 이 작품은 총 24개의 이야기로 구성되어 있다. 영국의 남쪽 캔터베리에 있는 토머스 베켓(Thomas Becket) 사원으로 순례를 떠나는 29명이 런던 교외 서더크(Southwark)에 있는 타바드 여관(Tabard Inn)에 도착한다. 저녁이 되자 여관주인은 순례여행을 가는 길에 2편, 오는 길에 2편 각자 이야기를 하고, 그중에 가장 훌륭한 이야기를 한 사람을 뽑아서 주인이 저녁식사를 대접하겠다고 제안한다. 후에 초서 자신을 포함하여 총 30명의 순례자가 있는데, 실제로 이야기를 한 사람은 22명이

〈그림 2〉「캔터베리 이야기」의 엘스미어 필사본(Ellesmere Manuscript, Huntington Library MS EL 26 C9)에 포함된 초서를 상징하는 그림

한 가지씩, 초서 자신은 두 가지의 이야기를 하여 총 24편의 이야기에 그치고 있다. 그리고 이야기는 순례지에 도달하지 못한 채 끝나버린다. 이 작품은 여러 인물들과 상황을 소개하는 '총 서시(General Prologue)'로 시작하는데, 만물이 소생하는 봄을 묘사하는 이 작품의 도입부는 중세영문학 가운데 가장 잘 알려지고 사랑받는 부분이다(제7장 문헌 6 참조바람).

이 작품에서는 사회의 최상위층인 왕족과 귀족 그리고 최하층인 농노를 제외하고, 중세시대 여러 계층과 다양한 직업의 인물들이 그려지고 있다. 순례자 가운데 가장 신분이 높은 기사(Knight)는 기사시종 노릇을 하는 수습기사(Squire)로 그의 아들을 데리고 왔다. 순례자 가운데는 교회와 관련된 직업이 많은데, 수사(Monk), 탁발수사(Friar), 소환리(Summoner), 면죄사(Pardoner), 수녀원장(Prioress), 수녀, 수녀원신부(Nun's Priest), 본당신부(Parson)가 있다. 중간계층의 인물로는 바스 부인(Wife of Bath), 상인(Merchant), 시골유지(Franklin), 의사(Physician), 법률가(Man of Law), 서생(Clerk)이 있다. 하위층에 속하는 직업으로는 방앗간 주인(Miller), 요리사(Cook)가 있다. 초서의 인물들은 그 계층을 대표하는 전형적 인물로 볼 수 있는데, 당시에 유행하던 계층풍자(estate satire)에 속한다. 그러나 초서는 이들을 전형적 인물로 한정하지 않고, 구체적인 외모, 의상, 습관 등을 생동감 넘치게 묘사함으로써, 독자는 마치 실제로 존재하는 인물을 보는 것 같다. 또한 각 이야기들은 독립적이지만 결코 단절되지 않고 서로 유기적으로 결합되어 있다. 순례자들은 자신들의 이야기 사이에 서로 다투거나 화답하며 반응한다. 그리고 순례자들이 하는 이야기들은 자신의 신분이나 연령, 성격과 밀접한 관련을 보인다. 가령 기사는 기사도적 사랑을 다룬 로맨스를 이야기하고, 방앗간 주인은 사회질서에 도전이나 하듯이 매우 외설적인 이야기를 한다. 늙은 나이에 젊은 처녀와 결혼한 상인은 젊은 부인이 늙은 남편을 골려주는 이야기를 한다. 또한 금욕적이고 수줍은 옥스퍼드의 서생은 순종적이고 인내하는 여성 그리셀다(Griselda) 이야기를 하고, 수다스러우면서도 강한 성욕을 지닌 바스의 부인은 다섯 명의 남편을 가진 사연을 이야기한 후, 여자가 가장 좋아하는 것은 남편을 지배하는 것이라고 한다. 남편과 부인의 지배권 문제는 「캔터베리 이야기」의 주요 주제중 하나이다. 초서는 상당수의 순례자들을 조롱의 대상으로 삼았는데, 특히 성직과 관련된 사람들이 부정적으로 묘사된 경우가 많다. 직업상 경쟁관계인 탁발수사와 소환리는 서로 상대방의 위선을 폭로하며, 이들과 더불어 면죄사는 탐욕의 화신으로 그려진다. 수녀원장의 경우, 그녀가 스스로 생각하는 신분과 실제 성격이 다르다는 점을 역설적으로 보여주고 있다.

「캔터베리 이야기」의 위대함은 이야기의 다양성에 있다. 여기에는 로맨스, 파블리오(fabliau, 익살로 가득 찬 희극), 동물우화, 산문으로 된 설교 등의 다양한 쟝르가 포함되어 있으며, 이야기의 내용도 공손한 것, 외설적인 것, 희극적인 것, 비극적인 것, 교훈적인 것 등 다양하다. 순례자들은 서로 웃고 싸우면서 다양한 장르와 내용을 서로 뒤섞는다. 다양한 계층 사람들의 다양한 삶의 방식과 다양한 장르의 문학양식들은 「캔터베리 이야기」 속에 녹아들며 인간사회의 다양성과 복잡성을 보여준다. 초서는 이들 중 어느 한 인물도 어느 한 편에도 치우치지 않고, 나름대로의 타당성을 인정하며 관대하고 초연한 자세로 이들을 바라본다. 「캔터베리 이야기」의 24가지 이야기 중 어느 것도 정확한 창작시기를 알 수 없다. 이야기의 순서도 초서가 정한 것이 아니라 후세에 시집을 펴낸 편집자들이 정한 것이다. 대부분 15세기에 제작된 80여종의 필사본은 이 시가 당대에 얼마나 인기가 있었는지를 시사한다.

(3) 15세기

초서와 랭글런드가 사망한 후, 15세기 문학은 침체기를 겪었다. 독창적인 내용이 없고 초서를 모방하는 작가들만 출현한 시대였다. 초서의 계승자들은 잉글랜드파(English Chaucerians)와 스코틀랜드파(Scotish Chaucerians)로 나눌 수 있는데, 전자에는 토머스 호클리브(Thomas Hoccleve, c. 1370~1450)과 존 리드게이트(John Lydgate, c. 1370~1450)가 대표적이다. 호클리브는 오랫동안 궁정에서 근무했는데, 황태자 헨리 5세를 위하여 지배자의 덕과 의무를 서술한「군주론(Regiment of Princes)」을 써서 바쳤다. 리드게이트 역시 궁정시인으로, 중세기 작가 중 가장 많은 작품을 쓴 작가이다. 그는「흑기사의 탄식(The Complaint of the Black Knight)」,「거울의 신전(Temple of Glass)」을 썼으나 초서의 모방작품에 불과했다. 번역서로는「트로이 서(Troy Book)」,「티비스의 포위(Siege of Thebes)」 등이 있다. 스코틀랜드파에는 로버트 헨리슨(Robert Henryson, 1424~c. 1506)과 윌리엄 던바(William Dunbar, c. 1460~c. 1530)가 있다. 헨리슨은 초서의「트로일루스와 크리세이드」의 속편으로 볼 수 있는「크리세이드의 유언(Testament of Cresseid)」를 지었다. 이 시는 초서와 달리 크리세이드의 운명을 어둡고 비극적으로 그리고 있다. 던바는 많은 양의 시를 남겼는데,「칠거지악의 무도(The Dance of Seven Deadly Sins)」는 애감 넘치는 풍자시로서 스코틀랜드 특유의 조소와 유머를 잘 나타내고 있다.

3. 연극

고대 그리스, 로마의 전통과 달리 중세에는 세속적인 내용을 다루는 극이 존재하지 않았다. 10세기경에 교회극(church drama)이 처음 나타났는데, 수사들이 성경공부를 재미있게 하기 위해 대화 장면을 삽입해 역할극을 한 것이었다. 이것은 나중에 교회미사에 포함되었다. 당시에 교회미사를 라틴어로 하였기 때문에 일반 대중이 교리를 이해하는데 어려움이 많았다. 이에 설교 내용을 일반 대중이 이해하도록 돕기 위해 연극인이 포함된 교회극이 미사 중에 공연되었다. 이러한 연극을 '전례극(Liturgical Play)'라고 한다. 교회 내부에서 시작된 교회극은 13세기에 이르러서는 교회 밖에서 신구약성서의 내용을 소재로 한 '신비극(Mysteries, Mystery Play)', 성인들의 생애와 전설을 다룬 '기적극(Miracle Play)' 등으로 발전하였다. 두 개를 합쳐 '신비극'이라 통칭하기도 한다.

현존하는 신비극의 필사본은 총 4개인데, 이들은 요크(York), 체스터(Chester), 웨이크필드(Wakefield) 같은 도시와 연관되어 있어 요크 순환극(York Cycle), 체스터 순환극, 웨이크필드(혹은 타운리(Townley)) 순환극으로 불린다. 나머지 한 편은 어느 도시에 속했는지 불확실하기 때문에 N-타운 연극(N-Town plays)라 부른다. 가령 요크 순환극을 보면, 천지창조부터 시작하여 아담과 이브, 아브라함, 노아 이야기를 거쳐 예수의 탄생과 죽음, 최후의 심판까지 단편적인 짧은 연극들로 나누어 기독교의 전 역사를 다룬다. 요크 순환극의 경우 페이전트(pageant)라 불리는 48편의 짧은 극들로 구성되어 있다. 상인조합은 기독교 축제일에 즈음하며 도시를 순회하며 무대처럼 꾸며진 마차위에서 공연하였으며, 연극인들은 자신의 업종에 맞는 역을 맡기도 하였다. 공연의 길이는 도시마다 달랐고,

날아다니는 천사와, 불을 뿜은 괴물 등을 표현하기 위하여 각종 기계장치와 뚜껑문을 사용하기도 하였다. 웨이크필드에서 공연된 타운리 순환극 안에 포함된 「두 번째 목동들의 연극(The Second Shepherds' Play)」은 신비극 중에 가장 유명한 것으로, 양을 도둑질한 소작농 마크(Mark)와 양치기 목동들 사이의 줄다리기를 보여준다. 마크는 목동들로부터 양을 훔쳐 자기 집에 이불을 덮어 감춘다. 평소에 소문이 좋지 않았던 마크를 의심한 목동들이 그의 집으로 찾아가 샅샅이 뒤진다. 마크는 아내의 제의에 따라 이불 속에 있는 양을 강보에 싸인 아기라고 깨우지 말라고 거짓말한다. 한 목동이 아이에게 입맞춤 하려다가 긴 주둥이를 보고 죄가 들통 나게 되고, 목동들이 마크를 혼내준다. 목동들이 다시 들에 나왔을 때, 한 천사가 나타나 아기 예수의 탄생을 알린다. 천사의 지시에 따라 목동들은 베들레헴을 향해 출발하고, 성모마리아가 나타나 예수의 임신을 설명하고, 목동들이 모두 기뻐하면서 막을 내린다. 이 작품의 저자는 미상이지만, 그는 인물묘사, 이야기의 구성, 상상력, 유머감각에서 매우 뛰어나다.

15세기에는 우의적인 교훈을 주는 '도덕극(Morality Play)'이 나타난다. 이것은 성서에 나오는 인물을 묘사하는 것이 아니라, 우의시에서 흔히 보는 '미덕', '악덕', '사랑', '욕정', '자선', '자만', '지혜', '힘', '재물', '회개' 등의 추상적 관념을 의인화한 것이다. 선과 악이 서로 인간의 영혼을 차지하려고 다투는 내용을 통해, 기독교인들의 도덕심과 신앙심을 고취하는 권선징악극이다. 성서의 내용을 그대로 이용한 것이 아니라, 상상력을 통해 이야기를 창조했다는 점에서 이전의 신비극보다 발전된 형태의 극이다. 대규모 도시 상인조합에 의해 상연된 신비극과 달리, 도덕극은 주로 공적 지원을 받는 소규모 직업 극단에 의해 고정된 무대에서(귀족의 저택이나 궁정을 포함하여) 상연되었다. 이러한 점과 이전의 극보다 연극성이 풍부하다는 점에서 나중에 고전극과 융합되어 엘리자베스시대 연극의 기초가 되었다. 도덕극의 초기 작품인 「인내의 성(The Castle of Perseverance)」(c. 1425)은 인간을 우의적으로 대표하는 극중 인물이 죄의 고백과 회개의 과정을 거쳐 인내의 성에 들어가 진정한 기독교인으로서 천국에 간다는 내용이다. 이 시대의 도덕극 가운데 가장 유명한 것은 920여행의 운문체로 구성된 「만인(Everyman)」(c. 1485)이다. 「만인」은 네덜란드 극 「Elckerlijk」와 내용과 형식이 유사하여 그 번역물로 추정된다. 하느님이 '죽음(Death)'을 시켜서 '만인'을 소환한다. 죽음이 찾아온 만인은 당황하여 '죽음'에게 조금만 기다려 달라고 간청한다. 떠날 준비할 시간 외에 더 이상 시간을 얻지 못한 만인은 혼자 가기 두려운 나머지, 평소의 지인인 '우정(Fellowship)'에게 같이 가자고 부탁한다. 평소에 지옥이라도 같이 가겠다고 호언장담했던 '우정'은 실제로 가는 곳이 죽음이 있는 곳이란 소리를 듣고 금방 마음을 바꾼다. 만인은 또 다른 지인인 '친척(Kindred)', '힘(Strength)' '미(Beauty)'에게도 부탁하지만, '지식(Knowledge)'과 '선행(Good Deeds)'만 남고 모두 그를 버린다. 무덤에 들어가는 순간에는 '선행'만이 그를 따라 들어가고, '지식'은 남아서 극을 마무리한다. 인간생활과 관련하여 타인에게 배품을 실천하는 선행을 강조한다는 점에서 종교적인 면만을 강조하는 신비극이나 다른 도덕극과 구별된다. 이야기의 전개가 빠르고 구성도 상당히 짜임새 있으며 문체도 간결하여 강한 인상을 주는 연극이다.

4. 운율

중세영어 운문의 대표적 시형은 각운시(rhymed verse)와 두운시

(alliterative verse)였다. 각운시는 프랑스에서 전해져서 앵글로-노르만 시인들이 즐겨 쓴 형식으로서 8음절 2행연구(octosyllabic couplet)가 특히 많이 사용되었다. 이에 반해, 두운시는 이미 고대영시에서 즐겨 사용한 형식으로 게르만 전통에서 계승된 것이다.

(1) 각운시

중세영어의 가장 대표적 각운시의 형식은 4개의 강세가 있는 8음절 2행연구이다. 「부엉이와 나이팅게일」, 「오르페오경(Sir Orfeo)」, 「데인인 해벌러크(Havelok the Dane)」, 가워의 「사랑의 고백(Confessio Amantis)」, 초서의 「공작부인의 서(The Book of the Duchess)」 등이 여기에 속한다. 특히, 가워의 「사랑의 고백」은 8음절 2행연구의 형식을 매우 규칙적으로 지키고 있다. 동일한 8음절 2행연구의 운율을 도입하였더라도 각 작품마다 약간의 변형이 존재할 수 있다. 여기서는 제8장에서 소개하는 「부엉이와 나이팅게일」을 예를 들어 8음절 2행연구를 설명하겠다.

시에서 연속하는 두 행의 각운(rhyme)이 짝을 이루는 것을 2행연구(couplet)라 한다.[1] 다음 5-8행의 인용구절에서 연속하는 첫 두 행의 끝이 strong과 among으로 동일 각운을 이룬다. 그 다음 두 행의 sval과 al도

---

[1] 각운이란 한 음절에서 핵음(nucleus), 즉 모음과 이에 뒤따르는 말음(coda)를 합친 단위이다. 예를 들어 영어의 bit [bɪt]의 음절구조는 다음과 같다.

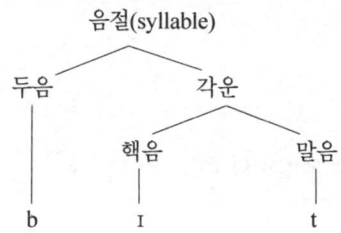

마찬가지이다.

>
> Þat plait was stif and starc and str**ong**,
> Sum wile softe and lud am**ong**;
> An aiþer aȝen oþer sv**al**,
> And let þat uvole mod ut **al**.

또한 이 시는 한 행이 8개의 음절(octosyllabic)로 되어 있고 4개의 강세를 규칙적으로 지니고 있다.

>
> x x́ | x x́ | x x́ | x x́
> (1) Þat plait was stif and starc and strong, (5행)

위에서 약음절과 강음절이 규칙적으로 배열되어 있는데, 두 음절은 한 개의 단위 즉 음보(foot)를 이룬다. 한 음보가 약-강의 순서로 된 것을 약강(iambic)격이라 부른다. 따라서 약강 8음절 시는 약강 4보격(iambic tetrameter)이라고 부르기도 한다.

8음절 운문에서 어떤 경우에는 한 행의 끝에 강세 없는 음절(아래의 -e)이 나타나서 9음절이 되는 경우도 있다.「부엉이와 나이팅게일」에서 이러한 운율이 특히 많이 나타난다. 이때 한 행의 마지막 -e는 발음하는 것이 일반적이다.

>
> x x́ | x x́ | x x́| x x́| (x)
> (2) Imeind mid spire and grene segge (18행)

한 행의 중간에 나타나는 단어의 경우, 마지막 음절 -e, -ed, -es에서의 모음은 발음되는(즉 한 개의 음절로 취급하는) 경우도 있고 그렇지 않은 경우도 있다. 위의 (2)에서 spire의 마지막 -e는 독립 음절로 계산되지 않으나, 다음의 þare와 longe의 마지막 -e는 음절로 계산된다.

　　　x　　x́|x　x́|x　x́|x　x́|(x)
(3) And after þare longe tale (140행)

가끔 한 행의 첫 음보에서는 강세가 반대로 나타나는 경우도 있으며,

　　　x́　　x |x　　x́ |x x́|　x x́|(x)
(4) Wai þat he nis þarof bireved! (120행)

무강세 음절이 하나 생략된 경우도 있다.

　　　x́ |x　　x́ |x　　x́|x　x́| (x)
(5) Snailes, mus, and fule wiȝte (87행)

이러한 운율상의 변형은 일부는 기교상의 필요에 의한 것도 있으나, 일부는 필사생의 부주의에 기인한 것도 있다.

(2) 두운시

고대영어 시기에서는 거의 모든 시의 운율이 두운시였다. 중세영어에 들어와 두운시의 전통은 「농부 피어스(Piers Plowman)」를 지은 윌리엄

랭글런드(William Langland), 「가웨인 경과 초록기사(Sir Gawain and the Green Knight)」의 작가, 「성 에르컨월드(St Erkenwald)」의 작가 등 주로 서중부지역의 시인들에게서 부활되었다. 두운시는 각 행이 두 개의 반행(half-line)으로 나뉘며, 각 반행에 보통 2개의 강세단어(즉 한 행에 4개의 강세 단어)가 나타난다. 2번째와 3번째 강세 사이에 중간휴지(caesura)가 있다. 첫 번째 반행의 2개의 강세단어는 두 번째 반행의 첫 번째 강세단어와 항상 두운을 이룬다(a를 동일 '두운'를 가진 단어로 가정하면 aa/ax의 형식을 가진다).² 예를 들어 「가웨인 경과 초록기사」를 보면, 첫 행에서는 4개의 강세어 가운데 두음 b가 두운을 이루며, 두 번째 행에서는 t가 두운을 이룬다.

And þay busken vp bilyue   blonkkez to sadel,
Tyffen her takles,   trussen her males. (Gawain 1128-9)

And as I lay and lened   and loked in þe wateres,
I slombred into a slepyng,   it sweyved so merye. (Piers 9-10)

강세어가 접두사로 시작하는 경우, 접두사는 대개 강세가 없으므로 강세를 받는 어간의 두음이 두운을 이룬다(아래의 arayed, unholy).

(6) a. Arayed for þe rydyng,   with renkkez ful mony
                                                    (Gawain 1134)

---

² 두운이란 두 단어의 두음(onset)이 동일한 것을 말한다. 모음은 모두 서로 두운을 이루며, h-와도 두운을 이룬다. 철자 <w>, <wh>, <qu>도 발음상 동일하여 서로 두운을 이룬다.

b. In habite as an heremite　　unholy of workes (Piers 3)

보통 중요한 의미를 전달하는 내용어(content words), 즉 명사, 동사, 형용사, 부사는 강세를 지니며, 문법적으로 필요한 관사, 인칭대명사, 전치사, 접속사는 강세를 받지 않는다. 그런데 형용사도 명사 앞에 위치할 때 강세를 받지 않기도 한다(아래의 Gawain의 1159행의 gret). 동일한 단어 grete 'great'가 1171행에서는 강세를 받는 것을 알 수 있다.

(7) a. Þe does dryuen with gret dyn　　to þe depe sladez.
　　　　　　　　　　　　　　　　　　　　　　　　　(Gawain 1159)
　　b. And þe grehoundez so grete,　　þat geten hem bylyue
　　　　　　　　　　　　　　　　　　　　　　　　　(Gawain 1171)

가끔은 첫 반행에서 두운을 이루는 강세어가 3개일 수도 있다(즉 aaa/ax).

(8) a. Blwe bygly in buglez　　þre bare mote. (Gawain 1141)
　　b. Went wyde in þis world　wondres to here. (Piers 4)

반대로 첫 반행에서 강세어가 2개 있지만 두운을 이루는 것은 한 개인 경우도 있다(즉 ax/ax). 또한 두운을 이루는 음이 두 가지인 경우도 있다 (즉 ab/ab).

(9) a. Bi þay were tened at þe hyȝe　　and taysed to þe wattrez.
　　　　　　　　　　　　　　　　　　　　　　　　　(Gawain 1169)

  b. Bot hit ar ladyes inno3e   þat leuer wer nowþe
                      (Gawain 1251)

또한 두운이 전혀 일어나지 않은 경우도 있다.

(10) Hit is þe worchyp of yourself,   þat no3t bot wel connez.
                      (Gawain 1267)

 두운시에서 강세가 있는 음절을 상승(lift), 강세가 없는 음절들의 연속을 하락(dip)이라 부르는데, 하락의 길이는 다양하다.
 「가웨인 경과 초록기사」에서는 두운행(alliterative lines)에 이어서 다섯 행으로 이루어진 짧은 각운시가 뒤따라온다. 이것을 '보브와 휠'('bob and wheel')이라 부르는데, 보브는 첫 행으로서 한 개의 강세어를 갖고 있고, 휠은 그 다음 4개의 행으로서 3개의 강세를 가진다.

      of þe best.
   To trystors vewters 3od,
   Couples huntes of kest;
   Þer ros for blastez gode
   Gret rurd in þat forest. (1145-9)

 「가웨인 경과 초록기사」의 두운시 형식은 「농부 피어스」에서도 적용되지만, 후자는 형식의 변형이 더 많다. aaa/xx나 aa/xa등의 변형된 유형이 랭글런드의 시에 자주 나타난다. 이상에서 언급한 변형된 운율은 일부는 작가의 의도일 수도 있겠으나, 필사생들의 부주의에 기인하는 경우도 많다.

제7장 문헌 강독

이 장에서는 중세영어로 쓰인 문헌을 원문 그대로 강독한다. 문헌의 순서는 가능한 창작연대순으로 배열하였다. 각 문헌은 현대의 독자가 읽기 편하게 하기 위해 철자를 규범화(normalize)한 작업을 거친 현대의 편집본(edition)들에 근거하였다. 편집본들은 대체로 한 개의 필사본을 근거로 하지만, 필사본의 어구에 명백한 오류가 있다고 판단될 때, 다른 필사본을 근거로 해당어구를 교체하기도 하고, 새로운 어구를 삽입하기도 한다. 중세의 독특한 축약어구는 풀어쓰고 문두의 첫 자를 대문자로 하는 등 현대인이 읽기 편하게 구두법을 수정한다. 또한 i와 j, u와 v, w와 þ 같은 동일문자는 각각 현대의 용례를 따르기도 한다. 중세영어 원문의 내용 이해를 위하여 각 문헌의 어려운 어구에 주석을 추가하였다.

1. The Peterborough Chronicle

피터버러의 한 수도원에서 집필되어 소장되어 오던 「피터버러 연대기(Peterborough Chronicle)」는 「앵글로색슨 연대기(Anglo-Saxon Chronicle)」의 7개의 필사본 중 하나이다. 「앵글로색슨 연대기」는 BC 60년부터 1154년 스티븐(Stephen) 국왕 재위기간까지 영국에서 일어난 주요사건을 연도별로 기록한 역사적 자료이다. 7개의 필사본이 존재하는데, 그 가운데 옥스퍼드 대학 보들리 도서관(Laud Misc. 636)에 소장된 사본 E를 흔히 「피터버러 연대기」라 한다.[1] 여러 사본 가운데 「피터버러 연대기」만이 1100년 이후의 기록을 포함하고 있어 역사학에 있어서나 언어학적 측면에서 중요한 작품이다. 특히 이 사본의 마지막 부분 1132~1154년의 기록은 사건이 일어난 후 얼마 되지 않아 쓰인 원본으로서, 원작의 창작연대(composition date)의 언어를 그대로 반영하기 때문에 고대영어에서 중세영어로 전환되는 12세기 전반의 과도기적 언어 상태를 알 수 있는 귀한 작품이다.

  이 연대기는 전체적으로 세 사람의 서체로 구성되어 있다. 1121년까지의 기록은 동일 필체로서 '고전적(classical)' 시기의 서색슨 고대영어로 되어 있다. 이어서 두 개의 서로 다른 서체가 발견되는데, 하나는 1121~1131년, 다른 하나는 1132~1154의 사건을 서술하고 있다. 이들을 각각 작성한 수도승은 그 이전의 필사생과 확연히 다른 언어를 보여주는데, 동중부방언(East Midland dialect)을 구사하는 지역민으로 보이며, 아마도 이들은 누군가 불러주는 대로 글을 옮겨 썼을 가능성이 농후하다. <þ> 대신에 <th>, <cw> 대신에 <qu>를 종종 사용하는 것에서 알 수 있듯이, 이들은 불어와 라틴어 필체에도 익숙한 것 같다(Freeborn 1992: 82). 이글의 작가들은 헨리 1세와 스티븐 왕과 동시대에 살았는데, 국가적, 지역적 현안에 지대한 관심을 보이고 있다. 아래에 발췌한 1137년의 기록에

---

[1] 「앵글로색슨 연대기」와 이것의 필사본들에 대해서는 김혜리(2011: 215)를 참조하라.

서 작가는 스티븐 왕의 폭정에 시달리는 민중들의 고통에 한탄하면서(제1장 참조바람), 동시에 하느님의 도움을 호소하는데, 이것은 그의 수도승다운 종교적 관심을 반영한다 하겠다.

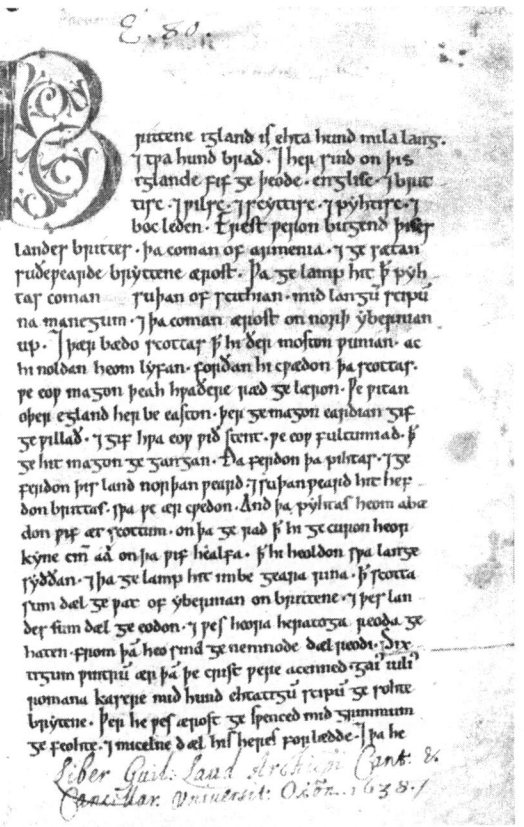

〈그림 1〉「피터버러 연대기」(Laud Misc. 636)의 첫 쪽

피터버러는 데인로(Danelaw) 지역 안에 포함되어 있으므로, 자연히 스칸디나비아 언어의 영향을 많이 받았고, 이 언어에서 차용한 어휘가 상당히 발견된다(예를 들어, carlmen 'men', hærnes 'brains', brendon 'burned'). 또한 불어 차용어도 발견된다(tresor 'treasure', prisun 'prison', castle, miracles). 문법적 측면에서 보면, 어순은 대체로 SVO이며, 고대영어의 굴절체계가 붕괴되고 있음을 보여준다. 역사적으로 더 나중 시대에 속하는 「부엉이와 나이팅게일(The Owl and the Nightingale)」이나 「브루트(Brut)」보다 오히려 더 축소된 굴절을 보여준다. 아래 원문은 Cecily Clark의 편집본 *The Peterborough Chronicle 1070-1154*(Oxford, 1970)과 F. Mossé의 *Handbook of Middle English*(Baltimore, 1952)를 근거로 편집하였다.

Annal 1137

Đis gære for² þe king Stephne ofer sæ to Normandi, and ther wes underfangen forþi ðat³ hi wenden ðat he sculde ben alswic alse⁴ the eom wes and for he hadde get his tresor; ac he todeld it and scatered sotlice. Micel hadde Henri king gadered gold and sylver, and na god ne dide me for his saule tharof.⁵

Þa⁶ þe king Stephne to Englalande com, þa macod he his gadering⁷ æt

---

² **for** 'went'. faren의 과거시제.
³ **forþi ðat** 'because'.
⁴ **alswic alse** 'all such as'.
⁵ **na god ne dide me for his saule tharof** 이중부정(double negation) 구문(na … ne). me 'one'는 특정 의미가 없는 부정(indefinite)대명사로서, 이것을 주어로 사용하여 능동태로 표현하는 것보다 수동태로 전환하여 번역하는 경우가 많다: 'no good was done for his soul with it'.
⁶ **Þa … Þa** 'when … then'. 고대영어에서 계승된 상관접속사로서, Þa+주어+동사는 종속절('when'), Þa+동사+주어는 주절('then')이 된다.
⁷ **his gadering** 1139년 6월에 개최된 옥스퍼드 회의(Assembly of Oxford)를 가리킴. 스티븐 국왕이 주교들을 체포함으로써 행정의 마비를 야기하였고, 이것은 이후의

Oxeneford, and þar he nam þe biscop Roger of Sereberi, and Alexander biscop of Lincol and te[8] Canceler Roger, hise neues, and dide ælle in prisun til hi iafen up here castles. Þa the swikes[9] undergæton ðat he milde man was and softe and god, and na justise ne dide, þa diden hi alle wunder.[10] Hi hadden him manred maked and athes sworen, ac hi nan treuthe ne heolden. Alle he[11] wæron forsworen and here treothes forloren, for ævric riceman his castles makede and agænes him heolden, and fylden þe land ful of castles. Hi swencten swyðe þe wrecce men of þe land mid castelweorces. Þa þe castles waren made, þa fylden hi mid deovles and yvele men. Þa namen hi þa men þe hi wenden ðat ani god hefden, bathe[12] be nihtes and be dæies. carlmen and wimmen, and diden heom in prisun efter gold and syluer, and pined heom untellendlice pining. For ne wæren nævre nan martyrs swa pined alse hi wæron. Me henged up bi the fet and smoked heom mid ful smoke. Me henged bi the þumbes other bi the hefed, and hengen bryniges on her fet. Me dide cnotted strenges abuton here hæved and wrythen to[13] ðat it[14] gæde to þe hærnes. Hi dyden heom in quarterne þar nadres and snakes and pades wæron inne, and drapen heom swa. Sume hi diden in crucethus,[15] ðat is, in an cæste þat was scort

---

내전과 무정부상태의 시작이었다.

[8] **te** 관사 þe 'the'의 변이철자.
[9] **swikes** 'traitors'. 헨리 1세의 딸 마틸다를 지지하는 귀족들을 가리킴(제1장 참조 바람).
[10] **wunder** 'terrible crimes'.
[11] **he** hi 'they'의 오자.
[12] **bathe** ⋯ **and** 'both⋯and'. 고대영어의 ægþer ge ⋯ ge를 대체하는 스칸디나비아 (ON) 차용으로, 이 문헌에서 처음 발견된다.
[13] Clark의 편집본에는 it으로, Mossé의 편집본은 to로 되어 있다. 이 책은 Mossé를 따른다.
[14] **it** 의미상 앞서 나오는 strenges 'strings'를 가리키므로, 수일치를 위반한다.

and narew and undep, and dide scærpe stanes þerinne, and þrengde þe man þærinne ðat him bræcon alle þe limes. In mani of þe castles wæron lof and grin,[16] ðat wæron rachenteges ðat twa oþer thre men hadden onoh to bæron onne. Þat was swa maced ðat is fæstned to an beom, and diden an scærp iren abuton þa mannes throte and his hals ðat he ne myhte[17] nowiderwardes, ne sitten ne lien ne slepen. oc bæron al ðat iren. Mani þusen hi drapen mid hungær.

I ne can ne I ne mai tellen alle þe wunder ne alle þe pines ðat hi diden wrecce men on þis land; and ðat lastede þa xix wintre wile Stephne was king, and ævre it was werse and werse. Hi læiden gæildes on the tunes ævre umwile[18] and clepeden it tenserie.[19] Þa þe wrecce men ne hadden nan more to gyven, þa ræveden hi and brendon alle the tunes, ðat wel þu myhtes faren al a dæis fare, sculdest thu nevre finden man in tune sittende, ne land tiled. Þa was corn dære, and flec and cæse and butere, for nan ne wæs o þe land. Wrecce men sturven of hungær; sume ieden on ælmes þe waren sumwile rice men; sume flugen ut of lande. Wes nævre gæt mare wreccehed on land, ne nævre hethen men[20] werse ne diden þan hi diden. For oversithon[21] ne forbaren hi nouther circe ne cyrceiærd, oc namen al þe god ðat þarinne was and brenden sythen þe cyrce and al tegædere. Ne hi ne forbaren biscopes land ne abbotes ne preostes, ac

---

[15] **crucethus** (cf. Clark, **crucethur**) 고문을 위한 도구로서 이것이 무엇인지 다음 절에 기술되어 있다.
[16] **lof and grin** 'fetter and noose'.
[17] **ne myhte** 'could not (move)'. 이동동사의 생략.
[18] **ævre umwile** 'all the while'.
[19] **tenserie** 'protection money'. 불어 차용어(< L. *tensare* 'to pretect').
[20] **hethen men** 'heathen men'. 바이킹을 가리킴.
[21] **oversithon** 'too often'.

ræveden munekes and clerekes, and ævric man other þe overmyhte.[22] Gif twa men oþer iii coman ridend to an tun, al þe tunscipe flugæn for heom; wenden ðat hi wæron ræveres. Þe biscopes and lered men heom cursede ævre, oc was heom naht þarof,[23] for hi weron al forcursæd and forsuoren and forloren. Warsæ me tilede, þe erthe ne bar nan corn, for þe land was al fordon mid swilce dædes, and hi sæden openlice ðat Crist slep, and his halechen. Swilc and mare þanne we cunnen sæin we þolenden xix wintre for ure sinnes.

2. Ancrene Wisse

「수녀들을 위한 지침서(Ancrene Wisse, 'A Guide to Anchoresses')」는 은자생활을 하는 3명의 수녀들의 요청에 의하여 그들의 영적 생활을 위한 지침서로 13세기 초에 집필된 것으로 추정된다. 일부 필사본에서는 'Ancrene Riwle ('The Anchoresses' Rule')'로 되어 있다. 1225년부터 15세기에 이르기까지 총 11개의 필사본이 현존하는데, 이 가운데 4개는 불어로 번역되어있고, 4개는 라틴어 번역본을 포함한다. 필사본의 수가 많이 남아 있고, 불어와 라틴어로 번역되었다는 사실은 이 작품이 상당히 오랫동안 인기 있었음을 반증한다. 영어로 쓰인 필사본 가운데 Corpus Christi College, Cambridge, MS 402는 약 1230년경에 필사된 것으로 원저자의 최종 수정본에 가장 근접한 것으로 추정된다. 이 필사본은 1300년

---

[22] **ævric man other þe overmyhte** 동사 ræveden이 생략된 구문으로서 'every man who had greater power (robbed) another'로 해석됨.
[23] **oc was heom naht þarof** 'but (the effect) thereof was nothing to them'.

이전에 헤리퍼드(Hereford) 주 북부에 있는 오거스틴(Augustinian) 수도회 계통의 위그모어(Wigmore) 수도원에 기증되었으며, 아마도 저자 자신이 오거스틴 계 성직자일 가능성이 있다.

당시의 은자들은 주교의 승인에 의해 속세를 떠나 교회나 수도원의 벽에 붙어있는 작은 기도실에서 기도와 명상으로 고립된 생활을 했는데, 중세에는 상당히 흔한 직업이었다. 이 지침서는 이들이 고립된 생활을 잘 극복하기 위하여 자신들의 정신생활을 어떻게 통제하며 실제적 행동방식을 어떻게 할 것인가에 대해 서술하고 있다. 이 책은 서문과 총 8권으로 이루어져 있다. 서문에는 이 글을 쓴 목적과 은자가 된다는 것이 무엇을 의미하는지에 대해 설명하고 있다. 제1권부터 제7권까지는 각각 신앙심과 기도에 대하여, 오감(五感)을 다스리는 방법, 감정을 절제하는 방법, 유혹의 본성과 이를 극복하는 방법, 참회에 대하여, 속죄에 대하여, 사랑에 대하여 서술하고 있고, 마지막 제8권에는 옷차림과 같은 실제적 문제에 있어 지침이 될 외적규칙에 대해 설명하고 있다.

「수녀들을 위한 지침서」의 저자는 중세유럽의 신학 서적을 상당히 많이 읽은 것으로 보이며, 종교적 서술에 대한 라틴 전통과 앵글로색슨시대부터 내려오던 영국의 산문전통을 따르고 있다. 저자의 어조(tone)는 강한 설득체이라기보다 참을성 있는 권유의 성격을 띠고 있다. 아래 원문은 Corpus 필사본에 근거한 것으로서, 오감에 대한 제2권의 일부이다. 제2권은 이 책의 가장 어려운 부분 중의 하나로서, 여기서 오감은 시각, 청각, 후각, 미각, 촉각을 가리키는 것 외에도 이 감각들을 더 은유하여 설명한다. 아래에 발췌한 부분은 제2권의 첫 부분으로서 시각(sihðe 'sight')에 대한 것이다. 다윗(David)이 눈(ehnene 'eyes)을 통해 유혹에 빠진 것처럼, 시각은 수녀들에게 위험한 감각이며, 따라서 수녀들의 '눈의 창(ehthurl 'eye-window')'를 꼭 닫고, 두 겹의 천을 창가에 내려 자신의 마음을 보호하라고 지도하고 있다. 이 글은 서중부방언으로 쓰였으며, 상당한 불어 차용어가 들어있다(parlur 'parlour', grace, ordre 'order' religiun 'religion'). 2인칭복수 인칭대명사는 ȝe(주격), ower(속격), ow(여격)가 사용되며, 3인칭 복수 인칭대명사로 ha(주격), hare(속격), ham(여격 및 대격)이 사용되고 있다.

Book 2

Her biginneð þe oþer dale of þe heorte warde þurh þe fif wittes.

Omni custodia serva cor tuum quia ex ipso vita procedit.[24] 'Wið alles cunnes warde, dohter,' seið Salomon, 'wite wel þin heorte, for sawle lif is in hire'[25], ȝef ha is wel iloket. Þe heorte wardeins beoð þe fif wittes: sihðe, ant herunge, smecchunge ant smeallunge, ant euch limes felunge.[26] Ant we schulen speoken of alle, for hwa se[27] wit þeose wel, he deð Salomones bode; he wit wel his heorte ant his sawle heale. Þe heorte is a ful wilde beast ant makeð moni liht lupe,[28] as Seint Gregoire seið: *Nichil corde fugatius.*[29] 'Na þing ne etflið mon sonre þen his ahne heorte.' Davið,

---

[24] ***Omni custodia serva cor tuum quia ex ipso vita procedit.*** 구약성서 잠언(Proverbs) 4장 23절에 나오는 라틴어구로서, 현대영어로 번역하면 'With all watchfulness keep thy heart, because life issues out from it'이 된다.

[25] **wite wel þin heorte, for sawle lif is in hire** 'protect well your heart, for the soul's life is in her/it (=the heart)'. heorte의 문법성(여성)을 그대로 보여주고 있다.

[26] **euch limes felunge** 'each limb's feeling', 즉 촉각(touch)를 가리킴.

[27] **hwa se** 'whoever'.

[28] **moni liht lupe** 'many a wild leap'.

[29] ***Nichil corde fugatius*** 그레고리(Gregory) 교황의 「사제의 계율(Pastoral Care)」

Godes prophete, meande i sum time þet ha wes etsteart him:[30] *Cor meum dereliquit me*;[31] þet is, 'min heorte is edflohe me.' Ant eft he blisseð him[32] ant seið þet ha wes icumen ham: *Invenit servus tuus cor suum.*[33] 'Laverd,' he seið, 'min heorte is icumen aʒein eft. Ich hire habbe ifunden.' Hwen se hali mon, ant se wis ant se war, lette hire edstearten, sare mei an oðer of hire fluht carien.[34] Ant hwer edbrec ha ut from Davið þe hali king, Godes prophete? Hwer? Godd wat, ed his ehthurl,[35] þurh a sihðe þet he seh þurh a bihaldunge, as ʒe schulen efter iheren.

Forþi mine leove sustren, þe leaste þet ʒe eaver mahen luvieð ower þurles. Alle beon ha lutle, þe parlurs least ant nearewest.[36] Þe clað in ham beo twafald: blac þet clað, þe cros hwit wiðinnen ant wiðuten. Þet blake clað bitacneð þet ʒe beoð blake ant unwurð to þe world wiðuten, þet te soðe sunne haveð utewið forculet ow ant swa wiðuten as ʒe beoð, unseowlich imaket ow þurh gleames of his grace. Þe hwite cros limpeð to ow, for þreo crosses beoð read ant blac ant hwit. Þe reade limpeð to þeo þe beoð for Godes luve wið hare blod schedunge irudet ant ireadet

---

[30] (3.14)에 나오는 구절로서 'Nothing is more fleeting than the heart'이란 뜻이다. **meande i sum time þet ha wes etsteart him** grieved on one occasion that she(i.e. it) deserted from him'. 여기서 ha는 마음(heorte 'heart')를 가리킨다.

[31] *Cor meum derelinquit me* 'My heart has forsaken me'. 구약의 시편(Psalm) 39장 13절.

[32] **eft he blisseð him** 'afterwards he rejoices (himself)'란 뜻으로 재귀대명사를 포함한 절임.

[33] *Invenit servus tuus cor suum.* 'Your servant has found his heart'. 사무엘 하편(2 Samuel) 7:27.

[34] **sare mei an oðer of hire fluht carien** 'another may worry sorely about her/its flight'. 여기서 an oðer는 다른 평범한 사람들을 가리킨다.

[35] **ehthurl** 'eye-window'.

[36] **Alle beon ha … nearewest**, '[Let them] all be small, the parlor [windows] smallest and narrowest.'

as þe martirs weren; þe blake cros limpeð to þeo þe makieð i þe worlt hare penitence for ladliche sunnen; þe hwite limpeð ariht to hwit meidenhad ant to cleannesse, þet is muche pine wel forte halden.[37] Pine is ihwer þurh cros idon to understonden.[38] Þus bitacneð hwit cros þe warde of hwit chastete, þet is muche pine wel to biwitene. Þe blake clað alswa, teke þe bitacnunge, deð leasse eil to þe ehnen ant is þiccre aȝein þe wind ant wurse to seon þurh, ant halt his heow betere for wind ant for oðerhwet. Lokið þet te parlures beo on eaver euch half feaste ant wel itachet; ant witeð þer ower ehnen leaste þe heorte edfleo ant wende ut, as of Davith, ant ower sawle seccli sone se[39] heo is ute. Ich write muchel for oþre þet nawiht ne rineð ow, mine leove sustren, for nabbe ȝe nawt te nome — ne ne schulen habben, þurh þe grace of Godd — of totilde ancres, ne of tollinde locunges ne lates, þet summe oðerhwiles, weilawei!, uncundeliche makieð. For aȝein cunde hit is ant unmeað sulli wunder þet te deade[40] dotie ant wið cwike worltmen wede þurh sunne.

'Me leove sire,' seið sum, 'ant is hit nu se over uvel forte totin utwart?' Ȝe hit is, leove suster, for uvel þe þer kimeð of hit is uvel, ant over uvel to eaver euch ancre, nomeliche to þe ȝunge. Ant to þe alde forþi þet ha to þe ȝungre ȝeoveð uvel forbisne, ant scheld to werien ham wið. For

---

[37] **þet is muche pine wel forte halden.** 'which is (i.e. requires) much pain to hold well'. forte(혹은 forto)는 중세영어에 많이 등장하는 부정사의 형태로서 for+to로 결합되어 있으나, 현대영어의 'to'로 번역하면 된다.

[38] **Pine is ihwer þurh cros idon to understonden** 'Pain is everywhere through the cross made to be understood', 즉 'Pain is always to be understood by [the symbol of] the cross'란 뜻임.

[39] **sone se** 'as soon as'.

[40] **te deade** 'the dead'. 여기서 '죽은 자'란 은둔생활을 하는 수녀들을 가리키는데, 세속적으로는 죽은 자와 다름없기 때문이다.

ȝef ei edwit ham, þenne seggeð ha anan: 'Me sire, þeo deð alswa, þet is betere þen ich am ant wat betere þen ich hwet ha haveð to donne.' Leove ȝunge ancre, ofte a ful haher smið smeotheð a ful wac cnif: þe wise folhe i wisdom, ant nawt i folie. An ald ancre mei do wel þet te þu dest uvele; ah totin ut withuten uvel ne mei ower nowther. Nim nu ȝeme hwet uuvel beo icumen of totunge: nawt an uvel, ne twa; ah al þe wa þet nu is ant eaver ȝete wes, ant eaver schal iwurðen, al com of sihðe. Þet hit beo soð, lo her preove.

3. The Owl and the Nightingale

1794행으로 되어 있는 중세영시 「부엉이와 나이팅게일(The Owl and the Nightingale)」은 서로 유사한 두 개의 필사본이 현존한다. 하나는 London, British Library, Cotton Caligula A. ix (사본 C)이고 다른 하나는 Oxford, Jesus College 29 (사본 J)이다. Ker(1963)에 의하면, 두 사본의 필사연대(manuscript date)는 모두 13세기 후반(아마도 마지막 4반세기)에 속한다. 그러나 이 시의 원작의 창작연대는 대략 13세기 초(c.1189~1216)로 추정된다. 그 이유는 시의 1091-2행에서 'king Henri'의 사망을 언급하고 있는데, 헨리 2세는 1189년에 죽었고 아마도 1216년 헨리 3세의 등극 이전이기 때문이다.[41]

이 시는 작자 미상이다. 그러나 시에서 새들이 자신들의 논쟁에 대한

---

[41] 그러나 Cartlidge(1996: 230-247)는 시에 등장하는 'king Henri'가 헨리 3세를 가리키며 그가 1272년에 사망하였기 때문에, 이 시의 창작연대는 13세기 후반이라고 주장하였다.

판결을 맡기는 인물로 등장하는 니콜라스 길드퍼드(Nicholas Guildford)가 이 시를 쓴 사람이라는 주장도 있다. 그는 시에서 도싯(Dorset)의 한 시골 마을의 잘 알려지지 않은 사제로 묘사되어 있다. 시인이 누구든지 간에, 그는 상당히 교육받은 사람이고, 그 시대의 종교, 사랑, 결혼에 대해 지대한 관심을 보이고 있다.

이 시는 두 주인공인 부엉이와 나이팅게일 사이의 논쟁을 재미있고 유머러스하게 묘사하고 있다. 그러나 당시의 다른 논쟁시(debate)와 달리 논쟁의 해결책은 제시되지 않으며 누가 최종승자인지 알 수 없다. 두 새는 자신들에 대한 많은 사실과 우화를 언급하고 있으며, 종교, 사랑, 결혼, 노래, 배설문제 등 다양한 인간사에 대해 다루고 있다. 부엉이의 진중함, 영구성, 종교적 성가는 나이팅게일의 쾌활함, 한시성, 사랑의 노래와 대조되고 있다. 그러나 결말이 상실된 문헌의 난해함으로 인해 많은 학자들은 이 시의 성격에 대해 종교시, 역사시, 풍자시, 교훈시 등으로 다양한 해석을 하고 있다.

이 시의 배경과 언어(불어 차용어의 수가 매우 적음)에 있어서는 상당히 영국적이지만, 운율형식은 12세기 프랑스계 시인들 사이에 유행하던 짧은 8음절(octosyllabic) 2행연구(couplet)를 사용하고 있다. 논쟁시 자체도 사실은 당대의 라틴 시인들 사이에 유행하던 장르였다.

다음에 발췌한 원문은 이 시의 첫 부분으로서 Cotton 필사본에 근거한 것으로서, 시인은 남(동)부 방언 — 아마도 서리(Surrey) 지역 — 특색을 보이고 있다. 전형적인 남부 특징인 어두에 [f] 대신에 [v]를 쓰고 있다(vor 'for', vaire 'fair'). 그러나 ho 'she', mon 'man', sunne 'sin' 등 서중부방언의 흔적도 보이는 것으로 보아, 필사하는 과정에서 영향을 끼친 필사생의 방언으로 추정된다.

	Ich was in one sumere dale,[42]	summer; valley
	In one suþe diʒele hale,	very secluded retreat
	Iherde ich holde grete tale	held; debate
	An hule and one niʒtingale.	owl
5	Þat plait was stif and starc and strong,	pleading; fierce; ferocious
	Sum wile softe and lud among;	Sometimes
	An aiþer aʒen oþer sval,	And; swelled up angrily
	And let þat uvole mod ut al.	offensive; temper
	And eiþer seide of oþeres custe	character
10	Þat alre- worste þat hi wuste:	she knew
	And hure and hure of oþeres songe	especially
	Hi holde plaiding suþe stronge.	
	Þe niʒtingale bigon þe speche,	
	In one hurne of one breche,	corner; clearing
15	And sat up one vaire boʒe,	bough
	Þar were abute blosme inoʒe,	enough
	In ore[43] vaste þicke hegge	one; hedge
	Imeind mid spire and grene segge.	Mingled; reeds; sedge
	Ho was þe gladur vor þe rise,	She; branch

---

[42] 사본 J에는 이 시의 제목이 'Incipit Altercatio inter filomenam et Bubonem'(Here begins the debate between the Owl and the Nightingale)로 씌어있다(folio 156 recto).

[43] ore 부정관사의 여성여격단수(< OE anre)로서 여성명사 hegge와 성일치를 보이고 있다. vaste(> fast)는 'firm, secure'의 뜻.

20	And song a vele cunne wise.	in many kinds of ways
	Bet þu3te þe dreim þat he were[44]	Rather; seemed; sound
	Of harpe and pipe þan he nere:	than otherwise
	Bet þu3te þat he were ishote	shot forth
	Of harpe and pipe þan of þrote.	throat
25	Þo stod on old stoc þar biside,	stump; nearby
	Þar þo ule song hire tide,[45]	hours
	And was mid ivi al bigrowe:[46]	overgrown
	Hit was þare hule earding-stowe.	dwelling place
	Þe ni3tingale hi ise3,	saw
30	And hi bihold and ouerse3,	despised
	And þu3te wel vul of þare hule,[47]	repulsive
	For me hi halt lodlich and fule.[48]	hold; loathsome
	'Vnwi3t,' ho sede, "awei þu flo!	Monster
	Me is þe wurs þat ich þe so.[49]	see

---

[44] **Bet þu3te þe dreim þat he were** þu3te 'seemed'는 전형적인 비인칭동사(원형: thinken < OE þincan)로서, 문자 그대로 번역하면 'rather seemed the sound that it were'이다. 현대영어에 맞게 번역하면 'The sound rather seemed as if it were'가 될 것이다.

[45] **hire tide** 'her time, her hours'. 부엉이의 엄숙한 노래는 사제나 수도사, 수녀들이 미사에서 행하는 성가에 비유된다.

[46] **ivi** 'ivy'. 부엉이의 항상 푸른 담쟁이덩굴은 나이팅게일의 봄꽃과 대조된다.

[47] **þu3te wel vul of þare hule** þu3te 'seemed'를 동반한 비인칭구문으로서 주격이 없다. 문자 그대로 번역하면 '(it) seemed very repulsive of the owl'이나, 의역하면 'the owl seemed very repulsive'가 된다.

[48] **For me hi halt lodlich and fule** me 'one, they'는 본래 특별한 의미가 없이 일반인을 나타내는 men의 준말이다. 직역하면 'because one holds her loathsome and foul'이나 수동태로 전환하여 의역하는 경우가 많다: 'because she is regarded as loathsome and dirty'.

[49] **Me is þe wurs þat ich þe so** 여기서 me는 1인칭 목적격 대명사로서, 현대영어와

35	Iwis for þine vule lete,	*Indeed; appearance*
	Wel oft ich mine song forlete;	*stop*
	Min horte atfliþ and falt mi tonge,	*flies away; fails*
	Wonne þu art to me iþrunge.	*forced upon*
	Me luste bet speten þane singe⁵⁰	*spit*
40	Of þine fule ȝoȝelinge.'	*howling*
	Þos hule abod fort hit was eve,	*this; waited until*
	Ho ne miȝte no leng bileue,	*hold back*
	Vor hire horte was so gret	
	Þat wel neȝ hire fnast atschet,	*nearly; breath; failed*
45	And warp a word þarafter longe;	*threw*
	"Hu þincþe nu bi mine songe?	
	Wenst þu þat ich ne cunne singe,	*Think*
	Þeȝ ich ne cunne of writelinge?	*Just because; twittering*
	Ilome þu dest me grame,	*Often; insult*
50	And seist me boþe tone and schame.	*insult and shame*
	Ȝif ich þe holde on mine vote —	*feet*
	so hit bitide þat ich mote!⁵¹ —	*happens; could*
	And þu were ut of þine rise,	*branch*
	Þu sholdest singe an oþer wise."	

달리 형식주어 it이 없는 비인칭구문이다. 문자 그대로 번역하면 'to me (it) is so bad that I see you'이나 의역하여 'the sight of you makes me sick'이라 하면 된다.

⁵⁰ **Me luste bet speten þane singe** luste 'pleases'는 전형적인 비인칭동사(원형: listen < OE lystan)로서, 문자 그대로 번역하면 '(it) pleases me better to spit than sing'이다.

⁵¹ **so hit bitide þat ich mote!** 문자 그대로 번역하면 'so it happens that I could!'. 의역하여 'if only I could!'으로 할 수 있겠다.

55	Þe niʒtingale ʒaf answare:	
	"ʒif ich me loki wit þe bare	guard; open
	And me schilde wit þe blete,	being exposed
	Ne reche ich noʒt of þine þrete;	care; threats
	ʒif ich me holde in mine hegge,	
60	Ne recche ich neuer what þu segge.	
	Ich wot þat þu art unmilde	ruthless
	Wiþ hom þat ne muʒe from þe schilde;	those who
	And þu tukest wroþe and uvele,	pluck; cruelly; wickedly
	Whar þu miʒt, over smale fuʒele.	birds
65	Vorþi þu art loþ al fuelkunne,	Therefore; bird-kinds
	And alle ho þe driveþ honne,	away
	And þe bischricheþ and bigredet	screech; scream
	And wel narewe þe biledet;	attack
	And ek forþe þe sulve mose,	also; even titmouse
70	Hire þonkes, wolde þe totose.[52]	tear to pieces
	Þu art lodlich to biholde	
	And þu art loþ in monie volde;	in many respects
	Þi bodi is short, þi swore is smal,	neck
	Grettere is þin heved þan þu al;	head
75	Þin eʒene boþ col-blake and brode,	eyes; wide
	Riʒt swo[53] ho weren ipeint mid wode.	woad
	Þu starest so þu wille abiten	bite to death
	Al þat þu miʒt mid clivre smiten:	could; claws

---

[52] **Hire þonkes** 'willingly'.
[53] **Riʒt swo** 'just as if'.

	Þi bile is stif and scharp and hoked	*beak*
80	Riȝt so an owel þat is croked;	
	Þarmid þu clackest oft and longe,	*With it*
	And þat is on of þine songe.	
	Ac þu þretest to mine fleshe,	
	Mid þine clivres woldest me meshe.	*crush*
85	Þe were icundur to one frogge⁵⁴	*more natural*
	Þat sit at mulne under cogge;	*mill; cog-wheel*
	Snailes, mus, and fule wiȝte	*creatures*
	Boþ þine cunde and þine riȝte.⁵⁵	*nature; kind*
	Þu sittest adai and fliȝst aniȝt,	
90	Þu cuþest þat þu art on unwiȝt.	
	Þu art lodlich and unclene —	
	Bi þine neste ich hit mene,	
	And ek bi þine fule brode,	*brood*
	Þu fedest on hom a wel ful fode.	*family*
95	Wel wostu þat hi doþ þarinne,	*you know what*
	Hi fuleþ hit up to þe chinne;	
	Ho sitteþ þar so hi bo bisne.	*blind*
	Þarbi men segget a vorbisne:	*proverb*
	"Dahet habbe þat ilke best⁵⁶	*Curse; creature*
100	Þat fuleþ his owe nest."	

---

⁵⁴ **Þe were icundur to one frogge** 주격이 사용되지 않은 비인칭구문으로서, 직역하면 '(it) would be more natural to you with regard to a frog'이다.

⁵⁵ 동사가 생략된 구문으로서, 의미상 'accord with'를 삽입하면 된다.

⁵⁶ **Dahet habbe þat ilke best** 'A curse on that creature'.

	Þat oþer ȝer a faukun bredde;⁵⁷	*falcon*
	His nest noȝt wel he⁵⁸ ne bihedde.	*guarded*
	Þarto þu stele in o dai,	
	And leidest þaron þi fole ey.	*filthy egg*
105	Þo hit bicom þat he haȝte,	*hatched*
	And of his eyre briddes wraȝte,	*eggs; produced*
	Ho broȝte his briddes mete,	*food*
	Bihold his nest, iseȝ hi ete.	*saw*
	He iseȝ bi one halve	
110	His nest ifuled uthalve.	*outside*
	Þe faucun was wroþ wit his bridde	
	And lude ȝal and sterne chidde:	*yelled*
	"Segget me, wo havet þis ido?	*who*
	Ou nas never icunde þarto.⁵⁹	*You; natural*
115	Hit was idon ou a loþe custe.⁶⁰	*way*
	Seggeþ me ȝif ȝe hit wiste."	*perceived*
	Þo quaþ þat on and quad þat oþer:	
	"Iwis, it was ure oȝer broþer,	*Actually*
	Þe ȝond þat haved þat grete heved.	
120	Wai þat he nis þarof bireved!	*It's a pity; bereft*

---

⁵⁷ 101~138행에 나오는 매(faukun)와 부엉이의 우화는 12세기 불어와 라틴어로 된 글에 사용된 내용이다. 이 이후는 천성이 후천적 양육보다 더 중요함을 시사한다.

⁵⁸ **His nest noȝt wel he** 어미 매를 여성대명사(he 'she')로 지칭하고 있지만, 가끔 중성(his 'its')을 사용하기도 한다.

⁵⁹ **Ou nas never icunde þarto.** 비인칭구문으로서, 직역하면 'for you (it) was never natural to that'이나, 의역하면 'It was never natural for you to do this'라 하겠다.

⁶⁰ **Hit was idon ou a loþe custe.** 직역하면 'It was done for you (in) a loathsome way'이나 의역하여 'You have been treated in a loathsome way'.

	Worp hit ut mid þe alre wurste⁶¹	*throw; worst*
	Þat his necke him toberste!"	
	Þe faucun ilefde his bridde	*believed*
	And nom þat fule brid amidde	*took*
125	And warp hit of þan wilde bowe	
	Þar pie and crowe hit todrowe.	*magpie; tore to pieces*
	Herbi men segget a bispel,	*Hereby; parable*
	Þeӡ hit ne bo fuliche spel;	*fully; fiction*
	Also hit is bi þan ungode	*the bad*
130	Þat is icumen of fule brode	
	And is meind wit fro monne;⁶²	*with free men*
	Ever he cuþ þat he com þonne,	*betrays*
	Þat he com of þan adel eye,	*addled egg*
	Þeӡ he a fro neste leie.	*noble, lie*
135	Þeӡ appel trendli fron þon trowe,	*rolls; tree*
	Þar he and oþer mid growe,	
	Þeӡ he bo þarfrom bicume,	*happens*
	He cuþ wel whonene he is icume.'	

---

⁶¹ **mid þe alre wurste** 이 구절의 정확한 뜻은 가늠하기 힘들다. 사본 C에는 þe alreprste로, 사본 J에는 þe vyrste로 되어있다. 사본 C의 prste의 첫 문자 p(wynn)는 w이므로 wurste 'worst'로 읽히고, 사본 J의 vyrste는 'first'로 읽힌다. 후자의 경우, 관용구로서 'among the fist of all', 즉 'at once'의 의미이고(cf. Burrow and Turville-Petre 1992: 84, fn. 121), 전자의 경우, 이 구절은 'with the worst of all', 즉 '부엉이가 가진 모든 더러운 것들과 함께'라는 뜻으로 문맥상 통한다(cf. Cartlidge 2001: 111).

⁶² **wit fro monne** 'with free men' 즉 'with noble people'.

4. William Langland: Piers Plowman

두운시(alliterative poem) 「농부 피어스(Piers Plowman)」은 중세영문학에서 「캔터베리 이야기」와 「가웨인 경과 초록기사」에 필적할 만한 작품이다. 중세의 많은 작품이 상류사회의 교화와 즐거움을 위해 만들어진 작품인 반면, 「농부 피어스」는 14세기의 평민들을 대상으로 평민의 이야기를 다룬 작품이란 점에서 주목할 만하다. 이 작품의 필사본이 현재 50여개 정도나 남아있는 것으로 보아, 당시에 매우 광범위하게 읽혔던 것 같다. 이 시의 지은이는 아마도 1330년경에 영국 서부에서 태어난 윌리엄 랭글런드(William Langland)라는 사람이다.[63] 따라서 이 시의 방언은 서중

---

[63] 윌리엄 랭글런드에 대한 자료는 매우 부족하다. 그가 이 작품의 지은이라는 증거는 C-text의 15세기 필사본(Trinity College, Dublin, MS 212)에서 라틴어로 'Willielmus de Langlond'이 「농부 피어스」를 지었다고 언급한 것에 의존한다. 또 다른 필사본에서는 'Robert or William Langland', 'Wilhelmus W.'라는 이름이 등장한다. B-text의 제15편(Passus XV)에는 다음과 같이 어구 바꾸기(anagram)로 자신의 이름을 언급하고 있다.

'I have lyved in *londe*', quod I, 'my name is *Longe Wille*' (B. XV. 152)

그러나 이 작품의 원 작가가 실제로 'Langland'였는지는 논란이 있으며, 따라서 이 이름은 정확성보다는 편리성의 목적으로 사용한다 하겠다. 그의 일생에 대해서도 그의 작품에서 엿볼 수 있는 것이 거의 전부이다. 우스터셔(Worcestershire)의 Malvern 지역에서 태어났으며, 그의 아버지는 데스펜서(Despenser)가문과 연결된 Stacy de Rokayle이란 사람이다. 랭글런드가 이 사람의 적자인지 여부는 불확실하다. 그는 성직을 천직으로 여겼고, 수도원 소학교를 거쳐 대학에서 아마도 문학과 신학을 공부하였다. 그러나 신부(priest)로서의 서품을 받지 못하였으며, 아마도 교회의 서기(clerk)로 일한 것으로 보인다. 따라서 그는 상당히 가난했고, 승진을 하지 못하였거나 그러한 것을 경멸한 사람으로 보인다. 아내 Kit와 딸 Calote와 함께 가끔은 시골에서 살았으나 주로 런던에서 생활하였다(그의 서시에서 런던에 대해 생생하게 묘사하고 있다). 그는 1332년경에 태어나 1386년경 사망한 것으로 추정된다. 그는 아마도 30대 이후부터 이 작품을 쓰고 수정하는데 공을 들인 것으로 보인다. 그의 이름이 초서나 가위 같은 당대의 더 유명 작가들의

부방언의 특색을 지니고 있다.

이 작품의 문헌들은 크게 세 가지 유형으로 분류할 수 있다(Skeat 1906: ix-xi). 먼저, A-유형(Version A, A-text)은 총 2,567행으로서 서시(Prologue)와 제1~7편(Passus 1-Passus VII)으로 된 피어스의 환상(Vision, 꿈)으로 구성되어 있는 미완성 작이다. 이것은 대략 1370년경에 지은 것 같다.[64] B-유형(Version B, B-text)는 A-유형을 수정하고 거기에다 제8~20편을 추가하여 총 7,242행으로 되어있는 작품으로서, 대략 1370년대 후반에 쓴 것 같다. C-유형(Version C, C-text)은 1380년 이후 B를 수정한 것으로서 총 7,357행으로 되어있으나 미완성 작이다. 이것은 대략 1380년대 중후반에 쓴 것이다.[65] 이 가운데 B-유형이 가장 완성도가 높기 때문에 현대의 많은 편집본들의 근거로 이용되고 있다. Rigg and Brewer(1983)은 A-유형 이전에 Z-유형이 있었다고 주장하였는데, 널리 받아들여지지는 않는다.

기록에 남아있지 않은 것으로 보아, 종교계에서만 생활한 것으로 보인다.

[64] 각 유형의 창작연대에 대해서도 논란이 많다. Skeat(1906: ix-x)은 A-유형의 작시연대를 1362년으로, Mossé(1952: 259)는 A-유형의 작시연대를 1362-3년, B-유형은 1376-7년의 정치적 사건 이후로 주장하고 있으며, Schmidt(1992: xi)는 A-유형은 1370년경, B-유형은 1378-9년경, C-유형은 1386년경으로 추정한다. 대체로 A-유형은 1370년까지는 완성된 것으로 보며, B-유형은 1370년대 후반, C-유형은 가장 논란이 많은 것으로, 1381년 농민반란이 일어난 후인 1382-7년 사이로 추정된다.

[65] A-유형으로 된 필사본 가운데 가장 대표적인 것들을 들면, (i) Oxford, Bodleian Library, Vernon MS, (ii) Cambridge, Trinity College R, 3.14, (iii) London, British Library, Harley 875, (iv) Oxford, University College MS 45, (v) Oxford, Bodleian Library, Rawl. Poet. 137이다. B-유형의 필사본으로는 두 가지 완성본이 존재한다: (i) Cambridge, Trinity College B. 15.17, (ii) Oxford, Bodleian Library, Laud. Misc. 581이다. C-유형으로는 (i) Huntington Library, MS HM 137, (ii) London, British Library, Cotton Vespasian B. 16 등이 있다.

〈그림 2〉 C-유형에 속하는 Bodleian Library MS Douce 104(c. 1427)에 나오는 '보답부인'의 그림 (f. 11r)

  이 시는 한 개의 꿈으로 이루어진 것이 아니라, 총 8개의 환상(꿈)으로 이루어져 있으며, 각각 서시를 포함하고 있다. 세 번째(제11편)와 다섯 번째 꿈(제16편)속에는 각각 한 개의 다른 꿈이 포함되어 있다. 또한 이 시는 '총 서시'와 20개의 편(Passus)으로 이루어져 있는데, 긴 꿈이 특정 주제를 갖는 '편'이라는 짧은 단위로 분할된다. 8개의 꿈 가운데 첫 번째 두 개(서시~제7편)가 농부 피어스에 대한 꿈인 반면, 나머지 6개의 꿈(제8~20편)은 '잘살기(Dowel 'do-well'), '더 잘살기(Dobet 'do-better')', '가장 잘살기(Dobest 'do-best')'의 삶에 대한 것이다.
  이 가운데, 제7편까지의 내용을 요약하면 다음과 같다. 5월의 어느 아침, 은자의 옷을 입고 방황에 지친 화자가 Malvern 언덕에서 개울의 물소리를 들으면서 잠이 들게 됨으로써 꿈의 환상(Dream Vision)이 시작된다. 그는 넓은 들에 다양한 사회계층의 인간 군상들이 모여 있는 것을 보게 된다(이상이 서시의 내용임; B-유형에는 생쥐의 우화가 서시의 후반에 삽입되어 있다). 이때 '신성한 교회'를 상징하는 여성이 화자에게 나타나서, 인간이 어떻게 살아야 하는지 가르치고 왕과 귀족들이 '진실'을 향한 자신들의 의무를 다해야 함을 설파한다. 또한 노동이 없는 믿음은 헛된 것이며 천국을 향한 길은 '사랑'을 통해서 이어진다고 말한다(제1편). 그 다음, 멋진 옷을 입은 '보답부인(Lady Meed)' (여기서 '보답'은 합법적인 보상일 수도 있지만 뇌물을 주는 부정적인 뜻일 수도 있다)이 나타난다. 그녀는 '거짓(Falsehood)'과 혼인하려 한다. 이때 '신학(Theology)'이 그 혼인에 반대하자, 왕은 보답부인이 '양심(Conscience)'과 결혼할 것을 제안한다. 양심은 그 결혼을 거부하고 '보답부인'의 잘못을 지적한다. 이때 '평화(Peace)'가 '부정(Wrong)'의 나쁜 짓을 불평하면서 등장하고, '부정'은 '보답부인'의 도움으로 '기지(Wit)'와 '지혜(Wisdom)'와 싸워 이기게 되면서, '평화'를 선물로 매수한다. 그러나 '이성(Reason)'은 왕에게 '부정'을 벌주라고 조언한다. 왕은 이에 동의하여 '이성'을 자신의 자문으로 임명하고, 모든 사람들이 교회로 향한다(이상 제2-4편). 이어 화자는 잠시 잠에서 깨었다가 다시 잠들게 되면서 두 번째 꿈이 시작된다. 그는 이제 '이성'이 들에서 사람들에게 설교하는 장면을 보게 된다. 사람들은 자신의 죄를 뉘우치기 시작하는데, 칠거지악(Seven Deadly Sins)이 모두 의인화되어 자신의 잘못을 고백한다. 순례자들이 '진실(Truth)'을 찾으러 가기로 하였으나 아무도 어디로 가야할지 모른다. 이때 마침내 농부 피어스가 등장하여 그들에게 길을 안내하는데 동의한다(제5편). 그는 신비로운 인물로서 한편으로는 선한 인간을 상징하는 반면 다른 한편으로는 그리스도를 상징한다. 그들이 길을 떠나기 전에 피어스는 사람들에게 자신의 반 에이커(half-acre)의 땅을 개간하고 씨를 뿌리는 것을 도와달라고 요청한다. 사람들은 노동을 통하여 자신의 의무를 다해야 하며, 국왕의 직책은 교회를 보호하고, 노동하는 평민들을 약탈자로부터 보호하는 것이며, 피어스는 그러한 왕에게는 경작으로 보답할 것임을 약속한다. 이어 '굶주림(Hunger)'의 도움으로 게으른 자들을 일하게 만든다(제6편). '진실'은 피어스와 그의 후손들에게 용서(pardon)의 글귀를 하사한다. 이 글귀는 '이 세상에서 복음에 따라 생활하고 일하는 모든 이는 구원을 얻을 것이다'이다. 한 신부(神父)가 이 서류의 단순한 글귀를 무시하자 화가 난 피어스는 서류를 찢어버린다. 이들 간의 싸우는 소리에 화자는 잠에서 깨고, 글귀에 적힌 대로 사는 삶이 올바른 생활(Dowel)이며 이것이 교회의 사면보다 더 중요함을 깨닫는다(그러나 죄에 대한 교황의 사면권은 여전히 인정한다) (제7편).

이 시는 동물의 우화(fable)와 강론(sermon), 논쟁(debate) 같은 문학형태를 사용하고 있으며, 선과 악의 대상을 우의(allegory)로 표현하고 있다. 이 시는 한편으론 재미있고 한편으론 어두우며, 신비주의와 현실주의를 동시에 지니고 있다. 종교적 진지성을 지니면서도 사회의 부조리를 비판하고 있으며, 대중의 대변인으로서 이들의 자유와 교회의 개혁을 열망하고 있다. 1381년 농민반란동안에 존 볼(John Ball)은 자신의 연설이나 글에서 이 시의 등장인물들을 이용하곤 했다. 이 작품의 화자(narrator)인 윌(Will)은 여러 번의 꿈을 꾸면서 무엇인가를 계속 찾아 헤매는데, 시의 진행에 따라 탐색의 대상이 달라진다. 처음에는 이세의 기독교적 삶이었다가, 그 다음에는 진실과 구원, 그 다음에는 *Dowel, Dobet, et Dobest* ('do-well, do-better, and do-best')이었다가 이것은 다시 믿음(Faith), 희망

(Hope), 자비심(Charity)으로 바뀐 후, 다시 인간의 세계로 회귀한다. 시인은 이러한 탐색의 결론을 명확히 하지 않는다. 마치 구원을 향한 기독교인의 여정은 결코 끝나지 않는 것처럼, 이 시의 화자는 끊임없이 새로운 여정으로 안내된다.

아래 원문은 이 작품의 제일 처음에 나오는 서시(prologue) 부분이다. 이 시대의 다양한 사회계층, 즉 농부(20-23행), 맵시꾼(24-25행), 독실한 신자(25-30행), 상인(31-32행), 음유시인(33-34행), 어릿광대와 마술사(33-34행), 거지(40-45행), 순례자(46-52행), 가짜 은자(53-57행), 탁발수사(58-67행), 면죄사와 이에 동조한 성직자들(68-82행), 타락한 본당신부와 주교들(83-99행), 추기경과 교황(100-111행), 국왕과 그의 기사단, 그리고 평민들(112-122행)을 묘사하고 있다. 아래 원문은 B-유형의 필사본인 Oxford, Bodleian Library, Laud. Misc. 581의 필사본에 의거하여 편집한 Walter William Skeat의 *The Vision of William concerning Piers Plowman by William Langland*(Oxford, 1906)를 참조하였으나, 독자의 편의를 위하여 u/v와 i/j 철자를 현대에 맞추고 일부 구두법을 수정하였다. 서중부방언이지만 다른 방언의 특징도 섞여있다.

Prologue

In a somer seson,   whan softe was the sonne,
I shope me in shroudes   as I a shepe were,[66]
In habite as an heremite   unholy of workes,[67]

---

[66] **I shope me in shroudes as I a shepe were** 'I dressed myself in clothes as if I were a shephard'. C-text에서는 shepe 대신에 shepherde가 사용됨.
[67] **unholy of workes** 직역하면 'unholy in works'. 은자(hermit)의 복장을 불경한 옷으

　　　　Went wyde in þis world　　wondres to here.
5　　Ac on a May mornynge　　on Malverne hulles
　　　　Me byfel a ferly,　　of fairye, me thouȝte.⁶⁸
　　　　I was wery forwandred　　and wente me to reste⁶⁹
　　　　Under a brode banke　　bi a bornes⁷⁰ side,
　　　　And as I lay and lened　　and loked in þe wateres,
10　　I slombred into a slepyng,　　it sweyved so merye.⁷¹
　　　　Thanne gan I to meten　　a merveilous swevene,⁷²
　　　　That I was in a wildernesse,　　wiste I never where.
　　　　As I bihelde into þe est　　an hiegh to þe sonne,
　　　　I seigh a toure on a toft　　trielich ymaked,⁷³
15　　A depe dale binethe,　　a dongeon þereinne,⁷⁴
　　　　With depe dyches and derke　　and dredfulle of sight.
　　　　A faire felde ful of folke　　fonde I there bytwene,
　　　　Of alle maner of men,　　þe mene and þe riche,
　　　　Worchyng and wandryng　　as þe worlde asketh.

　　로 묘사함.
⁶⁸ **ferly** 'marvel', **me thouȝte** 'methought, it seemed to me'.
⁶⁹ **forwandred** 'for wandering'. A-text에는 forwandred 대신에 of wandringe가 사용됨. **wente me** 'went myself'. 중세영어에서 이동의 자동사가 재귀대명사와 함께 사용되는 구문이 많았다.
⁷⁰ **bornes** 'burn's, brook's'.
⁷¹ **it sweyved so merye** '[for] it sounded so merry'. 여기서 it은 시내물이 흐르는 소리를 가리킨다.
⁷² **gan I to meten** 'I began to dream', **merveilous swevene** 'marvellous dream'.
⁷³ **seigh a toure on a toft** 'saw a tower on a toft', **trielich ymaked** 'worthily(=elegantly) built'. 여기서 toure(탑)은 '진실(Truth)'이 사는 곳.
⁷⁴ 여기서 **depe dale** 'deep valley'는 죽음과 악령의 영역이고, **dongeon** 'dungeon'은 '거짓(Falsehood)'이 사는 곳이다.

20   Somme putten hem to þe plow,[75]   pleyed ful selde,

        In settyng and in sowyng   swonken ful harde,

        And wonnen that[76] wastours   with glotonye destruyeth.

        And somme putten hem to pruyde,   apparailed hem þereafter,

        In contenaunce[77] of clothyng   comen disgised.

25   In prayers and penance   putten hem manye,

        Al for the love of owre Lorde   lyveden ful streyte,[78]

        In hope forto have   heveneriche blisse;

        As ancres and heremites   that holden hem in here selles,

        And coveiten nought in contre   to kairen aboute,

30   For no likerous liflode   her lykam to plese.[79]

        And somme chosen chaffare;   they cheven the bettere,[80]

        As it semeth to owre si3t[81]   that swiche men thryveth;

        And somme murthes to make   as mynstralles conneth,[82]

        And geten gold with here glee   giltles, I leve

35   Ac japers and jangelers,   Judas chylderen,[83]

---

[75] **Somme putten hem to þe plow** 'some put themselves (to work) at plowing'.
[76] **that** 'that which, what'.
[77] **contenaunce** 'display'.
[78] **streyte** 'strictly, ascetically'.
[79] **For no likerous liflode her lykam to plese** 'no luxurious living to please her body'. 앞 행의 동사 coveiten 'desired, searched (for)'에 연결된다.
[80] **chaffare** 'chaffer, trade', **cheven** 'succeed, thrive, achieve'.
[81] **it semeth to owre si3t** 'it seems to us (*lit.* our sight)'.
[82] **somme murthes to make as mynstralles conneth** 이 문장의 동사가 없는데, 31행의 chosen 'chose'가 생략되었다. 'Some chose to make mirth as minstrels can(= knows)'.
[83] **japers** 'jesters', **jangelers** 'tellers of obscene stories'. 이들은 **Judas chylderen** 'children of Judas'와 동격으로 사용되었다. 직업적으로 남에게 즐거움을 주는 자들 중 일부(음유시인)는 선한 사람으로(33-4행), 일부(광대와 외설적 이야기꾼)는

       Feynen hem fantasies,[84]   and foles hem maketh,
       And han here witte at wille   to worche, ȝif þei sholde.
       That Poule precheth of hem[85]   I nel nought preve it here:
       Qui turpiloquium loquitur   is Luciferes hyne.[86]
40   Bidders and beggeres   fast aboute ȝede[87]
       With hire belies and hire bagges   of bred ful ycrammed,
       Fayteden for here fode,   fouȝten atte ale.[88]
       In glotonye, God I wote,   gon hij to bedde,
       And risen with ribaudye,   tho Roberdes knaves;
45   Slepe and sori sleuthe   seweth[89] hem evre.
       Pilgrymes and palmeres   pliȝten hem togidere
       To seke Seynt James[90]   and seyntes in Rome.
       Thei went forth in here wey   with many wise tales,
       And hadden leve to lye   al here lyf after.
50   I seigh somme that seiden   þei had ysouȝt seyntes;
       To eche a tale þat þei tolde   here tonge was tempred to lye,
       More þan to sey soth,   it semed bi hire speche.
       Heremites on an heep   with hoked staves,

악덕한 자로(35-6행) 그리고 있다.
[84] **Feynen** 'feign, invent', **hem** 'themselves', **fantasies** 'fancies, fabliaux'.
[85] **That Poule precheth of hem** 'what Paul preaches about them'은 뒤따라 나오는 구절의 동사 **preuve** 'prove'의 목적어이다.
[86] *Qui turpiloquium loquitur* 'those who utters evil words', **Luciferes** 'Lucifer (Satan)'s', **hyne** 'hinds, servants'.
[87] **Bidders** 'beggars', **ȝede** 'went, bustled'.
[88] **Fayteden** 'begged', **atte** 'at the'의 축약형.
[89] **sleuthe** 'sloth', **seweth** 'pursues, follows'.
[90] **Saint James** 스페인 갈리시아(Galicia) 지방의 'St. James of Compostella'의 유적지로 중세시대의 유명한 순례 장소였음.

	Wenten to Walsyngham[91]	and here wenches after.
55	Grete lobyes and longe	that loth were to swynke[92]
	Clotheden hem in copis[93]	to ben knowen fram othere,
	And shopen hem heremites	here ese to have.
	I fond þere Freris,	alle þe foure ordres,[94]

---

[91] **Walsyngham** 'Walsingham'은 노퍽(Norfolk)에 있는 순례지이다.
[92] **lobyes** 'loobies, lubbers', **swynke** 'labor, work'.
[93] **copis** 'cope'. cf.「캔터베리 이야기」에서 코프는 수사(수도승, monk)의 표시였다. 여기서는 탁발수사(friar)가 입는 것으로 나온다.
[94] **alle þe foure ordres** 'all the four orders'. 4개의 가톨릭 탁발수도회(Mendicant Orders)를 가리킨다. 탁발수도회는 당시 의식만 중히 여기고 설교를 경시한 성직자들과 현실도피주의자들로서 청빈, 금욕, 고행에만 집착하고 전도생활을 등한시하는 수사들을 동시에 비판하였다. 이들은 교회 재산 없이 오직 노동과 자선금만으로 생활하면서 가난하고 무지한 백성들의 입장에 서서 전도활동을 하며 그들의 고통과 기쁨을 함께 맛보기 위하여 걸식을 하였기 때문에 '탁발(托鉢)' 수사라고 불렀다. 여기서 언급하는 4개의 탁발수도회는 첫째, 1150년경 이스라엘의 카르멜(갈멜) (Carmel) 언덕에서 처음 만들어졌다고 이름붙인 카르멜 수도회(Carmelites)로서, 이들을 백색 탁발수사(white friars)라고 부르기도 한다. 둘째, 오거스틴 수도회(Augustinians)로서, 히포의 성 오거스틴(St. Augustine of Hippo)의 경건한 삶을 모방하려는 이탈리아의 여러 은둔자 단체들이 병합되어 설립되었다(1200년대 초). 이 수도회는 중세 말에 큰 세력을 이루었는데 루터가 들어간 수도원도 이 수도회에 속한 것이었다. 이들은 오스틴(Austin) 탁발수사라고 불리기도 한다. 셋째, 1216년 스페인 출신의 성 도미니쿠스(Dominicus, 1170-1221년)에 의해 창설된 도미니코 수도회(Dominicans)이다. 그들은 꾸준한 전도와 청빈 생활을 하는데, 도미니쿠스가 죽을 무렵에 이미 이 수도회 소속 수도원이 여덟 개 지역에 세워졌으며 나중에 60개가 되었다. 이들은 검은(black) 탁발수사라고도 불렸다. 마지막으로, 1210년 이탈리아의 아시시의 성 프란체스코(Francis of Assisi, 1182~1226)가 창설한 소수 수도회(Minorites) 혹은 프란체스코 수도회(Franciscans)로서 잿빛(gray) 탁발수사라고도 불렀다. 프란체스코 수도회는 사랑과 절대 청빈의 삶을 살면서 농민들과 버림받은 자들을 돌보고 이들을 전도하였다. 이들은 이노센트 3세에게 정식으로 공인받고 급속히 성장하여 1221년에는 수도사의 숫자가 3천명에 이르게 되었다. 이들은 탁발을 제1원칙으로, 전도를 제2원칙으로 삼았다. 그러나 처음과 달리 수도원에서 학문을 가르쳤고 그 세력을 대학에 심는데 힘을 썼다. 프란체스코의 수도원은 그가 살던 당시에 이미 그의 뜻에서 벗어나 많이 변질되었고, 그가 죽은 후 몇 십 년 동안 수도회 내부에서 분열이 일어나 결국

	Prechedþe peple	for profit of hemselven,
60	Glosed þe gospel	as hem good lyked,[95]
	For coveitise of copis	construed it as þei wolde.
	Many of þis maistres Freris	mowe clothen hem at lykyng
	For here money and marchandise	marchen togideres.
	For sith charite haþ be chapman	and chief to shryve lordes[96]
65	Many ferlis han fallen	in a fewe ȝeris.[97]
	But holy chirche and hii[98]	holde better togideres
	The moste myschief on molde	is mountyng wel faste.
	Þer preched a Pardonere	as he a prest were,
	Brouȝte forth a bulle	with bishopes seles,[99]
70	And seide þat hymself myȝte	assoilen[100] hem alle
	Of falshede of fastyng,	of vowes ybroken.

크게 두 개의 분파로 갈라지고 말았다. 프란체스코 수도회는 대륙과 영국에 큰 세력을 얻어 많은 영향을 끼쳤다. 당시 영국의 탁월한 학자 대부분이 프란체스코 수도회에 속한 사람일 정도였다. 그러나 얼마 되지 않아 이 수도원도 다른 수도원들과 마찬가지로 처음의 경건한 상태는 없어지고 명예와 재물로 인해 규율이 문란해지고 말았다.

[95] **Glosed** 'glossed, commented'. **as hem good lyked**는 비인칭구문으로서 'as [it] pleased to them (well)' 혹은 'as they like (it well)'로 해석한다.

[96] **sith charite haþ be chapman and chief to shryve lordes** 'since charity has turned the chapman and chief to shrive lords'. 신자들이 주는 자선금(charity)이 탁발수사(소리쳐 물건을 파는 chapman에 비유함)로 하여금 그들의 고해를 듣도록 하는 유인책이라는 뜻. 「캔터베리 이야기」의 탁발수사와 비교할 만하다.

[97] **Many ferlis han fallen in a fewe ȝeris.** 최근 몇 년 사이에 탁발수사들이 저지른 이상한 일들이 많이 일어났다는 뜻. 여기서 **ferlis** 'marvels'는 부정적인 의미로 사용되었음.

[98] **But Holy Chirche and hii** 'Unless the Holy Church and they(=friars)'.

[99] **bulle with bishopes seles** 'a [papal] bull with the bishop's seals' (주교의 인장이 찍힌 대칙서).

[100] **þat hymself myȝte assoilen** 'that [he] himself might(=have power to) absolve'.

Lewed men leved hym wel   and lyked his wordes,
Comen up knelyng   to kissen his bulles.
He bonched hem with his brevet   and blered here eyes,[101]
75   And rauȝte with his rageman[102]   rynges and broches;
Thus þey geven here gold   glotones to kepe.

. . . .

Were þe bisshop yblessed   and worth bothe his eres,
His seel shulde nouȝt be sent   to deceyve þe peple.
80   Ac it is nouȝt by þe bischop   þat þe boy precheth,[103]
For the parische prest and þe pardonere   parten þe silver
That þe poraille of þe parisch   sholde have ȝif þei nere.[104]
Persones and parische prestes   pleyned hem[105] to þe bischop
Þat here parisshes weren pore   sith þe pestilence tyme,
85   To have a lycence and a leve[106]   at London to dwelle,
And syngen þere for symonye,   for silver is swete.
Bischopes and bachelers,   bothe maistres and doctours,

---

[101] **He bonched hem with his brevet and blered here eyes** 'He banged them with his brevet, and bleared their eyes'. 여기서 'bleared their eyes'는 눈을 멀게 한다 ('blind, delude')는 뜻임.

[102] **rauȝte** 'raught, reached, got', **rageman** 'papal bull'.

[103] **by þe bischop** 'against the bishop', **þe boy** 'the young fellow'는 면죄사(pardoner)를 가리킨다.

[104] **That þe poraille of þe parisch** 'which the poor people of the parish', **ȝif þei nere** 'if they were not [there]', 즉 '만약 이들(=면죄사와 교구신부)이 없었다면' 마땅히 가난한 사람들에게 돌아갈 재화(은)를 면죄사와 교구신부가 나누어 가져간다는 뜻.

[105] **pleyned hem** 'complained themselves'. 현대영어에서는 쓰지 않을 재귀대명사가 자주 사용됨.

[106] **To have a lycence and a leve** 'asked for a licence and a leave (i.e. permission)'.

	Þat han cure under Crist,	and crounynge in tokne[107]
	And signe þat þei sholden	shryven here paroschienes,
90	Prechen and prey for hem,	and þe pore fede,
	Liggen at London	in Lenten an ellis.[108]
	Somme serven þe king	and his silver tellen,
	In Cheker and in Chancerye	chalengen his dettes
	Of wardes and of wardmotes,	weyves and streyves.[109]
95	And some serven as servantz	lordes and ladyes,
	And in stede of stuwardes	sytten and demen.
	Here messe and here matynes	and many of here oures
	Arn don undevoutlych;	drede is[110] at þe laste
	Lest Crist in consistorie[111]	acorse ful manye.
100	I parceyved of þe power	þat Peter had to kepe,
	To bynde and unbynde,[112]	as þe Book telleth,

---

[107] **cure** 'charge, responsiblity', **crounynge** 'tonsure'(성직자만의 삭발).

[108] **Liggen** 'lie (i.e. lodge, dwell)' **an** 'and'의 축약형. **ellis** 'other times'.

[109] (92-93행) **tellen**, 'count', **Cheker** 'Exchequer', **chalengen** 'challenge (i.e. claim). **wardes** 'wards (i.e. divisions of the city)', **wardmotes** 'ward-meeting (i.e. the court held in each ward)', **weyves and streyves** 'waifs and strays'. 성직자들이 재무부나 대법원에서 일하면서, 각 지역으로부터 국왕에게 진 '빚'(즉, 부역과 공물)을 걸고, 모든 불명확한 인적, 물적 자산을 국왕의 소유로 주장하는 일을 하였다는 뜻임.

[110] **drede is** 비인칭구문으로서 'there is a dread (i.e. it is to be dreaded)'.

[111] **consistorie** 'a church council or assembly of prelates'. 여기서는 그리스도가 심판의 날에 개최하는 최후의 대성회(Great Assembly)를 가리킨다.

[112] **To bynde and unbynde** 마태복음(Matthew 16:19)에 있는 구절을 그대로 인용한 것. 현대영어로 된 성서의 정확한 구절은 편집본에 따라 다르지만, Matthew 16:19의 내용은 대략 다음과 같다: "I will give you the keys of the kingdom of heaven; whatever you bind on earth will be bound in heaven, and whatever you loose on earth will be loosed in heaven". 따라서 100행은 þe power 'the power'는 '천국의 열쇠(keys of the kingdom of heaven)의 능력'을 의미한다.

	How he it lefte wiþ love	as owre Lord hight,
	Amonges foure vertues,	þe best of all vertues,[113]
	Þat cardinales ben called	and closyng ʒatis,[114]
105	Þere Crist is in kyngdome,	to close and to shutte,
	And to opne it to hem	and hevene blisse shewe.
	Ac of þe Cardinales atte courte	þat cauʒt of[115] þat name
	And power presumed in hem	a Pope to make
	To han þat power þat Peter hadde	inpugnen I nelle;
110	For in love and in letterure	þe eleccioun bilongeth.
	Forþi I can and can nauʒt	of courte speke more.[116]
	Þanne come þer a Kyng.	Knyʒthod hym ladde.
	Miʒt of þe Comunes	made hym to regne.
	And þanne cam Kynde Wytte[117]	and clerkes he made,

---

[113] **foure vertues** 'four virtues'와 **þe best of all vertues** 'the best of all virtues'는 동격으로 사용된 것임. 'four virtues'는 다음 행에 **cardinales** 'cardinal'로 불린다고 했으니, 'four cardinal virtues(4가지 기본 덕목)'가 된다. 기독교 전통에서 4가지 기본덕목은 신중함(Prudence), 절제(Temperance), 강인함(Fortitude), 정의(Justice)를 지칭한다.

[114] **closyng ʒatis** 'closing gates'. 이것은 라틴어의 cardo 'hinge'에서 파생된 cardinalis를 번역한 것이다. 4가지 기본덕목이 천국으로 들어가는 문을 지탱하고 있어, 그 덕목을 잘 지키는지 여부가 천국으로 들어갈 수 있는 조건이라는 뜻임. 따라서 이 부문을 의역하여 'because they(=four virtues) hinge the gates'로 해도 된다.

[115] **Cardinales atte courte** 'cardinal at the court'. 로마에 있는 추기경을 가리킴. **cauʒt of** 'received'.

[116] **Forþi I can and can nauʒt of courte speke more** 'Therefore, I can, and yet cannot speak more of that court'. 화자가 할 말은 많지만 (교황을 선출하는 힘은 높고 성스러운 것이므로, 추기경들을 존중하는 의미에서) 더 이상 말하지 않겠다는 뜻임.

[117] **Kynde Wytte** 'kind wit'. 이 시에서 자주 나오는 어구로서, 현대의 'commond sense'에 해당한다 하겠다.

115	For to conseille þe kyng	and þe comune save.
	The kyng and knyȝthod	and clergye bothe
	Casten þat þe comune	shulde hemself fynde.[118]
	Þe comune contreved	of Kynde Witte craftes,
	And for profit of alle þe poeple	plowmen ordeygned,
120	To tilie and to travaile	as trewe lif askeþ.
	Þe kynge and þe comune	and Kynde Witte þe thridde
	Shope lawe and lewte	eche man to knowe his owne.[119]

5. Sir Gawain and the Green Knight

「가웨인 경과 초록기사(Sir Gawain and the Green Knight)」는 British Library MS Cotton Nero A X라는 오직 한 개의 필사본에서만 발견되었다. 이 필사본에는 「가웨인 경과 초록기사」 외에 「진주(Pearl)」, 「순수(Purity (=Cleanness))」, 「인내(Patience)」가 들어있다. 이 4개의 시는 동일한 문체와 문학적 기교, 동일 방언을 보여주기 때문에 동일 작가의 작품으로 추정된다. 이 작품의 창작연대는 불확실하지만, 작품에 등장하는 옷과 건축물 등의 역사적 자료를 기초로 판단해 보건데 1375~1400년 정도에

---

[118] **Casten** 'contrived, planned'. **hemself fynde** 'provide for themselves'. 여기서 **hemself**의 뜻이 모호하다. 민중들이 '왕과 그의 기사단'에게 봉물을 제공해야 한다는 뜻인지, 아니면 민중들이 '자기 자신들'을 스스로 보살펴야 한다는 두 가지 해석이 다 가능하다. 재귀대명사의 기능을 그대로 대입하면 후자의 뜻이므로, 이 책의 번역은 이에 따른다.

[119] **Shope** 'shaped', **lewte** 'loyalty. 122행은 분배의 정의를 언급한 것으로서, 시인의 주요 사회적 관심사 중의 하나이다.

지은 것으로 보인다. Cotton Nero 필사본은 약 1400년경에 작성된 것으로 보이는데 외관상 화려하지도 않고, 글씨체도 아름답지 못하다. 필사본 안에는 12개의 그림이 그려져 있다. 이 시의 방언은 대략 체셔(Cheshire)와 스태퍼드셔(Staffordshire) 지방으로서 북서중부방언(Northwest Midland)에 속한다.

〈그림 3〉 필사본에 그려져 있는 가웨인 경과 성주의 부인
(Cotton Nero A X, art 3, f. 129)

서중부방언으로 쓰인 다른 운문들처럼, 이 시의 시인도 4개의 작품 모두에서 두운시를 이용하고 있다. 그러나 「진주」, 「순수」, 「인내」가 종교적 주제를 담은 설교시인 반면, 「가웨인 경과 초록기사」는 아서 왕의 궁정을 배경으로 하는 기사 이야기, 즉 로맨스(Romance)이다. 이 작품은 4

편(passus)으로 이루어져 있다. 제1편(1-490행)에서는 아서의 궁전에서 새해를 축하하는 향연이 벌어지고 있을 때, 온통 초록색으로 된 큰 체구에 잘생긴 얼굴을 한 초록기사가 초록색 말을 타고 갑자기 나타난다. 그는 이 궁전의 수장이 누구냐고 물으면서, 누구든지 자신의 도끼로 자신을 내리치는 사람은 1년 후 자신을 찾아와 똑같은 보복을 받게 될 것이라고 한다. 이러한 시합(game) 요청에 아서가 도전하기 위해 나서자, 가웨인 경이 벌떡 일어나서 그 도전을 받아들인다. 가웨인 경이 초록기사의 도끼를 들고 내리치자 초록기사의 머리가 핏물을 내뿜으면서 바닥으로 굴러 떨어진다. 이 광경을 보고 모든 사람들이 놀라는 가운데, 초록기사는 자신의 머리를 집어 들고, 가웨인에게 약속을 지키라고 말하면서 말을 타고 사라진다. 궁전은 다시 평화를 찾고 향연을 벌이지만, 가웨인 경은 1년 후 자신이 초록기사를 찾아 초록교회당(Green Chapel)을 가야한다는 사실에 마음이 무겁다.

제2편(491-1125행)에서 가웨인 경은 초록기사를 찾아서 궁전을 떠날 차비를 한다. 자신의 애장품 갑옷과 애마 그링골릿(Gringolet)을 타고 출발하여, 영국 북쪽의 황량한 광야를 헤매고 다닌다. 다양한 동물을 만나고, 추위와 배고픔을 겪으면서, 가웨인 경은 마침내 성탄전날 어느 성에 도착한다. 성주는 그를 따뜻하게 맞아들이고 가웨인에게 말하기를, 자신이 부하들과 매일 성밖에 나가 사냥을 해서 저녁이면 자신이 획득한 것을 가지고 올 것이니, 가웨인도 성안에 남아서 여기서 획득한 것을 자신의 것과 교환하자고 제안한다. 가웨인이 이 거래를 받아들인다.

제3편(1126-1997행)에서는 성주가 사냥을 떠난 동안, 그의 아내가 가웨인의 침실로 세 번 찾아와 유혹한다. 첫날, 성주가 사슴을 사냥하고 있을 동안, 성주의 아내가 가웨인을 찾아와 유혹하자, 그는 뿌리쳤으나, 그녀는

재빨리 입맞춤을 한번 하고는 사라진다. 그날 저녁 성주가 사슴고기를 가웨인에게 주자, 가웨인은 성주에게 입맞춤을 한번 해준다. 둘째 날, 성주의 아내가 다시 찾아와 가웨인을 유혹하고 이번에는 두 번 입맞춤을 한다. 그날 저녁, 성주는 자신이 잡은 멧돼지의 머리를 주자, 가웨인은 성주에게 두 번 입맞춤을 한다. 마지막 날, 성주의 아내가 가웨인에게 세 번 입맞춤을 하고는, 이번에는 사랑의 증표를 달라고 한다. 가웨인이 그녀에게 어떤 것도 주거나 받는 것을 거부하자, 그녀는 자신이 두르고 있던 초록색 허리띠가 목숨을 지켜주는 마술허리띠라고 언급하자, 가웨인이 이것을 받아들인다. 그날 저녁 성주가 자신이 사냥한 여우의 털을 주었으나, 가웨인은 그에게 세 번 입맞춤을 하지만, 허리띠에 대해서는 말하지 않는다. 그리고 모두 행복하게 이별의 향연을 벌인 후 각자의 방으로 자러 간다.

제4편(1998-2531행)에서는 새해가 밝았을 때 가웨인은 갑옷과 허리띠를 한 채 초록기사를 찾아 떠난다. 마침내 초록교회당에 도착하여 초록기사를 불러 대면한다. 약속을 지키려는 의도로, 가웨인은 초록기사 앞에서 자신의 목을 드러내고 공격을 기다린다. 초록기사는 크게 두 번 내리치는 척하다가, 세 번째는 가웨인의 목에 살짝 상처를 입힌다. 화가 난 가웨인이 이제 약속은 끝났다고 소리치자, 초록기사는 웃으며 대답한다. 자신의 이름은 버티락(Bertilak)이며, 가웨인이 머물렀던 성의 성주임을 밝힌다. 가웨인이 그 성에서의 셋째 날 모든 획득물을 교환하지 않았기 때문에, 이렇게 세 번째 만에 작은 상처를 입혔다고 한다. 그럼에도 불구하고 가웨인은 이 땅에 대등한 인물을 찾을 수 없을 정도의 명예로운 기사라고 말한다. 한편으로는 살아 있다는 것에 안도하고, 다른 한편으로는 자신이 진실(trawþe 'truth')을 말하지 않는 것에 대해 부끄러워하며 가웨인은 아서의

궁전으로 돌아온다.

'진실함', 즉 자신의 맹세를 지키는 것에 대한 기사도적 정신은 이 시 전체의 주요 주제이다. 이러한 의미에서 초록기사는 완벽한 기사의 상징으로 등장한다. 이 시는 극적인 진행과 풍부하면서도 정확한 어법, 그리고 등장인물간의 대화의 복잡 미묘함 등 중세영문학의 걸작으로 간주된다. 두운시이면서 또한 각 연의 마지막 5행에는 a(강세 한 개의 'bob')와 baba (강세 3개의 'wheel')로 구성된 각운(rhyme)을 갖고 있다.

아래 원문은 1126행부터 시작하는 제3편의 첫 부분이다. 성주와 그의 부하들이 첫날 아침 성을 떠나 사슴을 사냥하는 장면에 이어, 성주의 부인이 가웨인을 유혹하는 장면이다. Tolkien and Gordon의 *Sir Gawain and the Green Knight*(Oxford, 1967)의 편집방식을 참고하였다.

Passus III

    Ful erly bifore þe day   þe folk vprysen.

    Gestes þat go wolde,   hor gromez þay calden,

    And þay busken vp bilyue   blonkkez to sadel,

    Tyffen her takles,   trussen her males.[120]

1130 Richen hem þe rychest,   to ryde alle arayde,

    Lepen vp lyȝtly,   lachen her brydeles,

    Vche wyȝe on his way   þer hym wel lyked.[121]

---

[120] 1127-9행: **hor** 'their', **gromez** 'grooms, servants', **busken vp** 'hurried up', **bilyue** 'quickly', **blonkkez** 'horses'. **Tyffen** 'prepare', **takles** 'gear', **trussen** 'pack', **males** 'bags'.

[121] 1130-2: **Richen** 'prepare', **hem** 'themselves', **rychest** 'those of highest rank', **arayde** 'arrayed, dressed', **Vche wyȝe** 'each man', **þer hym wel lyked** 'where it

  Þe leue lorde of þe londe watz not þe last,

  Arayed for þe rydyng, with renkkez ful mony.[122]

1135 Ete a sop hastyly, when he hade herde masse,

  With bugle to bent-felde he buskez bylyue.[123]

  By þat any dayly3t lemed vpon erþe

  He with his haþeles on hy3e horsses weren.[124]

  Þenne þise cacheres þat couþe cowpled hor houndez,

1140 Vnclosed þe kenel dore and calde hem þeroute,

  Blwe bygly in buglez þre bare mote.[125]

  Braches bayed þerfore and breme noyse made,

  And þay chastysed and charred on chasyng þat went,[126]

  A hundreth of hunteres, as I haf herde telle,

1145   of þe best.

    To trystors vewters 3od,

    Couples huntes of kest;

    Þer ros for blastez gode

---

  pleased him'(비인칭구문).

[122] 1133-4: **leue** 'dear, beloved', **Arayed for þe rydyng** 'arrayed for the riding'의 주어는 앞 행의 lorde 'lord'이다. **renkkez** 'men'.

[123] 1135-6: **Ete a sop hastyly** 'ate a light meal hastily'의 주어도 1133행의 lorde이다. **bent-felde** 'hunting field'.

[124] 1137-8: **Bi þat** 'by the time that', **lemed** 'shone, gleamed', **haþeles** 'knights'.

[125] 1139-41: **cacheres** 'huntsmen', **couþe** 'knew their craft', **cowpled** 'leashed in pairs', **kenel** 'kennel', **Blwe** 'blew', **bygly** 'strongly, loudly', **bare** 'bare, plain', **mote** 'notes'.

[126] 1142-3: **Braches** 'hounds'(오늘날 비글(beagle)종을 닮은 작은 사냥개), **bayed** 'bayed, barked', **þerfore** 'for that reason, at that', **breme** 'fierce', **chastysed** 'rebuked; checked, curbed', **charred** 'turned back', **chasyng** 'chasing [false scents]', **þat those** 'which'.

Gret rurd in þat forest.[127]

1150 At þe fyrst quethe of þe quest   quaked þe wylde.[128]
Der drof in þe dale,   doted for drede,
Hi3ed to þe hy3e,   bot heterly þay were
Restayed with þe stablye,   þat stoutly ascryed.[129]
Þay let þe herttez haf þe gate,   with þe hy3e hedes,
1155 Þe breme bukkez also   with hor brode paumez,[130]
For þe fre lorde hade defende   in fermysoun tyme
Þat þer schulde no mon meue   to þe male dere.[131]
Þe hindez were halden in   with hay! and war!
Þe does dryuen with gret dyn   to þe depe sladez.[132]
1160 Þer my3t mon se, as þay slypte,   slentyng of arwes,
At vche wende vnder wande   wapped a flone
Þat bigly bote on þe broun   with ful brode hedez.[133]

---

[127] 1146-9: **trystors** 'hunting stations', **vewters** 'keepers of hounds', **3od** 'went', **Couples** 'leashes', **huntes** 'huntsmen', **of kest** 'cast off', **ros** 'rose', **blastez** 'blasts', **rurd** 'noise'.

[128] 1150: **quethe** 'utterance', **quest** 'barking of hounds', **wylde** 'wild creatures'.

[129] 1151-3: **Der** 'deer', **drof** 'rushed', **doted** 'dazed', **Hi3ed** 'hastened', **hy3e** 'high ground', **heterly** 'fiercely', **Restayed** 'turned back', **stablye** 'ring of beaters', **stoutly** 'vigorously', **ascryed** 'shouted'.

[130] 1154-5: **herttez** 'harts', **haf þe gate** 'pass', **hedes** 'heads', **breme bukkez** 'stout bucks', **brode paumez** 'broad antlers'.

[131] 1156-7: **fre** 'noble', **defende** 'forbidden', **fermysoun** 'close-season', **meue** 'interfere', **dere** 'deer'.

[132] 1158-9: **hindez** 'hinds', **halden in** 'held back, restrained', **hay! and war!** 'hey! and ware!' (사냥꾼이 내는 고함소리), **dyn** 'din, noise', **sladez** 'valleys'.

[133] 1160-2: **Þer my3t mon se** 'there one might see', **slypte** 'loosed', **slentyng** 'slanting flight', **arwes** 'arrows', **At vche wende** 'at each turning' (만약 wende를 동사로

What! þay brayen, and bleden, bi bonkkez þay deȝen,

And ay rachches in a res radly hem folȝes,

1165 Hunterez wyth hyȝe horne hasted hem after

Wyth such a crakkande kry as klyffes haden brusten.[134]

What wylde so atwaped wyȝes þat schotten

Watz al toraced and rent at þe resayt,

Bi þay were tened at þe hyȝe and taysed to þe wattrez.[135]

1170 Þe ledez were so lerned at þe loȝe trysteres,

And þe grehoundez so grete, þat geten hem bylyue

And hem tofylched, as fast as frekez myȝt loke,

þer-ryȝt.[136]

Þe lorde for blys abloy

1175 Ful oft con launce and lyȝt,

And drof þat day wyth joy

Thus to þe derk nyȝt.[137]

보면, 'at each one that passed'), **vnder wande** 'in the wood', **wapped** 'rushed', **flone** 'arrow', **bigly** 'mightily', **bote on** 'pierced', **broun** 'brown hide', **hedez** 'heads'.

[134] 1163-6: **bonkkes** 'banks, slopes', **deȝen** 'die', **ay** 'always, ever', **rachches** 'hounds', **res** 'rush', **radly** 'swiftly', **folȝes** 'pursue', **hyȝe** 'loud', **crakkande** 'cracking, ringing', **as** 'as if', **brusten** 'burst, broken'.

[135] 1167-9: **What…so** 'whatever', **wylde** 'wild beast', **atwaped** 'escaped', **toraced and rent** 'pulled down and slaughtered', **resayt** 'receiving stations', **Bi** 'by the time that', **tened** harassed, **hyȝe** 'high ground', **taysed** 'driven'.

[136] 1170-3: **ledez** 'lads, men', **loȝe** 'low', **trysteres** 'hunting stations', **bylyue** 'quickly', **tofylched** 'tore down', **as frekez myȝt loke** 'as men could see', 즉 '사람의 눈으로 볼 수 있는 한도에서'란 뜻.

[137] 1174-7: **abloy** 'carried away, dazzled', **con** 'did', **launce** 'gallop', **lyȝt** 'alight, dismount', **drof** 'passed'.

Þus laykez þis lorde　　by lynde-wodez euez,

And Gawayn þe god mon　　in gay bed lygez,

1180　Lurkkez quyl þe dayly3t　　lemed on þe wowes,

Vnder couertour ful clere,　　cortyned aboute.¹³⁸

And as in slomeryng he slode,　　sle3ly he herde

A littel dyn at his dor,　　and dernly vpon.¹³⁹

And he heuez vp his hed　　out of þe cloþes,

1185　A corner of þe cortyn　　he ca3t vp a lyttel,

And waytez warly þiderwarde　　quat hit be my3t.¹⁴⁰

Hit watz þe ladi,　　loflyest to beholde,

Þat dro3 þe dor after hir　　ful dernly and stylle,

And bo3ed towarde þe bed;　　and þe burne schamed,

1190　And layde hym doun lystyly,　　and let as he slepte.¹⁴¹

And ho stepped stilly　　and stel to his bedde,

Kest vp þe cortyn　　and creped withinne,

And set hir ful softly　　on þe bed-syde,

And lenged þere selly longe　　to loke quen he wakened.¹⁴²

1195　Þe lede lay lurked　　a ful longe quyle,

Compast in his concience　　to quat þat cace my3t

---

¹³⁸ 1178-81: **laykez** 'amuses himself', **lynde-wodez** 'woods', **euez** 'borders', **lygez** 'lies', **Lurkkez** 'lies snug', **quyl** 'until', **lemed** 'shone', **wowes** 'walls', **couertour** 'coverlet', **clere** 'bright', **cortyned** 'curtained'.

¹³⁹ 1182-3: **slomeryng** 'slumber', **slode** 'drifted', **sle3ly** '(made) warily', **dernly** 'stealthily', **vpon** 'open'.

¹⁴⁰ 1184-6: **waytez warly** 'looks warily', **quat** 'what'.

¹⁴¹ 1187-90: **dro3** 'drew, closed', **bo3ed** 'turned', **burne** 'knight', **schamed** 'was embarassed', **lystyly** 'craftily', **let** 'behaved'.

¹⁴² 1194: **lenged** 'stayed, lingered', **selly** 'exceedingly', **quen** 'when'.

Meue oþer amount, to meruayle hym þo3t.[143]
Bot 3et he sayde in hymself, 'More semly hit were
To aspye wyth my spelle in space quat ho wolde.'[144]
1200 Þen he wakenede, and wroth, and to hir warde torned,
And vnlouked his y3e-lyddez, and let as hym wondered,
And sayned hym, as bi his sa3e þe sauer to worthe,
with hande.[145]
Wyth chynne and cheke ful swete,
1205 Boþe quit and red in blande,
Ful lufly con ho lete
Wyth lyppez smal la3ande.[146]

'God moroun, Sir Gawayn,' sayde þat gay lady,
'3e ar a sleper vnsly3e, þat mon may slyde hider;[147]
1210 Now ar 3e tan as-tyt! Bot true vus may schape,
I schal bynde yow in your bedde, þat be 3e trayst.'[148]

---

[143] 1195-7: **lede** 'knight', **quyle** 'while, time', **Compast** 'ponderered', **concience** 'mind', **to quat þat cace my3t Meue oþer amount** 'what that occurrence could result in or signify', **to meruayle hym þo3t** 'it seemed marvellous to him'의 뜻으로서 비인칭구문임.

[144] 1199: **aspye** 'discover', **spelle** 'speech', **in space** 'at once, straightaway', **quat** 'what'.

[145] 1200-3: **wroth** 'stretched', **vnlouked** 'unlocked, opened', **y3e-lyddez** 'eyelids', **let as hym wondered** 'behaved as if it surprised him'(비인칭구문), **sayned hym** 'blessed himself [with sign of cross]', **bi his sa3e** 'by his words, by his prayer', **sauer** 'safer', **worthe** 'become'.

[146] 1204-7: **chynne** 'chin', **cheke** 'cheek', **swete** 'sweet', **quit** 'white', **in blande** 'mingled together', **con ho lete** 'did she behave', **la3ande** 'laughing'.

[147] 1209: **vnsly3e** 'unwary', **slyde** 'steal'.

[148] 1210-1: **tan** 'taken', **as-tyt** 'at once', **Bot** 'unless', **true** 'truce', **vus** 'us', **schape**

Al laȝande þe lady   lanced þo bourdez.[149]

'Goud moroun, gay,'   quoþ Gawayn þe blyþe,

'Me schal worþe at your wille,   and þat me wel lykez,

1215 For I ȝelde me ȝederly,   and ȝeȝe after grace,

And þat is þe best, be my dome,   for me byhouez nede.'[150]

And þus he bourded aȝayn   with mony a blyþe laȝter.[151]

'Bot wolde ȝe, lady louely,   þen leue me grante,

And deprece your prysoun,   and pray hym to ryse,

1220 I wolde boȝe of þis bed,   and busk me better;

I schulde keuer þe more comfort   to karp yow wyth.'[152]

'Nay for soþe, beau sir,'   sayd þat swete,

'Ȝe schal not rise of your bedde,   I rych yow better.[153]

I schal happe yow here   þat oþer half als,

1225 And syþen karp wyth my knyȝt   þat I kaȝt haue,

For I wene wel, iwysse,   Sir Wowen ȝe are,

Þat alle þe worlde worchipez   quere-so ȝe ride;[154]

'be arranged', **þat be ȝe trayst** 'of that you can be sure'.

[149] 1202: **lanced þo bourdez** 'uttered those jests'.

[150] 1214-6: **Me schal worþe at your wille** '[it] shall happen to me at your pleasure'(비인칭구문), **þat me wel lykez** 'that will please me well', **For I ȝelde me ȝederly, and ȝeȝe after grace** 'for I surrender myself promptly and cry for mercy', **be my dome** 'in my judgement', **me byhouez nede** '[it] behooves of necessity'(비인칭구문).

[151] 1217: **bourded aȝayn** 'jested in return'.

[152] 1219-21: **deprece your prysoun** 'release your prisoner', **pray** 'beg', **boȝe of** 'leave', **busk** 'dress', **keuer** 'discover, obtain', **karp** 'speak'.

[153] 1222-3: **for soþe** 'indeed', **rych** 'direct'.

[154] 1224-7: **happe** 'wrap', **half** 'side', **syþen** 'then', **wene** 'know', **iwysse** 'indeed', **Wowen** 'Gawain', **quere-so** 'wherever'.

Your honour, your hendelayk　　is hendely praysed

With lordez, wyth ladyes,　　with alle þat lyf bere.[155]

1230　And now ȝe ar here, iwysse,　　and we bot oure one.[156]

My lorde and his ledez　　ar on lenþe faren,

Oþer burnez in her bedde,　　and my burdez als,

Þe dor drawen and dit　　with a derf haspe.[157]

And syþen I haue in þis hous　　hym þat al lykez,

1235　I schal ware my whyle wel,　　quyl hit lastez,

　　　with tale.[158]

Ȝe ar welcum to my cors,

Yowre awen won to wale,

Me behouez of fyne force

1240　Your seruaunt be, and schale.'[159]

'In god fayth,' quoþ Gawayn,　　'gayn hit me þynkkez,

Þaȝ I be not now he　　þat ȝe of speken.[160]

To reche to such reuerence　　as ȝe reherce here

I am wyȝe vnworþy,　　I wot wel myseluen.

---

[155] 1228-9: **hendelayk** 'courtliness', **hendely** 'courteously', **bere** 'bear, have'.

[156] 1230: **bot oure one** 문자 그대로 해석하면 'but our own', 즉 'alone by ourselves'의 뜻임.

[157] 1231-3: **on lenþe** 'far away', **burdez** 'maidens', **dit** 'locked', **derf** 'stout', **haspe** 'hasp, door-pin'.

[158] 1234-6: **hym þat al lykez** 'him whom all like'(여기서 hym은 가웨인을 가리킨다), **ware** 'employ', **quyl** 'while'.

[159] 1237-40: **cors** body (=me), **Yowre awen won to wale** 'your own course (of action) to take', **Me behouez of fyne force Your seruaunt be** '[it] behoves me of sheer necessity to be your servant'(비인칭구문).

[160] 1241: **gayn hit me þynkke** 'it seems a good thing to me'.

1245　Bi God, I were glad,　　and yow god þo3t,

　　　At sa3e oþer at seruyce　　þat I sette my3t

　　　To þe plesaunce of your prys;　　hit were a pure ioye.'[161]

　　　'In god fayth, Sir Gawayn,'　　quoþ þe gay lady,

　　　'Þe prys and þe prowes　　þat plesez al oþer,

1250　If I hit lakked oþer set at ly3t,　　hit were littel daynté.[162]

　　　Bot hit ar ladyes inno3e　　þat leuer wer nowþe

　　　Haf þe, hende, in hor holde,　　as I þe habbe here,

　　　To daly with derely　　your daynté wordez,

　　　Keuer hem comfort　　and colen her carez,

1255　Þen much of þe garysoun　　oþer golde þat þay hauen.[163]

　　　Bot I louue þat ilk lorde　　þat þe lyfte haldez,

　　　I haf hit holly in my honde　　þat al desyres,

　　　　　　þur3e grace.'[164]

　　　Scho made hym so gret chere,

1260　　Þat watz so fayr of face,

　　　Þe kny3t with speches skere

　　　Answared to vche a cace.[165]

---

[161] 1245-7: **yow god þo3t** '[it] seemed good to you'(비인칭구문), **At sa3e oþer at seruyce** 'in word or in service (i.e. deed)', **To þe plesaunce of your prys** 'to be a pleasure to your excellence(=you)'(i.e. at your pleasure'.

[162] 1249-50: **prys** 'excellence', **prowes** 'prowess', **lakked** 'found fault with', **set at li3t** 'considered lightly, **daynté** 'courtesy, grace'.

[163] 1251-5: **leuer** 'more delightful', **nowþe** 'now', **hende** 'dear one', **daynté** 'delightful', **colen** 'assuage', **garysoun** 'treasure'.

[164] 1256-8: **lyfte** 'heavens', **holly** 'wholly', **grace** 'grace, gracious gift'(하느님이 주신 은총을 의미함).

[165] 1259-12: **skere** 'pure, clear', **to vche a cace** 'to each case, to everything [she said]'.

	'Madame,' quoþ þe myry mon,	'Mary yow ȝelde,
	For I haf founden, in god fayth,	yowre fraunchis nobele.¹⁶⁶
1265	And oþer ful much of oþer folk	fongen bi hor dedez,
	Bot þe daynté þat þay delen,	for my disert nys euen,
	Hit is þe worchyp of yourself,	þat noȝt bot wel connez.'¹⁶⁷
	'Bi Mary,' quoþ þe menskful,	'me þynk hit an oþer,
	For were I worth al þe wone	of wymmen alyue,
1270	And al þe wele of þe worlde	were in my honde,
	And I schulde chepen and chose	to cheue me a lorde,¹⁶⁸
	For þe costes þat I haf knowen	vpon þe, knyȝt, here,
	Of bewté and debonerté	and blyþe semblaunt,
	And þat I haf er herkkened	and halde hit here trwee,
1275	Þer schulde no freke vpon folde	bifore yow be chosen.'¹⁶⁹
	'Iwysse, worþy,' quoþ þe wyȝe,	'ȝe haf waled wel better,
	Bot I am proude of þe prys	þat ȝe put on me,
	And, soberly your seruaunt,	my souerayn I holde yow,

---

¹⁶⁶ 1263-4: **myry** 'merry, good-humoured', **ȝelde** 'may repay', **fraunchis** 'generosity'.

¹⁶⁷ 1265-7: **oþer ful much … dedez** 'people very commonly take their action from other people'(즉 사람들이 다른 사람들로부터 들은 이야기에 근거하여 행동한다는 뜻), **delen** 'bestow', **for my disert nys euen** 'because my desert is not equal [to it](=it is above my desert)' (내가 받아야 할 칭찬보다 과장되어 있다). **Hit is þe worchyp … connez** 'it is the honor of yourself who do not know anything but goodness'.

¹⁶⁸ 1268-71: 1269행의 were I 도치문은 if-절을 나타내며, if-절은 1271행까지 이어진다. **menskful** 'noble lady', **me þynk** 'methinks, it seems to me', **an oþer** 'otherwise', **wone** 'multitude', **wele** 'wealth', **chepen** 'bargain', **cheue** 'acquire'.

¹⁶⁹ 1272-5: **costes** 'qualities', **bewté** 'beauty', **debonerté** 'debonair, courtesy', **blyþe semblaunt** 'blithe seeming, glad demeanor', **herkkened** 'heard of', **freke** 'man', **folde** 'earth', **bifore** 'in preference to'.

   And yowre kny3t I becom, and Kryst yow for3elde.'¹⁷⁰
1280 Þus þay meled of muchquat til mydmorn paste,
   And ay þe lady let lyk as hym loued mych;
   Þe freke ferde with defence, and feted ful fayre.¹⁷¹
   'Þa3 I were burde bry3test', þe burde in mynde hade.
   Þe lasse luf in his lode for lur þat he so3t
1285   boute hone,¹⁷²
    Þe dunte þat schulde hym deue,
    And nedez hit most be done.
    Þe lady þenn spek of leue,
    He granted hir ful sone.¹⁷³

1290 Þenne ho gef hym god day, and wyth a glent la3ed,
   And as ho stod, ho stonyed hym wyth ful stor wordez:¹⁷⁴
   'Now he þat spedez vche spech þis disport 3elde yow!
   Bot þat 3e be Gawan, hit gotz in mynde.'¹⁷⁵

---

[170] 1276-9: **Iwysse** 'indeed', **worþy** 'noble lady', **waled** 'chosen', **prys** 'price, value', **soberly** 'truly, steadfastly', **for3elde** 'may reward'.

[171] 1280-2: **meled of muchquat** 'spoke of many things', **til mydmorn paste** 'until the midmorning (i.e. 9 a.m.) passed', **let** 'behaved', with defence 'defensively', feted 'behaved'.

[172] 1283-5: **burde** 'lady' **in mynde hade** 'reflected', **lasse** 'less', **in his lode** 'with him', **lur** 'loss'(가웨인 자신이 곧 겪어야 할 원정, 운명(quest, fate)을 가리킴), **so3t** 'sought', **boute hone** 'without delay'.

[173] 1286-9: **dunte** 'blow', **deue** 'strike down', **nedez** 'of necessity', **leue** 'leave-taking', **sone** 'at once'.

[174] 1290-1: **glent** 'glance', **stonyed** 'astonished', **stor** 'severe'.

[175] 1292-3: **spedez** '(makes) prosper', **disport** 'performance, entertainment', **3elde** 'repay', **gotz in mynde** 'is a matter of doubt'.

'Querfore?' quoþ þe freke, and freschly he askez,
1295 Ferde lest he hade fayled in fourme of his castes.
Bot þe burde hym blessed, and 'Bi þis skyl' sayde:[176]
'So god as Gawayn gaynly is halden,
And cortaysye is closed so clene in hymseluen,
Couth not ly3tly haf lenged so long wyth a lady,
1300 Bot he had craued a cosse, bi his courtaysye,
Bi sum towch of summe tryfle at sum talez ende.'[177]
Þen quoþ Wowen: 'Iwysse, worþe as yow lykez;
I schal kysse at your comaundement, as a kny3t fallez,
And fire, lest he displese yow, so plede hit no more.'[178]
1305 Ho comes nerre with þat, and cachez hym in armez,
Loutez luflych adoun and þe leude kyssez;
Þay comly bykennen to Kryst ayþer oþer.[179]
Ho dos hir forth at þe dore withouten dyn more;
And he ryches hym to ryse and rapes hym sone,
1310 Clepes to his chamberlayn, choses his wede,
Bo3ez forth, quen he watz boun, blyþely to masse;

---

[176] 1294-6: **Querfore** 'wherefore, why', **freschly** 'quickly', **Ferde** 'afraid', **fourme** 'manner', **castes** 'speech', **skyl** 'reason'.

[177] 1297-1301: **gaynly** 'rightly', **halden** 'considered', **closed** 'contained', **clene** 'completely', **ly3tly** 'easily', **lenged** 'stayed', **Bot he had craued a cosse** 'unless he had craued a kiss', **towch** 'hint', **tryfle** 'trivial matter', **talez** 'speech's, 1300-1행의 뜻은 '대화의 끝에 사소하게(=별다른 의미 없이) 예의상 가웨인이 그녀에게 키스를 원하지 않았더라면'의 뜻임.

[178] 1302-4: **worþe** 'let it be done', **fallez** 'befits', **fire** 'moreover'.

[179] 1305-7: **nerre** 'nearer', **cachez** 'catches, takes', **Loutez** 'bends', **leude** 'lord, knight', **comly** 'fittingly, becomingly', **bykennen** 'commend', **ayþer oþer** 'each other'.

And þenne he meued to his mete   þat menskly hym keped,
And made myry al day,   til þe mone rysed,
with game.[180]

1315   Watz neuer freke fayrer fonge
Bitwene two so dyngne dame,
Þe alder and þe ȝonge;
Much solace set þay same.[181]

6. Geoffrey Chaucer: The Canterbury Tales

제프리 초서의 작품 가운데 가장 잘 알려진 「캔터베리 이야기(The Canterbury Tales)」는 1386~7년경에 시작하였으며 그가 사망할 때까지 완성되지 못하였다. 전체를 포함하고 있는 필사본이 적어도 56개 있고, 내용의 일부라도 포함하는 필사본의 수도 20개가 넘는다. 전체 작품은 '총 서시(General Prologue)'로 시작하는데, 여기서 화자(narrator)는 서더크(Southwark)에[182] 있는 타바드 여관(Tabard Inn)에 도착하여 켄터베리로

---

[180] 1308-14: **dos** hir 'goes', **ryches** 'prepares', **rapes** 'hurries', **wede** 'raiment', **Boȝez** 'goes', **boun** 'ready', **mete** 'meal', **menskly** 'worthily', **keped** 'awaited', **with game** 'merrily'.
[181] 1315-8: **fayrer** 'more graciously', **fonge** 'received, entertained', **dyngne dame** 'worthy ladies', **same** 'together'.
[182] 현재 그레이터 런던(Greater London)의 안에 위치한 지역으로서, 런던의 중심부인 시티오브런던에서 템스 강 건너편에 있다. 런던이 로마의 치하에 있을 때 서더크까지 다리가 놓였으며, 그 덕분에 상업지역으로 번창하였다. 이후 서더크는 여관, 극장, 유흥지 등으로 유명했으며, 초서도 캔터베리로 가는 순례자들이 서더크에 있던 타바드 여관에서부터 순례를 시작한 것으로 그리고 있다.

떠나는 여러 순례자들을 만나게 되고,[183] 각 인물들을 자신의 관점에서 소개한다. 이들은 중세의 문학 작품에서 흔히 만나는 인물들로서, 초서는 당시의 여러 인간 유형들을 세밀하고 박진감 넘치게 묘사하고 있다. '총 서시'의 후반부에 여관 주인은 각 순례자들에게 각각 두 편의 이야기를 캔터베리로 가는 길에 한 번, 돌아오는 길에 한번 하고, 그 가운데 가장 멋진 이야기를 한 사람에게 성대한 식사를 차려주겠다고 제안한다.

초서 자신을 포함하여 총 30명의 순례자가 있었기에 다 합치면 120편의 이야기가 완성되어야 하겠지만, 실제로는 24편의 이야기만 존재한다. 그 중에 일부는 미완이다. 순례자들이 전하는 각 이야기들 사이에 혹은 한 이야기가 전개되고 있는 중간에도 가끔 현재의 순례자들이 끼어들어 현재로 환원하는 장치들이 있다. 일부 이야기들은 각 이야기 전에 긴 서시를 포함하고 있는데, 바스 부인(Wife of Bath)의 서시나 면죄사(Pardoner)의 서시가 유명하다.

두서없이 써내려간 이 작품은 초서가 죽은 후 하나의 통일된 작품으로 연결하기 위한 시도가 이루어졌다. 따라서 필사본에 따라 이야기들의 순서나 구성이 약간씩 다르다. 이야기들은 총 10개의 '단편(Fragments)'이라 불리는 단위 안에 서로 연결되어 있다. 가장 보편적으로 분류되는 순서로서, 단편 I(A)에는 '총 서시', '기사의 이야기(The Knight's Tale)', '방앗간 주인의 이야기(The Miller's Tale)'의 서시(Prologue)와 이야기(Tale), '장원청지기(Reeve)의 이야기'의 서시와 이야기, '요리사(Cook)의 이야기'의 서시와 이야기가 포함되어 있고, 단편 II(B1)에는 '법률가(The Man

---

[183] 캔터베리는 1170년 캔터베리 대주교 토마스 베켓(Thomas Becket)이 자신의 성당에서 살해된 이후 중세 순례자들의 성지가 되었다(제1장 참조). 순례자들은 당시에 이야기꾼으로 잘 알려져 있었고, 캔터베리로 말을 타고 가는 모습은 당시에 익숙한 장면이었으므로, 초서의 허구세계의 장치로 쉽게 이용하게 되었을 것이다.

of Law)의 이야기'의 도입부(Introduction), 서시, 이야기, 종시(Epilogue)가 있다. 단편 III(D)에는 '바스 부인(Wife of Bath)의 이야기'의 서시와 이야기, '탁발수사(Friar)의 이야기'의 서시와 이야기, '소환리(Summoner)의 이야기'의 서시와 이야기가 들어있고, 단편 IV(E)에는 '서생(Clerk)의 이야기'의 서시와 이야기, '상인(Merchant)의 이야기'의 서시, 이야기, 종시가 있다. 단편 V(F)에는 '수습기사(Squire)의 이야기'의 도입부와 이야기, '시골유지(Franklin)의 이야기'의 서시와 이야기가 있고, 단편 VI(C)에는 '의사(Physician)의 이야기'와 '면죄사(Pardoner)의 이야기'의 도입부, 서시, 이야기가 들어있고, 단편 VII(B2)에는 '선장(Shipman)의 이야기', '수녀원장(Prioress)의 이야기'의 서시와 이야기, '토파즈 경(Sir Thopas)에 관한 이야기'의 서시와 이야기, '멜리베에 관한 이야기(Tale of Melibee)', '수사(Monk)의 이야기'의 서시와 이야기, '수녀원신부(Nun's Priest)의 이야기'의 서시, 이야기, 종시가 들어있고, 단편 VIII(G)에는 '두 번째 수녀(Second Nun)의 이야기'의 서시와 이야기, '성당 참사회원 종자(Canon's Yeoman)의 이야기'의 서시와 이야기가 들어있다. 단편 IX (H)에는 '식품조달인(Manciple)의 이야기'의 서시와 이야기, 단편 X(I)에는 '본당신부(Parson)의 이야기'의 서시와 이야기가 들어있다. 이 가운데 멜리베에 관한 이야기와 본당신부의 이야기(서시 제외)는 산문으로 되어 있다.

　본당 신부의 이야기가 끝난 후에, '이 시의 지은이(the makere of this book)'는 이 책의 독자나 청자들에게 이 책이 재미있었다면 그리스도께 감사드리고, 이 책이 불쾌했다면 모든 잘못이 자신의 무능임을 밝히고 있다. 그리고 자신이 이 책에서 '세상의 허상들(worldly vanitees)'에 대해 저술하거나 번역한 것 중에 혹여 죄악을 범한 것이 있다면 그리스도께서

이를 용서해 달라고 빌고 있다.

현대 편집본들은 대개 두 가지 필사본 중의 하나에 근거한 경우가 많다. 하나는 헹워트 사본(Hengwrt Manuscript)이고 다른 하나는 엘스미어 사본(Ellesmere Manuscript)이다. 둘 다 동일 필사생이 쓴 것이다. 웨일스 국립도서관(National Library of Wales)에서 소장하고 있는 헹워트 사본은 모든 필사본 중에 가장 오래된 것으로서, 아마도 초서의 원작에서 직접 필사한 것이다. 그러나 이 사본은 성당 참사회원 종자의 이야기가 누락되어 있다. 캘리포니아 산마리노(San Marino)에 있는 헌팅턴 도서관(Huntington Library)에 있는 엘스미어 사본은 더 온전한 형태를 지니고 있는데, 아름다운 채색과 정교한 그림이 그려져 있으며 각 순례자들의 그림이 포함되어 있다. 아마도 1500~1520년 사이에 필사된 것으로 추정된다.

기사　　　　수녀원장　　　　수사

〈그림 4〉 Ellesmere Manuscript에 묘사된 순례자들의 그림

아래 내용은 '총 서시'의 첫 부분으로, 만물이 소생하는 봄에 화자가 타바드 여관에서 우연히 만난 순례자들을 소개하는 장면으로서, 기사, 수습기사, 종자, 수녀원장, 두 번째 수녀와 수녀원신부가 묘사되고 있다. 두 번째 수녀와 수녀원신부의 소개는 단 2행으로 잠시 스치듯이 언급될 뿐이

다. 이 글 뒤에는 수사에 대한 소개로 이어진다. 아래 원문의 편집 방식은, 주로 엘스미어 사본에 근거하고 일부 다른 사본을 참조한 F. N. Robinson의 *The Works of Geoffrey Chaucer*(Boston, 1957)의 편집본과, 또한 Robinson의 편집을 기반으로 하여 새로 편집된 *The Riverside Chaucer*(Boston, 1987)을 참고하였다.

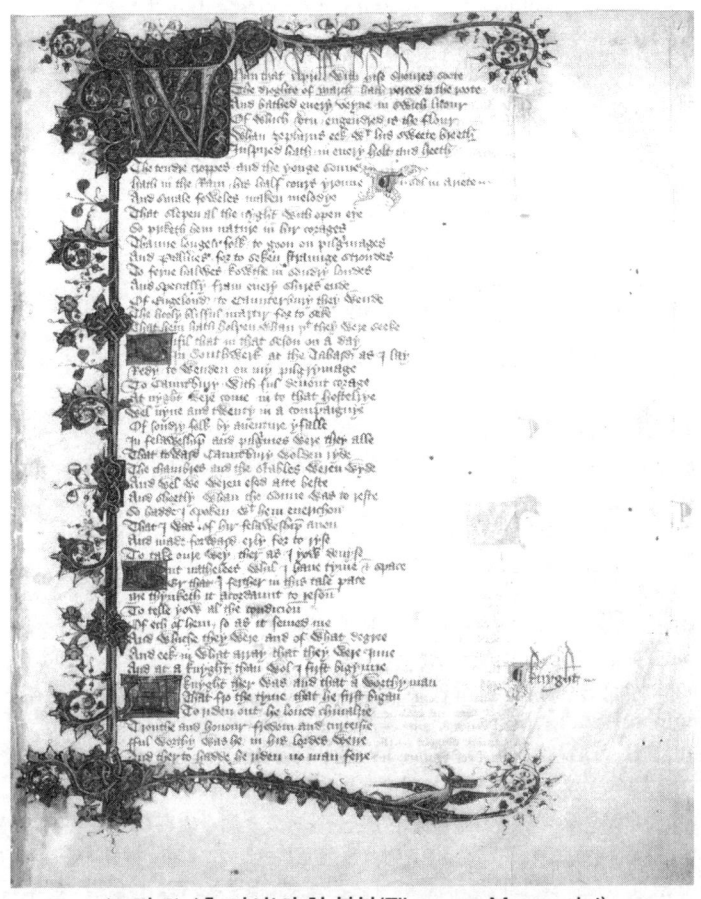

〈그림 5〉 '총 서시'의 첫 부분(Ellesmere Manuscript)

General Prologue

      Whan that[184] aprill with his shoures soote[185]
      The droghte of march hath perced to the roote,
      And bathed every veyne in swich licour
      Of which vertu engendred is the flour;
5   Whan Zephirus[186] eek with his sweete breeth
      Inspired hath[187] in every holt and heeth
      Tendre croppes,[188] and the yonge sonne
      Hath in the Ram his half cours yronne,[189]
      And smale foweles maken melodye,
10   That slepen al the nyght with open ye
      (So priketh hem Nature in hir corages),[190]
      Thanne longen folk to goon on pilgrimages,

---

[184] **Whan that** 'when'. 중세영어에서는 접속사 뒤에 아무 의미가 없는 that이 붙기도 하였다.

[185] **with his shoures soote** 'with its sweet showers'. '4월'을 남성명사로 받고 있으며, soote는 5행의 sweete와 같은 뜻으로 중세영어에서 아직 철자가 고정되지 않았음을 보여준다.

[186] **Zephirus** 'Zephyr, the west wind'. 봄에 부는 서풍(산들바람)을 가리킴.

[187] **Inspired hath** 'has breathed life'.

[188] **Tendre croppes** 'tender shoots'.

[189] **Hath in the Ram his half cours yronne** 'has run his half course in the Ram'. 여기서 the Ram은 Aries(양자리)를 가리킨다. 양자리는 12궁(zodiac)의 첫 별자리로서 3월 21일~4월 19일에 해당한다. '젊은 태양(the yonge sonne)'이 양자리의 반 정도를 지났으므로 대략 4월 후반경이다. 실제로 「법률가의 이야기」의 도입부(Introduction)에서 4월 18일임이 언급되어 있는데, 그날이 아마도 순례를 떠난지 이틀째 되는 날이라면 서시에 나오는 순례 첫날은 4월 17일일 것 같다.

[190] 5행에서 whan 'when'으로 시작한 종속절은 10행(괄호 속 부연어구 포함하면 11행)에서 끝나고, thanne 'then'으로 시작하는 12행에서 주절이 시작된다.

And palmeres[191] for to seken straunge strondes,

To ferne halwes,[192] kowthe in sondry londes;

15 And specially from every shires ende

Of Engelond to Caunterbury they wende,

The hooly blisful martir for to seke,

That hem hath holpen whan that they were seeke.

Bifil[193] that in that seson on a day,

20 In Southwerk at the Tabard as I lay

Redy to wenden on my pilgrymage

To Caunterbury with ful devout corage,

At nyght was come into that hostelrye

Wel[194] nyne and twenty in a compaignye

25 Of sondry folk, by aventure yfalle

In felaweshipe, and pilgrimes were they alle,

That toward Caunterbury wolden ryde.

The chambres and the stables weren wyde,

And wel we weren esed atte beste.[195]

30 And shortly,[196] whan the sonne was to reste,

So hadde I spoken with hem everichon

---

[191] **palmeres** 'palmers'는 직업적인 순례자로서, 당시에는 속죄를 목적으로 이런 사람들을 사서 성지로 다녀오게끔 시키기도 하였다. 이들은 야자나무 잎(palm frond)을 그들의 상징으로 가지고 다녔기에 'palmers'란 명칭이 사용되었다.

[192] **To ferne halwes** 'to distant shrines'.

[193] **Bifil** 'befell, happened'. 뒤따라오는 that-절을 의미상 주어인 비인칭구문으로서, 현대영어와 달리 허사주어(가주어) it이 사용되지 않았다.

[194] **Wel** 'fully, as many as'.

[195] **wel we weren esed atte beste.** 'we were well accommodated in the best way'

[196] **shortly** 'in brief'.

That I was of hir felaweshipe anon,

And made forward[197] erly for to ryse,

To take oure wey ther as I yow devyse.[198]

35　But nathelees, whil I have tyme and space,[199]

Er that I ferther in this tale pace,

Me thynketh it acordaunt to resoun[200]

To telle yow al the condicioun[201]

Of ech of hem, so as it semed me,

40　And whiche they weren, and of what degree,[202]

And eek in what array[203] that they were inne;

And at a knyght than wol I first bigynne.

　　A **Knyght** ther was, and that a worthy man,

That fro the tyme that he first bigan

45　To riden out,[204] he loved chivalrie,

Trouthe and honour, fredom and curteisie.

Ful worthy was he in his lordes werre,

And therto hadde he riden, no man ferre,

---

[197] **made forward** 'made agreement'.
[198] **To take oure wey ther as I yow devyse.** 직역하면 'to take our way there as I tell you'인데, 의미상 'to take the road for the journey about which I'll tell you'이다.
[199] **space** 'time, opportunity'.
[200] **Me thynketh it** 'it seems to me'. **acordaunt to resoun** 'accordant with reason, reasonable'.
[201] **condicioun** 'state, status'. 이 글의 화자(chaucer)가 순례자들의 면면을 본인에게 보이는 대로 묘사하겠다는 뜻.
[202] **whiche** 'who', **what degree** 'what social rank'.
[203] **eek in what array** 'also in what dress'.
[204] **To riden out** 'to go on a campaign, go on a military expedition'.

	As wel in cristendom as in hethenesse,
50	And evere honoured for his worthynesse;[205]
	At Alisaundre he was whan it was wonne.
	Ful ofte tyme he hadde the bord bigonne[206]
	Aboven alle nacions in Pruce;
	In lettow hadde he reysed[207] and in Ruce,
55	No Cristen man so ofte of his degree.
	In Gernade at the seege eek hadde he be
	Of Algezir, and riden in Belmarye.[208]
	At Lyeys was he and at Satalye,[209]
	Whan they were wonne; and in the Grete See[210]
60	At many a noble armee[211] hadde he be.
	At mortal batailles hadde he been fiftene,
	And foughten for oure feith at Tramyssene[212]
	In lystes[213] thries, and ay slayn his foo.
	This ilke worthy knyght hadde been also
65	Somtyme with the lord of Palatye[214]

---

[205] 51-61행에 나오는 지명들은 14세기 영국 기사들이 전쟁한 지역들이다.

[206] **Ful ofte tyme** 'very ofen times', **he hadde the bord bigonne** 'he took the highest place at table'.

[207] **reysed** 'ridden on raids'.

[208] **Algezir** 'Algeciras'는 스페인 그라나다(Gernade 'Granada') 왕국의 도시. **Belmarye** 'Benmarin'은 모로코의 도시.

[209] **Lyeys** 'Ayas', **Satalye** 'Adalia'는 둘 다 터키에 있는 지명.

[210] **Grete See** 'Mediterranean Sea'.

[211] **armee** 'military expedition'.

[212] **Tramyssene** 'Tlemcen'은 알제리(Algeria) 북서쪽에 있는 도시.

[213] **lystes** 'lists'(마상 창 시합).

[214] **Palatye** 'Balat'은 터키 이스탄불에 있는 지역 명칭.

Agayn another hethen in Turkye.

And everemoore he hadde a sovereyn prys;[215]

And though that he were worthy,[216] he was wys,

And of his port[217] as meeke as is a mayde.

70　He nevere yet no vileynye ne sayde

In al his lyf unto no maner wight.[218]

He was a verray, parfit gentil knyght.

But, for to tellen yow of his array,

His hors were goode, but he was nat gay.[219]

75　Of fustian he wered a gypon[220]

Al bismotered with his habergeon,[221]

For he was late ycome from his viage,[222]

And wente for to doon his pilgrymage.

With hym ther was his sone, a yong **Squier**,[223]

80　A lovyere and a lusty[224] bacheler,

With lokkes crulle as they were leyd in presse.[225]

---

[215] **sovereyn prys** 'outstanding reputation'.
[216] **though that he were worthy** 'although he was distinguished (i.e., brave)'.
[217] **port** 'bearing, manner, behavior'.
[218] **no maner wight** 'any sort of person'.
[219] **gay** 'gaily dressed, richly attired'.
[220] **fustian** 'fustian, coarse cotton cloth', **gypon** 'tunic'.
[221] **bismotered with his habergeon** 'stained by (rust from) his coat of mail'.
[222] **viage** 'journey, expedition, campaign'.
[223] **Squier** 'squire, a young knight in the service of another knight'. 수습기사는 기사 바로 아래 지위로서 마술과 창술이 뛰어나야 했으며, 또한 궁정인으로서 교양을 갖추기 위해 춤과 노래, 글 솜씨, 그림에도 조예가 깊었다. 여기에 등장하는 수습기사는 귀부인(his lady)에게 잘 보이기 위해 복장을 화려하게 꾸민 것으로 묘사되어 있다(88-96행).
[224] **lusty** 'lively, vigorous, lusty'.

Of twenty yeer of age he was, I gesse.

Of his stature he was of evene lengthe,

And wonderly delyvere,[226] and of greet strengthe.

85   And he hadde been somtyme in chyvachie[227]

In Flaundres, in Artoys, and Pycardie,[228]

And born hym weel, as of so litel space,[229]

In hope to stonden in his lady grace.[230]

Embrouded was he, as it were a meede[231]

90   Al ful of fresshe floures, whyte and reede.

Syngynge he was, or floytynge, al the day;

He was as fressh as is the month of May.

Short was his gowne, with sleves longe and wyde.

Wel koude he sitte on hors and faire ryde.

95   He koude songes make and wel endite,

Juste and eek daunce, and weel purtreye and write.[232]

So hoote he lovede that by nyghtertale.[233]

---

[225] **lokkes crulle** 'locks of curly hair', **as they were leyd in presse** 'as if they were laid in press (i.e., curler)'.
[226] **wonderly delyvere** 'wonderously agile'.
[227] **in chyvachie** 'on cavalry expedition'.
[228] **Flaundres** 'Flanders', **Artoys** 'Artois', **Pycardie** 'Picardy'. 백년전쟁에서 영국군이 프랑스군과 싸운 지역으로서, 플랑드르 지방은 지금의 벨기에에 속하고 나머지는 프랑스 지역이다.
[229] **born hym weel** 'conducted himself well', **as of so litel space** 'considering so short time (of his service)'.
[230] **stonden in his lady grace** 'find favor with his lady'.
[231] **Embrouded** 'embroidered', **as it were a meede** 'as if it were a meadow'
[232] **Juste** 'joust', **weel purtreye** 'draw well'.
[233] **hoote** 'passionately', **by nyghtertale** 'at nighttime'.

He sleep namoore than dooth a nyghtyngale.

Curteis he was, lowely, and servysable,[234]

100 And carf[235] biforn his fader at the table.

Yeman hadde he and servantz namo[236]

At that tyme, for hym liste ride so,[237]

And he was clad in cote and hood of grene.

A sheef of pecok arwes[238], bright and kene,

105 Under his belt he bar ful thriftily.[239]

(Wel koude he dresse his takel yemanly:[240]

His arwes drouped noght with fetheres lowe.)[241]

And in his hand he baar a myghty bowe.

A not heed[242] hadde he, with a broun visage.

110 Of wodecraft wel koude he al the usage.

Upon his arm he baar a gay bracer,[243]

---

[234] **Curteis** 'courtous, polite', **lowely** 'humble, modest', **servysable** 'willing to serve'.
[235] **carf** 'carved'. 여기서는 squire가 자신의 아버지인 기사를 위해 식탁에서 고기를 대신 썰어주는 것을 의미한다.
[236] **Yeman** 'yeoman'은 타고난 신분은 자유민에 해당하는 종자(freeborn servant)를 말한다. 이 행의 주어 **he**는 바로 앞 문맥에서 묘사한 squire가 아니고 knight를 지칭한다. **servantz namo** 'no other servants'.
[237] **hym liste ride so** 주격이 사용되지 않은 비인칭구문으로서, 직역하면 'to him it pleased to ride so'이다. 의역하면 'he wished to ride(travel) so'가 된다.
[238] **sheef of pecok arwes** 'sheaf of peacock arrows'.
[239] **bar ful thriftily** 'bore very properly'.
[240] **koude** 'knew how to, could', **dresse his takel** 'care for his gear', **yemanly** 'as a good yeoman should, skillfully'.
[241] **His arwes drouped noght with fetheres lowe** 'His arrows did not fall short because of poorly adjusted feathers'. 화살촉의 깃털이 늘어지면(lowe) 정확한 목표점을 맞추지 못하기 때문에 깃털을 빳빳하게 해야 한다.
[242] **not heed** 'close-cropped head'.
[243] **gay** 'bright, fancy', **bracer** 'archer's arm guard'.

And by his syde a swerd and a bokeler,²⁴⁴
And on that oother syde a gay daggere
Harneised²⁴⁵ wel and sharp as point of spere;
115   A Cristopher on his brest of silver sheene.²⁴⁶
An horn he bar, the bawdryk²⁴⁷ was of grene;
A forster was he, soothly, as I gesse.

Ther was also a Nonne, a **Prioresse**,
That of hir smylyng was ful symple and coy;²⁴⁸
120   Hire gretteste ooth was but by Seinte Loy;²⁴⁹
And she was cleped madame Eglentyne.
Ful weel she soong the service dyvyne,²⁵⁰
Entuned in hir nose ful semely,
And Frenssh she spak ful faire and fetisly,²⁵¹
125   After the scole of Stratford atte Bowe,²⁵²

---

²⁴⁴ **bokeler** 'buckler, small shield'.
²⁴⁵ **Harneised** 'ornamented, mounted'.
²⁴⁶ **Cristopher** 'image of St. Christopher', **sheene** 'bright'.
²⁴⁷ **bawdryk** 'baldric, shoulder strap for the horn'.
²⁴⁸ **of hir smylyng** 'as to her smiling', **ful symple and coy** 'very modest and quiet'.
²⁴⁹ **Seinte Loy** 'Saint Eligius (Eloy)' (cf. 불어= St. Eloi). 세공업자들의 수호성인이다. 수녀원장이 왜 이 성인의 이름을 부르는지에 대해서 정확히 알 수 없다. Saint Eligius가 여행자의 수호성인도 된다는 주장과 Loy의 발음이 매우 여성스럽기 때문에 수녀원장의 이미지에 부합한다는 주장, 그리고 Loy가 앞 행의 coy와 각운(rhyme)이 맞아서 채택되었다는 주장 등 다양한 설들이 있다.
²⁵⁰ **soong** 'sang', **service dyvyne** 'divine service, liturgy'.
²⁵¹ **fetisly** 'elegantly'.
²⁵² **After the scole of Stratford atte Bowe** 'according to the manner of Stratford-atte-Bow'. Stratford atte Bowe는 런던의 동쪽 지역에 있는 지금의 Bow의 옛 이름이다. 여기에는 한 때 베네딕트 계 수녀원이 있었는데, 수녀들이 여기에서 앵글로-노르만(Anglo-Norman)식 불어를 배웠던 것 같다. 앵글로-노르만은 영국에서 사용된 일종의 불어 사투리로서, 프랑스에서 사용된 표준 불어와 달랐기

　　　　For Frenssh of Parys was to hire unknowe.
　　　　At mete wel ytaught was she with alle:²⁵³
　　　　She leet no morsel from hir lippes falle,
　　　　Ne wette hir fyngres in hir sauce depe;
130　　Wel koude she carie a morsel and wel kepe²⁵⁴
　　　　That no drope ne fille upon hire brest.²⁵⁵
　　　　In curteisie was set ful muchel hir lest.²⁵⁶
　　　　Hir over-lippe wyped she so clene
　　　　That in hir coppe ther was no ferthyng sene²⁵⁷
135　　Of grece, whan she dronken hadde hir draughte.²⁵⁸
　　　　Ful semely after hir mete she raughte.²⁵⁹
　　　　And sikerly she was of greet desport,²⁶⁰
　　　　And ful plesaunt, and amyable of port,
　　　　And peyned hire to countrefete cheere²⁶¹
140　　Of court, and to been estatlich of manere,²⁶²
　　　　And to ben holden digne²⁶³ of reverence.

에 상류사회에서는 조롱의 대상이 되기도 하였다.
²⁵³ **At mete** 'at table', **with alle** 'indeed'.
²⁵⁴ **wel kepe** 'take good care'.
²⁵⁵ **That no drope ne fille upon hire brest** 'that no drop might fall upon her breat' (이중부정 구문).
²⁵⁶ **curteisie** 'good manners', **ful muchel hir lest** 'her greatest pleasure'.
²⁵⁷ **coppe** 'cup', **ferthyng** 'speck (of the size of a farthing)' **sene** 'seen'.
²⁵⁸ **grece** 'grease', **draughte** 'draft, drink'.
²⁵⁹ **mete** 'meal, food', **raughte** 'reached'.
²⁶⁰ **sikerly** 'truly, certainly', **greet desport** 'excellent deportment'.
²⁶¹ **peyned** 'took pains', **hire** 'herself', **countrefete** 'imitate, copy', cheere of court 'courtly manners'.
²⁶² **estatlich of manere** 'dignified in behavior'.
²⁶³ **holden digne** 'considered worthy'.

But, for to speken of hire conscience,²⁶⁴
She was so charitable and so pitous
She wolde wepe, if that she saugh a mous
145   Kaught in a trappe, if it were deed or bledde.
Of smale houndes hadde she that she fedde
With rosted flessh, or milk and wastel-breed.²⁶⁵
But soore wepte she if oon of hem were deed,
Or if men smoot it with a yerde smerte;²⁶⁶
150   And al was conscience and tendre herte.
Ful semyly hir wympul pynched²⁶⁷ was,
Hir nose tretys, hir eyen greye as glas,²⁶⁸
Hir mouth ful smal, and therto softe and reed.
But sikerly she hadde a fair forheed;
155   It was almoost a spanne brood, I trowe;²⁶⁹
For, hardily, she was nat undergrowe.²⁷⁰
Ful fetys was hir cloke, as I was war.²⁷¹
Of smal coral aboute hire arm she bar
A peire of bedes, gauded²⁷² al with grene,

---

²⁶⁴ **conscience** 'moral sense, sensibility'.
²⁶⁵ **flessh** 'meat', **wastel-breed** 'fine white bread'.
²⁶⁶ **smoot** 'smote, struck', **yerde** 'rod, stick', **smerte** 'smartly, painfully'.
²⁶⁷ **wympul** 'wimple', **pynched** 'pleated'.
²⁶⁸ **tretys** 'wel-shaped', **greye as glas** 'gray as glass'. 중세의 미녀와 미남들의 눈 색깔로 선호되는 색으로서, 여기서 초서가 의미하는 정확한 색깔은 알 수 없으나, 약간의 파란색깔이 가미된 회색일 수 있다.
²⁶⁹ **spanne** 'span', **brood** 'broad' (손 한 뼘 넓이이므로 상당히 넓은 이마임). **I trowe** 'I believe'.
²⁷⁰ **hardily** 'certainly', **undergrowe** 'undergrown, short'.
²⁷¹ **fetys** 'elegant, neat', **war** 'aware'.

160　　And theron heng a brooch of gold ful sheene,
　　　　On which ther was first write a crowned A,²⁷³
　　　　And after *Amor vincit omnia*.²⁷⁴
　　　　　Another **Nonne**²⁷⁵ with hire hadde she,
　　　　That was hir chapeleyne, and preestes thre.²⁷⁶
165　　A **Monk** ther was, a fair for the maistrie,

7. John of Trevisa: Polychronicon

라널프 히그던(Ranulf Higden, c. 1280~1364)은 체스터(Chester)에 있는 한 수도원의 베네딕트 파 수사로서 「종합연대기(Polychronicon)」를 라틴어로 저술하였다. 이 책은 창세기(Genesis)의 7일을 본 따서 총 7권으로 되어 있는데, 역사에 신학이 가미되어, 창세기부터 1327년까지의 역사를 다루고 있다. 약 100개의 필사본이 남아 있는 것으로 보아, 당시에 상당한

---

²⁷² **a peire of beades** 'a string of beads'는 앞 행의 **of smal coral** 'of small coral'과 연결된다. **gauded** 'divided by large beads (*gaudes*)'. 산호로 된 작은 구슬들 (보통 10개) 사이에 초록색을 띈 큰 구슬이 하나씩 섞여 있는 묵주의 모습을 묘사한다.
²⁷³ **write** 'engraved, inscribed', **crowned A** 'an A surmounted by a crown'.
²⁷⁴ *Amor vincit omnia* 'Love conquers all'. 이 구절은 종교적, 세속적 사랑에 둘 다 적용된다.
²⁷⁵ 많은 학자들은 두 번째 수녀와 수녀원신부에 대한 인물묘사가 단 2행(163-164행)으로 끝난 것은 아마도 초서가 최종 수정본에서 이들에 대한 묘사를 삽입할 예정이었다가 미완에 그친 것으로 추정한다.
²⁷⁶ **chapeleyne** 'a nun serving as a secretary to a prioress'. **preestes thre** 'three priests'는 많은 학자들 사이에 논란을 불러 일으키는 구절로서, 만약 어구 그대로 3명의 신부가 있었다면, 순례자의 수는 31명(초서 제외)이 되어, 24행에서 언급된 29명과 맞지 않는다. 일부 학자들에 따르면, 초서가 **chapeleyne** 뒤에 구절을 미완성인 채로 비어두었을 가능성이 있다.

인기를 누린 것으로 보인다. 「종합연대기」는 이후 존 트레비사(John Trevisa, c. 1342-1402)와 또 다른 번역자에 의해 영어로 번역되었다.

존 트레비사는 콘월지방에서 태어났으며 옥스퍼드의 엑서터 칼리지(Exeter College)에서 수학하고 글로스터셔의 버컬리(Berkeley)에서 부목사(vicar)가 되었다. 여기서 그는 버컬리 남작의 요청에 의해 이 책의 번역서를 집필하였다(1387년). 그의 번역서는 서문이 추가되어 있고, 곳곳에서 원전에서 벗어나 자신의 의견을 삽입하기도 하였다. 트레비사의 번역문은 약 100년쯤 뒤에 캑스턴(Caxton)에 의해 인쇄되었다(1482). 트레비사는 이 책 외에도 현대 백과사전의 전신이라고 할 수 있는 바르톨로메우스 앙글리쿠스(Bartholomaeus Anglicus)의 「사물들의 성질에 대하여(De Proprietatibus Rerum)」를 번역하기도 하였다.

아래 발췌문은 제59장에 나오는 내용으로서 영국의 언어적 상황에 대해 묘사하고 있다. 이 번역문은 대영도서관의 Cotton Tiberius D vii (사본 C)와 Harley 1900 (사본 H)에 근거한 것으로서, Babington(1865-86)의 편집본을 참조하였다. 이 글의 방언은 약간의 중부방언의 특징이 가미된 남서방언이다. 그러나 트레비서의 언어는 예상과 달리 어두 f의 유성음화를 보이지 않는다. 그리고 고대영어의 y가 대체로 철자 <u> (즉 [ü])로 나타나고 있다(buþ, furste, burþ).

The English Language in 1385

As hyt ys y-knowe houȝ meny maner people buþ[277] in þis ylond, þer buþ also of so meny people longages and tonges; noþeles Walschmen and

---

[277] **maner … buþ: maner** 'manner, kind (of), **buþ** 'are'(3인칭 복수 현재).

Scottes, þat buþ noȝt y-melled wiþ oþer nacions, holdeþ wel nyȝ²⁷⁸ here furste longage and speche, bote ȝef Scottes, þat were som tyme confederat and wonede wiþ þe Pictes, drawe somwhat after here speche.²⁷⁹ Bote þe Flemmynges, þat woneþ in þe west syde of Wales, habbeþ y-left here strange speche and spekeþ Saxonlych y-now.²⁸⁰ Also Englischmen, þeyȝ²⁸¹ hy hadde fram þe bygynnyng þre maner speche, Souþeron, Norþeron, and Myddel speche (in þe myddel of þe lond), as hy come of þre maner people of Germania, noþeles, by commyxstion and mellyng furst wiþ Danes and afterward wiþ Normans, in menye þe contray longage ys apeyred, and som useþ strange wlaffyng, chyteryng, harryng and garryng grisbittyng.²⁸² Þis apeyryng of þe burþ-tonge ys bycause of twey þinges.²⁸³ On ys, for chyldern in scole, aȝenes þe usage and manere of al oþer nacions, buþ compelled for to leve here oune longage, and for to construe here lessons and here þinges a Freynsch, and habbeþ, suþthe þe Normans come furst into Engelond.²⁸⁴ Also, gentilmen children buþ y-tauȝt for to speke

---

²⁷⁸ **wel nyȝ** 'well-nigh, almost'.
²⁷⁹ **bote ȝef ⋯ after here speche: bote ȝef** 'except that', **confederat** 'confederated', **wonede** 'lived'. '스코틀랜드 사람들은 상당시간 픽트인(Picts)과 연합하여 같이 살았기에 그들의 언어를 상당히 본받았다는 점을 제외하고'라는 뜻임.
²⁸⁰ **þe Flemmynges, ⋯ y-now: Flemmynges** 'Flemings, Flemish', **Saxonlych** 'Saxon-like, like a Saxon', **y-now** 'enough'.
²⁸¹ **þeyȝ** 'though, although'.
²⁸² **noþeles, ⋯ garryng grisbittyng: noþeles** 'nonetheless', **commyxstion** 'mixing', **mellyng** 'mingling', **menye** 'many', **contray longage** 'the language of the country', **apeyred** 'impaired, deteriorated', **wlaffyng** 'stammering', **chyteryng** 'chattering', **harryng** 'snarling', **garryng** 'grating', **grisbittyng** 'gnashing, grinding of teech'.
²⁸³ **Þis apeyryng ⋯ twey þinges. apeyryng** 'impairment, deterioration', **burþ-tonge** 'birth-tongue, native language', **twey** 'two'.
²⁸⁴ **On ys, ⋯ into Engelond: On ys** 'one is', **for** 'because', **aȝenes** 'against', **manere** 'custom', **for to** 'to', **a Freynsch** 'in French', **suþthe** 'since'.

Freynsch fram tyme þat a buþ y-rokked in here cradel, and conneþ speke and playe wiþ a child hys brouch.²⁸⁵ And oplondysch men wol lykne hamsylf to gentilmen, and fondeþ wiþ gret bysynes for to speke Freynsch for to be more y-told of.²⁸⁶

Dys manere was moche y-used to-fore þe furste moreyn and ys seþthe somdel y-chaunged.²⁸⁷ For John Cornwal, a mayster of gramere, chayngede þe lore in gramer-scole, and construccion of Freynsch into Englysch; and Richard Pencrych lurned that maner of teching of him, and oþer men of Pencrych;²⁸⁸ so that now, þe ȝer of oure Lord a þousond þre hondred foure score and fyve, of the secund Kyng Richard after þe Conquest nyne, in al þe gramer-scoles of Engelond children leveþ frensch and costrueþ and lurneþ Englysch, and habbeþ þerby avauntage in on syde and desavauntage yn another;²⁸⁹ here avauntage is þat a lurneþ here gramer

---

²⁸⁵ **Also, gentilmen ⋯hys brouch**: **gentilmen children** 'gentlemen's children', **buþ y-tauȝt** 'are taught', **fram tyme þat a buþ y-rokked in here cradel** 'from the time that they are rocked in their cradle', **conneþ speke** 'can speak', **child hys brouch** 'child's brooch, toy'(his-속격이 사용된 구문임).
²⁸⁶ **And oplondysch ⋯ y-told of. oplondysch men** 'country men, rustic men', **wol** 'wish to, want to' **lykne hamsylf to gentilmen** 'compare themselves to gentlemen', **wiþ gret bysynes** 'very diligently', **for to be more y-told of** 'to be more spoken of'. 당시 불어로 말하는 것은 상류사회의 상징이었다.
²⁸⁷ **Dys manere ⋯ y-chaunged**: 여기서부터는 히그던의 저술에는 나오지 않은 것으로서 트레비서가 덧붙인 내용이다. **Dys manere** 'this fashion', **to-fore** 'before', **þe furste moreyn** 'the first plague' (1348-8년 사이에 창궐한 흑사병을 가리킨다), **seþthe** 'since them', **somdel** 'somewhat'.
²⁸⁸ **For John Cornwal⋯ oþer men of Pencrych**: John Cornwal은 옥스퍼드 머튼(Merton) 칼리지의 1347~8년 사이 기록에 나오는 인물로서, 이어 나오는 Pencrych와 함께 트레비서처럼 콘월 출신으로 추청된다. **lore** 'teaching', **maner of teching** 'method of teaching'.
²⁸⁹ **so that ⋯ yn another: foure score** 'four score, eighty', **the secund Kyng Richard** 리처드 2세(1377-99)를 가리킴. **after þe Conquest nyne** 여기서 conquest는 리처드

in lasse time than children wer y-wonded²⁹⁰ to do; disavauntage ys þat now childern of gramer-scole conneþ no more Frensch þan can here left heele,²⁹¹ and þat ys harm for ham, and a scholle passe þe se and travayle in strange londes,²⁹² and in meny caas also. Also gentilmen habbeþ now moche y-left for to teche here childern Frensch. Hyt semeþ a gret wondur hou3 Englysch, þat ys þe burþ-tonge of Englyschmen and here oune longage and tongue ys so dyvers of soun in þis ylond, and þe longage of Normandy ys comlyng of anoþer lond, and haþ on maner soun among al men þat spekeþ hyt ary3t in Engelond.²⁹³ Noþeles, þer ys as meny dyvers maner Frensch yn þe rem of Fraunce as ys dyvers manere Englysch in þe rem of Engelond.

2세의 즉위를 가리키고 **nyne** 'nine'은 그가 즉위한지 9년째라는 뜻임.

²⁹⁰ **y-wonded** 'wont'.

²⁹¹ **þan can here left heele** 'than (they) know their left heel'. '아이들이 자신의 왼쪽 신발보다도 더 (불어를 모른다)'는 뜻임.

²⁹² **and a scholle passe þe se** 'if they should pass the sea (i.e. if they should cross the Channel)'.

²⁹³ **Hyt semeþ ⋯ in Engelond: soun** 'sound, pronunciation', **ylond** 'island', **comlyng of anoþer lond** 'stranger from another land', **on maner soun** 'one kind (of) pronunciation', **ary3t** 'correctly'.

■ 참고문헌

김혜리. 2003. 영어 수동부정사의 도입과 확산에 대하여. 『영어학연구』16. 1-23.
김혜리. 2004. 중세영어 *for-to*-부정사의 지역적 분포와 역사적 변천. 『신영어영문학』28. 211-227.
김혜리. 2007. 고대영어 부정문의 화제화 현상. 『영어학』7. 287-309.
김혜리. 2010. 중세영어의 문장부정: 통시적 관점. 『영어학』10. 249-275.
김혜리. 2011. 『고대영어: 역사, 문법, 문헌』. 서울: 한국문화사.
모건, 케네스 O. 1997. 『옥스퍼드 영국사』. 영국사학회(역). 서울: 한울아카데미.
모로아, 앙드레. 1997. 『영국사』. 신용석(역). 서울: 기린원.
박영배. 2011. 『영어 어휘 변천사 연구』. 서울: 한국문화사.
Algeo, J. 2010. *The Origins and Development of the English Language*. 6th ed. United States: Wadsworth Cengage Learning.
Babington, C. and J. R. Lumby. (eds.) 1865-86. *Polychronicon Ranulphi Higden monachi Cestrensis, together with the English translations of John Trevisa and of an unknown writer of the fifteenth century*. 9 vols. *Rolls Series* 41. (Reprinted 1964, London/New York: Kraus Reprint).
Baugh, A. C. and T. Cable. 1993. *A History of the English Language*. 4th ed. Englewood Cliffs, New Jersey: Prentice Hall.
Benson, L. D. (ed.) 1987. *The Riverside Chaucer*. 3rd ed. Boston: Houghton Mifflin.
Berndt, R. 1984. *A History of the English Language*. Leipzig: Verlag Enzyklopadie.
Blake, N. (ed.) 1992. *The Cambridge History of the English Language, Volume II 1066-1476*. Cambridge: Cambridge University Press.
Bourcier, G. 1981. *An Introduction to the History of the English Language*. Cheltenham, Gloucestershire: Stanley Thornes.
Bradbury, J. 2007. Philip Augustus and King John: Personality and History. Church, S. D. (ed.) *King John: New Interpretations*, 347-361.

Woodbridge, UK: Boydell Press.
Burnley, D. 1992. Lexis and Semantics. Blake, N. (ed.), 409-499.
Burrow, J. A. and T. Turville-Petre. 1992. *A Book of Middle English*. Oxford: Blackwell.
Cantor, N. F. 1994. *The Civilization of the Middle Ages*. Harper Perennial.
Carr, C. T. 1939. *Nominal Compounds in Germanic*. London: Oxford University Press.
Cartlidge, N. 1996. The Date of 'The Owl and the Nightingale'. *Medium Ævum* 65, 230-247.
Cartlidge, N. (ed.) 2001. *The Owl and the Nightingale: Text and Translation*. Exeter: University of Exeter Press.
Clark, C. (ed.) 1970. *The Peterborough Chronicle 1070-1154*. 2nd ed. Oxford: Clarendon Press.
Crouch, D. 2002. *The Normans: The History of a Dynasty*. London: Hambledon Continuum.
Denison, D. 1993. *English Historical Syntax*. London/New York: Longman.
Finkenstaedt, T. and D. Wolff. 1973. *Ordered Profusion: Studies in Dictionaries and the English Lexicon*. Heidelberg: Winter.
Fischer, O. 1992. Syntax. Blake, N. (ed.), 207-408.
Fischer, O., A. van Kemenade, W. Koopman and W. van der Wurff. 2000. *The Syntax of Early English*. Cambridge: Cambridge University Press.
Freeborn, D. 1998. *From Old English to Standard English*. 2nd ed. London: Macmillan.
Frisch, S. 1997. The Change in Negation in Middle English: A NEGP Licensing Account. *Lingua* 101, 21-64.
Geipel, J. 1971. *The Viking Legacy: The Scandinavian Influence on the English and Gaelic Languages*. Newton Abbot: David & Charles.
Hansen, B. H. 1984. The Historical Implications of the Scandinavian Element in English: a Theoretical Valuation. *Nowele* 4, 53-95.
Hollister, C. W. 1983. *The Making of England: 55 B.C. to 1399*. Lexington: D. C. Heath and Company.
Hollister, C. W. 2001. *Henry I*. (Yale English Monarchs.) New Haven/London: Yale University Press.

Jack, G. 1978. Negative Adverbs in Early Middle English. *English Studies* 59, 295-309.

Jespersen, O. 1909-49. *A Modern English Grammar on Historical Principles*. London: Allen & Unwin.

Jespersen, O. 1978. *Growth and Structure of the English Language*. 9th ed. Oxford: Basil Blackwell.

Kemenade, A. van. 1987. *Syntactic Case and Morphological Case in the History of English*. Dordrecht: Foris.

Kemenade, A. van. 1997. V2 and Embedded Topicalization in Old and Middle English. Kemenade, A. van and N. Vincent (eds.), *Parameters of Morphosyntactic Change*, 326-52. Cambridge: Cambridge University Press.

Kemenade, A. van. 2000. Jespersen's Cycle Revisited: Formal Properties of Grammaticalization. Pintzuk, S., G. Tsoulas and A. Warner (eds.), *Diachronic Syntax: Models and Mechanisms*, 51-74. Oxford: Oxford University Press.

Ker, N. R. (ed.) 1963. *The Owl and the Nightingale: Reproduced in Facsimile from the Surviving Manuscripts, Jesus College, Oxford 29, and British Museum, Cotton Caligula A. ix.* London: Early English Text Society.

Kim, H. 1996. *The Synchrony and Diachrony of English Impersonal Verbs: A Study in Syntactic and Lexical Change*. Ph. D. Dissertation. The Ohio State University.

King, E. 2010. *King Stephen*. New Haven: Yale University Press.

Kökeritz, H. A. 1978 [1954]. *A Guide to Chaucer's Pronunciation*. Toronto: University of Toronto Press.

Lass, R. 1992. Phonology and Morphology. Blake, N. (ed.), 23-155.

Malone, K. and A. C. Baugh. 1967. *A Literary History of England, 1. The Middle Ages*. 2nd ed. London & Henley: Routledge & Kegan Paul.

Marchand, H. 1969. *The Categories and Types of Present-day English Word-formation*. 2nd ed. Munich: Beck.

McKisack, M. 1959. *The Fourteenth Century: 1307-1399*. Oxford: Oxford University Press.

McNiven, P. 1985. The Problem of Henry IV's Health, 1405-1413. *English Historical Review* 100, 747-772.
Millet, B. and J. Wogan-Browne. (eds.) 1990. *Medieval English Prose for Women*. Oxford: Clarendon Press.
Millward, C. M. 1996. *A Biography of the English Language*. 2nd ed. United States: Thomson Heinle.
Milroy, J. 1992. Middle English Dialectology. Blake, N. (ed.), 156-206.
Morris, M. 2008. *A Great and Terrible King: Edward I and the Forging of Britain*. London: Hutchinson.
Mossé, F. 1952. *Handbook of Middle English*. Translated by J. A. Walker. Baltimore: Johns Hopkins University Press.
Mustanoja, T. F. 1960. *A Middle English Syntax*. Helsinki: Société Néophilologique.
Poussa, P. 1982. The Evolution of Early Standard English: the Creolization Hypothesis. *Studia Anglica Posnaniensia* 14, 69-85.
Prestwich, M. 2004. Edward I (1239-1307). *Oxford Dictionary of National Biography*. Oxford: Oxford University Press.
Prestwich, M. 2007. *Plantagenet England: 1225-1360*. Oxford: Oxford University Press.
Prins, A. A. 1952. *French Influences in English Phrasing*. Leiden: Leiden University Press.
Rigg, A. G. and C. Brewer. (eds.) 1983. *Piers Plowman: the Z Version*. Toronto: Pontifical Institute of Mediaeval Studies.
Robinson, F. N. (ed.) 1957. *The Works of Geoffrey Chaucer*. 2nd ed. Boston: Houghton Mifflin.
Sauer, H. 1985. Laȝamon's Compound Nouns and their Morphology. Fisiak, J. (ed.), *Historical Semantics. Historical Word Formation*, 483-532. Berlin: Mouton de Gruyter.
Schmidt, A. V. C. (tr) 1992. *William Langland. Piers Plowman. A New Translation of the B-Text*. Oxford: Oxford University Press.
Skeat, W. W. (ed.) 1886. *William Langland: The Vision of Piers Plowman II Text B*. London: Early English Text Society. (Reprinted 1968, Oxford: Oxford University Press).

Skeat, W. W. (ed.) 1906. *The Vision of William concerning Piers Plowman by William Langland*. 9th ed. Oxford: Clarendon Press.

Strang, B. M. H. 1970. *A History of English*. London/New York: Routledge.

Tolkien, J. R. R. and E. V. Gordon. (ed.) 1967. *Sir Gawain and the Green Knight*. Revised by N. Davis. Oxford: Clarendon Press.

Treharne, E. (ed.) 2000. *Old and Middle English. An Anthology*. Oxford: Blackwell.

Tuck, A. 2004. Richard II (1367-1400). *Oxford Dictionary of National Biography*. Oxford: Oxford University Press.

Vaughn, S. 1980. St. Anselm and the English Investiture Controversy Reconsidered. *Journal of Medieval History* 6, 61-86.

Warner, A. R. 1982. *Complementation in Middle English and the Methodology of Historical Linguistics*. London: Croom Helm.

■ 문헌 찾아보기

A

Ancrene Wisse ···· 73, 153, 165, 184, 260, 297
Anglo-Saxon Chronicle 259, 291

B

Beowulf ···················· 119
Book of Margery Kempe ····· 68
Book of the Duchess ········ 275
Brut ················ 102, 158, 267

C

Commentary on the Psalter 261
Confessio Amantis 224, 274, 285

D

De Proprietatibus Rerum ··· 357
Domesday Book ················ 6

E

Ecclesiastical History of the English People ········· 154
Everyman ······················ 284

H

Hali Meiðhad ················ 260
Havelok the Dane ····· 268, 285
Historia Rugum Britanniae 267

K

King Horn ···················· 268

L

Le Morte d'Arthur ····· 165, 264
Le Roman de Brut ···· 102, 267
Le Tretiz ···················· 100

M

Meditation on the Passion · 261

O

Ormulum ······· 72, 92, 160, 266

P

Pastoral Care ················ 299
Patience ················ 271, 325
Pearl ··················· 271, 325
Peterborough Chronicle 14, 71, 153, 259, 291

Piers Plowman 49, 270, 287, 311
Poema Morale ······················· 266
Polychronicon ······ 94, 263, 356
Purity ···························· 271, 325

R

Regiment of Princes ············ 281
Romaunt of the Rose ········· 275

S

Sawles Warde ······················ 260
Siege of Thebes ··················· 281
Sir Gawain and the Green Knight
   165, 184, 202, 271, 288, 325
Sir Orfeo ··························· 285
Speculum Meditantis ············ 274
St Erkenwald ······················ 288

T

Temple of Glass ·················· 281
Testament of Cresseid ········· 281
The Bee and the Stork ······· 261
The Book of the Duchess ·· 285
The Canterbury Tales ···············
   70, 276, 341
The Castle of Perseverance 284
The Complaint of the Black Knight ························· 281
The Dance of Seven Deadly Sins
   ································· 281
The Form of Living ············ 261
The House of Fame ············ 276
The Legend of Good Women
   ································· 276
The Owl and the Nightingale
   102, 153, 266, 302
The Parliament of Fowls ··· 276
The Prick of Conscience 87, 261
The Recuyell of the Historyes of Troye ························· 265
The Second Shepherds' Play
   ································· 283
Troilus and Criseyde ··· 84, 276
Troy Book ·························· 281

V

Vices and Virtues ················ 118
Vox Clamantis ···················· 274

ㄱ

「가웨인경과 초록기사」 ···· 165, 184, 202, 205, 271, 288, 325
「거울의 신전」 ····················· 281
「공작부인의 서」 ······· 275, 285
「교본」 ······························· 100
「군주론」 ···························· 281

ㄴ

「농부 피어스」 ....
  49, 270, 287, 290, 311

ㄷ

「데인인 해벌러크」 268, 285
「도덕시」 266
「두 번째 목동들의 연극」 · 283
「둠즈데이 북」 6

ㅁ

「마저리 켐프의 책」 68
「만인」 284
「명상자의 거울」 274
「명예의 전당」 276

ㅂ

「벌과 황새」 261
「베어울프」 119
「부엉이와 나이팅게일」 102,
  153, 160, 164, 165, 266, 285,
  286, 302
「브루트 이야기」 102, 267
「브루트」102, 118, 119, 158, 267
「브리튼 왕 열전」 267

ㅅ

「사랑의 고백」 224, 265, 274,
  285

「사물들의 성질에 대하여」 357
「사제의 계율」 299
「삶의 형식」 261
「새들의 의회」 276
「선과 악」 118
「선한 여인들의 전설」 276
「성 에르컨월드」 288
「성 처녀」 260
「소요의 소리」 274
「송가에 대한 논평」 261
「수난에 대한 명상」 261
「수녀들을 위한 지침서」 73,
  153, 161, 165, 184, 260, 297,
  298
「순수」 271, 273, 325

ㅇ

「아서의 죽음」 165, 264
「앵글로색슨 연대기」 259, 291
「양심의 가책」 87, 261
「영국민의 교회사」 154
「영혼의 수호」 260
「오르물룸」 72, 92, 102, 118,
  160, 165, 266
「오르페오경」 285
「인내의 성」 284
「인내」 271, 273, 325

ㅈ

「장미 이야기」 ·················· 275
「종합연대기」 ······ 94, 263, 356
「진주」 ················ 271, 272, 325

ㅊ

「칠거지악의 무도」 ············ 281

ㅋ

「캔터베리 이야기」 ····· 70, 80,
  81, 107, 265, 276, 278, 280,
  320, 341
「크리세이드의 유언」 ········ 281

ㅌ

「트로이 서」 ······················ 281
「트로이 역사 선집」 ··········· 265
「트로일루스와 크리세이드」
  ······························ 84, 276
「티비스의 포위」 ··············· 281

ㅍ

「피터버러 연대기」 ······ 14, 71,
  99, 153, 160-161, 164-165,
  259, 291-292

ㅎ

「호온 왕」 ························· 268
「흑기사의 탄식」 ··············· 281

■ 용어/인명/지명 찾아보기

A

ablaut ·················· 175
accusative ············ 150, 196
affixation ············· 117, 122
agent ··················· 127, 222
Agincourt ············· 56
Alexander III ········ 20, 39
Alexander IV ········ 32
Alfonso X ············· 34
Alfred ·················· 1
allegory ····· 260, 270, 275, 315
alliteration ··········· 268
alliterative poem/verse ······ 245, 285, 311
allophone ············· 78
analogy ················ 174
Anglo-French ······· 101
Anglo-Norman ····· 68, 101, 353
Anglo-Saxon ········ 1
Anjou ·················· 12
Anne of Bohemia ·· 51
Anselmus ············· 9
appellant ············· 52
Arabic ················· 117
Arundel ··············· 15
aspect ················· 122, 150, 223
Augustinians ········ 320

B

back formation ·· 117, 148, 192
Ball, John ············ 50, 315
Balliol, John de ····· 39
bare infinitive ······· 152, 232
Barons' War ········· 29, 33
Battle Abbey ········ 3
Battle of
　Bannockburn ···· 41
　Barnet ·············· 61
　Crécy ··············· 45
　Evesham ··········· 33
　Lewes ·············· 33
　Neville's Cross ··· 45
　Northampton ····· 60
　Poitiers ············· 46
　Shrewsbury ······· 54
　Tewkesbury ······ 61
　Tinchebray ········ 11
　Wakefield ········· 60
　Saint Albans ······ 60
Bayeux Tapestry ··· 3
Bayonne ·············· 48
Beauchamp, Thomas de (Earl of Warwick) ········· 51
Beaufort, Edmund(Duke of

Somerset)	59	Celts	1
Becket, Thomas	19, 278	Central French	101
Bede	154	Chalus-Chabrol	25
Berengaria of Navarre	23	Charles III	2
bilingual	99	Charles V	47
Black Death	45	Charles VI	56
Blanche	54, 275	Charles VII	57
blending	117, 149	Chaucer	70, 84, 269, 274
Blois	13	Chester	110
Boccacio	275	Chinon	21
Bordeaux	48	church drama	282
Bosworth	65	Clare, Gilbert de (Earl of Gloucester)	33
bound morpheme	121	clipping	117, 148
Bourgogne	56	clitic	219
Bouvines	28	closed syllable	72
Brittany	6	closed vowel	74
Bruce, Robert	39	Cnut	100
Burgh, Hubert de	31	coda	285
Burnell	34	cognate	112
		common case	196
C		common law	19
caesura	288	comparison	122, 150
Calais	45	composition date	292
cardinal	170	compounding	117
Carmelites	320	concord	210
case	122, 150	conjugation	153, 182
Catherine of Aragon	66	Constitutions of Clarendon	20
Catherine of Valois	57	contamination	163
Caxton, William	63, 96, 264, 357	content words	289

copulative compound ········ 118
Coronation Charter ············· 10
couplet ····················· 285, 303
Crécy ································· 45
Cumberland ······················ 17

D

Dafydd ····························· 37
Danelaw ····················· 110, 293
Dante ······························ 275
dative ························ 151, 200
David I ························ 17, 38
David II ···························· 43
debate ························ 266, 303
declension ························ 153
definite article ···················· 159
demonstrative pronoun ······· 159
derivation ························ 122
derivational affix ················ 122
Despenser ············ 41, 42, 311
Devonshire ······················· 87
digraph ···························· 68
diphthong ························· 76
Dominicans ······················ 320
double negation ········ 219, 294
doublet ··························· 108
dual ······························· 150
dummy ····················· 202, 207
Dunbar, William ··············· 281

E

East Aglian ······················· 86
East Anglia ··················· 49, 68
East Midland dialect ···· 85, 292
Edith ································ 2
Edith-Matilda ···················· 10
Edward I ·························· 34
Edward II ························· 41
Edward III ························ 42
Edward IV ························ 60
Edward the Confessor ··· 1, 101
Edward V ························· 64
Edward, the Black Prince ···· 45
Eleanor of Aquitaine ··········· 15
Eleanor of Provence ············ 32
Ellesmere Manuscript ········ 344
Emma of Normandy ······ 2, 100
enclitic ··························· 163
Essex ······························ 49
Eton College ····················· 59
Evreux ···························· 26
exocentric compound ········ 118

F

fabliau ··························· 280
feminine ························· 150
Fitzalan, Richard (Earl of
    Arundel) ······················ 51
Flanders ···························· 6

foot ·· 286
for to-infinitive ···················· 237
Franciscans ····························· 320
free morpheme ······················ 118
Fulk V ··· 12
functional shift ······················ 119

G

Gaillard ······································ 27
Gascony ····································· 15
Gaveston, Piers ······················· 41
Gawain ···································· 269
gender ····································· 150
genitive ···························· 150, 197
Geoffrey Plantagenet ·············· 12
Germanic ·································· 79
Godwin ·· 2
Good Parliament ····················· 48
Gower, John ········ 93, 156, 224, 269, 274
grammatical gender ············· 153
Great Vowel Shift ················ 163
Gutenberg ······························· 265

H

half-line ·································· 288
Hampshire ································ 85
Harald Hardrada ······················· 3
Harold II ····································· 3

Hastings ······································· 3
head ··· 118
Hebrew ···································· 117
Heinrich V ································ 12
Heinrich VI ······························· 23
Hengwrt Manuscript ··········· 344
Henry I ····································· 10
Henry II, Rufus ······················· 16
Henry III(Henry Plantagenet) 31
Henry IV(Henry Bolingbroke)
 ·· 52-53, 55
Henry V ············ 53-55, 57, 281
Henry VI ················ 53, 57-58
Henry VII(Henry Tudor) 65-66
Henry VIII ······························· 66
Higden, Ranulf ····· 94, 263, 356
his-genitive ···················· 199, 359
historical present ················· 224
Hoccleve, Thomas ··············· 281
Holy Roman Empire ············· 24
House of
  Lancaster ···························· 53
  Normandy ··························· 16
  Plantagenet ························ 16
Humphrey, Duke of Gloucester
 ·· 57
Hundred Years' War ············ 40
Hungarian ······························· 117
hypotaxis ································ 247

I

iambic ……………………… 286
impersonal construction …… 207
impersonal verb ……………… 239
indefinite article ……………… 160
indefinite pronoun …………… 159
inflection ……………… 122, 150
inflectional affix ……………… 122
Innocent III …………………… 28
Innocent IV …………………… 32
instrumental …………………… 151
interrogative pronoun ……… 159
Ireland …………………………… 1
Isabel of Gloucester ………… 26
Isabella of Angoulême ……… 27
Isabella of France …………… 42

J

Joan of Arc (=Jeanne d'Arc) 58
John ……………………………… 25
John II(=Jean II) ……………… 46
John of Gaunt ………………… 47
John, Duke of Bedford ……… 57

K

Katherine Group ……………… 260
kenning ………………………… 119
Kent ……………………………… 49
Kentish dialect ………………… 85

King's College ………………… 59

L

Lanfranc ………………………… 7
Langland, William …… 49, 269, 288, 311
Langton ………………………… 28
Laʒamon …………… 102, 119, 158
Lemesos ………………………… 23
Leopold V ……………………… 23
levelling ………………………… 151
lexicalization ………………… 118
ligature ………………………… 67
Limousin ………………………… 15
Lincolnshire …………………… 88, 95
Lionel, 1st Duke of Clarence
 ……………………………… 53, 274
Llywelyn ………………………… 36
loan translation ……………… 109
Lollard ……………………… 49, 262
long stemm …………………… 180
long vowel ……………………… 71
Longchamp, William(the Bishop of Ely) …………………… 26
Louis VI ………………………… 12
Louis VII ………………………… 15
Louis VIII ……………………… 30
Louis XI ………………………… 62
Low German …………………… 116
Lusignan ………………………… 27

Lydgate, John ······· 281
lyrics ······· 268

M

Magna Carta ······· 29
Maine ······· 8
Malcolm III ······· 10
Malcolm IV ······· 17
Malory, Thomas ······· 264
Mantes ······· 7
manuscript date ······· 302
Margaret of Anjou ······· 59
Margaret of France ······· 38
Margaret, the Maid of Norway
 ······· 39
Marlowe, Christopher ······· 41
Marshal, William (Earl of
 Pembroke) ······· 31
Martinus V ······· 56
Mary de Bohun ······· 55
masculine ······· 150
Matilda ······· 12
Mendicant Orders ······· 320
Merciless Parliament ······· 52
Messina ······· 23
Mile End ······· 50
Miracle Play ······· 282
modal auxiliary ······· 194, 233
Model Parliament ······· 36
Monmouth, Geoffrey of ··· 267

monophthong ······· 76
Montfort, Simon de ····· 32, 100
mood ······· 122, 150
Morality Play ······· 283
morpheme ······· 121
Mortimer, Roger ······· 42
motion verb ······· 234
Mowbray, Thomas de ······· 52
multiplicative ······· 170
mutated plural ······· 158
Mystery Play ······· 282

N

N-Town plays ······· 282
Nantes ······· 17
natural gender ······· 154
negation ······· 190
negative ······· 131
neuter ······· 150
Neville, Richard (Earl of
 Warwick) ······· 60
New Forrest ······· 9
Nicholas of Hereford ······· 262
nominal ······· 152
nominative ······· 150, 196
Norfolk ······· 95, 320
Norman Conquest ······· 5
Norman French ······· 101
Normandy ······· 2
Northern dialect ······· 86

Northumbria 3
nucleus 285
number 122, 150

O

oblique case 93
Odo of Bayeux 8
Old French 128
Old Frisian 166
Old Norse 92, 110
onset 180, 288
open syllable 72
open vowel 74
Order of the Garter 46
ordinal 170
Ordinance of Labourers ... 47
Orléans 58
Orm 72

P

parataxis 247
partitive genitive 197
passive voice 221
past participle 93
Peasants' Revolt 49
Percy, Henry (Earl of
 Northumberland) 54
Perigord 15
periphrastic 225

Persian 117
person 122, 150
personal pronoun 159
Peter of Savoy 32
Petrarch 275
Pevensey 3
Philip II 21
Philip III 35
Philip IV 38, 41
Philip VI 44
Philippa of Hainault 43
phoneme 78
phrasal verb 112, 121
plural 150
Poitou 27
Pre-Old English 114
prefix 122
present participle 93
preterit-present verb ... 192
Proto-Germanic 114, 192
Proverbs 299
Provisions of Oxford 32
Psalm 300
Purvey, John 262

R

reflexive pronoun ... 159, 208
relative pronoun 159
retroflex 77
rhyme 180, 268, 285, 329

rhymed verse ················ 284
Richard I ················ 22
Richard II ················ 50
Richard III ················ 64
Richard, Duke of Gloucester 62
Richard, Duke of York ······· 59
Robert I, Duke of Normandy 3
Robert II of Normandy ········ 7
Robert of Gloucester ·········· 98
Rolle, Richard ············ 156, 261
Rollo ················ 2
Romance ····· 80, 265, 267, 326
Rouen ················ 57
rune ················ 67
Runnymede ················ 29

S

Salic Loi ················ 43
schwa ················ 74
Scotland ················ 1
Second Barons' War ········ 100
sentence type ················ 213
short stem ················ 180
short vowel ················ 71
Shropshire ················ 88
singular ················ 150
Slavic ················ 117
Smithfield ················ 50
South Eastern dialect ·········· 85
South Western dialect ········· 85

Stafford, Henry (Duke of Buckingham) ················ 65
Stamford Bridge ················ 3
Statute of Labourers ············ 47
Statute of Praemunire ·········· 47
Statute of Provisors ············· 47
Statute of Wales ················ 37
Stephen ················ 13, 292
strong declension ············· 153
suffix ················ 122
Suffolk ················ 95
suppletive ············· 174, 191
Surrey ················ 85, 87
syllable ················ 285

T

Tancred of Lecce ················ 23
tense ················ 122, 150, 223
tetrameter ················ 286
to-infinitive · 233, 235-236, 238
topicalization ················ 215
Toulouse ················ 17
Touraine ················ 56
Treaty of
  Bruges ················ 48
  Brétigny ················ 46
  Canterbury ················ 56
  Edinburgh–Northampton · 43
  Picquigny ················ 63
  Tours ················ 59

Troyes ·················· 57
Winchester ·················· 16
Treaty of Le Goulet ············ 26
Trevisa, John ········ 85, 94, 357
trigraph ·················· 68
trill ·················· 77
Tyler, Wat ·················· 50

U
umlaut ·················· 181

V
V-2 ·················· 215, 218
verbal ·················· 153
Vere, Robert de (Earl of Oxford)
·················· 51
Vexin ·················· 8
Viking ·················· 2
VOSI ·················· 234, 237
vowel ·················· 71
vowel reduction ············ 80

W
Wace ·················· 102, 267
Wales ·················· 1
Wallace, William ············ 39
Walter, Hubert ·················· 25
Wars of the Roses ············ 40
Wessex ·················· 2

West Midland dialect ·········· 85
Westmorland ·················· 17
William I, the Conqueror ······ 5
William II ·················· 8
William the Lion ·················· 20
word formation ·················· 117
word order ·················· 212
Wulfstan, Bishop of Worcester
·················· 6
Wycliffe, John ······· 49, 70, 261

Y
yogh ·················· 68
York Cycle ·················· 282

Z
zero-ending ·················· 197

Æ
Æthelred the Unready ··· 2, 100

ㄱ
가베스턴, 피어스 ·················· 41
가스코뉴 ········ 15, 22, 31, 34, 38, 43-44, 59
가야르 ·················· 27
가워, 존 ······· 53, 93, 156, 161-162, 165, 171, 192, 224, 269, 274, 285

가웨인 ·············· 269, 271, 327
가정법 ···················· 182-183,
　　186-187, 189-192, 194, 218,
　　228, 230, 251-253
가터 기사단 ···················· 46
각운·· 180, 268, 272, 285, 329
각운시 ···················· 268, 284
강변화 ············ 153, 155, 243
강변화동사　153, 175, 182, 185,
　　191-193
강변화명사 ···················· 154
강세 ······ 79, 148, 151, 288-289
개모음 ···························· 74
개음절 ···························· 72
게르만 ········· 80, 112, 136, 285
게르만어 ························ 79
격 ······ 122, 150, 152, 160-161,
　　171, 256
격변화 ············ 153, 170, 195
계사합성어 ···················· 118
고대노르웨이어 89, 92, 110, 113-
　　114, 134, 145
고대불어 ··· 108, 109, 128, 140
고대영어 ········ 1, 67-68, 73, 76,
　　78, 84, 90-92, 101, 110, 112,
　　114-115, 117, 123, 126, 129,
　　130-131, 133-134, 136-137,
　　142-147, 150-153, 160-161,
　　166-167, 172, 175, 181-182,
　　190, 217, 222, 243, 254, 287,
　　292, 357
고대프리지아어 ··············· 166
고드윈 ······························ 2
곡용 ······························· 153
곤트의 존 (랭커스터 공작) ·····
　　47, 48, 51, 53, 61, 65, 275,
　　277
공통격 ···························· 196
과거(시제) ·········· 150, 176-177,
　　179-181, 184-185, 187, 189,
　　190-194, 225
과거-현재동사 ····· 192-194, 233
과거분사 ···· 93, 130, 150, 152,
　　176-181, 186, 187, 189-191,
　　221, 227
과거완료 ························ 225
관계대명사 ········ 159, 254, 257
관계부사 ················ 257-258
교황존중 처벌법 ··············· 47
교회극 ··························· 282
구동사 ···················· 112, 121
구텐베르크 ····················· 265
굴절 ··· 122, 150-152, 154, 160,
　　162, 170, 172, 207, 212, 222,
　　243-244, 294
굴절부정사 ··············· 189-190
굴절접사 ························ 122
권설음 ···························· 77
귀족전쟁 ··············· 29, 33, 100
그리스어 ························ 116

글로스터 공작
  리처드 ·················· 62, 64
  우드스톡의 토머스 ········ 51
  험프리 ······················ 57
글로스터 백작, 길버트 드 클레어
  ······························· 33
기능전환 ···················· 119
기사도 ············· 272, 279, 329
기수 ························· 170
기적극 ······················ 282

ㄴ

남동방언 ········· 85, 87-90, 165
남부방언 ············ 158-160, 164,
  176, 183, 186-192
남서방언 ···· 85, 87, 89-91, 357
남성 ···· 150, 160-161, 164, 167
낭트 ·························· 17
내용어 ······················ 289
냉혹 의회 ···················· 52
네덜란드어 ··············· 97, 116
네빌스크로스 전투 ··········· 45
노동자 법령 ············· 47, 49
노동자 칙령 ················· 47
노르만 ············ 99, 104, 106
노르만 불어 101, 107-109, 140
노르만 왕조 ······ 5, 16, 97, 101
노르만 정복 ······· 2, 5, 68, 80,
  100-101, 151, 259, 266
노르망디 ··········· 1, 2, 7, 11,

17, 26-28, 31, 44, 56, 58-59,
  97, 99-100
노샘프턴 전투 ················ 60
노섬벌랜드 백작, 헨리 퍼시 54
노섬브리아 ·········· 3, 17, 38
노퍽 ··················· 95, 320
노퍽 공작(노팅엄 백작) 토머스
  모브레이 ···················· 52
논쟁(시) ··········· 266, 276, 303
농민반란 49, 269, 274, 312, 315
뉴 포레스트 ···················· 9
니콜라스, 헤리퍼드의 ········ 262

ㄷ

다피드 ························ 37
단모음 ······ 71-73, 90, 151, 163
단수 ······ 150, 182-184, 186-187,
  189-192, 194, 205, 210- 212
단순모음 ····················· 76
단테 ··················· 275-277
대격 ········· 150, 155, 161-162,
  164-167, 195-196
대관 헌장 ····················· 10
대모음추이 ·················· 163
대헌장 ·················· 29, 32
던바, 윌리엄 ················ 281
데본셔 ······················· 87
데스펜서 ············ 41, 42, 311
데이비드 1세 ··········· 17, 38
데이비드 2세 ················ 43

데인로 ·············· 110, 113, 293
도구격 ···························· 151
도덕극 ······················ 283-284
도미니코 수도회 ··············· 320
도치 ·················· 215, 230, 253
도치문 ···························· 338
동계어 ···························· 112
동명사 ····················· 238, 239
동사적 ···························· 153
동앵글리아 ············ 49, 68, 86
동중부방언 · 72, 81, 85, 88-89,
　　92, 94-96, 155, 160-161,165,
　　183, 203, 265, 292
두운 ······················ 272, 288-289
두운법 ····················· 268, 270
두운시 245, 268-269, 271, 273,
　　284, 287, 290, 311, 326, 329
두음 ·················· 180, 285, 288
등위 접속 ················ 235, 244
등위접속사 ·············· 210, 247

ㄹ

라야먼 ······· 102, 119, 158, 267
라틴 차용어 78, 115, 132, 146
라틴어 ·· 70, 97, 108, 112, 123
　　-124, 131, 134-136, 138-139,
　　144, 245, 256, 260, 262, 267,
　　269, 356
랜프랑크 ···················· 7, 8
랭글런드, 윌리엄 ·············· 49,
　　269-271, 288, 290, 311
랭커스터 왕가 47, 52-53, 61, 65
랭턴, 스티븐 ······················ 28
러니미드 ··························· 29
레메소스 ··························· 23
레오폴드 5세 ······················ 23
로마문자 ··························· 67
로맨스 265, 267, 270-271, 275,
　　279, 326
로맨스어 ··························· 80
로버트 1세(스코틀랜드) 41, 43
로버트, 글로스터의 ············· 98
로베르 1세(노르망디) ··········· 3
로베르 2세(노르망디) ··········· 7
롤, 리처드 ················ 156, 261
롤랑드 ······················· 49, 262
롤로 ·································· 2
롱챔프, 윌리엄 ··················· 26
루앙 ···························· 27, 57
루이 11세 ···················· 62, 63
루이 6세 ··························· 12
루이 7세 ····················· 15, 20
루이 8세 ··························· 30
루이스 전투 ······················ 33
룬문자 ····························· 67
뤼지냥 ························ 27, 32
리드게이트, 존 ················· 281
리무생 ····························· 15
리웰린 ····························· 37
리처드 1세 ······················· 21

찾아보기 | 381

리처드 2세 ····· 48, 50, 56, 274
리처드 3세 ················ 61, 64
리치먼드 백작, 헨리 튜더 ··· 65
링컨셔 ······················ 88, 95

ㅁ

마거릿, 노르웨이의 ············ 39
마거릿, 앙주의 ············· 59-62
마거릿, 프랑스의 ················ 38
마르티누스 5세 ·················· 56
마일엔드 ·························· 50
마태복음 ························ 323
마틸다 ················· 12-15, 295
말로우, 크리스토퍼 ············ 41
말음 ····························· 285
망뜨 ································· 7
맬러리, 토머스 ············ 264-265
맬컴 3세 ·························· 10
맬컴 4세 ·························· 17
메시나 ···························· 23
메인 ············· 8, 26-27, 56, 59
명령문 ··························· 217
명령법 ·· 182-183, 189-191, 228
명사적 ······················ 152-153
명사절 ··························· 250
모범의회 ·························· 36
모음 ······························· 71
모음교체 ···················· 175-177
모음변이 복수 ················· 159
모음축소 ·························· 80

모티머, 로저 ······················ 42
목적격 ················ 162-164, 196
목적어 · 162, 195-196, 199-201,
205, 207, 212-215, 251
몬머스, 제프리 ·················· 267
몽포르, 시몽 드 32-34, 36, 100
문법성 ··············· 153-154, 299
문어 ································· 84
문형 ······························ 213
미래(시제) ······················· 226

ㅂ

바닛 전투 ···················· 61, 62
바욘 ································· 48
바이외 벽걸이 ······················ 3
바이킹 2, 97, 110, 112, 151, 296
반행 ·························· 288-289
방언 ································ 84
배넉번 전투 ······················ 41
배수사 ···························· 170
배틀 수도원 ······················· 3
백년전쟁 ········· 40, 43-44, 56,
269, 274, 351
버그, 휴버트 드 ·················· 31
버넬, 로버트 ················· 34-35
버킹엄 공작, 헨리 스태퍼드 65
법 ······················ 122, 150, 228
법조동사 ····· 194, 226, 232-233
베드퍼드 공작, 존 ········· 57-58
베렝가리아 ························ 23

베르너 법칙 178
베일리얼, 존 드 39
베켓, 토머스 19, 20, 278
백생 8, 17, 24, 26
변이음 78
변칙동사 188, 233
병렬 246-247
보르도 48
보어 195-196, 212, 234
보즈워스 65
보즈워스 전투 66
보충 174, 191, 239
보카치오 275-276, 278
보통법 19
복수 150, 182-184, 186, 187, 189-192, 194, 205, 210, 212
볼, 존 50, 315
부르고뉴 56-58, 62-63
부분속격 197
부비느 28
부사절 252
부정 131, 136, 190, 192, 218-221
부정관사 160, 204, 304
부정대명사 159, 168-169
부정사 232, 235, 242
북부방언 75, 86, 88-93, 155-156, 158, 160, 165, 176, 183, 185-187, 189-192

북아일랜드 1
불변화사 154, 160
불어 97-100, 112, 115, 123-124, 135-136, 138-140, 144, 157, 245, 256, 260, 265, 267, 269, 274-275, 353, 359
불어 차용어 76, 77, 82, 97, 101-103, 128-129, 131-133, 138, 141-142, 146, 177, 294, 296, 299, 303
브레티니 조약 46
브루스 39
브루스, 로버트 39
브뤼헤 조약 48
브르타뉴 6, 17, 22, 44, 63
블랑쉬 53-54, 275
블루아 13
비 굴절 복수 158
비교 ·· 122, 150, 173, 216, 245
비교급 ·· 150, 173-174, 245-246
비드 154
비인칭구문 207, 236, 239, 241, 250, 305, 308, 309, 321, 323, 330, 334, 336, 337, 347, 352
비인칭동사 202, 239-240, 304, 306

찾아보기 | 383

ㅅ

사격 ················· 93, 166, 257
사무엘 ······························· 300
4보격 ································ 286
사보이 공, 피터 ················ 32
사역동사 ·························· 235
살릭 법 ····························· 43
삼중자 ······························ 68
상관접속사 ············· 248, 250
샤를 3세 ··························· 2
샤를 5세 ··························· 47
샤를 6세 ····················· 56-57
샤를 7세 ··························· 57
샬뤼-샤브롤 ······················ 25
서리 ························· 85, 87
서머싯 공작, 에드먼드 보퍼트
································· 59
서법 ································ 182
서수 ································ 170
서정시 ····························· 268
서중부방언 ······ 85, 88-92, 158,
160, 165, 189, 237, 260, 299,
303, 311, 316
서편 ································ 95
선고대영어 ······················· 114
선린의회 ·························· 48
성 ········ 150, 154, 160-161, 171
세인트 올번스 전투 ············ 60
소유대명사 ················· 166-167
소유형용사 ······················· 166

속격   150, 156-157, 159, 162-167,
197-199, 212
수 ············· 122, 150, 152, 160,
171, 182, 210
수동(태) ··············· 221-222, 237
수사 ································ 169
수평화 ······················ 151-152
슈롭셔 ····················· 88, 89
슈루즈버리 전투 ················ 54
슈와 ································ 74
스미스필드 ······················· 50
스칸디나비아 ···· 124, 136, 143,
153, 166, 190, 293, 295
스칸디나비아 차용 ········· 110,
111-112, 114, 133, 176
스코틀랜드 ············ 1, 10, 17,
38, 40-41, 43, 63, 66, 75,
92, 281
스콘 석 ···························· 39
스탬퍼드 브릿지 ················ 3
스티븐 왕 ······ 13, 98, 292-293
슬라브어 ·························· 117
시농 ································ 21
시상 ······················ 122, 150, 223
시제 ············ 122, 150, 182, 223
시편 ································ 300
신비극 ······················ 282, 284
신성로마제국 ·········· 24, 51, 56
신조어 ······· 126-127, 129, 132,
134, 135, 138-139, 141-145,
147

384 | 중세영어: 역사, 문법, 문헌

십자군 ······ 22, 24, 26, 97, 117
쌍수 ······················ 150, 162-163

ㅇ

아랍어 ························· 97, 117
아서 왕 ······ 264-265, 267, 271, 326
아서, 브르타뉴의 ·········· 23, 27
아일랜드 ············ 17, 22, 25-26, 34, 59
아젱쿠르 ···························· 56
아키텐 ···· 15, 17, 21-22, 26-27, 46-47, 48, 55
안셀무스 ·························· 9, 10
알렉산더 3세(스코틀랜드) ··· 39
알렉산데르 3세 ················· 20
알렉산데르 4세 ················· 32
알폰소 10세 ······················ 34
앙주 ····················· 17, 26-27, 59
애런덜 ······························ 15
애런들 백작, 리처드 피철런 51
애설레드 ······················ 2, 100
앤, 보헤미아의 ·················· 51
앨프레드 ······················ 1, 259
앵글로-노르만68, 101, 285, 353
앵글로-프렌치 ················· 101
앵글로색슨 ············ 1, 2, 97, 99-100, 115, 270
약강격 ·························· 286
약변화 ·························· 243

약변화동사 ······· 153, 175, 179, 181-182, 187
약변화명사 ········· 154, 156-157
어순 ···· 195, 212, 249-250, 294
어형성 ······················ 117, 148
어휘화 ···························· 118
에드워드 1세 ············ 34, 100
에드워드 2세 ········· 39, 41-42
에드워드 3세 ············ 42, 48
에드워드 4세 ···· 53, 60-61, 98, 264
에드워드 5세 ·············· 61, 64
에드워드, 참회자 ······ 1, 2, 101
에드워드, 흑태자 ·········· 45-48
에디스 ································ 2
에디스-마틸다 ···················· 10
에딘버러-노샘프턴 조약 ······ 43
에브뢰 ···························· 26
에식스 ···························· 49
-n 복수 ·························· 156
N-타운 연극 ···················· 282
-s 복수 ···················· 155, 158
엘러너, 아키텐의 15, 20, 25, 26
엘러너, 프로방스의 ······ 32, 34
엘스미어 사본 ············ 344-345
엠마, 노르망디의 ········· 2, 100
여격 151-152, 156, 159, 162, 164, 166-167, 195-196, 200-202
여성 ···· 150, 160-161, 164, 167
역사적 현재 ······················ 224

역형성 ……… 117, 148, 192
연자 ……………………… 67
영-관계사 ………………… 257
영-어미 ……………… 197, 212
오거스틴 수도회 266, 298, 320
오도, 바이외의 …………… 8
오를레앙 ………………… 58
옥스퍼드 백작, 로버트 드 비어
 …………………………… 51
옥스퍼드 조항 …………… 32
와스 ………………… 102, 267
완료 ………………… 223, 227
외심합성어 ……………… 118
요크 공작, 리처드 ……… 59, 62
요크 순환극 ……………… 282
요크 왕가 ………………… 61, 66
우언적 …………… 225-227, 245
우의 … 260, 267, 270, 275-276,
 283, 315
운율 ………………… 259, 284
울프스탄 ………………… 6
움라우트 ………………… 181
워릭 백작, 리처드 네빌 60, 62
워릭 백작, 토머스 드 보참프
 …………………………… 51
워릭셔 …………………… 89
원급 ……………………… 173
원시게르만어 ………… 114, 192
원형부정사 ……… 152, 176-182,
 184, 189-191, 218, 228,
 232-234
월리스, 윌리엄 …………… 39
월터, 휴버트 …………… 25, 28
웨스트모어랜드 …………… 17
웨식스 …………………… 2
웨이크필드 순환극 ……… 282
웨이크필드 전투 ………… 60
웨일스 ……… 1, 17, 34, 36, 41,
 54, 55, 59, 267
웨일스 법령 ……………… 37
위클리프 파 ……………… 49
위클리프, 존 ……… 49, 70, 123,
 161-162, 165, 261, 262
윈체스터 조약 …………… 16
윌리엄 1세, 정복자 ……… 5, 97
윌리엄 2세, 루퍼스 ……… 8, 98
윌리엄, 사자왕 …………… 20
유추 ……………………… 174
음보 ………………… 286-287
음소 ……………………… 78
음절 ………………… 285-286
의문대명사 ……… 159, 167, 256
의문문 ……………… 216-217
의존형태소 ……………… 121
이노센트 3세 ……… 28, 29, 320
이노센트 4세 …………… 32
이동동사 ………… 234, 242, 296
이브섬 전투 ……………… 33
이사벨, 글로스터의 ……… 26
이자벨라, 앙굴렘의 ……… 27

이자벨라, 프랑스의 ·············· 42
이중 언어사용자 ················· 99
이중모음 ················ 73, 76-77
이중부정 ··· 219, 220, 294, 354
이중소유격 ························ 167
이중자 ································ 68
이튼칼리지 ························· 59
2행연구 ··················· 285, 303
인쇄술 ························· 70, 84
인칭 ········· 122, 150, 182, 210
인칭대명사 ······· 159, 162, 165, 196, 204, 208, 256
일치 ······················· 210, 211

ㅈ

자립형태소 ··············· 118, 121
자연성 ····························· 154
자음 ···························· 77, 79
잔 다르크 ·························· 58
잠언 ································ 299
장 2세 ······························· 46
장모음 ······················ 71-75, 90
장미전쟁 ········· 40, 59, 66, 264
재귀대명사 159, 208, 242, 322
저지 독일어 ····················· 116
전동음 ······························· 77
전접어 ····························· 163
절단법 ······················ 117, 148
접두사 ··········· 80, 122-124, 288
접미사 80, 102, 113-114, 122-123, 137, 139, 172, 187, 232, 238
접사 첨가 ·· 117, 121, 122, 124
접어 ································ 219
정관사 ······· 159, 160, 161, 203
제프리 플랜태저넷 ············· 12
존 왕 ······ 20-22, 24-25, 30, 99
종속 ················ 246, 249, 251
종속절 ······· 213-214, 217, 229, 230, 252
종속접속사 ······· 216, 247, 249, 250, 252, 253
주격 ···· 150, 155, 162-167, 196
주어 ·········· 162, 195-196, 206, 209, 211- 212, 240
주절 ································ 213
중간휴지 ························· 288
중복어 ···························· 108
중부방언 ··········· 176, 184-185, 187, 190-192
중성 ···· 150, 160-161, 164, 167
중앙 불어 ··· 101, 107-109, 140
지각동사 ························· 234
지시(대명)사 159-161, 254, 256
직설법 ···················· 182-184, 186-187, 189-192, 194, 228, 252
진행 ······················ 223, 227

ㅊ

차용번역 ·················· 109
창작연대 ···· 292, 302, 312, 325
청원파 ························ 52
체스터 ······················· 110
체스터 순환극 ················ 282
초서, 제프리 ····· 53, 75, 80-82,
　　　84, 93, 95, 107, 161-162,
　　　165, 171, 184, 192, 215,
　　　269, 274, 281, 285
최상급 ······· 150, 173-174, 198,
　　　245- 246

ㅋ

카르멜 수도회 ················ 320
카스티야 ···················· 34, 51
카트린, 발루아의 ·············· 57
칼레 ················ 45-46, 48, 59
캐서린 집단 ··················· 260
캐서린, 아라곤의 ·············· 66
캑스턴 ···· 63, 96, 264-265, 357
캔터베리 조약 ················· 56
컴버랜드 ····················· 17
케닝 ························ 119
켄터베리 ····················· 20
켄트 ······················· 49, 154
켄트방언 ····················· 85
켈트 차용어 ················· 116
켈트인 ···················· 1, 116

크누트 ·························· 100
크레시 전투 ····················· 45
클래런던 헌장 ··················· 20
클래런스 공작, 라이오넬 ···· 53,
　　　61, 274
킹스칼리지 ····················· 59

ㅌ

타운리 순환극 ················· 283
타일러, 와트 ···················· 50
탁발수도회 ····················· 320
탕크레드 ························ 23
태 ······························ 221
탱슈브레 전투 ··················· 11
투렌 ··························· 56
투르 조약 ······················ 59
to-부정사 ···· 233, 235-236, 238
투크스베리 전투 ············ 61, 65
툴루즈 ····················· 17, 26
튜더 왕조 ·············· 53, 65-66
트레비사, 존· 85, 94, 262, 357
트루아 조약 ···················· 57

ㅍ

파블리오 ····················· 280
파생 ··············· 122, 172, 238
파생접사 ······················ 122
퍼비, 존 ······················ 262
페르시아어 ···················· 117

페리고르 ······················· 15
페번시 ··························· 3
페트라르카 ···················· 275
펨브룩 백작, 윌리엄 마셜 ··· 31
평서문 ········ 213, 215, 217-218
폐모음 ··························· 74
폐음절 ··························· 72
for to-부정사 ················ 237-238
푸아투 ····················· 27-28, 100
푸아티에 전투 ···················· 46
풀크 5세 ························· 12
프란체스코 수도회 ············ 320
플랑드르 ············· 6, 14, 38, 44,
   63, 351
플랜태저넷 왕조 16, 40, 53, 61
피키니 조약 ····················· 63
필리파 ······················ 43, 47
필리프 2세 ················ 21, 26-27
필리프 3세 ······················ 35
필리프 4세 ··············· 38, 41, 44
필리프 6세 ················· 44, 46
필사연대 ························ 302

ㅎ

하랄드 하르드라다 ················ 3
하인리히 5세 ···················· 12
하인리히 6세 ·············· 23-24
한정사 ·························· 171
합성법 ················· 117-118, 124
해롤드 ······················· 2, 3, 5
핵어 ··························· 118
핵음 ··························· 285
햄프셔 ··························· 85
행위자 ················ 127, 129, 222
허사 ·········· 202, 207, 211, 236,
   240-241, 258, 347
헝가리어 ······················ 117
헤이스팅스 ····················· 3, 5
헤이스팅스 전투 ················ 4, 5
헨리 1세 ········ 10, 13, 98, 292
헨리 2세, 헨리 플랜태저넷 ·····
   15, 16, 25, 98, 99, 302
헨리 3세 ······· 30, 31, 100, 302
헨리 4세, 헨리 볼링브룩 52-55
헨리 5세 ············ 53-55, 57, 281
헨리 6세 ················ 53, 57-58
헨리 7세, 헨리 튜더 ····· 53, 66
헨리 8세 ························ 66
헨리슨, 로버트 ················ 281
헹워트 사본 ···················· 344
현재(시제) ··· 182, 189-194, 223
현재분사 ··············· 93, 140,
   182-183, 189-191, 227
현재완료 ······················ 225
형태소 ························· 121
호클리브, 토머스 ·············· 281
혼교 ··························· 163
혼합법 ················· 117, 149
화제 ··························· 215
화제화 ··················· 215, 218

찾아보기 | 389

활용 ·· 153, 182, 187, 190, 193
후임성직자 규제법 ·············· 47
흑사병 ················· 45, 47, 269
히그던, 라널프 ···· 94, 263, 356
히브리어 ·························· 117